“十三五”国家重点出版物出版规划项目

智慧物流：现代物流与供应链管理丛书

普通高等教育物流管理专业规划教材

运营管理
——原理、方法与物流实践

Operation Management:
Theory, Method and Logistics Practices

主　编　兰洪杰

副主编　宋　光　黄　帝

机械工业出版社
CHINA MACHINE PRESS

本书完整地阐述了运营管理的理论及应用，以运营管理的流程为线索，结合企业的物流运营活动，将运营管理分为两部分来讲：一是运营系统的设计，二是运营系统的运行与维持。前者涉及的主要内容包括运营战略、产品开发与服务设计、产能规划、生产和服务设施的选址、流程设计与优化；后者涉及的主要内容包括质量管理、物料需求计划与企业资源计划、准时制生产、项目管理。

全书围绕运营管理展开论述，每章最后均有物流行业案例分析。案例围绕现实的企业物流运营相关问题展开，帮助实现启发式教学。

本书适合物流管理相关专业教师和本科、硕士及 MBA 学生使用。

图书在版编目（CIP）数据

运营管理:原理、方法与物流实践/兰洪杰主编. — 北京：机械工业出版社, 2019.1（2025.1重印）

普通高等教育物流管理专业规划教材

ISBN 978-7-111-61460-9

Ⅰ. ①运…　Ⅱ. ①兰…　Ⅲ. ①企业管理－运营管理－高等学校–教材　Ⅳ. ①F273

中国版本图书馆CIP数据核字（2018）第267337号

机械工业出版社（北京市百万庄大街22号　邮政编码100037）
策划编辑：易　敏　责任编辑：易　敏
责任校对：李　杉　封面设计：刘　科
责任印制：单爱军
北京虎彩文化传播有限公司印刷
2025年1月第1版第2次印刷
184mm × 260mm · 16.25印张 · 391千字
标准书号：ISBN 978-7-111-61460-9
定价：43.80元

凡购本书，如有缺页、倒页、脱页，由本社发行部调换
电话服务
服务咨询热线：010-88379833
读者购书热线：010-68326294
网络服务
机 工 官 网：www.cmpbook.com
机 工 官 博：weibo.com/cmp1952
教育服务网：www.cmpedu.com
金 书 网：www.golden-book.com

前　言

运营是任何企业生存和发展的基础，运营管理是企业最基本的管理职能，企业的运营管理水平是国家核心竞争力的重要组成部分。运营管理已成为管理类各专业本科及研究生教学的核心课程之一，在引导学生入门及帮助学生准确认识和理解企业行为，梳理现代运营管理理念，掌握运营管理技能，培养分析问题、解决问题的能力，提高综合管理素质等方面具有重要作用。在工业4.0的背景下，在现代信息技术和人工智能的支持下，运营管理跨入了一个新时代，运营管理课程的体系设置、教学内容和教学方法也发生了重大的变革，学生迫切需要运营管理的最新知识，以了解最前沿的理论和实践。

随着国家对物流业越来越重视，企业为降低物流运营成本而不懈努力，高校培养的物流管理专业学生越来越多，但是对于各管理学专业都要学习的运营管理课程，却没有专门针对物流方向的专业书籍或教程。目前，物流管理专业学生学习运营管理时，大多采用《生产与运作管理》等教材，但物流运营管理还是和普通的生产运营管理有一定区别的，另外学生在学习实践过程中也难以找到相关的物流案例来进行分析，因此现有教材不能很好满足学生需求。在此背景下，本书构建了具有物流特色的运营管理内容体系，并配备了大量物流相关的案例分析，供学生课后进一步理解理论。

本书对项目管理内容也有所涉及，这是因为项目管理和运营管理二者联系紧密。运营工作在一段时间以后就会为了提高运营的效果转化为项目，当项目完成以后又会转化为运营工作。例如在项目收尾阶段，在新产品开发、产品升级或提高产量时，都会出现项目管理和运营管理的交叉和转换。通过理解项目管理的基础知识，可以更好地掌握运营管理。

本书吸纳了一般生产运营管理类教材的优点，突出体系完善、内容全面的特点，结合作者多年从事物流专业本科、研究生及MBA教学的经验，并考虑到教学课时的限制编写而成。

本书具有以下三个特点：

（1）定位精准，重点突出。本书完整阐述了运营管理的理论及应用，结合企业的物流运营活动，以运营管理的流程为线索，将运营管理分为两部分：一是运营系统的设计，二是运营系统的运行与维持。涉及的主要内容包括：运营战略、产品开发与服务设计、产能规划、生产和服务设施的选址、流程设计与优化、质量管理、物料需求计划与企业资源计划、准时制生产、项目管理。

（2）领域宽广，难易适中。目前，运营管理的研究范围已从制造业生产管理延伸到服务业运营管理。顺应这种趋势，本书在制造业和服务业的运营管理思想理论和方法的统一集成方面做了一定的尝试，对基本理论与方法进行了介绍，但不刻意推导繁杂的数学公式和模型，只注重结果和应用，难度适中。

（3）内容创新。全书以物流为特色，在围绕运营管理基本理论和方法展开论述的同时，每章最后的案例分析均围绕企业实际的物流问题而展开，跟踪最新的技术应用和新的运营管理实践，介绍运营管理的新成果。

本书第 1 章、第 4 章、第 6~10 章由北京交通大学兰洪杰老师负责编写，第 2 章由北京交通大学黄帝老师负责编写，第 3 章由安徽大学刘宏伟老师负责编写，第 5 章、第 11 章由北京交通大学宋光老师负责编写。参与本书编写的还有：李瀑、姚立君、段诗远、李丽颖、李慧敏、贾肖琼、刘茜茜、宋月妍、侯菲菲、邵山。

在本书的撰写过程中，我们得到了北京交通大学物流管理与技术北京重点实验室国家自然科学基金重点项目（项目编号：71390334）的支持，在此表示感谢！

在本书编写过程中，编者参阅了大量中外文献，在此向有关作者表示衷心的感谢；对于因我们疏漏未能列入参考文献的，希望得到作者的谅解。

由于编者水平有限，书中不妥和疏漏之处在所难免，恳请各位读者批评指正。

编　者

目　录

前　言

第 1 章　运营管理基础……1

1.1　运营管理概述……1

1.2　运营系统……5

1.3　产品与服务……6

1.4　运营管理的发展历程及发展趋势……11

1.5　案例：B 公司深耕外卖市场的运营管理……16

习题……18

参考文献……18

第 2 章　运营战略……20

2.1　运营战略概述……20

2.2　运营战略理论的观点……23

2.3　运营战略的制定……28

2.4　运营战略的实施……34

2.5　案例：UPS 的运营战略……35

习题……37

参考文献……38

第 3 章　产品开发与服务设计……39

3.1　产品开发概述……39

3.2　产品开发过程与策略……42

3.3　产品开发方法……47

3.4　产品工艺设计与选择……56

3.5　服务设计……59

3.6　案例：SN 电器物流服务设计……61

习题……63

参考文献……63

第 4 章　产能规划……65

4.1　产能与产能规划……65

4.2　产能规划的过程和方法……70

4.3　服务能力规划……80

4.4　案例：京东“618”物流服务能力计划……83

习题……84

参考文献……86

第 5 章　生产和服务设施的选址……87

5.1　设施选址概述……87

5.2　影响设施选址的因素……89

5.3　设施选址的一般步骤……92

5.4　设施选址的定量分析方法……93

5.5　案例：J 公司选址策略……101

习题……102

参考文献……103

第 6 章　流程设计与优化……104

6.1　流程概述……104

6.2　流程设计……110

6.3　物流服务流程设计……121

6.4　流程绩效评价……126

6.5　流程设计及评价实例……127

习题……135
参考文献……137
第7章 质量管理……138
7.1 质量与质量管理的概念……138
7.2 质量管理的工具和方法……140
7.3 全面质量管理……151
7.4 ISO 9000质量管理体系……156
7.5 六西格玛……158
7.6 案例：JC Penney配送中心的质量管理创新……161
习题……162
参考文献……162
第8章 物料需求计划与企业资源计划……164
8.1 生产计划的构成……164
8.2 物料需求计划……166
8.3 物料需求计划的计划过程……167
8.4 企业资源计划……173
8.5 案例：MRP实例……180
习题……184
参考文献……186
第9章 准时制生产……187
9.1 JIT的概念和核心理念……187
9.2 JIT的基本手段……190
9.3 JIT的物流管理要求……198
9.4 JIT与ERP的关系……200
9.5 案例：JIT生产方式下的库存管理案例分析……202
习题……204
参考文献……205
第10章 项目管理……206
10.1 项目与项目管理……206
10.2 项目管理的职能……212
10.3 项目管理过程……215
10.4 网络计划技术……222
10.5 案例：A公司配送加工中心的综合项目管理……225
习题……227
参考文献……229
第11章 物流节点规划与运营——以物流园区为例……230
11.1 物流节点概述……230
11.2 物流节点规划……235
11.3 物流节点需求预测与规模分析……242
11.4 物流园区开发、运营与盈利模式……246
11.5 物流园区运营风险和评估……249
习题……252
参考文献……252

第 1 章

运营管理基础

本章导引

运营管理之所以重要，是因为它关乎着我们日常生活中各种产品和服务的创造，例如在图书馆借的一本书、享受外卖的便利服务等都是运营的结果。而且，无论规模大小，是制造商还是服务商，是营利组织还是非营利组织，所有的组织都或多或少地在生产产品与提供服务。现在越来越多的组织开始重视运营，它们已经意识到，有效的运营管理不仅可以提高效率，而且能为消费者提供更好的服务。运营管理的重要性还体现在它处于影响商业社会众多变革的中心——消费者偏好的变化、互联网带来的供应网络的变化等。在这些商业与文化的变迁中，运营管理更具有典型性、更加接近变化的中心。不仅如此，运营管理无处不在，它不仅仅局限于运营功能，任何与管理流程相关或为消费者提供服务的活动都具有“运营”的特点。

本章要点

1. 理解运营管理活动的实质，掌握运营管理的概念、任务和内容。

2. 掌握运营系统的构成。

3. 掌握产品和服务的区别。

4. 能够认识在运营管理发展历程中，运营管理关注点发生的变化，并理解这些变化是如何影响产品、服务和运营的。

1.1 运营管理概述

本节讨论运营管理的概念及任务，通过对运营管理的本质分析，得出运营管理应包含的内容。

1.1.1 运营管理的概念

当今社会任何一个组织，无论是营利性组织，还是非营利性组织，都会追求一定的组织目标。为实现预定的目标，就要求组织具备有助于目标实现的各种职能。不同性质的组织，其目标、所提供的产品和服务可能相似或完全不同，然而它们的职能及运营方式却大致相同。运营、财务和营销这三个职能和其他辅助职能分别完成不同但又相互联系的任务。企业能否生存与发展不仅依赖于是否具有健全的职能体系，更依赖于这些职能之间相互协调的程度。如制造部门应与营销部门密切配合，加强沟通和协调，才能根据产品市场变化适时推出新产品，获取竞争优势；若这些部门各自为政，就有可能失去产品市场，最终也会使生产与营销部门和整个企业的利益受损。虽然财务和营销职能在整个运营过程中都会涉及，但这里主要探讨运营管理问题。

不同学者对运营管理的理解不同，他们对运营管理概念的具体阐述见表 1-1。

表 1-1　运营管理概念

出版时间	著　作	作　者	概　念
2013.5	生产运作管理（第 4 版）	陈荣秋 马士华	生产运作管理是对生产运作系统的设计、运作与维护过程的管理，它包括对生产运作活动进行计划、组织与控制
2014.2	生产与运作管理（第 2 版）	陈志祥	生产运作管理是对 5P 要素（people、plant、product、process、production planning and control system）的管理，主要分为两个层次：生产系统设计与组织活动、生产系统运作管理活动
2014.8	生产运作管理（第 4 版）	李全喜	生产运作管理是对制造产品或提供服务的过程或系统的管理。具体地讲，生产运作管理以有形产品和无形产品的生产和服务过程为对象，以定量分析和定性分析为手段，为设计、运行和改善制造过程和服务过程提供科学的理论和方法
2015.3	运营管理（第 4 版）	理查德·蔡斯等	运作与供应链管理就是对制造、交付企业主要产品和服务的系统进行设计、运行和改进的过程
2015.5	生产与运营管理（第 2 版）	黄卫伟	生产与运营管理是指设计、运行和不断改进生产系统和供应链，以创造出有竞争力的产品和服务的过程
2016.4	生产与运营管理（第 5 版）	刘丽文	现代的生产与运作管理概念，从两个方面扩展了传统的生产管理概念：一是不仅关注有形产品的生产制造过程，也涵盖无形产品，即服务的提供过程；二是不仅关注企业内部的产品制造、服务提供过程，而且关注从采购、生产直至物流的整个供应链活动过程

结合上表中学者的观点，本书将运营管理定义为：整合有效资源以创造出产品和服务的活动，并通过空间组织和时间组织方式来达到预期的目标。运营过程中的**时间组织**和**空间组织**是运营管理的重要组成部分，对于做好运营管理工作至关重要。

1. 时间组织

时间是进行任何运营管理工作必不可少的前提条件，同时它又是运营管理的对象。离开了对时间的考虑、计算和安排，运营管理工作就无法进行。运营管理应从节约时间的角度考虑，使劳动力和劳动资料的结合处于最佳状态。运营过程的时间组织应符合以下要求：

（1）连续性、平行性、比例性和节奏性等。以生产物流为例，连续性是指物料顺畅、最快、最省地走完各个工序，直到成为产品；平行性是指各个支流即生产工序平行流动；比例性是指考虑各工序内的质量合格率，以及装卸搬运过程中的可能损失，零部件数量在各工序间保持一定的比例；节奏性是指生产过程中各阶段都能有节奏、均衡地进行。

（2）各个工艺阶段、各个工序要环环相扣，互相衔接，使运营过程中的各项作业在时间上准确无误地配合起来。例如在流水线生产中，要使各个工序互相衔接联合，将产品按照加工顺序依次排列，从毛坯变为成品。

2. 空间组织

运营活动总是在具体的物质空间中进行的。空间和时间都是运动着的物质的存在形式。运营活动的空间位置及其周围环境，对运营管理有很大的影响和制约。下面分别从宏观运营管理和微观运营管理两方面介绍空间组织的具体含义。

宏观运营管理的空间观念，突出地表现在生产力布局的规划中。宏观规划时必须考虑：各个地区的自然条件、资源条件、技术经济基础及其他社会环境，以合理分工和发挥地区优势为出发点来安排产业结构和建立企业。对于物流企业来说，如何进行物流网络的布局，令物流系统高效运转至关重要，如配送中心、仓库等物流基础设施的选址等。

微观运营管理的空间观念，主要体现在组织内部的空间布局或平面布置，以及物流的规划设计上。如制造业企业的基本生产车间、辅助生产车间、仓储设施、道路、管线等的布置，服务业企业的服务前台客户接待、等待区域的环境布置，仓库的库内布局、堆场的层高设计等，都应当有合理的、符合工作流程的布置，使之有利于运营活动的顺利进行和安全作业。

3. 时间和空间组织有机结合

运营管理的空间组织和时间组织是密切联系的，是一个不断发展和变化的过程。运营管理的各个方面、各种因素都可以看成是变量，随时间的推移而变化。

例如在空间布置方面应不断地调整生产力要素布置，在时间组织方面应安排好环节之间的连续性和衔接性，使之符合运营系统发展的要求。以仓储作业为例，仓储作业过程的时间组织就是通过各个环节作业时间的合理安排和衔接，保证作业的顺畅性，尽可能消除或减少作业过程中的停顿或等待时间。而为了能达到作业顺畅、节省时间的目的，需要采用科学合理的库内布局，即空间组织方式。时间组织和空间组织的有机结合提高了企业的工作效率和经济效益。

1.1.2　运营管理的任务和内容

1. 运营管理的任务

运营管理的主要任务是通过合理组织运营过程，有效地利用组织有限的各类资源，达到**高效**、**低耗**、**柔性**、**准时**地生产**合格产品和**（或）提供**满意服务**的运营目标，以取得最佳的经济和社会效益。具体含义如下：

（1）高效主要是对运营过程中的时间而言的，即通过采取一定的管理措施，能够迅速地满足用户对产品或服务的需要。例如，沃尔玛与供应商合作实施托盘运输，缩短了货物的装车时间，提高了卸货效率，避免了因货物多次搬运带来的货损问题。

（2）低耗是指企业在提供同样数量和质量的产品或服务的前提下，所消耗的人力、物力和财力最少。以某物流企业为例，该企业自使用甩挂运输方式后，与传统运输方式相比，完成相同的周转量的柴油消耗量明显降低，里程利用率提高 50%。

（3）柔性是指能很快地适应市场的变化，生产不同的产品和开发新产品，或提供不同的服务和开发新的服务。为应对大型商场和超市的节日促销等销售高峰时期，瑞士某零售商利用经过深思熟虑研发出的物流生产链和订单拣选物流设备进行物流作业，能在一个销售高峰期为数十万家家门店提供准时、符合需求和最佳质量的物流服务。

（4）准时是在用户要求的时间，按用户需要的数量，提供其所需的产品和服务。京东物流为提高客户满意度，推出“211 限时达”服务，提高配送准时率。

（5）合格的产品和（或）满意的服务，包括良好的产品质量、响应快速的售后服务、较低的货损率等。

2. 运营管理的内容

运营管理的主要内容包括：运营系统的规划与设计，即设计一个高效、柔性的运营系统，解决运营系统的设计问题；运营系统的运行与维持，即对运营系统的日常活动进行管理和维持。

（1）运营系统的规划与设计。运营系统规划设计主要涉及的问题包括：企业运营战略的选择、企业应该提供的产品或服务、企业提供产品或服务的产能情况、生产这类产品或服务宜采用何种流程等。本书的第 2 至第 6 章，分别对运营战略、产品开发与服务设计、产能规划、生产和服务设施的选址、流程设计与优化等方面内容进行了详细阐述，见表 1-2。

表 1-2　运营系统的规划设计决策内容

涉及决策范围	所要解决的基本问题
运营战略	企业运营战略的选择
产品开发与服务设计	企业应该生产什么样的产品或提供什么样的服务
产能规划	企业生产这类产品或服务的产能有多大
生产和服务设施的选址	企业选址决策的制定
流程设计与优化	生产产品或提供服务宜采用何种流程及效率如何

（2）运营系统的运行与维持。在已建立的运营系统中，如何让组织适应市场的变化，按用户的需求生产合格的产品或提供满意的服务，这是运营管理需解决的关键问题。它主要涉及运营组织与控制两个方面的内容。在组织方面，需要解决企业在日益激烈的市场竞争环境下应采用怎样的生产模式、生产开发项目如何管理等问题。本书的第 7 至 10 章，分别对全面质量管理、企业资源计划、准时制生产、项目管理等方面内容进行了详细阐述，见表 1-3。

表 1-3　运营系统的运行与维持

涉及决策范围	所要解决的基本问题
全面质量管理	如何应用质量管理方法和工具识别、分析和解决质量问题
企业资源计划	企业怎样利用信息系统对供应链各环节资源进行全面规划、统筹安排和控制
准时制生产	企业采用何种生产模式
项目管理	企业如何在规定时间内生成期望的项目产品

将上面两个方面的内容归纳起来，就形成了如图 1-1 所示的“运营视图”，运营视图涵盖了本书全部内容。

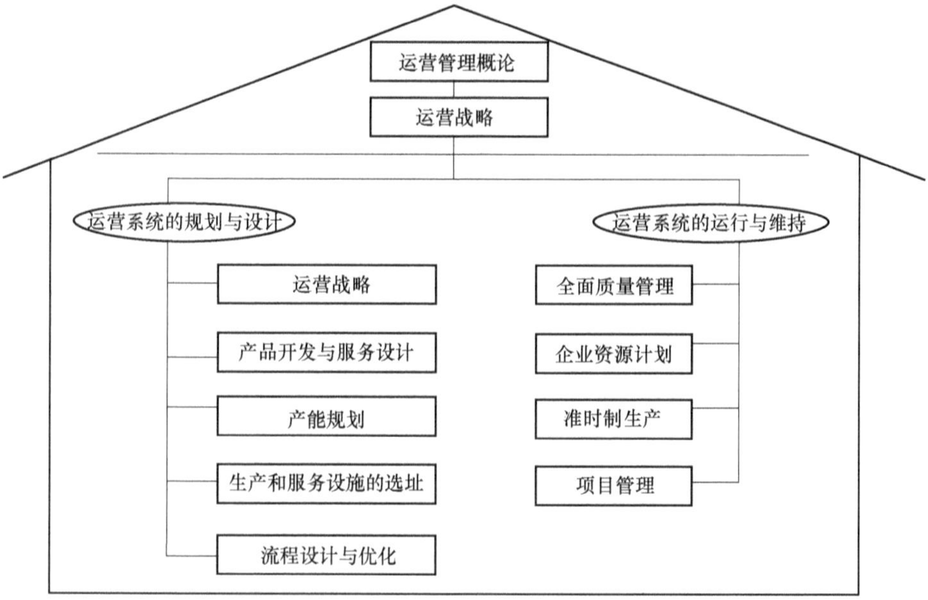

图 1-1　运营视图

1.2　运营系统

所有的企业都是通过“投入—转换—产出”的过程将投入转化为产出，从而达到生产、交付产品或服务的目的。运营系统是指上述变换过程得以实现的手段。本节介绍运营系统的构成与特征。

1.2.1　运营系统的构成

“投入—转换—产出”的过程可以高度概括运营过程。**运营过程是一个投入物料、人力、设备、资金、信息等资源，经过加工、运输等形式的转换活动，以产品或服务的形式提供给顾客，并实现增值的过程。**

运营过程可以从以下两个角度阐述。

技术和实物角度：体现为物质与能量的转换过程，提供社会和用户所需要的产品或劳务：由投入、生产（转换）过程、产出和反馈四个基本环节构成。如汽车厂将钢材、塑料、轮胎及其他原料转换成了汽车。

经济和价值的角度：体现为价值的增值过程，把低价值体的生产要素集合转换为高价值体的产出。如德邦快递除提供运输服务外，还提供代收货款、保价运输、安全包装等增值服务。

为确保实现预期的产出，有必要监控运营过程的各个阶段，并将实施结果与预先制定的标准进行比较，以确定是否采取纠正措施，此即反馈机制。反馈机制与致力于实现增值的运营过程构成了完整的运营系统，如图 1-2 所示。

运营系统实现的增值反映了投入成本与产出价值之间存在的差异。产出价值由顾客愿意为该组织的产品或服务所支付的价格来衡量。增值越多，运营效率越高。对非营利组织，产出（如建成的高速公路、治安与消防等）是指所实现的社会价值。

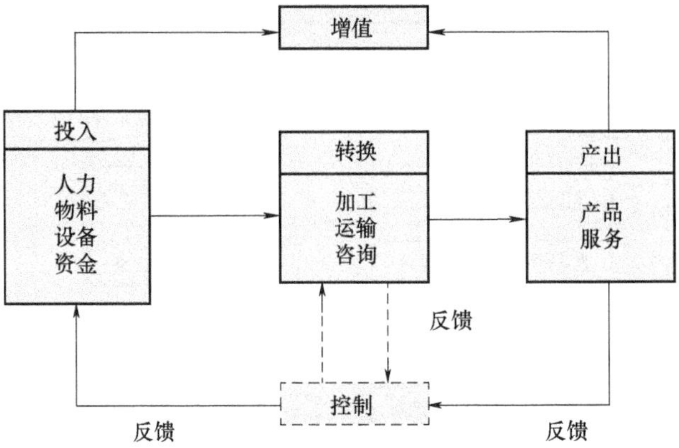

图 1-2　运营系统

1.2.2　运营系统的特征

运营系统的特征可以概括为以下四点：

（1）集合性。运营系统由多个可以识别的子系统所组成，如仓储管理系统由基本资料维护系统、订单管理系统、出入库管理系统等子系统组成。

（2）关联性。若干个体集中在一起，只能算一个“群”，只有当个体之间存在一定的关系或相互作用时，才能成为一个系统。如物流系统是由所需输送的物料和输送工具、仓储设备、人员及通信联系等若干相互制约的动态要素构成的具有特定功能的有机整体。

（3）目的性。一个现实的系统作为一个整体，实现一定的功能且有一个或多个目的，如果这些目的达到它们的最高等级，可以称为实现了系统的最优化。如运营系统将投入要素转换为产品或服务，要实现的目标是达到或超过顾客满意，实现经济效益。

（4）环境适应性。运营系统必须适应周围或外界环境的变化。如果运营系统具有自适应能力，那么该运营系统在与外界环境之间互相交换物质、信息和能量的过程中，就能以最小的滞后时间达到所希望的状态。如快消品行业依靠消费者高频次和重复的使用与消耗、通过规模的销售量来获得利润和价值的实现。

1.3　产品与服务

食品加工企业负责对食品原材料进行加工，通过劳动力、设备、时间等的投入，这些食品原材料被加工成价值更高、受顾客喜爱的食品。在这个例子中，系统输出是产品。但在很多实例中，系统输出的是服务。比如，航空货物运输通过地面设施、飞机、机组人员、地勤人员、运输人员和燃料，把受欢迎的食物运送到世界各地。

产品有广义和狭义之分，从广义上来讲，产品可以是有形实体、服务、人、组织和思想等；从狭义上来讲，产品专指有形的实体产品。本节讨论产品及服务的概念后，将会详尽阐述产品与服务之间的区别与联系。

1.3.1　产品的概念及分类

产品始终伴随着企业的成长，是企业各种信息的载体。从历史上来看，人们对其认识是一个逐步深化的过程。以菲利普·科特勒为首的学者将产品的概念不断深化，不同学者对产品概念的阐述见表 1-4。

表 1-4　产品概念

出版年份	著　作	作　者	概　念
1967	《营销管理》	菲利普·科特勒	产品是市场上任何可以让人注意、获取、使用、或能够满足某种消费需求和欲望的东西。所以，产品可以是实体产品（例如，麦片、汽车）、服务（例如航空公司、银行、物流企业）、人（例如演员、体育运动员）、组织（艺术团体、非营利性组织）、地点（城市、旅游景点）、思想（政治、社会因素）
2009	《市场营销学》（第 12 版）	戴维·L·库尔茨等	产品是为满足客户的欲望和需要而设计的，它是由物理属性、服务属性和象征属性构成的一种集合体
2014	《市场营销学》	吴建安	产品是指能够供给市场，被人们使用和消费，并能满足人们某种需求的任何东西，包括有形的物品、无形的服务、组织、观念或它们的组合
2017	《市场营销学》（第 5 版）	熊国钺等	产品是指能够提供给市场进行交换供人们取得、使用或消费，并能够满足人们某种欲望或需要的任何东西

产品一般可以分为三个层次，即**核心产品**、**形式产品**、**延伸产品**。核心产品是指整体产品提供给购买者的直接利益和效用；形式产品是指产品在市场上展现的物质实体外形，包括产品的品质、特征、造型、商标和包装等；延伸产品是指整体产品提供给顾客的一系列附加利益在消费领域给予消费者的好处。以大家电为例，核心产品是指大家电满足消费者的生活需求，而大家电的材质、尺寸、商标设计等是它的形式产品，延伸产品指在购买大家电后，还提供包括运送、安装、维修等服务。

1.3.2　服务的概念及分类

1. 服务的概念

1960 年，美国营销协会提出服务的概念，指出“服务是可独立出售与或物品（goods）共同出售的一些行为、利益和满足”。此后，不断有学者从不同角度对服务的概念进行阐述，见表 1-5。

表 1-5　服务的概念

出版年份	著　作	作　者	概　念
1960	——	美国营销协会	服务是可独立出售或与物品 (goods) 共同出售的一些行为、利益和满足
1997	《营销管理》（第 8 版）	菲利普·科特勒	服务是一方能够向另一方提供的基本上是无形的任何活动或利益，并且不会导致所有权的产生。它的生产可能与某种无形的产品相联系，也可能与其无关

（续）

出版年份	著　作	作　者	概　念
2001	《服务管理》	詹姆斯·菲兹西蒙斯	服务是一种顾客作为共同生产者、随时间消逝的、无形的经历
2009	《市场营销学》（第12版）	戴维·L·库尔茨等	服务通常被定义为满足消费者和企业用户需要的一种无形活动
2013	《服务营销》（第7版）	克里斯托弗·洛夫洛克等	服务是一方向另一方提供的经济活动。在特定时间内，服务的“演出”会给服务接收者（人、物或资产）带来预期的结果
2014	《现代生产与运作管理》	季香君等	服务业所提供的服务应该包括四个组成要素：“显性服务”要素、“隐性服务”要素、“物品”要素和“环境”要素

总结以上定义可以发现，学者们都是抓住服务的一个或几个侧面进行定义的，他们从不同角度诠释什么是服务。本书将服务定义为：**一种需要与顾客进行一定程度的互动的，无形的、多变的、具有时间依赖性和易消逝的过程**。

2. 服务的特点

与制造业所产出的物质形态的产品相比，服务作为一种产品具有鲜明的特点，从而导致服务运营管理具有特殊性。

（1）服务的无形性、不可触摸性。这是服务作为产出与有形产品的最本质、最重要的区别。虽然许多服务的一部分也是可触摸的，例如服务设施和所提供的物品，但是从顾客的角度来说，其购买服务的目的是要得到一种解决问题的工具，得到一种功能，而不是物品本身。

服务的这种无形性使得它不像有形产品那样容易描述和定义，也无法储藏，从而带来了服务管理中的一系列独特性。

（2）服务的同步性。对于制造业来说，产品生产与产品使用是在两个不同时间段、不同地点发生的，生产系统与顾客相隔离，因此，产品质量可在“出厂前把关”；产品可预先生产出来以满足日后的需求，从而调节需求与生产能力之间的不平衡性，可区分生产与销售的不同职能，等等。而许多服务只能在顾客到达的同时才开始“生产”，生产的同时服务也就消费掉了。一项服务的不可触摸性越强，生产和消费越会同时发生。服务的这种特性使得服务质量不可能预先“把关”，使得服务能力（设施能力、人员能力）计划必须对应顾客到达的波动性，使得服务的“生产”与“销售”难以区分，这些特性也导致了服务运营管理必须采用一些特殊的方法。

（3）服务的易逝性。由于一项服务的消费往往是与它的“生产”同时发生的，因而服务通常是无法储存的。当飞机离开跑道时，从该航班可获得的收入就已确定，即使该飞机上仍然有空座位，也不可能再从该航班获得任何收入；仓库某天的闲置储位只要过了该天，就不可能再利用，从该生产能力获利的机会将会完全消失。

由于服务不可储存，服务能力的设定是非常关键的。服务能力的大小、设施的位置对于服务业企业的获利能力有至关重要的影响。如果服务能力不足，会带来机会损失；而服务能力过大，会增加许多固定成本的支出。

（4）服务的异质性。在制造业，工厂与产品的使用者、消费者是完全隔离的，而在服务业，“顾客就在你的工厂中”。在很多服务过程中，顾客自始至终是参与其中的，这种参与有两种形式：主动参与和被动参与。也可能带来两种结果：促进服务的进行和妨碍服务的进行。

服务被生产时顾客也在其中这一事实还导致在服务业，“生产”与“销售”之间的区分不像制造业那么明显，而是互相渗透，不可分离。这两个职能在服务业中就好像制造业中所用的模具的上下部分，只有二者一同工作才能起作用。而在制造业，生产与销售的职能往往是分离的，甚至是对抗性的，销售部门往往希望市场需要什么生产部门就立即做什么，而生产部门为了保持生产的均衡性和连续性，往往愿意在一段时间内集中地、大批量地生产一种产品，即使所生产出来的产品不是市场马上需要的，也可以放在仓库里等待日后再用。也就是说，在制造业，某一时间段的生产能力可用于未来某一时间段的需求，而在服务业，则难以做到这一点。某一时间段的服务能力如果未能利用，则过了这段时间就会消失，无法再利用。

3. 服务的分类

服务的分类有助于更有条理地分析服务管理，打破行业障碍，互相取长补短。医院可以向旅馆学习管理经验；干洗店也可以向银行学习——银行为客户开设便利性晚间存款业务，洗衣店也可以为其客户提供洗衣袋和下班后接收衣物的箱子。

（1）按服务范围分类。服务业是国民经济的重要组成部分，在经济发展过程中发挥着重要的作用，也是我国社会发展必不可少的一部分。随着人们生活水平的提高，服务业的范围也在不断扩大，目前可分为以下 5 种类型。

1）专业服务：如咨询、财务金融、银行、房地产等。

2）贸易服务：如零售、采购等。

3）基础设施服务：如交通运输、通信、仓储等。

4）社会服务：如餐饮、旅店、保健等。

5）公共服务：如教育、公用事业、政府等。

（2）按顾客的需求特征分类。这种划分方法在某种程度上与制造业的订货与备货生产、大量与单件小批生产的划分类似。可以分为以下两种。

1）通用型服务：针对一般的、日常的社会需求所提供的服务，提供这类服务的组织如零售批发业、学校、运输公司、银行、饭店等。这类服务的过程比较规范，服务系统有明显的前后台之分，顾客只在前台服务中介入，后台则与顾客没有直接联系，与制造业的生产系统类似。

2）专用型服务：针对顾客的特殊要求或一次性要求所提供的服务，提供这类服务的组织如医院、汽车修理站、咨询公司、会计师事务所、律师事务所等。这类服务过程有较紧密的顾客介入，前后台很难区分，服务性更加鲜明，难以使用统一的标准规范，其效益的提高必须从规模以外的其他方面考虑，例如响应时间、高素质人员的高质量服务等。

（3）按顾客参与程度分类。

1）顾客参与较多的服务：如理发、保健、旅游、客运、教育等，这种服务没有顾客的参与，服务就无法进行。一般来讲，有顾客参与的服务的管理更为复杂。

2）顾客参与较少的服务：如修理、洗衣、邮政、快递等。

（4）按运营系统的特征分类。

1）大量资本密集型服务：如航空服务、酒店服务、娱乐场所的服务等。

2）专业资本密集型服务：如医疗、车辆维修等。

3）大量劳务密集型服务：如快递、批发、零售、中小学教育等。

4）专业劳务密集型服务：如律师事务所、专利事务所、会计事务所所提供的服务。

（5）按服务功能分类。

1）流通服务：交通运输、仓储、通信、批发、零售(不含饮食业)、广告和其他销售服务等。

2）生产服务：储蓄、信托及其他金融服务，房地产和建筑服务，会计，出版，法律服务等。

3）社会服务：医疗保健、教育、邮政及其他非营利机构与政府提供的社会服务等。

4）个人服务：家政、住宿、餐饮、休闲娱乐、理发美容等服务。

除以上五种常见的分类方式，还有其他分类方式，如按服务提供的内容分类、按服务对象分类、按是否提供有形产品分类、按市场类型分类、按购买途径和购买动机分类等。

1.3.3 产品与服务的区别

产品与服务的区别可以归纳为如表 1-6 所示的几点。

表 1-6 产品与服务的区别

区别项	有形产品	服务
本质	有形，产出可储存，生产消费可分离	无形，产出不可储存，生产消费不可分离
设施规模	设施规模较大	设施规模较小
市场范围	可服务于地区、全国乃至国际市场	主要服务于特定区域范围内
业务管理重点	结果管理	流程管理
业务拓展	品牌张力和创新功能，结合现场销售	标准化的流程管理及文化感受体验
资金管理	先销售再回款，有可能为负现金流	先付款再服务，多数是正现金流
销售重点	相关产品的介绍	服务内容、服务理念、服务环境、服务文化的传递
客户粘性	价格粘性，易取代	体验粘性，不易取代
响应速度	响应顾客需求周期较长	响应顾客需求周期较短
质量度量	质量易于度量	质量不易度量
生产率测定难度	生产率容易测量	生产率不易测量

进一步阐述如下：

（1）设施规模和市场范围不一样。产品的生产设施可远离顾客，其产品可销往某一地区、全国甚至国际市场，这意味着它们有比服务业更集中、规模更大的设施。而对于服务来说，服务不可能被运输到远地，其服务质量的提高有赖于对最终市场的接近程度，设施必须靠近其顾客群，从而一个设施只能服务于特定的区域范围。

（2）产品和服务的业务管理的重点不一样。产品是对结果进行管理，即管理资金周转和库存，服务是对过程进行管理，即流程管理。

（3）业务拓展不一样。产品靠推销，服务靠口碑。产品需要品牌张力（品牌张力是指品牌在市场上的影响力及其价值。它表现为品牌的知晓度、忠诚度、市场占有率、品牌形象、溢价维持能力、超越地理与文化边界的能力等）和创新功能，再结合现场销售，继而形成交易；而服务客户更注重的是能够有标准化的流程管理及文化感受体验，因而服务主要靠“口碑相传”的营销策略。

（4）资金管理不一样。产品先销售再回款，服务先付款再服务。主要体现在回款方式不一样。产品大多销售商先进货然后“先销售再回款”；而服务则是“先付款再服务”。这是两种不同的现金流方式，有形产品业务有可能为负现金流，而服务业务则多数是正现金流的。

（5）销售重点不一样。有形产品靠功能，服务靠管理。产品销售一般要求销售人员具备相关产品知识即可参加销售活动；而服务的销售则不仅要简单了解服务内容，还需要具备能够向客户传递一种服务理念和服务文化的能力。

（6）客户粘性不一样。有形产品靠价格，服务靠体验。价格是很容易替代的，而体验是不容易替代的，因此，服务关系是除人际关系以外最具客户粘性的关系。

（7）响应速度不一样。对于产品来说，它可以有数天、数周甚至数月的交货周期；而对于服务业来说，必须在顾客到达的几分钟内做出响应。例如在一个超市，如果顾客在收款处等 5 分钟，可能就会变得不耐烦。由于顾客是随机到达的，因此服务业企业要想保持客户需求和服务能力相一致，难度很大。

（8）质量度量难度不一样。产品是有形的，其质量易于度量。而对于服务业说，所提供的大多数服务是无形的，顾客的个人偏好也影响对质量的评价，因此，对质量的客观度量有较大难度。例如，在百货商店，一个顾客可能以购物时营业员的语气是否和蔼为主要评价标准，而另一个顾客可能以处理付款的准确性和速度来评价。

（9）生产率测定的难度不一样。制造业企业的设备和人员都要求有很强的技术性，并严格按照事先制定的工艺标准和工艺规程工作，产品生产率容易测定；而服务业可以说每一个人都是服务方面的专家，每个人都有过提供服务的经历，也知道一定的提供服务的方法，而且这些方法在大多数情况下因服务对象的不同会有较大的区别，所以，服务的生产率难以测定。

由于产品与服务的区别，必定会导致生产产品的制造业和提供服务的服务业之间也存在着较大的差异。

表 1-6 中只给出了两种极端情况。事实上，很多企业的特点介于这两个极端之间，是程度上的差别。例如，越来越多的制造业企业都在同时提供与其产品有关的服务。它们所创造的附加价值中，物料转换部分的比例正逐渐减小。同样，许多服务业企业经常是成套地提供产品和服务。例如，餐厅在提供服务的同时也出售食物，电影院在提供服务的同时也出售糖果和饮料等小食品，百货公司在出售商品的同时，也提供服务。因此，制造业中的生产管理基本原理和方法也同样适合于服务业，如资源的有效利用原理、质量保证体系、成本控制、工作抽样、业务流程重组等。这就为我们从事服务业运营管理的研究与实践奠定了良好的基础。

1.4　运营管理的发展历程及发展趋势

与运营管理（Operations Management）相近的概念有制造管理、生产管理、生产运营管理、作业管理、运作管理等，它们的名称之所以不同，实际上是反映了这一学科的发展历程：**生产管理**（**Production Management**）的主体一般是指产业革命以来的工业企业，制造业企业是其中的典型代表；**生产运营管理**（**Production and Operations Management**）表明学科重心从第二产业向第三产业的过渡；**运营管理**（**Operations Management**）则主要面对的是服务性企业。其中，运营管理更强调以经营为中心，体现了时代发展的要求。简单地说，运营管理是一切组织的最基本职能之一。本节介绍运营管理的发展历程及运营管理未来可能的发展趋势。

1.4.1 运营管理的发展历程

18 世纪 70 年代产业革命之后，工厂制度代替了手工作坊，机器逐渐代替了人力。1771 年，斯密劳动分工理论出现，标志着生产运营管理理论的诞生。但是生产运营管理真正成为一门科学，是源自泰勒对生产活动的研究成果而著成的《科学管理原理》一书。自 1911 年以来，生产运营管理发展演进的重大事件如表 1-7 所示。

表 1-7　1911 年以来运营管理发展演进的重大事件

年　份	概念和方法	发 源 地
1911	科学管理原理，标准时间研究和动作研究，工业心理学	美国
1913	流水装配线	美国
1914	作业计划图（甘特图）	美国
1917	库存控制中的经济批量模型	美国
1931	抽样检验和统计图技术在质量控制中的应用	美国
1934	抽样分析	英国
1940	处理复杂系统问题的多种训练小组方法	英国
1947	线性规划的单纯形解法	英国
1950—1960	运筹学的快速发展，如排队论、决策论、数学规划；计算机软、硬件技术；网络计划技术（Program/Project Evaluation and Review Technique, PERT）和关键线路法（Critical Path Method, CPM）	美国、欧洲
1970	生产车间计划、库存控制、工厂布置、预测和项目管理、MRP 和 MRPII 等	美国、欧洲
1980	全面质量管理（Total Quality Management, TQM）普及化，各国推行准时化生产方式（Just in time, JIT）、TQM 和工厂自动化	美国、欧洲和日本
1990	ISO9000 系列，业务流程重组、企业资源计划、敏捷制造、精益生产、电子商务、供应链管理等	美国、欧洲和日本
21 世纪初	大规模定制	美国
2011 至今	大数据分析	美国

1. 科学管理

1911 年，泰勒（Frederick Taylor）创建的科学管理理论给生产运营管理带来了巨大的变化。他通过对工作方法的观测、分析和改进，运用经济手段相结合来提高生产率，取得明显成效。泰勒理论的基本思想是：

① 利用动作研究和时间研究方法确定工人每天的劳动定额；

② 按标准的操作方法训练工人；

③ 实行差别计件工资制度；

④ 明确划分管理职能，使管理工作专业化。

他的杰出贡献是使管理由经验走向科学，因此被誉为科学管理之父。与泰勒同时代对科学管理做出贡献的还有吉尔布雷思（Frank Gilbreth）和甘特（Henqy Gantt）等。

2. 流水装配

1913 年，出现了机器时代最重大的技术革新——福特公司在汽车制造中应用流水装配线进行生产。流水线生产以标准化、简单化、工业化为目标，成为大批量生产的一种方式。运用流水装配线，力求实现劳动机械化，促进更细的劳动分工和生产专业化，大大提高了生产效率，降低了生产成本。福特公司在该装配线引入之前，一个工人完成一辆汽车底盘的装配需要 12.5 小时；而在流水装配线建成之后，由于实现了专业分工，每个底盘的平均装配时间缩短为 93 分钟。

3. 运筹学

第二次世界大战期间，为了解决后勤组织和武器系统设计的复杂问题，运筹学向跨学科的数学化方向发展，包括数学、心理学和经济学领域的许多专家学者们都参与到对运筹学的研究中。他们用定量的方法构造和分析问题，寻求数学意义上的最优解。战后，运筹学的优化方法被广泛应用到生产领域，为生产运营管理提供了许多定量分析工具。20 世纪 50 年代末到 20 世纪 60 年代初，生产运营管理作为独立学科出现，柏曼（Edward Bowman）和法特（Robert Fetter）合作出版了《生产与作业管理分析》（1957 年）；伯法（Buffa）出版了《现代生产管理》（1961 年）。他们都注意到生产系统面临的问题具有普遍性，以及生产运营管理作为一个系统的重要性，同时强调了排队论、仿真、线性规划在生产运营管理中的应用。

需要指出的是，由于运营活动的复杂性，运筹学建立的数学模型很难准确地描述生产系统，其应用具有一定局限性。

4. 计算机技术与物料需求计划

20 世纪 70 年代，计算机技术在运营管理中得到广泛应用。在制造业中，一个重大突破是**物料需求计划（Material Requirement Planning，MRP）**被应用于生产计划与控制。物料需求计划通过计算机软件将企业的各部门联系在一起，共同完成复杂产品的制造。这样，生产计划人员就可以根据需求的变化，及时调整生产计划和库存水平。IBM 公司的奥利克（Joseph Orlicky）和怀特（Oliver Wight）在 MRP 的理论与应用方面做了开创性的工作。随着计算机技术的快速发展，MRP 进一步扩展为**制造资源计划（Manufacturing Resources Planning，MRP Ⅱ）**，其应用范围扩大到销售部门和财务管理，统一了企业的生产运营活动。目前，在 MRP Ⅱ 基础上，把办公自动化、后勤、设备维护、过程控制、数据采集和电子通信等结合起来，实现更广泛的管理信息集成，向更高层次的**企业资源计划（Enterprises Resources Planning，ERP）**方向发展。

5. 供应链管理

20 世纪 70 年代末期，运营管理由企业的单一行为慢慢转变为一条链上的企业之间共同的管理行为，即供应链管理。在供应链管理的发展过程中，许多专家和学者提出大量的定义，反映了不同的时代背景，是在不同发展阶段上的产物。可以把这些定义大致划分为三个阶段：

① 早期的观点认为供应链是制造业企业中的一个内部过程；

② 后来供应链的概念注意到了与其他企业的联系；

③ 再后来供应链的概念更加注重围绕核心企业的网链关系，如核心企业与供应商、供应商的供应商乃至与一切前向的关系，与用户、用户的用户及一切后向的关系。

我国国家标准《物流术语》（2006 版）对供应链的定义是："供应链（Supply Chain）是生产和流通过程中，涉及将产品或服务提供给最终用户活动的上游与下游企业所形成的网链结构。"供应链包含采购原材料，制成中间产品以及最终产品、经由销售网络把产品送到消费者手中，甚至包括回收的全过程。

6. 大规模定制

进入 21 世纪以来，产品生命周期的缩短、科学技术的长足发展和社会需求的快速多变，给企业带来了前所未有的压力。如何高质量、低成本地满足顾客多样化的需求摆在了企业组织的面前。正是在这种形势下，大规模定制应运而生，并呈现出勃勃生机。

大规模定制是精益生产方式的升华，实现了定制化生产。这种生产方式综合了大量生产的低成本和精益生产的柔性化的优点。大规模定制得以实现的核心技术是**模块化**与**延迟策略**。这两项核心技术使本来相互对立的大规模生产与顾客定制化需求统一在了一起：大规模生产的是模块化设计的组件；通过延迟策略，最大限度地满足了顾客定制化的需求。

而使大规模定制真正落到实处的是：①以顾客需求深度调查为基础的客户关系管理；②以最先进的信息技术为支撑的电子商务；③以价值链为核心的供应链管理的基于流程优化或流程再造的精益六西格玛。

7. 大数据分析

随着计算机技术全面融入社会生活，信息爆炸已经累积到了一个开始引发变革的程度。信息量大、增长速度快是其特点。互联网、移动互联网、物联网、车联网、安全监控系统、金融业、电信业都在疯狂产生着数据。

利用大数据分析可以更好地解决运营问题。过去，绝大多数业务分析仅用于生成对企业当前经营状况进行总结的标准或特定报告。利用专门软件可以对个人交易进行数据查询和挖掘分析，以获取可以了解过去交易特征的有用信息。然后，决策者就可以根据判断或简单的报警规则进行运营战略的制定。如今，大数据分析主要是利用统计分析，将业务分析提高到了新的高度。例如，利用大数据分析以推断未来将发生什么，实时优化以支持决策。这些运算结果既可以用于支持决策者进行决策，也可以自动做出决策。

1.4.2 运营管理的发展趋势

随着科学技术的飞速发展和居民消费水平的提高，当今社会已经进入多样化时代。多品种、多样化给制造和管理带来了一系列的问题，使得以多品种、小批量生产为特征的现代生产，在生产组织、计划、协调和控制工作等方面变得更为重要和复杂。在生产运营管理上，如何使规模效益与多样化需求相结合，就成为一个突出的问题。谁能提高多品种小批量生产的效率，谁就会在竞争中占优势。提高多品种小批量生产效率的途径有两条：**减少零件变化**与**提高生产系统的柔性**。

产品多样化的动因来自市场，企业只能去适应它，而不能改变它。对于加工装配式生产，如何变产品的多品种为零件的少品种，是适应市场变化的一种方法。而提高生产系统的柔性只是一种被动的方法，但也是不可缺少的方法。要减少零件变化，可以通过三种途径：推行三化（产品系列化、零部件标准化、通用化）、推行成组技术和推行变化减少方法（Variety Reduction Program，VRP）。其中 VRP 是一种崭新的面向市场多样化需求的制造工程思想和方法，它运用统计方法，区分产品中固定不变部分与变动部分，使变动部分尽可能减少，以便简化设计。一般来说，系统柔性是指系统处理外界变化的能力，提高系统柔性可以通过提高机床的柔性（如数控机床、柔性制造系统等）和采用成组技术等途径。技术现代化必须依赖相应的管理现代化，否则高新技术难以带来高效率和高效益。我们既要引进、吸收国外的先进经营管理方式、方法及经验，也要继承和发扬我国传统管理中的经验，逐步形成具有中国特色的现代化生产运营管理模式。

运营管理的发展趋势可以概括为以下五点：

1. 运营管理范围大为扩展

现代运营的范围已从传统的制造业企业扩大到非制造业。其研究内容也已不局限于生产过程的计划、组织与控制，而是扩大到包括运营战略的制定、运营系统设计及运营系统运行等多个层次的内容。人们开始把运营战略、新产品开发、产品设计、采购供应、生产制造、产品配送直至售后服务看作一个完整的“价值链”，对其进行集成管理。

2. 多品种小批量生产成为生产方式的主流，企业注重提高生产系统的柔性

随着科学技术的进步和人们生活条件的不断改善，消费者的价值观念变化很快，消费需求多样化、个性化，从而引起产品的寿命周期相应缩短。因此，一度被当作 20 世纪生产特征的单一品种大批量生产方式，已无法适应新世纪。多品种、中小批量混合生产方式将越来越成为主流。与此同时，增强对产品需求量、产品本身及交货时间变化的适应能力，即增强企业的“柔性”，已经成为企业的主要竞争战略。企业的柔性包括物的柔性和人的柔性，即**生产系统的柔性**和**组织管理系统的柔性**两个方面，任何一方面缺乏柔性都会导致企业的整体柔性降低。因而在制造业领域，“敏捷制造”（Agile Manufacturing，AM），以及企业的组织管理方面的“团队”建设和“项目组织”便应运而生。

随着企业的竞争优势已逐渐转移到时间和品种上来，谁能迅速适应市场环境的变化，及时推出用户所需要的全新产品，谁就能占领市场、赢得竞争，这就是“基于时间的竞争（Time-based-competition）”。为缩短时间，各公司都在加工工序、信息处理、产品设计和对顾客抱怨的处理方面努力，于是“并行工程”（Concurrent Engineering）和“时间压缩技术”（Time Compression Technology）等先进方法相继出现。

3. 精益生产（Lean Production）成为企业运营管理追求的目标

精益生产是指对一切资源占用少、利用率高的生产管理方式。这里的资源包括土地、厂房、设备、物料、人员、时间和资金。精益生产系统可使用比大量生产系统更少的资源生产出同样多的产品。这一生产方式源于 20 世纪五六十年代日本的丰田生产方式，其基本原理是：不断改进、消除对资源的浪费、协力工作、沟通。不断改进是精益生产的指导思想，消除浪费是精益生产的目标，协力工作和沟通是实现精益生产的保证。精益生产系统利用高技术的工人和柔性设备，集中了大量生产（高产量、低成本）和手工艺生产（品种多和柔性）的优点。精益生产的产品质量要优于大量生产的产品。正因为如此，精益生产方式将会受到越来越多的企业的推崇。与此同时，这一生产方式使得组织结构扁平化，管理层次大为减少。

4. 供应链管理成为企业运营管理中的一个重要背景

供应链由原材料零部件供应商、生产商、批发经销商、零售商和运输商等一系列企业组成。在传统的企业管理中，一条“链”上的各个企业只把对方视为买卖关系、交易对手，各自只关注自己企业内部的运营和管理。而现代企业则开始致力于整个供应链上物流、信息流和资金流的合理化和进一步优化，与供应链上的多个企业结成联盟，把整条“链”看作一个集成组织，通过“链”上各个企业之间的合作与分工，应对日趋激烈的市场竞争。

5. 环境问题受到重视

环境保护已经成为人类面临的一个重大问题，而企业在这个问题上具有最直接的责任。为此，企业有必要在产品设计和运营过程中考虑如何保护环境，在资源获取和利用上尽量节约自然资源，合理使用资源，并考虑各种资源的再生利用问题。国际标准化组织已经于 1996 年颁布了有关环境管理的 ISO14000 系列标准。当今，企业是否取得 ISO14000 的认证已经成为企业能否走向国际市场的又一个“通行证”。有关环保问题的法规和法令越来越多，内容越来越细，对污染和废弃物控制不力的企业制定了严厉地处罚机制。因此，污染控制和废弃物处理是企业管理者必须关心的重要问题。

1.5 案例：B 公司深耕外卖市场的运营管理

1. 引言

报告显示，我国网络外卖市场规模已经非常巨大。2013 年起中国餐饮贸易收入增速加快，2015 年突破 3 万亿元，2016 年已突破 3.58 万亿元，其中网络订餐市场规模达 3579 亿元。

随着消费升级，越来越多的消费者对外卖平台的安全、高效提出了更高的要求。

有 56.1% 的白领看重食品生产安全，52.1% 的白领看重配送服务准时率。白领们在网络消费时首先最看重安全，其次是口碑和品牌。

除了用户的要求越来越高，政府有关部门也十分关注行业的发展，对市场的管理愈加严格。2017 年以来，企业开始推行行业标准，致力于维护市场健康有序发展。如在 2017 年 4 月，主流外卖平台联合签署了《网络订餐平台自律共建联盟公约》；2017 年 7 月，美团外卖、饿了么、B 公司（代称）等联手清退问题店铺，共计下线 5073 家店铺；8 月，B 公司发布“4 大标准 20 条军规”，等等。报告指出，积极推动行业标准和规范的建立，同时服务精细化成为行业的大势。

2. B 公司差异化运营战略深耕白领市场

2014 年 5 月 20 日，作为网络外卖服务市场后来者的 B 公司诞生了，在当时竞争激烈的市场环境中，B 公司选择了一条差异化的道路，一方面坚持聚焦于中高端白领及住宅用户；另一方面则围绕着目标用户的核心痛点，大力推进物流体系的建设以保障送餐体验。B 公司定位于针对白领阶层的技术驱动型的外卖服务企业。

为什么 B 公司会选择差异化进军白领市场？从市场环境来看，一方面是其他网络外卖平台在高校市场厮杀非常激烈，另一方面白领属于中高端用户群，在选购外卖的过程中更注重服务水平及速度，因此对外卖企业的要求也更高。依托流量优势、数据优势和技术优势等，作为后来者的 B 公司顺利从白领市场切入网络外卖服务市场的竞争中。

“白领用户属于服务敏感型用户，客单价和用户忠诚度都更高，这也为后期的盈利打下了良好的用户基础。”B 公司表示。

主流外卖平台的用户特征愈加明显，其中，B 公司客户中男性占比达 60.0%，高学历、一线城市及高收入群体的占比较高。二成以上的白领平均月收入在 1 万元以上，同时根据白领平均每月网络消费金额与网络外卖消费金融状况来看，白领平均每月使用在网络外卖服务的消费金额占平均月收入比例的 8.3%。

针对白领市场，B 公司有一套独到的打法。

（1）满足客户需求。做白领外卖需要从四个层次去满足消费群的需求。

第一个层次是商户覆盖，覆盖更多的商户是关键，只有这样外卖平台才可以给用户更多的选择。B 公司的商户覆盖门槛较高。首先，B 公司要求入驻商家都必须“亮照亮证”。其次，B 公司的工作人员还会随时对入驻商家进行回访，详细调查商家的卫生状况，确保消费者的食品安全卫生。

第二个层次是价格，和竞争对手相比，B 公司会持续推出更多的补贴，同样的外卖，B 公司更有价格优势。

第三个层次是服务的速度，也就是准时率的要求，越高端的用户越看重准时。

第四个层次是服务的标准化程度。B 公司要求所有的“骑士”必须持健康证上岗，他们会穿着统一的服装、讲相对统一的话，比如说“祝您用餐愉快”，这些都有一整套完善的机制来做管控。

（2）营销策略。在营销及推荐上，B 公司每月都会举办一次超级品牌节，挑选大牌品质商户，为白领用户提供更高品质的商品。由于按照传统展示方式，很多用户想找到心仪的商户不易，而通过 B 公司的个性化 Rank（排序）技术，可根据用户特征、下单时间、下单地点等因素进行计算及排序，构建用户的喜好模型，进而可以从众多商家中推荐用户喜欢的餐品，展现在目标客户浏览的页面上，对用户和商家进行个性化匹配，实现“千人千面”。这也意味着，B 公司在恰当的时间、恰当的地点，推荐更恰当的外卖产品和餐厅给每个用户，从而减少用户时间成本投入，增加效率。

（3）配送服务。连接用户的重要一环是配送服务。食品安全是白领群体最为关注的问题，配送准时率则是白领用户第二看重的因素。报告显示，2016 年 9 月，B 公司的配送准时率在 98%~100% 的占比为 21.5%，到了 2017 年 7 月，提升至 40.5%。80% 左右的白领用户订单的配送准时率在 90% 以上。

B 公司依托强大的智能物流调度系统，从技术上确保配送体验。“为了提升配送时效，B 公司依托人工智能技术，打造了智能物流调度系统 4.0，这套系统包括了掌管物流系统的‘大脑’、调节运力合理排班的方法、配送路径优化技术，甚至还有实境模拟类的高端测试技术。其中几项技术不仅在外卖行业，即便是在大物流行业来看，都有非常强的创新性。”

为了确保配送安全，B 公司还在骑士管理和恒温配送方面形成了差异化优势，要求骑士统一装备，持健康证上岗，并要求无涉毒、无犯罪记录，同时还采用国际领先的电芯，使箱内温度始终处于 60~80℃这一区间内，并对送餐箱进行每日一清洗、每周一消毒、每月大清洗、一年淘汰更换，防止细菌滋生。

（4）人员管理

为了更好地管理平台上的骑士，B 公司还发布了 4 大标准 20 条军规，从平台管理、骑士资质、硬件配置和行为规范四大方面保障用户的安全，全面推动网络外卖市场的安全标准升级。在平台管理方面，B 公司建立动态骑士信用档案库，同时为骑士提供交通安全、服务意识、行为规范等系列培训；在骑士资质方面，B 公司对入职骑士进行严格资质审核，确保骑士持健康证上岗，同时确保无犯罪记录、无涉毒；在硬件配置方面，要求车辆、餐箱整洁干净，定期清洗、消毒；在行为规范方面，要求骑士严格遵守交通规则，同时餐箱不离身，携带餐箱取餐及上门配送。

随着外卖 O2O 竞争的深入，未来外卖 O2O 的竞争不再单一，外卖品质以及平台的丰富度都成为外卖 O2O 能否可持续发展的重要因素。未来白领外卖市场竞争格局将围绕安全、配送、品类这三点展开。

思考题：

1. 结合 B 公司的案例，分析运营管理的任务是什么？
2. 分析 B 公司的运营系统，并画出运营系统框架图。
3. 从 B 公司的案例中可以看出外卖 O2O 未来的运营管理的发展趋势是什么？

习题

1. 什么是运营管理？
2. 运营管理的主要任务和内容是什么？
3. 简述运营系统的构成及特征。
4. 结合现实生活中的一个企业，分析它的“投入—转换—产出”过程。
5. 简述产品与服务的联系及区别。
6. 试举出与大规模定制相关的企业实例，并结合实例说明大规模定制的优点。
7. 简述运营管理的发展趋势。
8. 查找有关物流运营管理的相关概念，并对比与运营管理之间的区别及联系。

参考文献

[1] KURTZ D L, BOONE G E. 市场营销学［M］. 12 版 . 罗立彬，马跃，译 . 北京：北京大学出版社，2009.

[2] 董千里，陈树公，王建华，等 . 物流运作管理［M］. 寿涌毅，译 . 北京：北京大学出版社，2010.

[3] 海泽，伦德尔 . 运作管理原理［M］. 寿涌毅，译 . 北京：北京大学出版社，2010.

[4] 孙树栋 . 生产运作与管理［M］. 北京：科学出版社，2010.

[5] 张青山 . 生产运作管理［M］. 北京：化学工业出版社，2011.

[6] 邱灿华 . 运营管理［M］. 北京：化学工业出版社，2011.

[7] 雅各布斯，蔡斯 . 运营管理［M］. 13 版 . 任建标，译 . 北京：机械工业出版社，2011.

[8] 马风才 . 运营管理［M］. 北京：机械工业出版社，2011.

[9] 余宙婷，舒华英 . 营销视角下服务分类研究综述［J］. 北京邮电大学学报（社会科学版），2011，13(04)：61-67.

[10] 陈荣秋，马士华 . 生产运作管理［M］. 4 版 . 北京：机械工业出版社，2013.

[11] 汝宜红 . 物流运作管理［M］. 北京：清华大学出版社，2013.

［12］洛夫洛克，沃茨．服务营销［M］．7 版．韦福祥，译．北京：机械工业出版社，2013.
［13］陈志祥．生产与运作管理［M］．2 版．北京：机械工业出版社，2014.
［14］李全喜．生产运作管理［M］．4 版．北京：北京大学出版社，2014.
［15］吴建安．市场营销学［M］．5 版．北京：高等教育出版社，2014.
［16］季香君．现代生产与运作管理［M］．北京：清华大学出版社，2014.
［17］黄卫伟．生产与运营管理［M］．北京：中国人民大学出版社，2015.
［18］斯莱克，琼斯，约翰斯顿．运营管理［M］．7 版．陈福军，吴晓巍，译．北京：清华大学出版社，2015.
［19］张发明，郭元．市场营销——理论与项目化教程［M］．北京：清华大学出版社，2016.
［20］刘丽文．生产与运作管理［M］．5 版．北京：清华大学出版社，2016.
［21］熊国钺．市场营销学［M］．5 版．北京：清华大学出版社，2017.

第 2 章

运营战略

本章导引

本章以运营战略为主题展开，讨论运营战略的概念及其与企业战略之间的关系、运营战略的制定过程、运营战略的实施。运营战略是企业战略的一部分，运营战略的制定过程包括：确定企业的运营宗旨和目标，分析企业内外部的环境，识别运营的特殊能力，重新评价企业运营宗旨和目标，运营战略的形成。

本章要点

1. 理解战略管理与运营管理的联系。
2. 掌握运营战略的概念。
3. 理解运营战略理论的几种观点。
4. 了解运营战略如何支持并促成组织目标的实现，了解运营战略的关键影响因素。
5. 掌握运营战略制定方法，以及如何应用这些方法辅助运营管理决策。
6. 可以对一个实际的组织制定运营战略。

2.1 运营战略概述

运营战略属于企业战略的一部分，是企业总体战略下的职能战略。传统企业的运营管理并未从战略的高度考虑运营管理问题，但是在今天，企业的运营战略具有越来越重要的作用和意义。国内外很多企业的实践说明：运营始终是企业竞争力最重要的源泉。

2.1.1 战略管理与运营战略的概念

1. 战略管理的概念和意义

战略管理是对组织全局发展的筹划和谋略，反映的是对重大问题的决策结果，以及组织将采取的重要行动方案。它决定了组织的长期绩效。

战略管理的意义可以归结为以下四点：

（1）促使企业重视对环境、机遇和风险的研究，从而把握未来的发展方向。这里涉及的不仅是要发展什么，还要考虑淘汰什么。在制定战略时，应将低效益的、过时的产品和服务淘汰。

（2）促使企业明确发展的主攻方向，合理配置和扩充资源，发挥总体效能。

（3）有利于全面推进企业管理的科学化和现代化。制定企业战略可以帮助改善内部管理，注重组织机构的重组和人员素质的提高，以适应发展的需要。

（4）对于大企业或企业集团来说，企业战略将充分发挥大企业宏观调控的管理职能，优化资源配置，发挥总体优势，争取企业整体的协调发展。

正因为如此，企业战略及其管理已成为当今企业管理的核心。20 世纪 90 年代以来，美国 90% 以上的大公司实行了战略管理，其主管人员将 40% 的时间和精力用于战略管理，足见其受重视的程度。

2. 战略管理与运营管理的联系

要明确运营战略的概念，需要了解战略管理和运营管理的联系。

运营管理是围绕战略管理而展开的管理手段，不断检验战略管理的正确性与可操作性。

战略管理指导运营管理的方向，并根据运营管理的变化做出适当的调整与定位。

由此可以看出，运营战略是为支持和完成企业的总体战略目标而服务的。

3. 运营战略的概念

企业为了实现经营的目标，必须将所拥有的资源要素合理地组织起来，充分利用有限的资源来实现产出最大化。

早在 1969 年，美国哈佛商学院的斯金纳教授（Wicham Skinner）就在《哈佛商业评论》中提出了运营战略的概念。他指出：生产运营不仅是单纯的执行，更是企业总战略的一个关键组成部分。在这里，生产运营资源由人力（People）、工厂（Plant）、部件（Parts）、工艺（Processes）及计划与控制系统（Planning and Control System）等五部分组成。

运营战略，根据对企业各种资源要素和内外部环境的分析，对与运营管理、运营系统有关的基本问题进行分析与判断，确定总的指导思想及一系列决策原则，从而实现企业的总体目标。运营中的战略决策涉及企业运营过程的设计和运营系统基础结构的设置。

2.1.2　运营战略与企业战略的关系

1. 企业战略的层次

企业的战略一般可以分为三个层次：**公司层战略**（Corporate-Level Strategy）、**业务层战略**（Business-Level Strategy）和**职能层战略**（Functional-Level Strategy）。它们之间的关系如图 2-1 所示。

（1）公司层战略。如果一个组织拥有两种或两种以上的业务，那么它需要公司层战略。公司层战略定义公司所从事的业务。公司层战略应当决定每一种业务在组织中的地位。例如，迪士尼公司认为自己是在“让人快乐”的行业内经营。因此，它不仅有主业游乐园，还从事电影制作，以及其他多种与娱乐相关的业务。UPS 致力于为顾客提供“准时、优质、低价”的服务。因此，它不仅是世界上最大的快递承运商与包裹递送公司，同时也是专业的物流、金融与电子商务服务的提供者。

（2）业务层战略。业务层战略回答这样的问题：在我们的每一项业务领域里应当如何竞争？对于只经营一种业务的小企业，或是不从事多元化经营的大型组织，业务层战略与公司层战略是一样的。对于拥有多种业务的组织，每个经营部门会有自己的战略，规定该部门提供的产品或服务，以及向哪些顾客提供产品或服务等。

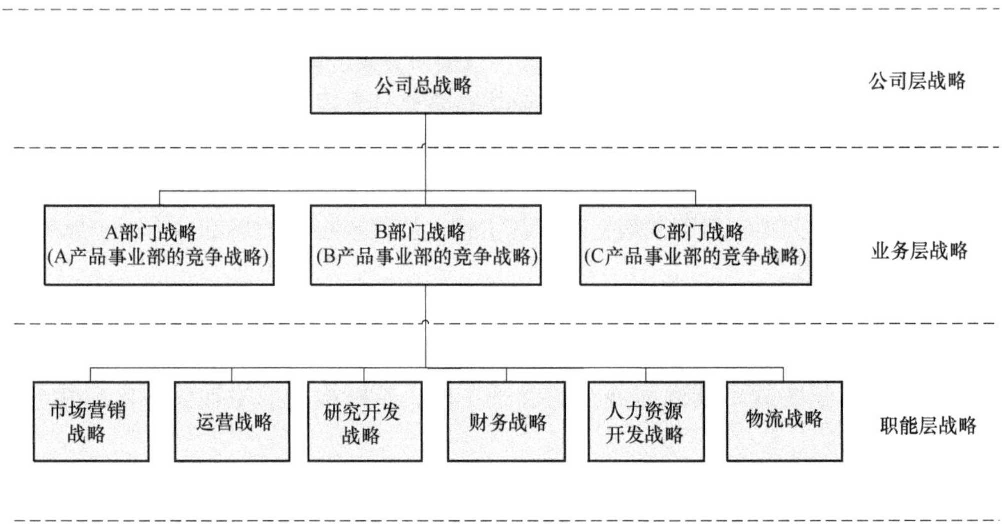

图 2-1　企业战略的层次

当一个组织从事多种不同的业务时，建立战略业务单位更便于计划和控制。**战略业务单位**（Strategic Business Unit，SBU）代表一种单一的业务或相关的业务组合，每一个战略业务单位应当有自己独特的使命和竞争对手。哈佛大学工商管理学院的迈克尔·波特（Michael Porter）提出了著名的三种基本的业务层竞争战略，即成本领先战略、差异化战略和集中化战略。

一个企业究竟选择哪一种战略，取决于该企业的优势和其竞争对手的劣势。管理者应当避免与行业中所有的竞争者拼杀，而应当将企业定位于竞争对手缺乏强大竞争力的市场。

（3）职能层战略。第三层是职能层战略，该层战略回答这样的问题：怎样支撑业务层战略？其内容除了对各自职能、使命的定义外，更重要的是明确业务部门对各职能规定的目标，以及实现这些目标的战略措施。运营战略是职能层战略中的一种，它不但应该为企业经营的基础——运营系统提供一个未来所要达到的远景，还应提出运营系统发展的具体目标、所要采取的策略和计划。可见，运营战略针对的对象是企业的运营系统，它涉及范围广，涵盖整个公司。

为了使运营战略切实有效，将其同公司层战略联系在一起是十分必要的。因为运营系统是企业整体的一个组成部分，而运营战略也是在公司层战略的指导下制定的，其根本目的也是为实现公司层战略服务。公司层战略的制定应考虑运营层的优势和劣势，扬长避短。这就要求高层管理者要同职能部门一起制定运营战略，做到运营战略与层战略之间相互一致，而非相互冲突。

2. 运营战略在企业战略中的地位

在企业战略中，企业领导层往往比较注重市场营销、产品研究与开发和财务等职能战略，而对运营战略重视不够。实际上，运营战略正确与否，对企业的获利能力和竞争地位有很大影响。近年来，随着全球经济的发展，资本成本与人力成本都有所提高，技术进步加快，能源短缺，国家宏观调控等外部环境在不断变化。这对现代企业的运营管理提出了更高的要求。运营战略属于企业总战略下的职能层战略，在企业战略中所具有的重要地位与作用表现在以下两个方面：

（1）从运营与企业整体发展角度看，运营战略是企业取得战略成功的关键因素。首先，运营战略对实现总战略目标及实现经营领域战略竞争优势起保障和巩固的作用，因为这些竞争优势来自运营系统。其次，运营战略对市场竞争战略起着支撑作用，因为市场是靠企业生产的产品和服务来保证的。

（2）从运营与其他职能部门的关系角度看，运营战略对其他职能战略起着中心协调作用。运营管理的重要作用，不仅在于提出解决生产问题的对策，而且必须对市场营销、研究开发等方面具有敏捷的反应，不断改进产品和服务，提高市场竞争力，建立最佳的运营系统；同时还要与财务、人事部门协调，共同努力解决诸如如何有效地运营资产、加强成本控制、提高人员素质等问题，以保持良好的持续发展状态。

当前，企业资产重组、收购兼并已成为令人关注的热点，但是企业不能把希望全部寄托在资产运营上，因为成功的资产运营基础与绩效最终仍然要取决于运营系统所具备的竞争实力。国内外企业实践说明：运营管理始终是企业竞争力最根本的源泉。

3. 运营战略的特征

运营战略属于职能战略，在公司总战略框架下，按照选定的目标市场和确定的竞争战略，对企业经营领域的生产系统的建立和运行制定全局性的规划。运营战略具有以下特征：

（1）贡献性。运营过程为企业获得竞争优势，不断地提供新产品和产品售后服务。其贡献性表现在运营战略要时刻服务于公司层战略。

（2）协调性。除了要与公司层战略保持一致外，运营战略还要同其他职能战略，如研发战略、营销战略、财务战略、物流战略等相互协调，以保证运营战略的实施。

（3）可操作性。与公司层战略比，作为职能层战略，运营战略既要有战略性的规划设想，又应着重于可操作性，按照其战略构成要素（如生产能力、厂址选择、制造技术、计划与控制等）进行目标分解和实施。

2.2 运营战略理论的观点

关于运营战略，不同的学者有不同的看法和理解，可以总结为四种观点：其一，运营战略是整个公司或集团对未来目标的一种自上而下的反映；其二，运营战略是从运营改善的累积效应中自下而上的活动的总和；其三，运营战略是指将市场需求转化为运营决策的过程；其四，运营战略是关于如何在选定的市场上充分发挥运营资源能力的决策。

综合考虑这四种运营战略观点时，可以得到关于运营战略较全面的认识，如图 2-2 所示。

2.2.1 “自上而下”的运营战略

“自上而下”的运营战略过程主要针对进行多元化经营的大型公司。要想在全球化的经济、政治和社会环境中找到自己的位置，大型公司首先必须有战略。“自上而下”的运营战略包括以下方面的决策：希望进入什么行业；希望在世界的哪些地区经营；资金如何在不同业务之间分配等。这些决策就构成了该公司的公司战略。同时，公司内部的各个业务部门也必须提出自己的部门战略，将自己的使命和目标明确下来。

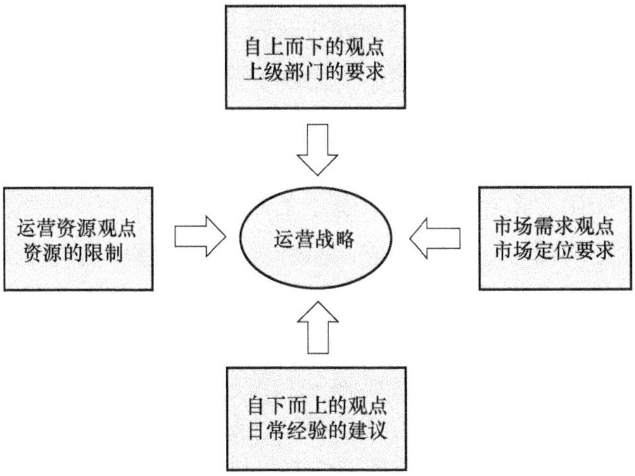

图 2-2　运营战略理论的四种观点

正因为如此，持“自上而下”的运营战略观点的人认为，影响它的主要因素就是上级部门所选择的战略方向，根据公司选择的总体战略方向，各业务部门制定相应的运营战略。此时，业务部门的运营战略不是仅仅根据自己的市场和特长制定出来的，而是在公司总体战略框架下，可能要求业务部门牺牲短期利益以顾及整个公司的长远利益。

上述讨论强调的是不同的公司目标将会导致不同的运营战略。运营职能的任务在很大程度上就是要实现公司战略，或者说将其“运营化”。如图 2-3 所示，运营战略的“自上而下”观点显示了这个战略结构的层级，并列出了各个层次的一些决策以及它们对战略决策的主要影响。

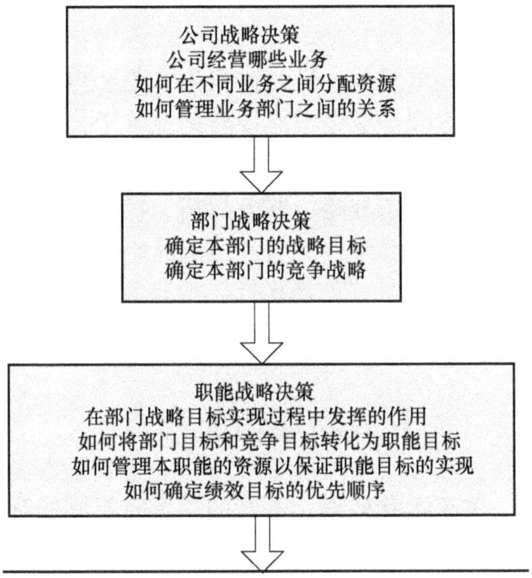

图 2-3　关于运营战略的“自上而下”观点

2.2.2 “自下而上”的运营战略

在实际操作过程中，运营战略的形成过程并非如“自上而下”的层级安排那么简单，各个层次之间的关系要复杂得多。虽然“自上而下”的观点是考虑运营战略问题时的一个简单方便的工具，但是我们还需要考虑特定业务部门在制定其运营战略时的具体环境和条件，既要符合公司总体的战略和目标，也要兼顾该业务部门的内部条件。任何一家公司在制定自己的公司战略时，都必须将下属各个业务部门的外部环境、经验和能力等因素考虑在内。同样，任何一个业务部门，在制定自己的部门战略时，也必须协调各个职能部门的意见，以了解它们各自受到的约束和具备的能力。

因此，在运营战略制定过程中也出现了一种不同于“自上而下”观点的看法。这种观点认为，许多战略构想随着时间的推移，从运营实践中酝酿得到。有时候，公司之所以转向某一个特定的战略方向，仅仅是因为运营部门在日复一日向顾客提供产品和服务的经验中证明了它的正确性。这里可能根本不包含任何高层决策，因此也就看不到那套标准的决策程序。相反，来自基层的经验首先是在运营层面自然地形成的，而“高层”战略决策的作用则在于在必要的时候对其进行认可，并提供资源、以保证这种来自基层的运营战略得以推广和实现。

这种由运营过程中的实践经验日积月累逐渐形成的战略，有时也被称为自发性战略，通常都是以一种相对非结构化、相对分散的方式出现的。“自下而上”的运营战略观点如图2-4所示。

“自下而上”观点也许更接近真实情况，但是从制定战略的角度，这种观点对具体决策过程的指导作用比较有限。这种“自下而上”的战略制定方法的关键在于：从经验中学习的能力以及连续性和渐进性改善的能力。

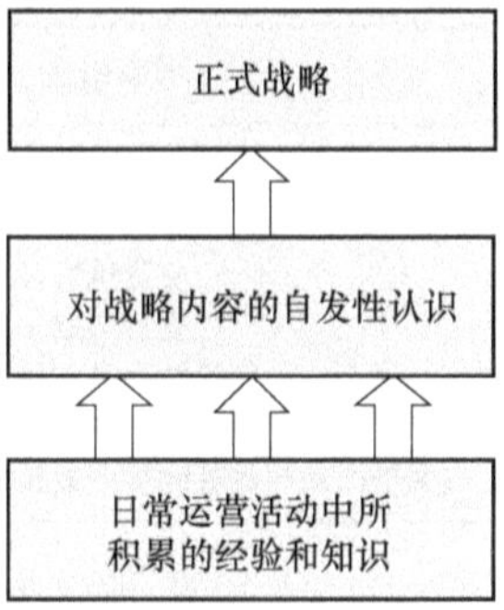

图2-4 关于运营战略的“自下而上”观点

2.2.3 侧重市场需求的运营战略

任何公司都有一个目标市场，如果一个公司始终无法满足目标市场，就不可能长期生存下去。因此，公司的运营战略应该反映市场的需求。只有真正了解市场需要什么，管理者才能保证运营系统是在朝着正确的绩效目标迈进。侧重市场需求的运营战略观点如图2-5所示。

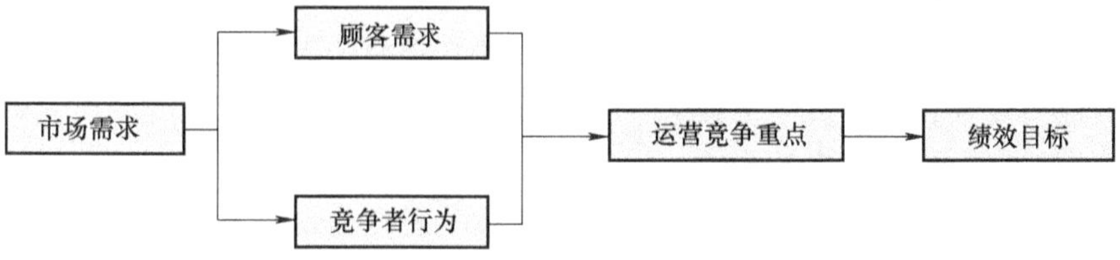

图2-5 关于运营战略的市场需求观点

绩效目标是在运营竞争重点选择的基础上制定的。在具体运营系统中，竞争重点的权衡取决于两个主要因素：①顾客的需求；②竞争者行为。

1. 顾客需求对绩效目标选择的影响

公司必须在产品服务的特定细分市场满足顾客需求，运营系统就必须建立相应的绩效目标体系，这些绩效目标又来源于对竞争重点的选择和权衡。

比如，如果顾客十分看重产品的价格是否低廉，运营系统就必须将重点放在成本方面。如果顾客坚持购买零缺陷的产品，运营系统就必须集中精力来提升质量方面的表现。同样，如果顾客对能否快速交货非常重视，则速度在运营系统中的重要性更加突出。而对交货可靠性要求更高的顾客则要求运营系统更加注重可靠性。假如顾客想要的是具有创造性的新产品或服务，运营系统就必须大大提高自身灵活性和新产品开发能力，以使公司的创新产品能够抢在竞争对手之前到达顾客手中。同样，如果顾客对产品和服务的种类要求很高，运营部门就需要具备足够的柔性，从而能够在不需额外增加成本的同时达到市场必需的多样化水平。

构成顾客需求的这些要素称为竞争要素。一些最常见的竞争要素与运营系统绩效目标之间的关系如图 2-6 所示。顾客最为看重的竞争要素对各绩效目标的优先级有着很大的影响。

竞争要素		绩效目标
顾客需求		运营系统实现的竞争重点
价格低廉	→	成本
质量优异	→	质量
交货迅速	→	速度
交货可靠	→	可靠性
创新性产品与服务	→	灵活性(产品/服务)
产品与服务品种丰富	→	柔性(组合)
调整产品与服务的生产数量或时间的能力	→	柔性(数量和/或交货)

图 2-6 不同的竞争要素要求不同的绩效目标

确定竞争要素相对重要性的一种非常有效的办法是区分“订单赢得要素”和“订单资格要素”。

订单赢得要素是指那些对获取业务有着重要而直接影响的事情。它们是决定顾客心目中购买该产品或服务的最为关键的标准。提高运营系统在订单赢得要素上的表现，可以带来更多的生意，或增加获取更多生意的机会。**订单资格要素**虽然不是竞争胜利的主要决定因素，却是对某种产品最基本的资格要求。比如对汽车产品来说，质量就可能是其订单资格要素。在这些要素上，公司必须达到某一特定水平以上，顾客才可能考虑购买它的产品。如果公司低于这一“资格”水平，会失去顾客。

如果一个运营系统同时为一个以上的顾客群体生产产品或服务，则必须为各个群体分别确定订单赢得要素和订单资格要素。

2. 竞争者对绩效目标选择的影响

顾客并不是影响绩效目标选择的唯一因素，竞争者行为也是不容忽视的重要因素。例如，当大多数物流企业都以成本为主要竞争点的时候，它们可能认为大多数的顾客还是以价格为主要选择因素。这时，其中一家物流企业敏锐地感觉到顾客开始更加关心是否有更多的物流方案可以选择，如果该企业能提供更多的配送方案为顾客服务，那么这家企业在竞争中就可以取得更好的效果。当然，前提是能继续保持较低的成本或对顾客需求的适应能抵偿成本的增加。这样，这个竞争者对竞争点的定位就不同于其他企业。所以，同为物流企业，因为对顾客需求的理解不同，对目标市场的确定不同，都会影响其对绩效目标的选择。

当这家公司改变了这种竞争格局后，如果其竞争者再单纯以成本为竞争重点，竞争能力可能会大大降低。当然，并不是说其他公司必须跟在这家公司后面亦步亦趋地行动，它们也可以在竞争要素中注入其他新的内容以有别于这家企业。比如，可以在保证成本、质量的前提下，提供更加及时准确的物流服务，当然这要求其运营能力确实能满足这种需要。

需要强调的是，即使在顾客偏好没有发生直接变化的情况下，公司也可能必须改变自已的竞争方式，进而改变其绩效目标的优先级别。此外，公司还可以通过选择与对手不同的竞争模式将自己与对手区分开来。

2.2.4 侧重运营资源的运营战略

最后一种关于运营战略的观点，是建立在一种非常重要的企业战略理论——资源决定论的基础之上的。资源决定论的观点可以这样概括：任何企业的主要竞争优势都可能来自内部资源的核心竞争力（或能力）。这就是说，从长期来看，公司继承、获得或建立其运营资源的方式对它的战略成败有着非常重要的影响。而且，这种“运营资源”能力对于公司战略来说有着与市场地位相同甚至更大的影响。因此，了解和增强运营资源的能力，是一个非常重要的分析运营战略的切入点。

图 2-7 给出了运营战略的运营资源观点的基本轮廓。从图 2-7 可以看出，运营系统的能力和工艺过程都以运营系统资源为基础，并且都对结构性决策和基础性决策的制定有着重要的影响。

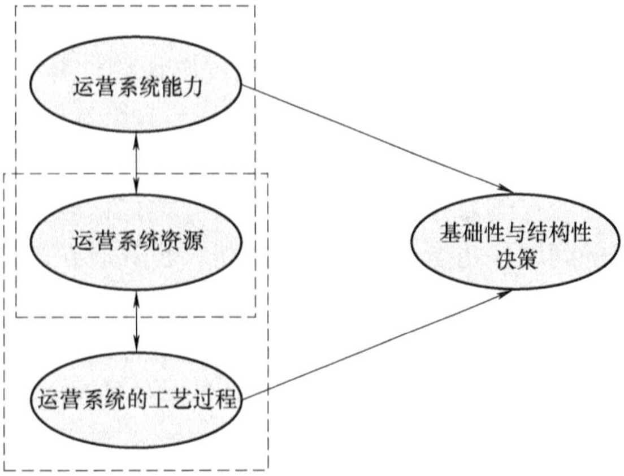

图 2-7 关于运营战略的运营资源观点

1. 运营系统资源与运营系统能力

没有哪家公司在选择自己的市场定位时，可以不考虑满足该市场需求的产品和服务的生产能力。也就是说，运营系统资源对运营系统能力施加的约束是不能忽略不计的。例如，有一家空调器生产企业，平时该企业均是按照市场预测生产标准化的空调器产品，生产量大，有较好的成本优势。这时，一家国外的经销商根据当地顾客需求的特点，想定制一批数量不是很多的特制空调产品，并且如果这次订货成功后，类似的这种批量的订货次数会很多，当然每次的规格可能都不完全一样。对该公司而言，这样的机会取决于公司能否以较低的成本生产多品种、小批量的空调产品；由于公司运营系统的柔性难以实现这些要求，公司最终只能放弃这类业务。按照前面提到的市场观点，这是一笔难得的生意，但是按照运营资源观点，这种业务该企业是无法承接的。

要运用运营资源观点，首先必须了解运营系统中的资源能力和资源约束。真正了解自身的运营资源，需要回答有什么可用资源和资源利用能力有多大这两个问题。

回答有什么可用资源这一问题的最简便的办法，就是输入运营系统的待转化和转化资源，因为它们是运营系统的“基本构件”。但是拥有同样资源的企业其运营能力可能会有很大不同。出现这样的结果，是因为不同的企业运用资源的方法会不一样。

2. 运营系统资源与工艺过程

对于运营系统来说，资源的应用过程可以通过工艺过程来分析。工艺过程是为了达到转化过程目标的任务分解，同一业务有不同的任务分解方式，这决定了一家公司完成资源转化过程的时间、质量、成本等。一个运营系统不仅是各个工艺过程的总和，还有一些无形资源。一个运营系统的无形资源包括：它与供应商之间的关系及它在顾客中享有的声誉；它获得顾客知识的能力；它在使用工艺过程中获得的知识和经验；它的员工在开发新产品和新服务过程中的合作方式等。

在运营系统内部，这些无形资源可能不像有形资源那样真实可见，但却有着非常重要的价值。而且，它们跟有形资源和工艺过程一样，也是运营系统满足市场不可或缺的东西。因此，从运营资源的战略角度来看，运营管理的核心任务就是确保它的战略决策模式可以通过其资源和工艺过程能力得以实现。

3. 基础性与结构性战略决策

人们通常把战略决策的内容分为两种，这两个方面的决策内容与战略的资源观点是密切联系的，一种是确定运营系统结构的战略决策，另一种是确定其基础的战略决策。

结构性战略决策是指那些主要对运营转化活动发生影响的决策，通常要考虑到运营系统的工艺过程；而**基础性战略决策**则是指那些影响计划与控制、员工组织及运营改善的决策，一般情况下要考虑运营系统的能力。

运营战略之间的这种区别可以比作计算机系统中的“硬件”和“软件”，将结构性战略决策看作“硬件”，将基础性战略决策看作“软件”。计算机的硬件为它所能完成的任务设置了边界。同样，在先进技术上进行投资以及建立更多或更好的设施也可以提高运营系统的潜在能力。在硬件设定的边界之内，软件负责解决如何使计算机在实际使用中高效运转的问题。功能再强大的计算机，也只有在软件能够充分利用其能力的前提下，才能把全部的潜力都发挥出来。同样的道理也可以用在运营系统身上。再先进、再昂贵的设施和技术，也只有在具备完善的基础架构来管理日常运营的前提下，才能够发挥出应有的效果。

表 2-1 列出了结构性和基础性战略决策各自的决策领域。

表 2-1　结构性战略决策与基础性战略决策领域

序号	结构性战略决策	基础性战略决策
1	产品开发与服务设计	质量管理
2	产能规划	企业资源计划
3	服务流程设计与优化	准时制生产
4	生产和服务设施选址	项目管理

2.3　运营战略的制定

运营战略必须能够支持本企业战略和企业使命、符合本企业现有的运营技术、满足市场需求，故而在制定企业的运营战略过程中，企业必须要考虑一些关键因素，同时应遵循的一定的流程。本节讨论运营战略制定应考虑的关键因素、制定方法和制定过程。

2.3.1　制定运营战略的关键因素

1. 企业战略

运营战略必须支持企业战略和企业使命。例如，当企业采用成本领先战略时，运营系统往往会减少产品品种和工艺的多样化，批量生产某一产品或集中提供某一服务；而当企业采用差异化战略时，运营系统的产品创新、技术研发、质量管理等方面能力增强，灵活性改善，在成本控制方面可以有所放松。

2. 市场需求

市场需求直接决定着企业所生产的产品的品种、款式、质量、数量、价格、服务及交货期，从而对运营系统的创新、质量、弹性、成本、继承性和按期交货等具体功能提出了不同的要求，这就为制定运营战略提供了重要依据。

显然，运营战略应与市场需求相匹配，否则就会产生风险。风险与不确定性相关，企业在生产运营领域的不确定性和风险很多。例如，每个工序的时间波动累积起来就会形成交货期的大波动；企业对固定资产的投资，可以形成稀缺的生产运营资源，组成企业的核心能力，但当市场需求发生变化的时候，资产的专用性越强，改变的可能性就越小，蕴含的风险就越大。

3. 技术因素

制定运营战略的一项重要内容就是进行技术选择，除了一般性地分析技术进步对企业可能产生的影响外，更要重视研究具体技术选择的标准。

以制造企业为例，企业的生产运营技术由生产运营工艺技术和生产运营工艺设备两个部分组成。生产运营工艺技术是指生产产品的方法，包括加工路线、方法、工艺参数、质量标准等。选择生产运营技术应当注意以下方面：

① 与生产运营系统功能目标之间的匹配性；

② 条件限制，如原材料来源、资金来源、企业素质的支持程度，是否符合有关环保规定等；

③ 与技术发展趋势的协调性。

4. 产品的生命周期

产品的生命周期阶段不同，在竞争焦点、产销量、运营工艺过程和设备等基本特征方面也不相同，对运营系统的要求也不同。也就是说，运营系统应随着产品生命周期的变化而调整。

2.3.2　运营战略的制定方法

常见的运营战略制定方法有内外部矩阵（IE 矩阵）、SWOT 分析、波特五力模型、波士顿矩阵（BCG 矩阵）等，本书主要介绍内外部矩阵（IE 矩阵）、SWOT 分析及波特五力模型。

1. 内外部矩阵（IE 矩阵）

内外部矩阵（IE 矩阵）是在原来由 GE 公司提出的多因素业务经营组合矩阵基础上发展起来的。IE 矩阵中的横坐标表示竞争地位，纵坐标表示行业吸引力，分别用内部因素评价矩阵（IFE 矩阵）和外部因素评价矩阵（EFE 矩阵）来表示。

内部因素评价矩阵（IFE 矩阵）是对企业内部各因素综合分析得出的加权值。它反映了企业内部的综合实力和竞争能力。IFE 加权值越高，说明企业的综合实力和竞争能力比较强，即企业在内部状况方面处于强势。IFE 加权值越低，说明企业的综合实力和竞争能力比较低，即企业在内部状况方面处于弱势。**外部因素评价矩阵（EFE 矩阵）是对企业外部环境所包含的机会与威胁的评价值及企业对外部环境所做出反映的程度。**EFE 加权值越高，说明企业越能利用外部有利的市场机会，减少外部竞争威胁的不良影响，即企业在外部环境方面处于优势。EFE 加权值越低，说明企业面临着严峻的竞争威胁，而且企业不能有效利用有利的市场机会以消除竞争威胁的不利影响，即企业在外部环境方面处于劣势。

如图 2-8 所示，在 IE 矩阵的横坐标中，IFE 加权评分数为 1.0~1.99 代表企业内部的劣势地位，2.0~2.99 代表企业内部的中等地位，而 3.0~4.0 代表企业内部的优势地位。相应地，在纵坐标上，EFE 加权分为 1.0~1.99 代表企业面临着较严重的外部威胁，而 2.0~2.99 代表企业面临中等的外部威胁，3.0~3.99 代表企业能较好地把外部威胁的不利影响减少到最小。

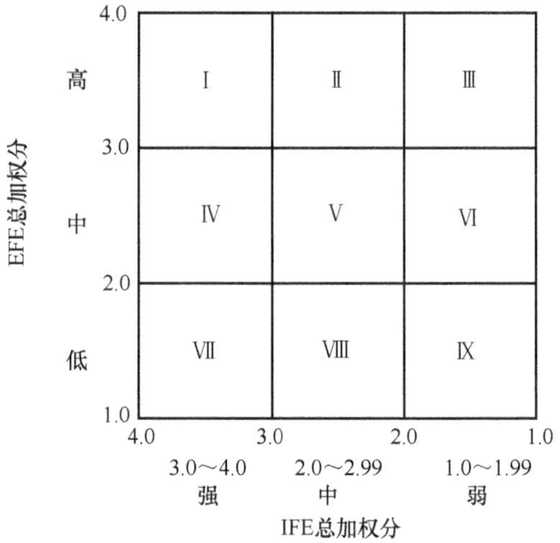

图 2-8　IE 矩阵图

可以把 IE 矩阵分成具有不同战略意义的三个区间。第一区间，IE 矩阵对角线第Ⅲ、Ⅴ、Ⅶ格；第二区间，IE 矩阵对角线左上方的第Ⅰ、Ⅱ、Ⅳ格；第三区间，IE 矩阵对角线右下方的第Ⅵ、Ⅷ、Ⅸ格。

对落在 IE 矩阵不同区间的不同业务或产品，企业应采取不同的战略。

（1）落入Ⅰ、Ⅱ、Ⅳ格的业务应被视为增长型和建立型（Grow and Build）业务。所以应采取加强型战略（市场渗透、市场开发和产品开发）或一体化战略（前向一体化、后向一体化和横向一体化）或投资 / 扩展战略。

（2）落入Ⅲ、Ⅴ、Ⅶ格的业务适合采用坚持和保持型（Hold and Maintain）战略，或选择 / 盈利战略，如市场渗透和产品开发战略等。

（3）落入Ⅵ、Ⅷ、Ⅸ格的业务应采取收获型和剥离型（Harvest and Divest）战略或收获 / 放弃战略。

2. SWOT 分析

采用这种方法时，首先以营销部门为主导，分析企业所处的外部运营环境可能给本企业带来的**机会**（**Opportunities**）和造成的**威胁**（**Threats**）；然后，以运营部门为主导对内部条件进行分析评估，明确哪些是自身的**优势**（**Strengths**）、哪些是自身的**劣势**（**Weakness**），做到知己知彼，扬长避短；最后，根据内外环境分析结果制定相应的运营战略。

3. 波特五力模型

波特五力模型（简称五力模型）可用于运营管理的外部环境分析，如图 2-9 所示。

利用这一模型可以分析企业所面临的五个方面的压力，从而进一步了解外部环境中对企业影响最为直接的因素。分析结果在企业的选址规划、能力规划、新品开发等很多方面都得到应用。

2.3.3　运营战略的制定过程

运营战略的制定需要充分考虑企业的外部环境和内部条件，并要分析本企业与竞争对手的优势和劣势，以满足顾客不断变化的需求，最终赢得竞争优势。其具体过程如图 2-10

所示。下面分析运营战略制定过程中的各个步骤。

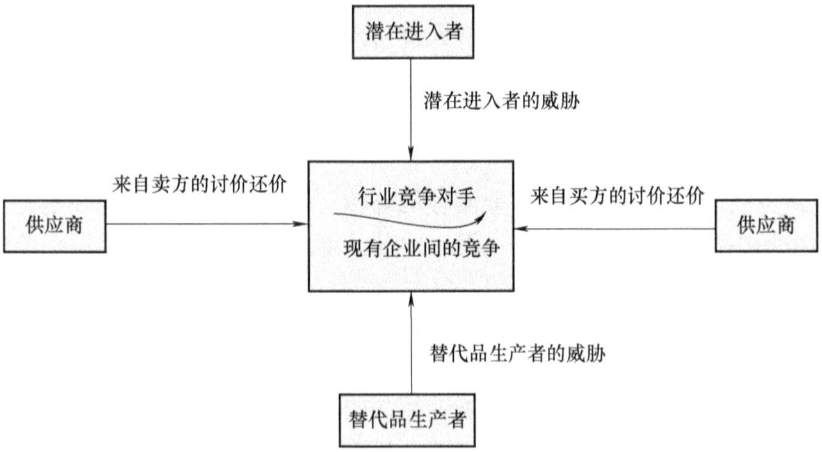

图 2-9　波特五力模型

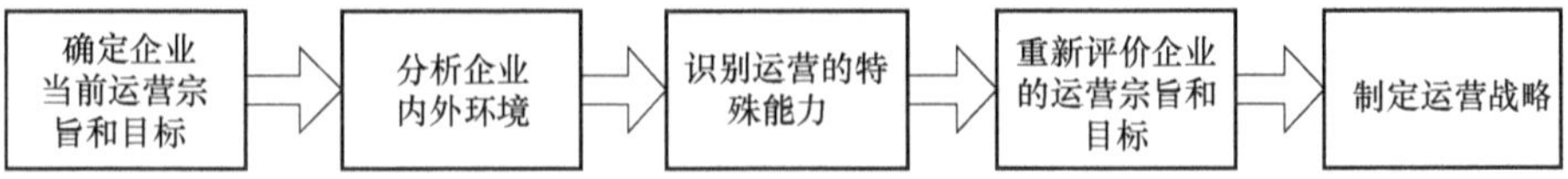

图 2-10　运营战略制定过程

1. 确定企业当前运营宗旨和目标

每个企业都有运营宗旨，它规定了企业的目标和所从事业务的性质。运营宗旨是指与公司战略相关的运营职能的目的，说明不同运营目标的优先顺序。例如，一个物流企业的运营宗旨是：通过提供新服务来满足市场需求，从而获得更多的市场份额，并在该领域成为行业的领导者。这要求在合理的成本下进行创新，以此来提供出色的服务。上面的宗旨陈述反映了该公司是通过引入新的服务方式来强调公司的差异化战略，而不是低成本。

运营目标就是对企业运营预期要达到的结果的量化指标。目前，高效、低耗、柔性、合格、环保、安全的运营战略目标基本得到了学者们的广泛认可，如表 2-2 所示。

表 2-2　运营战略目标与指标

编　号	运营战略目标	运营指标	产出指标
1	高效	速度	交货期
2	低耗	成本	价格
3	柔性	品种	顾客偏好
4	合格	质量	顾客满意度
5	环保	环境	公众利益
6	安全	健康	员工、顾客健康

这些目标相互关联：运营速度和成本直接影响产品与服务在市场上的交货期和价格；运营系统的柔性有利于产品与服务的多样化，满足顾客的各种偏好；产品的质量会直接影响顾客的满意度；运营环境和安全卫生目标与社会公众、顾客、员工的利益息息相关。

另外，这些目标相互之间又往往是相互矛盾的。比如，有的运营系统提供的产品质量很好，但运营成本较高，导致产品价格缺乏竞争力；有的运营系统采用多功能设备，以便于提高系统柔性，但往往需要较长的设备调整与准备时间，从而影响了运营速度和产品交货期。因此，企业在确定其运营战略目标时要综合考虑这些因素，结合市场的情况和自身的水平予以权衡，使运营战略决策能够最大限度地保障企业经营目标的实现。

2. 分析企业内外环境

在制定运营战略时，需要分析企业面临的环境。通过分析企业外部环境，企业可以清楚地认识到市场中存在的机会和威胁；而对内部环境的分析通常能帮助识别企业目前生产运营的优劣势。

（1）企业的外部环境分析。企业的外部环境可以分为宏观环境和一般环境。

1）宏观环境可分为国内外宏观经济环境和经济产业政策。任何一个企业在制定其经营战略时都不可能不考虑这方面因素，而它与运营战略的直接关系主要在于该因素将影响其中决策和生产组织方式的选择。宏观环境分析可以采用 **PEST** 分析法，即通过**政治**、**经济**、**社会**和**技术**四个方面来进行分析。

“政治”会对企业监管、消费能力及其他与企业有关的活动产生十分大的影响。一个国家或地区的政治制度、体制、方针政策、法律法规等政治因素，常常制约和影响着企业的经营行为，尤其会影响企业较长期的投资行为。

“经济”是指国民经济发展的总体情况，国际和国内经济形势及经济发展趋势，企业面临的产业环境和竞争环境等。经济环境分析需要从短期与长期两个方面来看待一个国家的经济与贸易状况，特别是在进行国际营销的时候。企业的经济环境主要的组成因素包括：社会经济结构、经济发展水平、宏观经济政策、当前经济状况、经济体制等。

“社会”是指一定时期整个社会发展的一般状况，主要包括社会道德、文化传统、人口变动趋势、文化教育、价值观念、社会结构等。各国的社会与文化对于企业的影响不尽相同。

“技术”是指生产技术在不断改变，企业应预测技术变化趋势并进行相应的调整。最近，随着机器人技术、计算机辅助技术、计算机集成制造技术和办公自动化技术的快速发展，企业未来的生存能力很可能会依赖于对技术采取的战略姿态。

2）一般环境可以采用波特五力模型来分析。从一定意义上来说五力模型属于外部环境分析方法中的微观分析。五力模型将大量不同的因素汇集在一个简便的模型中，以此分析一个行业的基本竞争态势。五力模型确定了五种主要竞争的来源，即供应商和购买者的讨价还价能力、潜在进入者的威胁、替代品的威胁，以及来自同一行业的公司间的竞争。任何产业，无论是国内的或国际的，无论是生产产品的还是提供服务的，竞争规律都将体现在这五种竞争的作用力上。因此，利用五力模型可以有效地分析客户的竞争环境。

（2）企业的内部环境分析。企业的内部环境是指企业内部的物质、文化环境的总和，包括企业资源、企业能力、企业文化等因素。其中最重要的部分是企业自身的能力。企业能力对制定运营战略的影响主要是指企业在运营能力、技术条件以及人力资源等方面与其他竞争企业相比具有的优势和劣势，在制定运营战略时要尽量扬长避短。例如，企业的技术力量强大、设备精度高、人员素质好，进行产品选择决策时就应该以高、精、尖产品取胜；如果企业的生产应变能力较强，可以集中力量开发和生产与本企业工艺接近、产品结构类似、制造原理也大致相同的其他产品，如海尔集团由最先的洗衣机、冰箱制造转向手机、计算机、电子部件等产品的生产。

另外，企业过剩生产能力的利用、专利保护等能力对运营战略的制定也有影响，应综合考虑。

3. 识别运营的特殊能力

运营的特殊能力是指企业在运营领域中拥有的有竞争优势的特性或能力。特殊能力应支持企业的运营宗旨，与企业运营战略目标具有极强的相关性。例如，如果宗旨要求生产运营在新产品开发中占有优势，生产运营就应该在这个特定的领域中具有很强的能力。特殊能力会形成竞争优势，因此它是企业运营战略的核心。大多数成功的公司都努力识别其特殊能力，并努力地保护它。

特殊能力有多种形式。以制造企业的运营目标来说，特殊能力可以是最低的成本、最高的质量、最好的交货服务、最大的灵活性等。就企业的运营资源而言，它可以是以人力为导向的资源，也可以是独占原材料资源，还可以是和竞争对手相比有更好的技术资源等。然而资源上的特殊能力应转化为客户的认同和对公司战略的实施。

运营中的特殊能力的几个主要方面和相应的一些服务如表 2-3 所示。

表 2-3 运营中的特殊能力

运营战略目标	特殊能力	公司或服务
低耗	低成本	电子商务
合格	高性能设计和（或）稳定的高质量、优良的顾客服务	五星级饭店
高效	迅速交货、准时交货	数码快照、外卖
柔性	种类多、方便	便利店

企业运营的特殊能力虽然会保持一定的稳定性，但并不是一成不变的，而是会随着企业的发展发生阶段性的变化。这种特殊能力的变化，支撑着企业战略的改变。

4. 重新评价企业的运营宗旨和目标

评价企业的运营宗旨和目标，就是为在激烈的市场竞争中寻找生存、发展的机会。通过对企业外部环境的分析，企业可以评估有哪些机会可以发掘、可能面临着哪些威胁；通过对企业内部环境的分析，企业可以确定内部的优势和劣势。结合以上两点，我们可以实现对企业机会的识别，如图 2-11 所示。

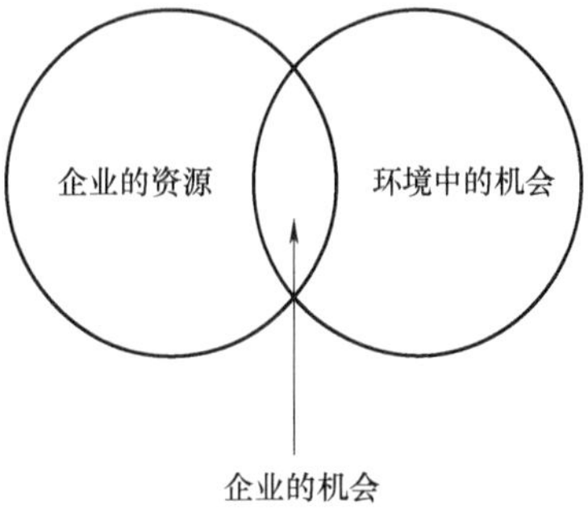

图 2-11 企业机会的识别

5. 制定运营战略

运营战略说明了如何才能达到运营目标。通过以上分析可知，运营战略的制定应能够最佳地利用企业的资源，并适时抓住环境中的机会，以便获得领先于竞争对手的优势。运营战略的制定要综合考虑企业运营中的成本、质量、时间、柔性等因素（例如，高技能的劳动力可能很昂贵，但能提供生产大批不同类型产品所需的柔性），要对这些因素进行权衡和取舍。一个有效的运营战略应能根据市场需求，针对竞争对手的行为，充分发挥自身的能力，并与其他职能战略相互配合，从而不断提高企业的竞争能力。具体战略选择可以多种多样，但必须有利于持续提高企业的竞争优势。

2.4 运营战略的实施

无论企业的运营战略制定得多么有效，如果不能恰当地实施仍不会成功。实践证明，运营战略的实施并不是轻而易举的，它涉及大量的资金、时间和人力，而且过程复杂。

若希望有效实施运营战略，必须使各种因素相互匹配。首先，企业在实施运营战略时，要清楚地认识到自己应具备什么样的条件才能成功实施。因为在实施过程中，不同的战略所引起的企业的变化程度不太相同，有些战略只要求企业对目前的生产运营活动进行微小的调整，而有些战略则要求企业目前的生产运营活动发生彻底的变化。企业应做充分的准备，并不断对实施过程中所引起的变化进行分析，创造条件，以保证战略的顺利实施；其次，要建立健全实施战略的相关组织。应遵从“组织结构随战略而动”的演变规律，建立支持战略的组织结构；再次，围绕战略目标有重点地配置相关资源，如人力、财力和生产能力等有形资源及时间、信息等无形资源；接下来制定战略实施的政策与程序，建立战略实施支持系统；最后，建立战略实施领导体系，包括指挥和信息反馈系统。

运营战略制定之后，在实施过程中需要企业给予人力、物力上的支持，否则，运营战略的实施只是一句空话。在运营战略实施过程中，企业对运营战略的支持体现在两个方面，一方面是通过合理设计运营系统来加强企业的竞争力；另一方面是明确实施过程中的关键因素，从而保证运营战略的顺利实施。

2.4.1 实施运营战略对运营系统的要求

企业实施运营战略就是要为顾客提供更满意的产品和服务，而企业的产品和服务都是由运营系统提供的，因此，运营系统是企业竞争之本。运营系统应和企业的绩效目标契合，因此，在实施运营战略时，必然要对运营系统提出相应的要求。归纳起来，对运营系统的要求有以下几点：

① 成本效率（Cost Efficiency），衡量低成本、高效率地生产产品和提供服务的能力；

② 质量（Quality），衡量能提供比竞争对手质量更好的产品和服务的能力；

③ 可靠性（Dependability），衡量企业在承诺交货期当日或之前提供产品或服务的能力；

④ 柔性（Flexibility），衡量企业为了适应外部环境变化和市场需求，迅速改变产品设计、产品组合以及产品生产批量的能力。

20 世纪的前 30 年，成本一直是企业制定战略时首先考虑的因素。低成本才能以低价格取得竞争优势，才能在行业平均价格下获得更多利润。随着经济的发展，质量越来越受到重视。一大批成功企业都是以质量取胜的，它们甚至可以以高出竞争者的价格出售自己的产品和服务。

然而，到了当代，许多企业发现仅靠低成本和高质量已不能保证企业获得成功。要取得现代市场竞争的成功，除了提高企业的生产率外，还需要灵活的应变能力。市场需求多样化和消费个性化的趋势，使柔性的重要性与日俱增。柔性表现为企业能根据市场的需求迅速调整产品及产量，为顾客提供多种产品和服务，迅速从一种产品转换到另一种产品。

事实也表明，全球化市场的竞争重点正在逐步从成本、质量转移到柔性。当今企业的经营管理将逐步进入到以柔性战略为中心，柔性、成本、质量和服务等战略要素多元化的时代。

柔性已经越来越成为企业生存与发展的决定性因素。为了提高柔性，企业曾主要在制造系统方面下功夫，如柔性制造系统的开发与应用。但是通过实践，人们发现只是机器设备有柔性，操作者缺乏柔性，构成的人机系统也不具有柔性。另外，如果企业的组织管理系统缺乏柔性，过于严格的金字塔式的多层次组织结构，会使企业对外界变化反应迟钝，即使生产系统的柔性很高，企业的整体柔性也不高。因此，新的竞争环境要求现代企业必须采用新的企业管理模式。

2.4.2 运营战略实施的关键因素

对于战略执行者来说，以下三个因素对战略实施的成功与否具有很大影响：

1. 战略决策的清晰性

运营战略的实施与制定有很强的联系。因此，对战略制定的最关键要求就是清晰性。如果战略模棱两可，就将很难付诸实践。而战略越清晰，其内涵的确定就越简单。

2. 运营战略的监测

当战略环境发生变化时，尤其在事情快速变化时，企业常常希望跟踪当下的绩效以确保变化按照计划执行。在运营战略的实施过程中，监测可以提供更早的指示。如果监测发现实际情况与计划的偏差，可以给管理者提供信息，帮助其采取措施予以纠正。

3. 人员支持

运营战略的实施与其他工程项目的实施一样，都需要制定详细的行动计划，分派任务，并建立协调和控制机制。因此，人员支持对运营战略来说必不可少。

（1）领导者对运营战略实施的重要意义。领导者对于运营战略的成功实施起关键作用。然而，战略实施领导者必须是战略家，只有这样，企业的运营战略才会在制定和实施过程中不会产生偏差，才能确保平稳实施。

战略实施领导者应具备如下素质：①具有远见卓识，②具有战略思维能力，③具有丰富的想象力，④具有应变能力，⑤具有组织协调能力。

（2）员工对运营战略实施的作用。运营战略的实施最终会落实到企业的实践中，也会成为具体的任务和工作指标，这不仅需要领导者的监督协调，还需要各职能部门的协作和共同努力。为了充分发挥企业员工的主动性，提高他们的生产率，还要将生产运营战略的理念传递给他们，让他们明确企业的目标，并通过合理的薪酬给予他们激励。这就要求企业做好以下三个方面的配套工作：①传递运营战略的理念，②合理的工作设计，③公平的工作考核和报酬。

总的来说，企业的生存与发展完全以是否具有竞争优势为基础，所以运营系统规划设计也应完全以产品竞争的需要为导向。

2.5 案例：UPS的运营战略

1. 引言

成立于1907年的UPS（United Parcel Service Inc）是世界上最大的快递承运商与包裹

递送公司之一，同时也是专业的物流、金融与电子商务服务的提供者。UPS 2016 年营业收入 605.02 亿美元，利润总额 51.36 亿美元。2012 年 3 月，UPS 收购欧洲快递巨头 TNT 公司，这不仅扩大了公司在欧洲市场的影响，也使其营业收入排在首位。每天，UPS 在 200 多个国家和地区管理着物流、资金流与信息流。UPS 通过结合货物流、信息流和资金流，不断开发物流、供应链管理和电子商务的新领域。其主要竞争对手有美国邮政署（USPS）、联邦快递（FedEx）和敦豪快递业务集团（DHL）。成立之初，UPS 明确了自己的企业宗旨：“在邮运业中办理最快捷的运送”，并提出了“谦恭待客、诚实可靠、全天候服务与低廉的价格”的原则。这些原则被归纳为“最好的服务，最低的价格”口号，至今仍指导着 UPS，并使公司稳步发展。

2. UPS 早期的运营战略

早在 1922 年，UPS 就实施了“普通承运人服务”战略，结合了零售商店递送服务的许多特色和经营原则，包括每日自动取件电话、帮货到付款的发货人接收支票、额外递送尝试、自动返还无法递送的包裹以及简化记录每周付款等。这使 UPS 能以与邮政包裹相当的价格提供更广泛的服务，从而深刻影响了公司未来的发展。20 世纪 80 年代，为适应美国航空业的变化，UPS 选择了运营系统的纵向集成，进入隔夜空运业务领域。到 1985 年，UPS 在 48 个州和波多黎各开展了隔天空运服务，随后阿拉斯加与夏威夷也加入进来。UPS 航空公司是美国联邦航空管理局（FAA）历史上发展最快的航空公司，在不到一年的时间内就建立起了包括所有必要的技术与支持系统的运营系统。如今，UPS 航空公司是全美十大航空公司之一，拥有世界上最先进的信息系统，比如能为航班的计划、调度与装载处理提供信息的计算机化运营监控、计划与调度系统（COMPASS）。该系统可用来提前多达六年时间安排最佳航班时间表，这在业界是独一无二的。

3. 新技术的改造与实施

1993 年，UPS 每天为超过一百万的固定客户递送 1150 万件包裹与文件。如此巨大的数量使得 UPS 必须运用新技术改进运营过程，才能在保证效率的同时保持有竞争力的价格，同时又能提供新的客户服务。这种改造覆盖了令人难以置信的范围，从小型手持设备、专门设计的包裹递送车，到全球范围的计算机与通信系统。每名 UPS 驾驶员均携带手持的速递资料收集器（Delivery Information Acguisition Device，DIAD），这种设备是为向 UPS 网络快速记录和上传递送信息而开发的。DIAD 的信息甚至包括收件人签名的数字图片，向客户提供关于他们货件的实时信息。这种专有的设备也让驾驶员与总部保持持续的联系，使得更改取件时间表、交通方式与其他重要消息能够同步。在技术领域的另一端，UPSnet 是一种全球电子数据通信网络，可以为国际包裹处理与递送提供信息处理渠道。UPSnet 连接 46 个国家或地区的 1300 多个 UPS 配送站，每天追踪 821000 个包裹。这些技术改进的目的是提高效率并扩展客户服务。1994 年，消费者对运输中包裹的信息需求剧增，UPS 于是建立了自己的网站（UPS. com），这使得客户能够追踪运输中的包裹。

4. 多领域的发展

现代商业是物流、信息流、资金流的综合，把握这三者就能把握商业世界的未来。20 世纪 90 年代末的 UPS 处于另一个转变期，管理当局根据公司在运输和包裹追踪方面的专长将它定位为全球商业的促成者。UPS 企业通过收购和创建公司，探索以新的方式来向客户提供服务。

（1）UPS 物流集团。1995 年，UPS 成立了 UPS 物流集团，根据客户的个性化需求提供全球供应链管理解决方案和咨询服务。同年 UPS 收购 SonicAir 公司，成为第一个提供“当天、下一航班服务和有担保的上午 8 点连夜递送服务”的公司。

（2）UPS 资本公司。结合物流和信息技术的发展，UPS 又将业务触角深入到金融领域。1998 年，UPS 资本公司（UPS Capital Corp.）成立，为客户提供包括代理收取到付货款（Cash On Delivery，COD）、抵押贷款、设备租赁、国际贸易融资等金融服务。UPS 资本公司提供的国际贸易融资服务使制造商或工厂的资金调度将更加灵活，接单力也大幅增加，综合提升了客户的竞争能力。高科技产品制造者在装箱交运的同时，就可以凭提单向 UPS 资本公司拿到货款。而通过传统的国际贸易电汇或放账交易方式，从出货装箱到真正拿到货款，至少需要 45~60 天，营运周转的资金压力极其沉重。UPS 资本的创新财务服务是现代商业结算的一项革命性做法。

（3）UPS 供应链解决方案业务部。UPS 供应链解决方案业务部则是流线型的组织，由 UPS 资本公司、UPS 物流集团、UPS 货运服务公司、UPS 邮件业务创新公司与 UPS 咨询公司共同向客户提供供应链解决方案，以提高客户的业务表现并改进客户的全球供应链。

5. UPS 为提高运营效率所采取的措施

UPS 在其发展过程中，保持了极高的运营效率。

（1）轴辐式网络结构。为了提高运营效率，UPS 首创了“轴辐式网络结构”作为业务基础。UPS 的运营中心收集来自用户的包裹并将其送到枢纽，枢纽在集中了许多运营中心送来的包裹后对它们进行分类，然后分配到其他运营中心或枢纽，最终到达目的地。

（2）员工管理。UPS 的管理部门系统地培训员工，使他们以尽可能高的效率工作。UPS 的工业工程师对每一位司机的行驶路线都进行了时间研究，并对每种送货、暂停和取货活动都设立了标准。这些工程师记录了红灯、通行、按门铃、穿过院子、上楼梯、中间休息喝咖啡的时间，甚至上厕所的时间，将这些数据输入计算机，从而给出每位司机每天工作的详细时间标准。司机们必须严格遵循设定的程序：当他们接近发送站时，松开安全带，按喇叭，关发动机，拉起驻车制动，为送货完毕后车辆的启动离开做好准备。然后，司机从驾驶室来到地面，右臂夹着文件夹，左手拿着包裹，右手拿着车钥匙，看一眼包裹上的地址把它记在脑子里，然后快步走到顾客的门前，先敲一下门以免浪费时间找门铃；送货完毕后，在回到货车的路途中完成登录工作。这些规范使 UPS 平均每人每天取送包裹数达到了惊人的 130 件，而同一时期联邦快运公司平均每人每天取送包裹数则不超过 80 件。人们普遍认为 UPS 的高效率运营对其净利润产生了积极的影响。

思考题：

1. 在 UPS 发展的不同时期，其运营战略各是什么？
2. 这些运营战略使 UPS 具有哪些竞争优势？它们是怎样支持公司的总体战略的？
3. 运用 SWOT 分析方法对 UPS 在中国市场的运营战略环境进行分析，并提出运营战略建议。

习题

1. 什么是运营战略？
2. 简要解释运营战略与企业战略的关系。

3. 简述运营战略制定的关键因素。
4. 描述运营战略的制定过程。
5. 企业运营战略制定过程中应考虑哪些内外部环境问题?
6. 简述企业运营系统的设计应符合哪些方面的要求。
7. 运营战略的实施需要领导者具备什么样的素质?

参考文献

[1] 海泽，伦德尔 . 运作管理原理 [M] . 寿涌毅，译 . 北京：北京大学出版社，2010.
[2] 董千里，陈树公，王建华，等 . 物流运作管理 [M] . 北京：北京大学出版社，2010.
[3] 邱灿华 . 运营管理 [M] . 北京：化学工业出版社，2011.
[4] 马风才 . 运营管理 [M] . 北京：机械工业出版社，2011.
[5] 雅各布斯，蔡斯 . 运营管理 [M] .13 版 . 任建标，译 . 北京：机械工业出版社，2011.
[6] 洛夫洛克，沃茨 . 服务营销 [M] .7 版 . 韦福祥，译 . 北京：机械工业出版社，2013.
[7] 李全喜 . 生产运作管理 [M] .4 版 . 北京：北京大学出版社，2014.
[8] 黄卫伟 . 生产与运营管理 [M] . 北京：中国人民大学出版社，2015.
[9] 斯莱克，琼斯，约翰斯顿 . 运营管理 [M] .7 版 . 陈福军，吴晓巍，译 . 北京：清华大学出版社，2015.
[10] 刘丽文 . 生产与运作管理 [M] .5 版 . 北京：清华大学出版社，2016.

第 3 章

产品开发与服务设计

本章导引

产品开发与服务设计是在企业经营战略指导下进行的。企业为了适应顾客的个性化需求和市场的多变性，必须加强产品开发和生产过程的设计与优化工作。本章将从产品开发的基本概念入手，明确产品开发过程与策略，阐述现代企业进行产品开发的方法，了解产品工艺的设计与选择方式，最后阐述服务设计相关内容。

本章要点

1. 掌握新产品的概念，了解新产品的分类、产品的生命周期。
2. 掌握产品开发的策略并了解每种策略是如何影响企业的。
3. 掌握产品开发的三种方法，并深入学习每种方法的内涵、特点以及如何运用。
4. 了解产品工艺管理的内容与意义，以及产品工艺过程的选择，掌握从定性及定量两个方面来阐述产品工艺过程的选择方法。
5. 了解服务设计的概念以及特点，掌握服务设计的四大原则和四种方法。

3.1 产品开发概述

产品总会消亡，因为其最终会被淘汰和替换。由于企业获得的大部分收入和利润都源于产品，所以对产品的开发和设计要持续不断地进行下去。人们周围的产品无不处于变化之中，从普通电视到高清电视，从固定电话到移动电话，产品列表不断地更新。企业需要清楚地知道如何发现并成功开发一种产品。产品开发对于一个企业意义重大，本节围绕产品开发的概念和分类、产品开发方向和方式、产品的生命周期等方面进行阐述。

3.1.1 新产品的概念与分类

新产品可以从不同的角度加以描述。一般来说，新产品是指在产品结构、性能、材质、技术特征等几方面（或仅一方面）具有显著改进或独创性的产品。新产品可以是在各方面都是创新的、前所未有的全新产品，也可以是对老产品做出改进的产品。新产品是一个相对的概念，在不同的时间、地点和条件下具有不同的含义。为了加强对新产品的管理，一般会对新产品的条件、范围做相应的规定。新产品应具备下列特点：

① 具有新的原理、构思或设计；

② 具有推广价值的产品；

③ 增加了产品的使用性能；

④ 在相对独立范围内（可为一个国家、省、市、自治区等）第一次开发成功的产品。

新产品具有相对性、时间性和空间性等特性。相对性是相对于老产品而言的，即除了开发新产品外，还包括改进老产品；时间性是指某个新产品只存在于一个特定的时间内；空间性是相对于一个地区而言的，即必须是在一个相对独立的范围内第一次开发成功的产品。

常见的新产品分类方法主要有以下两种：

（1）按新产品的新颖程度可分为全新产品、改进产品和换代新产品。**全新产品**是指应用科技新成果，运用新原理、新技术、新工艺和新材料制造的市场上前所未有的产品。**改进产品**是指对原有产品性能、型号和花色进行局部改进而制成的产品，包括在基型产品基础上派生出来的变型产品。改进产品因其开发难度较小而成为企业常用的新产品开发方式。**换代新产品**是指产品的基本原理不变，部分地采用新技术、新结构或新材料，从而使产品的功能、性能或经济指标有显著改变的产品。

（2）按照新产品的地域特征可分为国际性新产品、国家性新产品、地区性新产品和企业新产品。国际性新产品是指在世界范围内首次开发的产品；国家性新产品是指国外已有，但在国内是首次开发的产品；地区性新产品或企业新产品是指国内已有而本地区或本企业首次开发的产品。

3.1.2 产品的生命周期

产品面世后都会经历从生存到衰亡的过程，最终会被不断变化的社会需求所淘汰。我们将产品的生命周期划分为四个阶段：导入期、成长期、成熟期和衰退期。新产品上市后即进入导入期，通常此阶段销售缓慢。由于引进产品的费用太高，初期通常利润偏低或为负数，但此时没有或只有极少的竞争者。经过一段时间，产品具有一定知名度后，销售快速增长，利润也显著增加，进入成长期。成熟期即市场成长趋势减缓或饱和的阶段，产品已被大多数潜在购买者所接受，利润在达到顶点后逐渐下滑。在衰退期，产品销售量显著下降，利润也大幅度滑落。

表 3-1 给出了产品在不同生命周期阶段的特点。

表 3-1　产品生命周期不同阶段的特点

	导 入 期	成 长 期	成 熟 期	衰 退 期
营业收入	低	快速成长	缓慢增长	下降
目标市场	前卫群体	早期顾客	普通顾客	保守群体
竞争对手数量	很少	开始增加	相对稳定	开始减少
产品个性化	定制程度高	标准化	主流产品	标准件
订单赢得要素	产品新颖	配套服务	价格低，供应可靠	价格低

企业对产品的定期检查是必要的，因为在生命周期的不同阶段，产品策略也会不同。成功的产品策略要求企业根据产品生命周期确定最优策略。因此，企业需要识别产品或产品组合处于生命周期的哪个阶段。下面具体讨论产品在生命周期各个阶段不同的运营策略选择。

（1）导入期。因为在导入期的产品仍需要根据市场进行调整，所以可能需要进行如下活动：产品开发、流程修改或完善、开发供应商。例如，当移动电话第一次进入市场时，公众想要的产品特征仍然有待确定和开发。同时，企业需要探寻更好的生产技术。

（2）成长期。在成长期，产品设计开始定型，所以企业有必要对自身生产能力进行预估，为适应产品需求的增长而增加生产要素或提高现有生产要素的效率（我们将在第四章对生产能力的管理和规划进行具体介绍）。

（3）成熟期。当产品处于成熟期时，市场上竞争对手数量趋于稳定，因此需要考虑提高产量以及对生产进行创新。为获取更多盈利和维护市场份额，进一步控制成本、减少产品种类以及缩短产品线长度是有效的或必要的。

（4）衰退期。这个阶段，企业一般应尽快将这些产品停产。除非即将退出市场的产品对公司声誉或其产品线具有某种独特的贡献或者能赚取高额的利润，否则就应停止生产。

3.1.3　产品开发的方向与方式

产品开发是指从研究选择适应市场需要的产品开始，到产品设计、制造工艺设计等，直到投入正常生产的一系列活动。广义而言，产品开发既包括新产品的研制，也包括原有的老产品的改进与换代。产品开发是企业研究与开发的重点内容，也是企业生存和发展的战略核心之一。

1. 产品开发的原则

新开发的产品在功能和质量上应具备新的特点，在制造成本和使用费用上应具有经济性。开发一个真正能为企业带来效益的产品并不容易，产品选择和设计应该遵循以下几条原则：

（1）设计用户需要的产品。企业产品开发的目的是为了满足消费者尚未得到充分满足的需求，能否满足用户需求是产品开发成功与否的关键。因此，必须通过深入的市场调研和科学的预测，分析消费者需求变化的趋势以及对产品的品质、性能、款式、包装等方面的要求，研制开发满足市场需求的新产品。不能满足市场需求，或者虽然能够满足某一需求但市场需求量太小的产品，均不宜研制开发。

（2）设计可制造性强的产品。新产品不是产品新颖或独创程度越高越好。设计出的产品一定要在保证其品质、性能、款式等条件的同时符合生产制造要求。对于可制造性不强或者无法投入生产的设计应该慎重考虑是否研制开发。

（3）设计符合企业能力的产品。企业要根据自身的资源、设备条件和技术实力来确定新产品的开发。对于有些产品，尽管市场需求相当大，但如果企业缺乏研制开发和市场开发能力，或者企业资源不足以支撑，则不能强求，应量力而行。

（4）设计符合国家政策的产品。对企业来说，开发的新产品最基本的原则是要符合国家的技术经济政策。企业若不遵守相关的法律法规，或者因不符合国家的能源、绿色环保、卫生安全技术等方面的规定而被扼杀在摇篮之中，则会浪费巨大的人力和财力。

2. 产品开发的方向

产品开发要从适应国民经济发展和提高人民生活水平的需要出发，在把握科学技术发展趋势的基础上，努力做到市场上需要、技术上适宜、生产上可行、经济上合理、时间上及时。企业不论采用何种方式开发新产品，都要把握住产品开发的方向。产品开发有如下三个可供选择的方向：

（1）产品性能。

● 多能化：提高产品的性能，增加产品的功能，由单功能发展成为多功能，达到一物多用，一物多能。

● 高能化：开发性能高的，高效率、高精度的产品。

● 标准化：产品的结构、零件要实行标准化，以减少专用件的种类，加速产品设计。

（2）产品外观、型号。

● 小型化：开发小巧轻便的，即体积 / 重量比同类产品小 / 轻的产品。

● 简化：一是指开发在结构等方面简化的产品；二是指通过新产品开发减少产品基型、系列。

● 多样化：开发多品种、型号的产品，以满足多方面的需要。

● 美化：产品设计要注意美观，外形要美观大方，色调要柔和，款式要新颖。

（3）产品的绿色化。

● 节能化：开发节能的新产品。

● 环保化：产品符合环保的要求。

这“九化”是新产品开发的方向，企业要根据自己的条件，选择某“一化”或“几化”作为方向，制定出既有阶段目标又有长远要求的新产品开发规划，以指导行动。

3. 产品开发的方式

针对不同的新产品和企业的研究和开发能力，可以选择不同的开发方式。一般有以下几种开发方式：

（1）自行研制。这是一种独创性的研制，采用这种方式开发的产品一般是更新换代或者全新的产品，具体分为三种情况：一种是从基础理论研究到应用技术研究，再到产品开发研究，全部过程都靠企业自身进行；另一种是利用社会上基础理论的研究成果，只进行应用技术研究和产品开发研究；还有一种就是利用社会上应用技术的研究成果，自己只进行产品的开发研究。

（2）技术引进。这是指工业企业开发某种主要产品时，在国际市场上已有成熟的制造技术可供借鉴，为了节约时间，迅速掌握这种产品的制造技术，尽快地把产品制造出来以填补国内空白，而通过与外商进行技术合作、“三来一补”、购买专利或购买关键设备等方式，从国外引进制造技术的方式。

（3）自行研制与技术引进相结合。这是指在对引进技术的充分消化和吸收的基础上，结合本企业的研究，进行产品开发。有两种情况：一是通过对引进技术的学习、消化和进一步研究，创造符合我国国情的别具一格的新产品；二是直接把引进技术和我国的研究成果结合起来，创造出新的产品。

（4）协作研究。协作研究主要是指企业与科研单位、高等院校或其他企业之间合作开发新的产品，这种方式有利于充分使用社会的科研力量，把科技成果迅速转化为生产力。

3.2 产品开发过程与策略

产品开发虽然因为产品及团队不同等因素存在一定差异，但大体遵循一定的开发过程。企业在产品开发时并非沿着一成不变的模式进行，而应坚持科学发展，在现代企业管理观念、方法、艺术的指导下，根据目前市场变化的新情况，创造性地运用好各种新产品开发策略，才能使企业真正转“危”为“机”，实现企业可持续发展。同时，要坚持一定的产品设计原则，使开发出的新产品保持竞争力，为企业最大限度地创造价值。

3.2.1　产品开发过程

产品开发过程，是指从产品的总体设想、调查研究、设计、工艺、试制、鉴定到正式投产销售所经历的阶段和步骤。

本节以一般产品的开发过程来描述产品开发的基本步骤。这些过程再现了一个公司提出产品构思、设计产品、最终将产品投放市场的基本流程和活动。大部分任务涉及的是知识活动而不是体力活动。某些公司会制定一套明确而详细的流程并严格遵守，而其他一些公司可能无法描述其设计过程。事实上每个组织的工作流程都与其他组织有所不同，同一个组织也会针对不同产品采取不同的流程，但是一般来说产品开发可归纳为四个阶段，如图 3-1 所示。

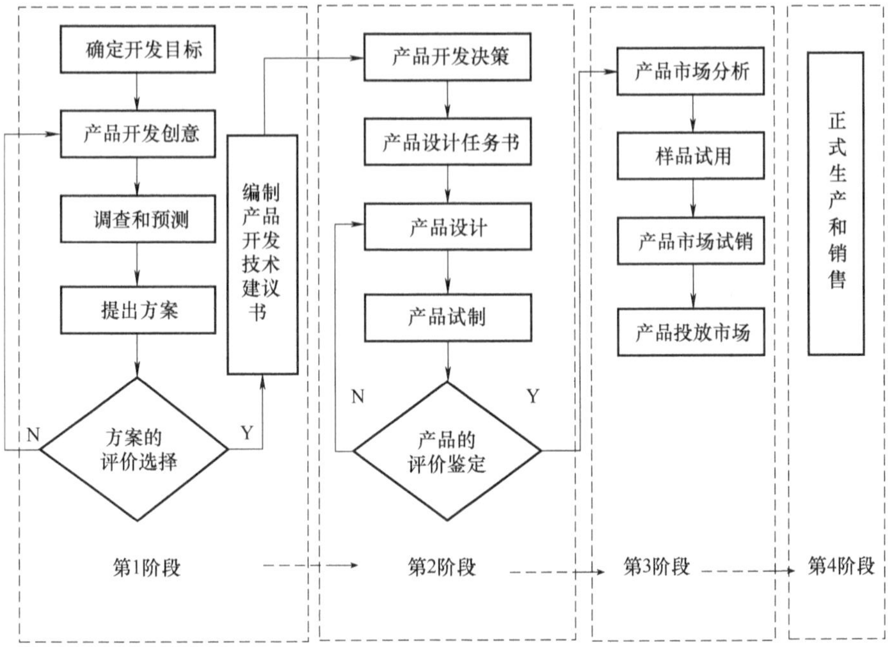

图 3-1　新产品开发过程图

1. 调查研究阶段

这一阶段的主要任务是进行产品开发决策，工作内容主要有：产品开发创意、调查和预测、提出方案和方案的评价及选择。该阶段是产品开发的起点，对产品开发成功与否有着重要影响。可从新项目的创新性、市场的认可度、与企业市场战略的一致性等角度对开发方案进行评价。

（1）产品开发创意。产品开发创意是企业根据市场需求和自身条件，在一定范围内首次提出发展产品的设想或构思。创意是产品诞生的开始，如方便面，就是源于“开水一冲可食用”的创意设想。产品要新，就必须要有打破常规的创意，创意的过程实质就是创造性思维的过程。企业产品构思创意主要来自于两个方面。企业的外部来源：政府、学校、科研部门、专利机构、竞争者和顾客。企业的内部来源：内部的企业员工、干部、技术人员、管理人员、财务人员和推销人员等。

（2）调查和预测。企业在收集了各种创意后，通过去粗取精从中选择出具有开发价值的产品创意。为此必须进行调查和预测，它包括以下三个方面内容：技术调查和预测，即了解产品的技术发展状况，本企业达到的水平，国内和国际先进水平以及预测技术发展趋势；市场调查和预测，即了解对老产品的改进意见和对产品品种、质量、数量、价格和规格等方面的要求，进行市场预测；行业调查和预测，了解本行业的生产现状与发展趋势和竞争对手的情况等。

（3）提出方案和方案评价、选择。在调查和预测的基础上，提出切实可行的方案并对方案进行评价和选择。提出的方案需要考虑新产品开发中有关新产品结构等具体的问题，同时也要涵盖产品未来的发展计划。方案评价是指对提出的方案进行技术经济评价，对产品是否可行，产品的先进性、性能用途是否受用户欢迎，产品的价格是否合理等问题进行评价。进而根据评价结果对各个方案进行选择，把一些条件不合理的、未成熟的方案筛去，最终选出切实可行的方案。

（4）编制产品开发技术建议书。产品开发技术建议书的内容要比产品开发方案更具体，它应包括：新开发产品的结构、特征和技术规格，产品的性能、用途和使用范围，与国内外同类产品的分析比较，开发这一产品的理由和根据等。

2. 产品设计、试制、评价、鉴定阶段

产品设计分为初步设计、技术设计和工作图设计三个阶段。产品设计出来后，在正式生产前进行试验性生产（试制），目的是避免把存在缺陷的设计和工艺投入正式生产，进而造成人、财、物的浪费，从而保证产品开发尽快获得成功。产品试制一般分为样品试制和小批试制。通过各种试验，不断进行改进直到鉴定。这是从技术、经济和生产准备等方面对产品做出全面评价，其他评价指标还包括产品的合格率、故障率、废品率、顾客满意度、产品返修率及退货率等，确定是否进行下一阶段开发工作。产品鉴定能及时发现问题，采取措施解决问题，以避免造成损失。

3. 市场开发阶段

市场开发既是产品开发进程的终点，又是下一代产品再开发的起点。通过市场开发，可确切地了解开发的产品是否适应需要，分析产品市场需求情况及开发产品有关的市场情况，为开发决策提供依据。产品的市场开发工作主要有：市场分析、样品试用、市场试销和产品投放市场。在这一阶段，影响产品开发是否成功的因素包括考核期内新产品开发的数量、开发周期、计划的完成率、技术的复杂性、团队成员的合作情况及满意度等。

4. 正式生产和销售阶段

产品经过小批试产试销后，确认有市场，就可以正式生产和销售了，在正式投入销售前要做以下几项准备工作：必备的生产条件（技术、工艺和设备等）；切实可靠的原材料、动力和外协配套的供应；销售渠道和市场。

产品设计是一个渐进的过程。产品设计是从产品要实现的总体功能出发，系统构思产品方案，然后逐步细化，划分成不同的子系统、组件、部件和零件，最后确定设计参数。新产品最终能不能被市场顾客所认可，可从市场占有率、销售收入或利润等方面进行评价。

3.2.2　产品开发策略

产品开发策略就是把有限的资源有效地运用到最适宜的产品上去，以求得到最佳经济效益。开发产品要消耗和占用企业资源，产品生产出来后投放市场。各种资源可以用于不同的产品，各种产品也可投入不同的目标市场。把资源、产品和市场组合起来，就形成一系列产品发展策略。企业管理部门的任务，是从多种产品发展策略中做出最佳决策。

产品开发策略往往和产品的竞争力因素有关。在市场经济条件下，影响产品竞争力的因素包括产品品种、质量、价格和服务等。这些因素构成一个统一的有机整体，并表现为动态平衡，如图 3-2 所示。

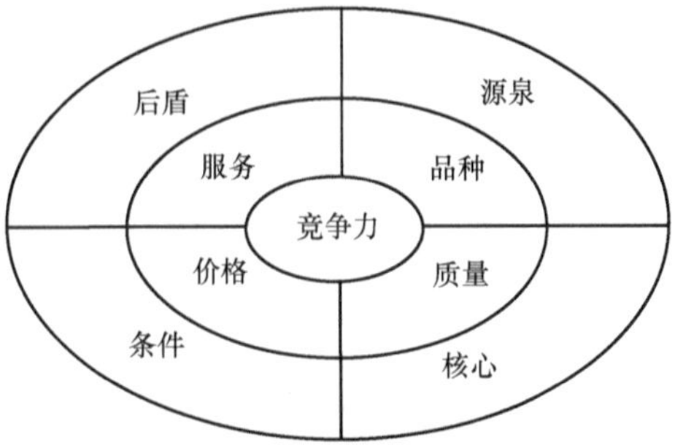

图 3-2　产品竞争因素

产品品种、质量、价格和服务对于竞争力拥有不同的影响地位，产品品种直接决定能否满足市场需求、能否满足消费者对产品的要求，产品品种的多样性使得企业在产品开发时选择了产品线策略。产品质量决定了产品能否赢得消费者的信任，关系到长期的客户关系和在同等价位产品中的竞争力，是影响产品竞争力的核心所在。价格是影响需求的关键因素，同时影响着产品的竞争力、收益等，不同的价格策略适用于产品的不同阶段。良好的服务可以提供消费者满意的体验，而拙劣的服务则会极大降低消费者对产品的认可，使得产品质量、价格等因素也显得黯淡无光。可见，周到的服务是产品竞争力的坚强后盾。

1. 产品线策略

一个企业生产具有相同的使用性能但规格不同的一组产品，构成一条产品线。一条产品线包含的同类产品的数目称为产品线的深度，一个企业拥有产品线的数目称为产品线的宽度。产品线的深度与宽度构成企业产品的组合。产品组合又称为产品线的组合，如图 3-3 所示。

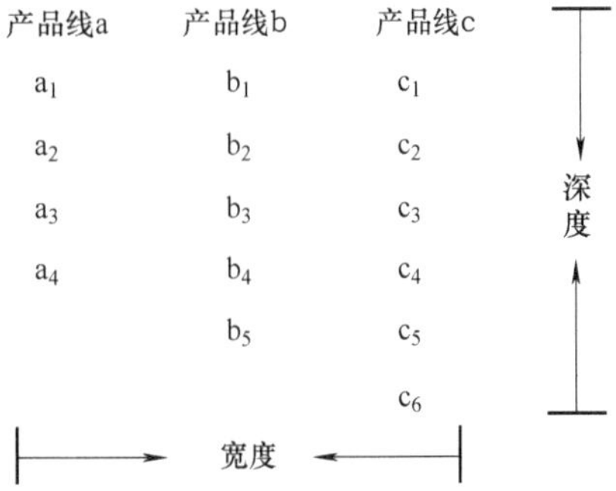

图 3-3　产品线的宽度和深度

由于科学技术的进步、生产的高度发展，以及社会需求的多样化，企业需要科学地分析影响产品结构的因素，采取相应的策略，影响企业产品结构的因素有：

① 社会需要及企业经营环境的相对稳定性；

② 竞争对手及企业实力的对比；

③ 资源条件、资金筹集及盈利能力。

产品线策略分为产品线宽度策略和产品线深度策略。

（1）产品线宽度策略。产品线宽度策略分为产品线扩充策略和产品线简化策略。产品线的扩充策略是指增加产品项目；产品线简化策略是减少产品的种类，放弃一些需求疲软的产品。

（2）产品线深度策略。产品线深度策略分为向上延伸、向下延伸和上下延伸三种策略。向上延伸策略是指原来生产的是中、低档产品，现在发展成也生产高档产品；向下延伸策略是原来生产高档产品，现在发展成也生产中、低档产品；上下延伸策略，是指原来生产中档产品，现在发展成也生产高档和低档产品。

2. 价格策略

（1）质量定价组合策略。质量定价组合策略即综合考虑产品质量与价格的关系，分别制定不同的价格策略。如表 3-2 所示，在该表中涉及的几个较难理解的策略，作如下解释：

1）渗透：企业在新产品上市之初将其价格定得较低，吸引大量的购买者，借以打开产品销路，扩大市场占有率，谋求较长时期的市场领先地位。

2）常规：它既不是利用价格来获取高额利润，也不是让价格制约占领市场，而是尽量降低价格在营销手段中的地位，重视其他在产品市场中更有效的营销手段，是一种较为普通的定价策略。

3）侥幸：在质量比较差的产品上市之初，由于观众的不熟知，制定高价格策略，抱着侥幸的心理进行产品营销。

4）倾销：产品质量好，但却制定较低的价格，主要目的是快速销售产品。

表 3-2　质量定价组合策略表

策略价格 定价水平 质量	高	中	低
高	优质优价	渗透	倾销
中	高价投放	常规	占据市场
低	侥幸	尝试	常规

（2）价格促销组合策略。产品在导入期，可以采用不同的价格与促销组合策略，如图 3-4 所示。其中各类策略的介绍如表 3-3 所示。

图 3-4　价格与促销组合策略

表 3-3　四种组合策略及其适用条件

策　略	策略运用	目　的	适用情况
双低策略	以低价格和低促销费用推出新产品，又称缓慢渗透策略	为了使消费者迅速接受产品，扩大市场占有率，和竞争对手有效抗衡，实现更多的盈利	市场容量大、竞争激烈，产品的知名度比较高，产品的价格弹性较大
密集式策略	密集型渗透策略	最快的市场渗透，有重点的占领某一市场，使产品市场占有率达到最高	市场大、潜在顾客多、竞争激烈、对价格很敏感
低促销策略	以高价格、低促销费用推出新产品	可以使企业获得更多的利润（以较少的支出，获得较高的利润）	市场容量大，产品通常是原有产品的改进，消费者已对该产品有所了解；消费者对价格十分敏感，需求弹性大

（续）

策　略	策略运用	目　的	适用情况
双高策略	以高价格、高促销费用推出新产品，又称为快速掠去策略	以高价格配合大规模的促销活动，先声夺人，占领市场，迅速引起消费者注意，增加购买欲望，尽快收回投资	市场上有较大的需求潜力，目标顾客求新心理强，愿以高价购买；面临潜在竞争者的威胁，需及早树立品牌的情况

3. 服务策略

服务策略是指加强产品的售前、售中和售后服务，提高产品的竞争力。售前服务是指在产品销售之前向顾客提供的服务，如提供产品相关技术咨询，为消费者进行设计、产品介绍、导购服务、迅速报价、联系等，以激发顾客购买欲望，强化顾客购买动机。售中服务是指在产品销售过程中向顾客提供的服务，如为顾客精心挑选产品、解答消费者提出的有关产品的各种疑虑、操作使用的示范表演等，以增强顾客心理感受，加大其信赖感，促成交易。而售后服务是指产品售出后向消费者提供的服务，如送货上门、安装、调试、维修保证、技术培训、提供信贷、定期保养、保证更换、实行“三包”、按合同提供配件等，以保证顾客所购商品价值的充分发挥，解除后顾之忧，提高满意程度，促进重复购买。

为了提高产品的竞争力，企业也会采用以下策略：

（1）抢先策略。抢先策略是指企业开发产品，要在其他企业还未开发成功，或还未投入市场前抢先开发、抢先投入市场，使企业的某些产品处于领先地位。同时企业在新产品生产、管理方面拥有丰富经验和不断扩张的市场需求，有利于企业扩大规模，提高产品质量。

（2）紧跟策略。紧跟策略是指企业发现市场上竞争力强的产品，或者发现刚露脸的畅销产品，就不失时机地进行仿制，并迅速地将仿制的产品在产品生命周期成长期的初期就投放市场。这种策略要求企业有较强的工程技术力量与应用开发能力，要求企业把重点放在吸引现有用户上。

（3）差异化策略。差异化策略主要体现在产品的创新上。它要求企业在创新产品时要与竞争对手有明显的区别，以获得竞争优势。差异性策略的特点在于它能向消费者提供在考虑其接受能力的同时具有明显特色的产品，实现差异化战略，可以培养用户对品牌的忠诚。因此，差异化战略是使企业获得高于同行业平均水平利润的一种有效的竞争战略。

3.3　产品开发方法

在产品开发过程中，为保证设计的质量，充分倾听顾客的声音，了解顾客的真正需求，可通过产品开发方法着力提升产品价值，本节主要介绍产品开发过程中常用的三种方法——价值工程、并行工程和质量功能展开。

3.3.1　价值工程

价值工程是一种以提高产品价值为目标的定量分析方法。它以功能分析为核心，通过功能分析正确处理功能和成本之间的关系，以求利用最低成本获得产品所必需的功能，从而提高产品的价值。价值工程的主要目标是提高生产制造企业的经济效益，其核心内容是通过对某一产品进行价值分析来促进产品改进、替代和开发。价值工程的基本含义可以用以下等式表达：

$$V=\frac{F}{C} \tag{3-1}$$

式中，V 表示价值系数；F 表示功能系数；C 表示成本系数。**价值系数**是指某一事物的有益程度，如果价值系数高，则说明该事物的有益程度高，值得进行，反之，则不宜进行；**功能系数**是指的是某一产品所具有作用或用途；**成本系数**是为实现产品功能所支付的费用。这个表达式表明，价值工程着眼于产品功能和成本两个方面，通过研究产品应该有什么样的功能和如何降低成本，来达到提高产品价值的目标。例如，物流企业在追求自身效益最大化的过程中，实质是追求对某一物流活动的投入与产出比值最大化，即价值系数最大化；投入的是人员、物流设施、物流设备等，表征为一定费用的支出，即物流成本系数；产出的是能够满足客户要求的各种物流服务，如运输服务、配送服务等，表征为一定功能的实现，即物流功能系数。物流功能系数的实现由多种因素共同决定，其中最主要的因素是实现该功能的成本系数。

价值工程有以下主要特点：

（1）价值工程从满足消费者的需要出发，以最低费用保证产品的必要功能。

（2）价值工程以功能分析为核心，一方面通过减少各种费用等措施来降低产品的成本，另一方面通过对各种功能的系统分析，在保证主要功能实现的同时，剔除不必要的功能，从而达到降低成本和提高价值的目的。

（3）价值工程以有组织的活动为基础。任何产品的生产过程都涉及企业内部以及外部的许多部门，在进行价值工程的过程中，必须在多个部门之间密切合作，防止将某一部分有限的成本降低却带来其他部分更加高昂的成本。

价值工程旨在发现功能和成本上存在的问题，提出可行的解决方案。其一般步骤为：

（1）选择对象。从产品设计、制造工艺、销售、成本等方面出发，选择在降低成本和提高效益上有较大潜力的产品。

（2）收集信息。价值工程需要的信息是多方面的，在确定研究对象以后需要尽可能地收集产品的技术、经济、生产和销售等方面的信息，以确定存在问题的程度。

（3）功能分析。功能分析进一步确定研究对象的功能和成本，进而计算其价值。功能分析包括功能定义、功能分类、功能整理及功能评价等几项内容。

（4）提出改进方案。根据功能分析的结果提出改进建议，并将设想的功能改进方案具体化。

价值工程还需要对提出的改进方案进行评价和验证，确保选定方案是可行的，并在实施后评价活动的成果。

【例 3-1】 设某次物流活动主要包括运输、仓储、装卸搬运和配送四项物流环节，怎样对这四项环节进行有效改善，以提高物流活动的价值？请在该问题中，采用价值工程的方法为其提供改进建议。

首先需要确定四个物流环节的功能系数 F_i，其次通过计算各物流环节成本占总成本的比例得到成本系数 C_i，再用各物流环节的功能系数除以成本系数得到价值系数 V_i。价值系数越低则说明成本相对于功能过高，越是需要改进。

（1）物流功能专家打分。6 名专家分别对这四个物流环节的功能值进行打分，记为 r_{ij}（i=1，2，3，4；j=1，2，3，4，5，6）本案例采用标度赋值法，即根据以上四项物流环节在物流活动中的重要程度划分为五个等级，以数字 1~5 表示，等级越高，重要程度越高，得到表 3-4。

表 3-4　专家打分表

	运　输	仓　储	装卸搬运	配　送
专家 1	5	2	5	3
专家 2	4	1	5	2
专家 3	5	2	4	3
专家 4	5	3	3	3
专家 5	4	3	5	1
专家 6	4	3	4	3

（2）对各个专家的打分进行 Min-Max 标准化处理：$r'_{ij}=\dfrac{r_{ij}-\min r_{ij}}{\max r_{ij}-\min r_{ij}}$，$\min r_{ij}$ 为待评价物流环节的各个专家打分的最小值，$\max r_{ij}$ 为待评价物流环节各个专家打分的最大值，r'_{ij} 为标准化后的数据，得到表 3-5。

表 3-5　分数标准化处理结果

	运　输	仓　储	装卸搬运	配　送
专家 1	1.0	0.5	1.0	1.0
专家 2	0.0	0.0	1.0	0.5
专家 3	1.0	0.5	0.5	1.0
专家 4	1.0	1.0	0.0	1.0
专家 5	0.0	1.0	1.0	0.0
专家 6	0.0	1.0	0.5	1.0

再根据公式 $f_{ij}=\dfrac{r'_{ij}}{\sum_{i=1}^{4} r'_{ij}}$，可以得到矩阵 f，如下：

$$f=\begin{bmatrix} 0.29 & 0.14 & 0.29 & 0.29 \\ 0 & 0 & 0.67 & 0.33 \\ 0.33 & 0.17 & 0.17 & 0.33 \\ 0.33 & 0.33 & 0 & 0.33 \\ 0 & 0.5 & 0.5 & 0 \\ 0 & 0.4 & 0.2 & 0.4 \end{bmatrix}$$

（3）利用公式求第 j 个专家的熵及熵权。

第 j 个专家的熵为：$H_j=-k\sum_{i=1}^{4} f_{ij}\ln f_{ij}$，式中 $k=\dfrac{1}{\ln 4}$

第 j 个专家的熵权为：$W_j = \dfrac{1-H_j}{\sum_{j=1}^{6}(1-H_j)}$

（4）获得各个专家的权重之后，运用加权平均法来确定各个物流环节的功能系数。加权平均法：$F_i = \dfrac{\sum_{j=1}^{6} W_j r_{ij}}{\sum_{i=1}^{4}\sum_{j=1}^{6} W_j r_{ij}}$。通过计算，确定各物流环节的功能系数 F_i，得到四个物流环节的功能系数分别为 F_1=0.321；F_2=0.174；F_3=0.350；F_4=0.154。

（5）确定物流成本系数。各物流环节的成本系数即为各物流环节的现实成本除以所有物流环节的成本之和，得到表 3-6。

表 3-6　物流成本与物流成本系数

物流环节	成　本	成本系数 C_i
运输	1,781.2	0.372
仓储	797.5	0.167
装卸搬运	1,324.7	0.297
配送	880.0	0.184
合计	4,783.4	1

（6）确定物流价值系数。通过上面的计算，得到了各物流环节的功能系数和成本系数，再根据式（3-1）可以得到各个物流环节的价值系数，如表 3-7 所示。

表 3-7　各物流环节价值系数

物流环节	功能系数 F_i	成本系数 C_i	价值系数 V_i
运输	0.321	0.372	0.862
仓储	0.174	0.167	1.042
装卸搬运	0.350	0.297	1.178
配送	0.154	0.184	0.837

根据表 3-7，仓储和装卸搬运两个物流环节的价值系数大于 1，是保证竞争优势的环节；而运输和配送这两个物流环节的价值系数小于 1，说明功能与成本不匹配，需要进行相应的改进。

3.3.2　并行工程

1. 并行工程的含义

并行工程（Concurrent Engineering）是一种对产品及其相关过程（包括制造过程和支持过程）进行并行、集成化处理的系统方法和综合技术。这种方法要求产品开发人员在产品开发设计的初期就要考虑整个生命周期的所有因素，包括质量、成本、进度计划和用户要求等，通过信息反馈，使产品在开发的早期就能及时发现问题，从而缩短产品开发周期，提高产品质量，降低成本，缩短产品开发周期和产品上市时间，增强企业在市场上的竞争能力。

2. 并行工程的特点

（1）并行性。产品设计前期，让更多领域内的专家参与产品的概念设计与详细设计，既能兼顾到产品的功能实现，也能兼顾到产品在结构、加工工艺上的可制造性和可装配性，并尽可能加强产品的环保意识，从而可以在同一时间框架内并行处理相关过程。

（2）集成性。集成性主要是指将产品开发的各个环节有机地组织结合，统一各种信息的描述和传递，协调各环节有效运行。集成性主要体现在信息集成、功能集成及人员集成上。

（3）整体性。产品开发过程是一个有机整体，并行工程消除串行模式中各部门间的壁垒，使各部门协调一致，特别是各部门间的双向信息联系。整体性要求产品开发人员在产品开发设计的最初就要考虑整个生命周期的所有因素，能够全局性地考虑问题，追求整体最优。

3. 并行工程的主要内容

并行工程在产品开发过程中的主要目的在于优化产品开发流程，克服产品开发过程中需要反复修改的弊端。将并行工程应用于产品设计中，可使后续工作人员参与产品的最初设计，使其充分了解产品开发设计思想，这样可降低后续阶段的错误率。因此，利用并行工程，能提高产品设计质量，缩短设计周期，加快产品的上市时间，增强企业的竞争力。

并行工程的主要内容包括两个方面：产品开发过程改进或重组和多功能开发团队建设。

（1）开发过程改进或重组。过程改进是基于时间、成本与设计质量或三者的综合考虑而对过程进行较低层次的或局部的修改，过程改进追求的逐渐改进没有达到对过程进行彻底变革的程度。而过程重组是从市场需求出发，对产品开发过程进行根本性的分析，彻底地重新设计过程，以求产品开发在时间、成本、质量以及服务性能上达到巨大改进。

（2）多功能开发团队建设。多领域知识的集成是并行工程环境下产品开发过程最显著的特征。因此，进行产品开发时，需要产品生命周期各个阶段的专家和工程师共同参与。在并行工程环境下，多功能开发团队（如图 3-5 所示）是最有效的产品开发组织形式。

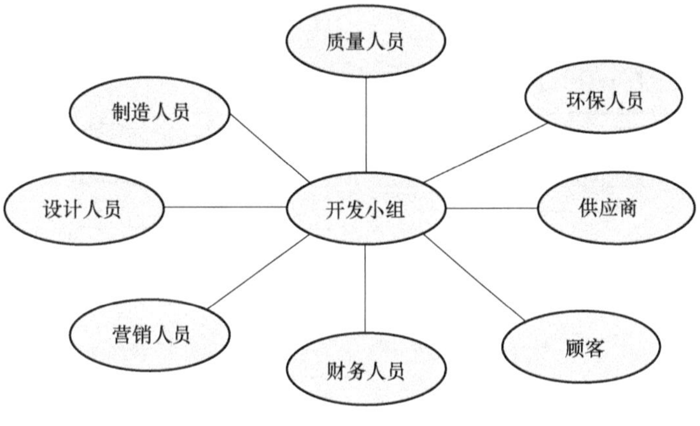

图 3-5　并行工程中的产品开发团队

并行工程的实施可以大大缩短产品开发周期和生产准备时间，在产品的生命周期中通过减少损失，降低企业成本，同时并行工程还可以将产品质量问题消灭在设计阶段。如 A 公司在生产计算机配套相关产品时，由于原来的设计中未考虑生产工艺性问题，致使产品品质低下，合格率仅为 5%。采用并行设计后，利用计算机虚拟检测，找出设计中的缺陷，使产品合格率达到 90%。

【例 3-2】 某产品在开发过程中主要包括设计、工艺、试制、鉴定、投产等阶段，应用最短路径的方法给出产品开发的时间图，图 3-6a 是产品串行产品开发的示意图，图 3-6b 为利用并行工程产品开发的示意图，图中箭头边数字表示产品开发所需时间。串行产品开发和并行产品开发具有不同的时间图，从而具有不同的产品开发周期，请通过计算产品开发周期，比较说明哪种开发方式较优。

如图 3-6 所示，为计算串行及并行产品开发周期，可用网络图的方法进行求解。

产品开发时间，即第 j 点完成时间：$t_E(j)=\max\{t_E(j)+t(i,j)\}$ $(j=2,3\cdots,n)$

终点事项最早完成时间记为 $T_E=t_E(n)$，通常称 T_E 为最早完成时间。从网络图中看，T_E 就是从起点到终点的最长路所代表的时间。

通过计算可得：串行产品开发最早完成时间 $t_E(10)=405$；并行产品开发最早完成时间 $t_E(10)=305$。

可见，并行开发较串行开发时间大大提前，可使产品适应市场能力增强，加快产品开发。

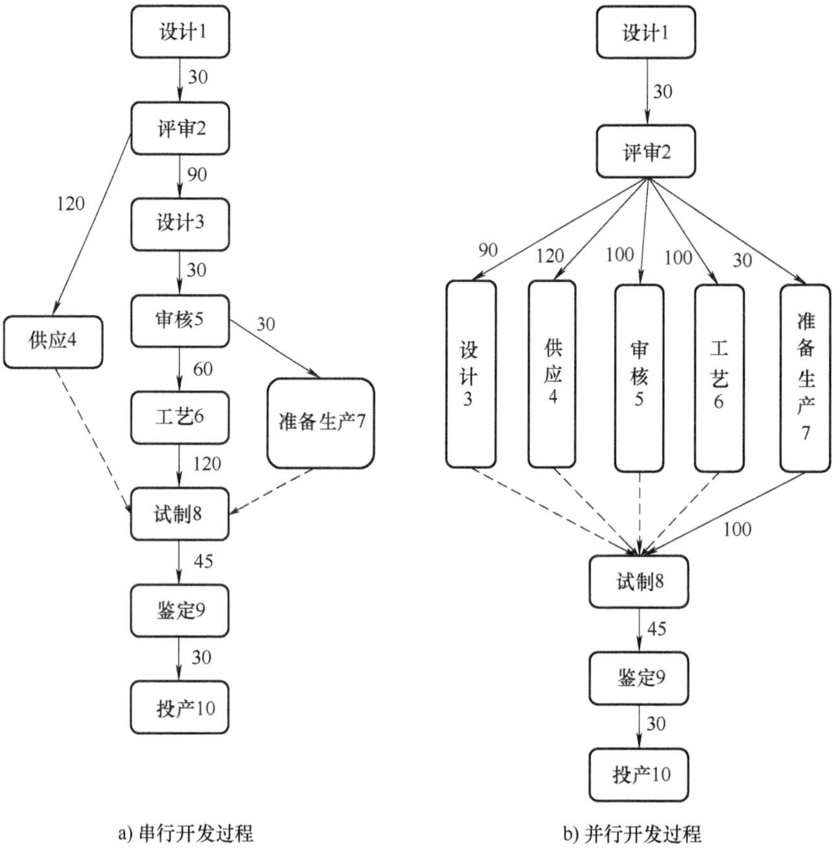

图 3-6 产品开发过程

3.3.3 质量功能展开

1. 质量功能展开的内涵

质量功能展开（Quality Function Deployment, QFD）以系统化的方法来保证设计的产品能够最大限度地满足顾客需求。QFD 的实质是从客户需求出发，将顾客声音转化成工程设计人员声音。它的根本目标主要有两个：一是识别、分析和获取顾客需求集，二是获取顾客需求，集中各项顾客需求的满足和实现的手段、方法。顾客的需求信息可以用一个特殊的矩阵框架表示出来，因为这个矩阵框架外形类似于一间小屋，故称为质量屋。通过建立一个质量屋，负责不同职能的团队可以利用顾客反馈的信息做产品开发决策。这个方法可以帮助开发团队把需求转化成具体的产品或服务开发工程。这一过程需要各部门的紧密合作才可完成。

2. 建造质量屋的方法

建造质量屋可以遵循一定的技术路线，即，调查顾客需求→评测各项需求对顾客的重要度→将顾客需求转化为技术要求→确定技术要求的满意度方向→填写关系矩阵表→计算技术重要度→设计质量规格→产品技术能力评价→市场竞争性评价→确定相关矩阵。建造质量屋的技术路线图如图 3-7 所示。以下对建造质量屋与步骤加以说明：

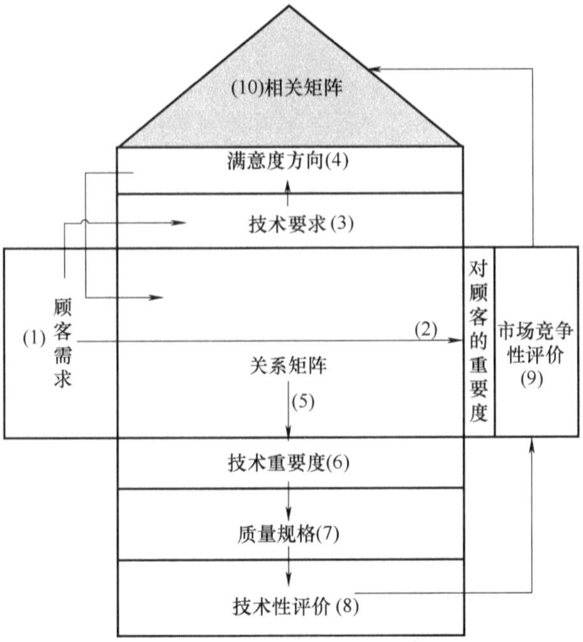

图 3-7　建造质量屋的技术路线

（1）调查顾客需求。调查顾客需求是建造质量屋的起点和基础。调查顾客需求的方法很多，如询问法、观察法等。

（2）测评各项需求对顾客的重要度。满足顾客对产品的期望是产品开发的首要原则。顾客的满意度是实际效果达到或超出事前期望的程度。如果实际效果与事前期望相符或超出事前期望；则顾客感到满意或非常满意；但如果未达到事前期望，则顾客感到不满意。顾客满意度是需求集成的结果，各种需求对顾客的重要程度不同，即不同的需求对顾客满意度的贡献不同。测评各项需求对顾客重要度的唯一方法就是对顾客进行广泛调查，并周期性地重复这样的调查以保证调查结果的时效。

（3）把顾客需求转化为技术要求。这一步由市场调查人员和工程技术人员共同把顾客的需求转化为对产品提出的技术要求，把顾客的期望转化成对工程技术的期望。第一步调查顾客需求所确定的顾客需求解决了“要什么”的问题，而这一步将顾客需求转化为技术要求则解决了“怎么办”的问题。

（4）确定技术要求的满意度方向。具体到某一产品，只能通过满足产品的技术要求满足顾客需求。有的技术要求的指标越高，顾客越满意，有的却恰好相反。在开发产品时应确定这种方向性，以便为将来调整质量规格提供参考。

（5）填写关系矩阵表。技术要求是由顾客需求转换来的，所以每一项技术或多或少与顾客需求有关系。关系根据其紧密程度可以分为三个等级，即关系紧密、关系一般、关系弱。填写关系矩阵为确定技术重要程度提供了依据。

（6）计算技术重要度。通过矩阵表与各项需求对顾客的重要度加权平均，可得到各项技术要求的重要度。经此转化，顾客提出的各种需求变成了具体的量值，而量值较高的技术要求将成为开发人员关注的重点。

（7）设计质量规格。这个过程需要工程技术人员和质量管理人员共同完成。设计质量规格就是在技术经济分析的基础上确定各项技术要求的量化指标。

（8）产品技术能力评价。产品技术能力评价的目的是衡量产品的各项技术指标满足顾客需求的能力。为评价产品技术能力，可把开发出来的产品同市场上同类的知名品牌产品进行比较。技术要求之间通常有冲突，所以不可能使各项技术指标都达到最高。因此，需要尽量保持技术重要度指标高的技术要素。

（9）市场竞争性评价。市场竞争性评价与技术性评价类似，但其评价结果是产品满足顾客需求的能力。

（10）确定相关性矩阵。根据正反强弱关系，把各项技术要求之间的关系确定为四类，强正相关、弱正相关、强负相关、弱负相关。确定相关矩阵的目的是把顾客满意度方向做量化处理，评价结果用于调整质量规格。

相对于价值工程，质量功能更加注重倾听顾客的声音，将顾客需求和技术要素共同融入产品的设计中。我们以港口物流服务的质量屋为例介绍其构建。

【例 3-3】 我国港口巨大的物流量对物流服务产生了巨大的服务需求，但是我国港口物流服务质量整体水平不高，不能对港口物流服务需求产生良好的促进作用，本例运用 QFD 方法进行港口物流服务质量改进，构建港口物流服务质量屋，以助于港口进行物流服务质量改进。

本例主要构建质量屋主体框架，包括顾客质量需求矩阵（左墙，即图 3-7 中的（1））和质量措施矩阵（天花板，即图 3-7 中的（3）），步骤如下：

1. 调查顾客需求

根据港口物流服务质量屋构建思路形成质量需求调查表，进行分析，结合港口物流服务的特点进行需求细化选取以下指标。

功能性：装卸搬运的科学性；集装箱化程度。

可靠性：货物准时送达率；货物完好率、单证准确率；信息传递准确率。

时间性：订单处理周期；故障处理时间；平均运输时间。

保证性：作业流程标准化的程度；园区内部资源整合的能力；客户跟踪查询信息的可得性；

服务性：服务人员的专业素质水平；与客户有效沟通的能力；提供物流方案设计、咨询、培训服务的能力。

经济性：运输服务的价格合理程度；附加价值活动的合理程度。

便利性：服务渠道灵活；手续办理方便。

创新性：提供增值物流服务项目；个性化服务。

2. 测评各项需求对顾客的重要度

将步骤 1 所选取的需求指标在顾客中进行广泛的调查，并对调查结果进行分析，确定各指标对顾客的重要度。

3. 将顾客需求转化为技术要求

根据顾客需求矩阵，结合质量措施构建矩阵，得出以下的技术要求指标。

员工素质：员工学历；知识水平；工作经验；沟通能力；操作熟练程度。

物流硬件设备：港口泊位数量；航道水深；装卸设备；仓储设施；集装箱堆场；专业化码头等。

服务标准控制：物流园区对其各项业务标准的设计控制情况。

服务柔性：物流园区对客户个性化服务需求、对不合格服务进行补救的及时反应能力。

信息服务：能为园区内物流企业及各类寻求物流服务的客户提供强有力的信息技术支持、信息交换和传递等服务。

相关政策：港口物流园区通过制定与执行互惠的物流政策，来吸引更多的客户入驻物流园区，并为客户提供更为便捷的服务。

物流园区联盟：物流园区联盟构成一个物流网络，能有效提高资源整合和利用效率，减少物流作业壁垒，提高客户满意度。

以上是港口物流服务质量屋的质量需求矩阵和质量措施矩阵，它们构成了质量屋的框架。下一步，只需在实际应用时进行市场调查、专家咨询，获得相关数据，结合该港口自身状况，选择员工素质、设备设施、服务标准控制、服务柔性、信息服务、相关政策、物流园区联盟这七项服务要素建立质量屋，根据关键顾客质量需求与服务要素的关联程度，由 QFD 小组的专家根据实践经验打分（1~9），取值表示某种服务要素与对应的客户需求之间的关联程度（9 分表示非常强的联系）。最终的服务质量屋如图 3-8 所示。

关键客户服务质量需求	相对权重	港口物流园区服务要素						
		员工素质	设备设施	服务标准控制	服务柔性	信息服务	相关政策	物流园区联盟
对货物的安全保障程度	10.02%	4	5	4	3	2	1	1
集装箱化程度	7.80%	2	6	3	2	2	2	2
运输服务的价格合理程度	7.00%	2	5	5	3	3	4	4
提高物流方案设计、咨询、培训服务能力	5.39%	4	2	2	1	5	2	1
订单满足率	3.83%	3	5	5	2	3	1	2
订单处理周期	3.70%	4	5	4	3	4	1	3
平均运输时间	3.68%	2	5	4	2	3	2	3
各服务要素权重		14.80%	12.95%	16.18%	16.41%	14.71%	11.28%	13.67%
改进难度等级		4	3	5	5	4	2	3

图 3-8　港口物流服务质量屋框架图

从图 3-8 中得出关系矩阵为：

$$A=\begin{bmatrix}4&5&4&3&2&1&1\\2&6&3&2&2&2&2\\2&5&5&3&3&4&4\\4&2&2&1&5&2&1\\3&5&5&2&3&1&2\\4&5&4&3&4&1&3\\2&5&4&2&3&2&3\end{bmatrix}$$

将关键客户服务质量需求权重进行归一化处理，可得：

$$W_i=(0.2911,\ 0.2266,\ 0.2034,\ 0.1566,\ 0.1123,\ 0.1075,\ 0.1069)^T$$

服务要素归一矩阵：

$$T_i=A^*W_i=(4.0198,\ 3.5186,\ 4.3965,\ 3.0644,\ 3.9947,\ 4.4582,\ 3.7146)^T$$

计算得各服务要素权重分别为 14.80%，12.95%，16.18%，16.41%，14.17%，11.28%，13.67%。

从上述质量屋矩阵可知，权重分数较高的服务要素是服务标准控制、服务柔性、员工素质和信息服务。因而，港口物流园区要满足客户质量需求必须关注这些要素，它们的好坏决定了物流服务水平和客户需求满足程度。

改进措施包括：通过培训、考核等措施来提高员工的工作能力、改善服务态度，包括提供良好服务的意识和能力；更新运输、装卸、储存、配送等设备，此外，对设备设施的及时检测、维修和更新也是满足客户质量需求的保障；采用先进的信息化系统为客户提供及时、便捷的业务信息，使客户能随时查询所委托服务的运作状况等。

3.4 产品工艺设计与选择

产品的加工生产都会伴随新的生产工艺设计，设计依据产品的概念性能要求，结合产品的新生产线工序和环节进行。本小节从产品工艺管理的内容及意义入手，阐述工艺过程选择的工具及方法。

3.4.1 工艺管理的内容及意义

1. 工艺管理的内容

产品的设计解决了生产什么样的产品的问题，至于采用什么样的设备和工艺装备、按照怎样的加工顺序和方法来生产这种产品的问题，还有待工艺管理工作来解决。合理的工艺管理要根据企业现状、产品要求合理配置企业资源，高效、优质和低耗地生产，有效满足市场需求。

一般来说，工艺管理的内容主要有：

① 产品设计的工艺性分析与审查；

② 工艺方案的制定；

③ 工艺规程的编制；

④ 质量控制计划的制定；

⑤ 工艺装备的设计与制造；

⑥ 产品的材料消耗定额和工时定额的审定；

⑦ 旧工艺的改进和新工艺的推广；

⑧ 工艺管理制度的制订和工艺管理方法的完善；

⑨ 新产品试制的管理。

2. 工艺管理的意义

工艺管理是企业生产管理中的重要内容，与产品的设计有着密切的联系，同时又对产品的生产起着指导作用。良好的工艺管理工作具有以下意义：

（1）缩短产品生命周期，提高产品竞争力。工艺准备工作往往要占生产技术准备工作的 1/4~1/2，甚至更高，完善的生产工艺管理不仅能缩短工艺准备工作本身所用时间，而且还能通过采用先进合理的工艺方法和手段缩短工艺流程，从而缩短整个产品的生命周期。

（2）提高产品质量。完善的工艺方案和合理的操作规程将使产品的制造得到良好的保证，而且在实际生产过程中，产品质量的提高往往是通过产品生产工艺的不断改善来实现的。

（3）提高劳动生产率。制定完善、合理的工艺规程及详细的工艺管理制度可以使生产得以顺利进行，而且采用新的工艺、新的制造方法也可以提高劳动生产率。

（4）提高工艺设计工作质量，减轻劳动强度。工艺准备工作是企业技术准备工作中最复杂、最繁琐又最难以管理的工作。为完善生产工艺管理，可通过加强工艺文件的管理、制定相应的工作规范等来提高工作的质量，并减轻工艺设计人员的劳动强度。

3.4.2　产品工艺过程选择

产品的制造和服务需要物料、设备、人力等多种资源要素的组合，不同组合方法可以生产出同一种产品或服务，但生产运作的经过、产品或服务的质量、成本、交货期却可能不同。如何把投入变成产出，是工艺过程需要解决的问题，需要借助工艺选择工具来完成。

产品—工艺矩阵（Product-Process Matrix，PPM）作为战略分析工具，是由海斯（Robert H. Hayes）和惠尔莱特（Steven C. Wheelwright）于 1979 年提出的（图 3-9）。这个矩阵可以帮助企业分析产品结构和生命周期，选择与之匹配的工艺结构。

PPM 是一个二维的矩阵。横轴表示产品结构与产品生命周期，在产品生命周期方面，沿箭头方向从左向右表示从导入期到成长期到成熟期再到衰退期。纵轴表示工艺结构与工艺生命周期，在工艺生命周期方面，沿箭头方向从上至下表示工艺生命周期的发展，如下图所示。

理论上，沿着 PPM 矩阵对角线选择和配置生产工艺可以达到最优的水平。对角线下方损失了柔性和对市场反应的灵活性，对角线上方失去了一定的效率和成本优势。极端的情况是左下角和右上角的选择，在这种情况中工艺选择和产品结构极端不匹配。然而，很多企业传统的做法是只关注产品结构和生命周期的这一维度，根据市场的变化调整产品结构，但是忽视了对工艺结构和周期的调整，从而使得企业的策略逐渐偏离对角线，不能获得最佳的效益。为降低损失，下文从定性及定量两个方面阐述产品工艺过程的选择方法。

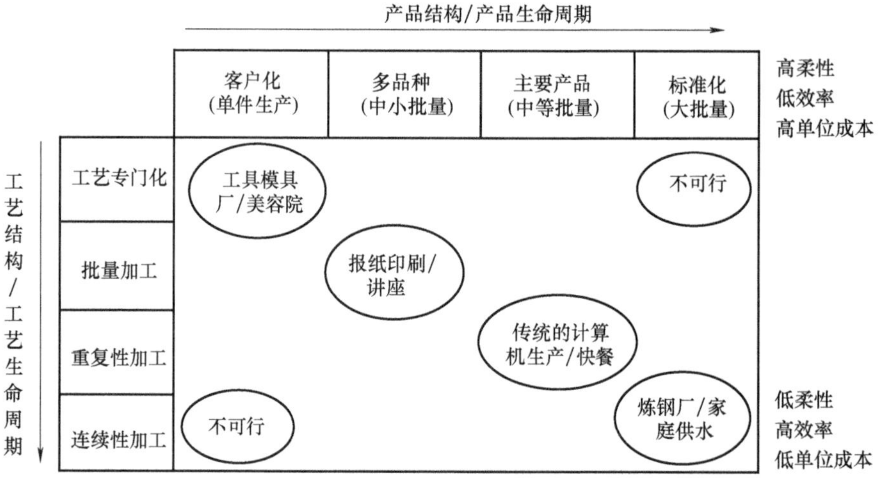

图 3-9　产品—工艺矩阵

（1）定性分析法。按不同生产过程构造的生产单位形式具有不同的特点，企业应根据具体情况选择最为恰当的一种。在选择生产单位形式时，影响最大的是品种数的多少和每种产品产量的大小。图 3-10 给出了在不同品种—产量水平情况中生产单位形式的选择方案。

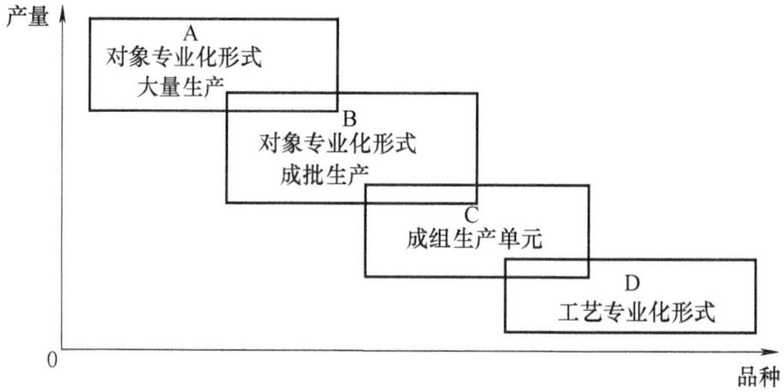

图 3-10　品种—产量变化与生产单位形式的关系

一般而言，随着图中的 A 点到 D 点的变化，单位产品成本和产品品种柔性都是不断增加的。在 A 点，对应的是单一品种的大量生产，在这种极端的情况下，采用高效自动化的专用设备组成的流水线是最佳方案。它的生产效率最高、成本最低，但柔性最差。随着品种的增加及产量的下降（B 点），采用对象专业化形式的成批生产比较适宜，品种可以在正文有限的范围内变化，系统有一定的柔性，而操作上的难度较大。另一个极端是 D 点，它对应的是单件生产情况，采用工艺专业化形式较为合适。C 点表示多品种中小批量生产，采用成组生产单元和工艺专业化混合形式较好。

（2）定量分析法。在产品产量一定的条件下，每种形式生产过程的构建都需要一定的固定投资，在运行中还要支出变动费用，这时要考虑这些费用对生产过程设计的影响。

在图 3-11 中，纵轴表示费用，横轴表示产量，产量等于零时的费用是固定费用，通常是指生产系统的初始投资。从图中可以看出对象专业化生产过程方案的固定费用最高，

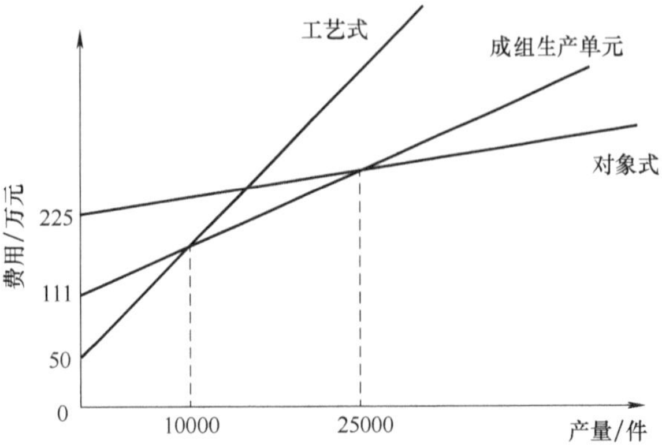

图 3-11 不同生产流程方案的费用变化

这是因为对象专业化生产系统一般采用专用设备、专用工艺装备，且有可能采用的是自动化加工设备和物料搬运设备。由于对象专业生产系统的生产效率最高、单位时间出产量很大、劳动时间消耗少，因此单位产品的变动费用相对最低（成本曲线变化最平缓）。以图中的数字为例，生产同一种产品的对象专业化生产系统投资额为 225 万元，成组生产单元为 111 万元，工艺专业化为 50 万元。当产量在 10000 件以下时，工艺专业化最为经济，当产量在 10000~25000 件之间时，成组生产单元最经济，当产量在 25000 件以上时对象专业化最经济。

这里是将问题简化后得出的结论。实际工作中还应考虑产量上升时原材料价格的变化、经验曲线影响等一系列问题，这里不做讨论。

3.5 服务设计

实际上，服务是一种特殊形式的产品。服务的设计和交付过程都需要顾客的参与和互动，因此它具有巨大的挑战性。服务的大部分成本和服务质量都可以在设计阶段确定下来。服务性企业可以使用许多技术来降低成本并改善服务。

3.5.1 服务设计的概念及特点

服务设计是以用户为中心，对用户体验的整个系统进行设计，从而提高用户体验和服务质量的设计活动。服务设计的两个关键点是服务要求的变化程度与顾客接触并介入服务系统的程度，这会影响到服务的标准化。顾客接触程度和服务要求的变化程度越低，服务能达到的标准化程度越高。

由于顾客在服务产品中介入频繁，且服务要求的变化程度较一般产品高，因此服务设计具有其特殊的关注点。具体如下：

- 一般情形下产品是可以触摸的，而服务却更倾向感受体验，因此服务设计通常更注意气氛、用户感受等不可触摸因素。
- 服务不能储存，因此极大挑战了产能的柔性，这种情形将在第 4 章产能规划中具体讨论。
- 便利性是服务设计的一个重要因素，这直接影响了顾客的接触程度，所以选址对服务设计极为重要。
- 对于不同的服务内容，顾客接触程度差别很大，有的服务系统很少与顾客接触，如自助服务，但有的服务则需要非常个性化的设计，如医疗服务等。
- 服务需求的变化可能会造成服务资源的闲置，在服务产品设计的时候必须考虑投入的成本与效益之间的均衡，同时考虑服务需求的不稳定性。

在服务设计中，高效率的服务和高质量的服务通常相违背，需要小心均衡。管理者必须仔细考虑并处理以下矛盾问题：

- 减少顾客的选择以提升服务效率，但这可能使顾客满意度大幅降低。
- 标准化或简化特定的服务要素能够减少提供服务的成本，但是这样的做法忽视了客户服务的个性化需求。
- 利用兼职员工或缺乏培训的员工来提高产能弹性的管理方式，可能会使服务质量下降。

在追求高效率的过程中，难免出现服务质量难以保障的情形；提高个性化服务质量的措施通常会引起服务成本的上升，顾客通常并不愿意为高个性化的服务承担很高的价格，因此在服务产品设计的过程中，高效率和个性化必须均衡考虑。

3.5.2 服务设计原则

服务是一种特殊的产品，因此在进行服务设计时除了要遵循一般产品开发时所需注意的原则外，服务设计有其单独需要遵循的原则：

1. 以用户为中心

以用户为中心就是站在用户的角度思考。在服务设计过程中，需对顾客与企业进行充分了解，在明确顾客需求的基础上结合企业自身的战略资源条件，设计出使顾客满意的服务系统。

2. 协同创造

在进行服务设计时，有必要多听各方诉求及建议。简单来说，协同创造就是让用户、技术专家、市场营销人员、前台服务人员、服务设计师、体验设计师等共同探讨，每个人站在自己的角度阐释观点，彼此沟通之后设计出最理想的服务。

3. 可视化

将不可见的服务，通过可视化的界面或可视化的内容来呈现，这就是服务设计的“可视化原则”。该原则是对系统信息包含的符号、图示语言、服务场景进行视觉逻辑的构建，以此强化其服务的特征与文化特性，并通过清晰、丰富的图示表达，激发协同创新的兴趣。

4. 整体性

这是指从全局上把握细节，为用户带来完整的体验。对服务系统间复杂的关系进行逻辑梳理，无论是作为头脑风暴期间的快速概念模型，还是作为设计阶段展现细节的系统模型，都强调在不同情境下，有效、合理地对资源进行配置与重组。

3.5.3 服务设计方法

服务产品的种类很多，有的服务需求量很大但个性化要求不高，比如快递服务、快餐服务，但有的服务几乎是一对一的个性化服务，如咨询服务。针对不同的服务产品类型，通常可以采取不同的设计方法。本节主要简述四种常见的设计方法。

1. 延迟定制化服务

服务设计方法中的一种技术方法是，在设计产品时公司可以尽可能推迟需要提供的定制服务，以达到更好地满足消费者多样化需求的目的。物流服务中的延迟策略就是以这样的指导思想在运营。

2. 服务模块化

第二种技术方法是将服务模块化，以便服务定制时可以采用不同的模块。这种方法允许模块以固定的、标准的实体形式进行设计。模块化设计的关键是模块划分。模块划分的原则是力求以少数模块组成尽可能多的产品，在满足客户定制需求的基础上通过模块的组合配置，可创建不同的产品。在生产和服务领域都可以使用该方法，例如，模块化的柔性也可以让顾客购买到混合搭配的餐饮、保险等服务。与此类似，投资组合也可以以模块化的形式汇集到一起。

3. 顾客化设计法

这是指以顾客满意为出发点，在满足顾客个性需求的前提下，提供与商品使用和人为感受相关的一系列服务。顾客化设计法，源于对顾客行为的理解：顾客是否对整个服务流程感兴趣、顾客是否希望参与服务过程并且对服务过程产生影响、顾客是否会参与部分工作以期望获得部分自由、顾客是否会调节自己参与服务的时间以避开服务拥挤。

顾客化设计法的要点是重视每一个顾客的偏好、特点和需要，适用于对服务要求比较高的顾客。顾客化设计方法需要充分理解和把握顾客的个性化需求，分析顾客在服务提供过程中的可能行为，考虑到各种可能事件出现的可能性。例如，第三方物流公司在给客户企业提供物流服务时要结合客户企业的特点、运输的货物等制定不同的物流方案。

4. 技术核分离法

技术核分离法的基本思想是将服务系统分为与顾客的高接触部分和低接触部分，即前台和后台，后台便可视为脱离于顾客服务环境的一个技术核，进而可以在后台应用现代技术方法以提高效率，而在前台采用顾客化设计方法，尽量满足顾客的多样化需求。前后台分离的方法是把服务划分成一些较小的部分，确保这些较小部分可以以自动化方式进行操作，或者尽量减少与客户的互动性服务。

按照与顾客接触程度的不同，服务可分为三类：接触程度较低的制造型服务类型，如仓储、通信等，这类服务以后台运营为主；接触程度较高的纯服务类型，如咨询、个人服务等，这种以前台服务为主；二者兼有的混合服务类型，如零售行业中，导购、付款等属于前台运作，而采购、码货等属于后台。其中，对于银行、零售业等能够较为明显地区分前后台服务的行业，比较适合采用这种服务设计方法。

3.6 案例：SN 电器物流服务设计

SN 电器是中国家电连锁零售企业巨头，经营的商品包括空调、冰箱、洗衣机、彩电、音响、生活电器、通信设备、计算机、数码设备八个品类，近千个品牌，20 多万个规格型号。SN 电器以连锁店服务为基石，配套建设了物流中心、售后服务中心和客户服务中心，为消费者提供方便快捷的零售配送服务。

（1）强大的信息系统。对于家电零售这样利润被日益摊薄的行业，其信息化水平在一定程度上决定着连锁经营的成功与否。SN的物流流程以财务为中心，将营销、物流和采购等统一在一个平台之下。在这个平台下，POS机的收款信息能立刻传到配送中心，由配送中心做出反应，产生配送指令。无论是SN电器的自备车辆，还是外包车辆，在完成一项任务前，都要先到信息大厅办理出库手续，领取出库单，然后去库房提货、送货。完成该项指令后，还要到信息大厅核销该项任务。

在先进的信息系统支撑下，SN对商品的流向进行精准的控制。在仓库，配送单经过仓管员的仔细核对后，家电产品由库房搬运、装载至车辆上，由于全程机械化，装运的效率非常高，装满一辆车只需十几分钟。

（2）健全的物流体系。对于零售企业来说，物流是其顺畅运营、良性发展的关键，从采购、存储、配送到售后服务，零售企业各个业务环节都要有高效的物流系统来保障。物流体系的建设同样也是SN连锁经营战略的核心内容之一。目前，SN在加紧第三代信息化物流基地的建设，它采用全自动、机械化的立体仓储系统的集成方案，通过库内立体化仓库系统、机械化运输系统、WMS及TMS仓库管理信息系统的实施，将成为国内电器连锁行业最先进的物流中心之一，成为SN电器新一代物流系统的运营和发展的标志性工程。

第三代物流中心与之前的物流中心的不同之处在于，它采用二级配送模式：一级配送分拨服务，负责将各类商品从区域大库分拨运送到区域内的所有二级城市；二级配送服务，由区域内二级城市配送服务中心将商品全面配送分拨服务到千家万户。而之前的第二代物流中心采用的是三级配送模式——一级配送到市、二级配送到店、三级配送到户。

在第三代物流中心中重点应用的信息技术，包括WMS（仓库管理系统）和TMS（运输管理系统）。WMS系统实现订单管理、库存管理、收货管理、拣选管理、盘点管理、移库管理，实现管理条码化，仓库作业实时监控；TMS系统，提高配送服务响应时间，提高车辆资源利用率，降低运输成本，将电子地图、GPS全面用于零售等配套的服务行业，实现准时化配送。

目前，SN电器已经建成的第三代物流中心为江苏物流中心，正在建设的是沈阳物流中心，即将建设的包括北京、无锡、成都、徐州及重庆物流中心等。第三代物流中心将承担起物流中心所在城市周边地区连锁店销售商品的长途调拨（300km范围内）、门店配送、零售配送（150km范围内），所在城市市场需求的管线配送、支架配送等。建成之后，可以满足约50亿~100亿元的年商品周转量的作业要求。

江苏物流中心按照“专业化分工、标准化作业、模块化结构、层级化管理”的标准建设而成。SN电器在南京建立了辐射150km范围内的城市配送，仓库面积4.6万m^2，充分应用机械化、自动化、信息化的现代物流设备及系统，存储能力高达300万台套，日作业能力达3万台套。

（资料来源：成志明．苏宁背后的力量（信息化天梯）．中信出版社.2010.）

思考题：

1. 简要描述SN的物流服务设计方案。
2. SN的物流服务设计有哪些优点？

习题

1. 简述新产品的概念和分类。
2. 简述产品开发的方向。
3. 简述产品在不同生命周期的特点。
4. 影响生产流程选择的主要因素有哪些？
5. 简述并行工程的特点。
6. 简述服务设计的方法。
7. 简述建造质量屋的方法。
8. 造价工程师在某开发公司的某幢公寓建设工程中，采用价值工程的方法对该工程的设计方案和编制的施工方案进行了全面的技术经济评价，取得了良好的经济效益和社会效益。有四个设计方案 A、B、C、D，经有关专家对上述方案根据评价指标 F1~F5 进行技术经济分析和论证，得出如表 3-8 所示的资料。

表 3-8 方案功能评价及单方造价

专家	专家评分			
	A	B	C	D
F1	4	3	3	3
F2	5	3	4	2
F3	4	2	4	2
F4	3	2	4	1
F5	3	1	4	2
单方造价 /（元 /m²）	1420	1230	1150	1360

问题：

计算功能系数、成本系数、价值系数并选择最优设计方案。

参考文献

[1] 赵树基 . 生产运营管理 [M] . 北京：经济日报出版社，2007：27-39.

[2] 迪尔沃斯 . 运作管理在产品和服务中提供价值 [M] . 肖永波，刘晓玲，译 . 北京：中信出版社，2006：354-361.

[3] 海泽，伦德尔 . 运作管理 [M] . 陈荣秋，张祥，译 . 北京：中国人民大学出版社 .2011：163-177.

[4] 汝宜红，田源 . 物流学 [M] . 北京：高等教育出版社，2009：111-145.

[5] 卢颖，赵礼强 . 第三方物流产品设计与营销策略 [J] . 商业研究，2006，20（352）：199-201.

[6] 胡伟 . 基于产品生命周期理论的物流需求及对策 [J] . 特区经济，2008，01：299-300.

[7] 雅各布斯，蔡斯 . 运营管理 [M] .13 版 . 任建标，译 . 北京：机械工业出版社，2011：48-49.

[8] 史蒂文森 . 运营管理 [M] . 张群，张杰，译 . 北京：机械工业出版社，2008：51-53.

[9] 潘家轺，刘丽文 . 现代生产管理学 [M] . 北京：清华大学出版社，2000：67-68.

[10] 周兴建 . 基于价值工程的物流价值链优化研究 [D] . 武汉：武汉理工大学，2012：69-82.

[11] 熊光楞，张和明，李伯虎. 并行工程在我国的研究与应用 [J]. 计算机集成制造系统，2000，(02).

[12] 许维胜，吴启迪. 并行工程过程研究 [J]. 同济大学学报（自然科学版），2001，(02)：185-190.

[13] 赵耀，王道平，陈琳. 基于 QFD 的港口物流园区服务创新研究：以威海港为例 [J]. 中国管理信息化，2011（19）：36-41.

[14] 罗仕鉴. 服务设计 [M]. 北京：机械工业出版社，2011.

第 4 章

产能规划

本章导引

产能表征企业的产出能力，是企业各层次的员工都极为关注的一个方面。高层管理人员可以把精力放在公司内部的整体产能上，中低层的员工行动也可能会对产能的效率以及利用产能的有效性产生影响。另外，产能的错误投入将会带来无意义的资本占用、资源利用率的降低、产能与需求的不匹配等影响，甚至制约企业的长远发展。可见，产能规划是一项可以上升到战略高度的重要管理领域。

在企业运营过程中应如何看待产能规划的作用？如何衡量自身产能大小及产能利用率等指标？进行产能规划应该如何开展？本章将针对以上问题进行讨论。另外，服务能力作为一项特殊的产能，需要认真分析其本身的特点，并结合其自身特点采用适当策略进行调整，以达到供需平衡的目标。

本章要点

1. 理解产能和产能规划的基本概念及影响因素。
2. 掌握产能规划的过程、技术与决策方法。
3. 理解服务能力与一般产能的区别，了解需求调节和服务能力的策略。
4. 了解运营能力的度量方法和评估运作能力规划方案的方法。
5. 通过案例分析了解在企业运营过程中应如何看待产能规划的作用，应如何衡量企业产能大小、产能利用率等指标，以及如何开展产能规划工作。

4.1 产能与产能规划

产能规划是企业运营过程中必须面对的问题之一，是保证供需平衡的重要手段。本节我们重点讨论产能的内涵以及衡量产能效率的相关指标，同时说明产能规划的重要意义。

4.1.1 产能的概念及影响因素

1. 产能的概念

产能即生产能力，是生产设施在一定的时间内可容纳、储存或生产产品的最大数量，或是一定时间内输出服务的能力。产能也可以反映企业的生产规模。

产能投入的首要任务是满足需求，投入产能过高或过低都会给企业带来不利影响。如果产能高于需求，不仅意味着不必要的固定成本投入，而且会造成部分设备的闲置进而导致生产成本增加。如果产能过低，顾客满意度将会因需求不被满足而降低，甚至因此而失去市场。所以设计产能的大小，考虑产能的利用率和投资回报率是极其重要的。企业管理者之所以十分关心生产能力，是因为企业随时需要知道自己的生产能力能否与市场需求相适应。当需求旺盛时，企业需要考虑如何增加生产能力，以满足需求的增长；当需求不足时，则需要考虑如何缩小规模，避免生产能力过剩，尽可能减少损失。

实际中的生产能力有不同的表达方式，主要包括设计产能、有效产能、最佳运营产能、柔性产能。

设计产能是生产或运营系统在一定时间内理论上的最大产出或最大服务能力。这种生产能力可在企业进行未来生产发展规划时作为参考，这是一种潜在的能力。

有效产能是指企业在现行的运营条件下预期达到的产能。大多数企业的有效产能低于设计产能，因为生产设施利用或资源消耗通常会预留出一部分弹性，即缓冲能力。若企业未预留缓冲能力，结果往往很糟糕，因为突发的机器故障或是突然激增的需求将会使既定的生产计划陷入混乱。

最佳运营产能是指企业平均单位成本最低时的产能水平。技术和产能常常可以决定设备的理想规模，进而影响企业的最佳运营产能（产量）。最佳运营产能下单位成本最小值的设定通常有一定难度，因为它需要综合考虑之前固定成本的摊销以及加班、折旧、次品率和其他成本。

柔性产能主要体现在生产能力的可变性与适应性方面。“柔性”是指当市场需求波动比较大时，企业可以在调整费用很低的条件下迅速增加或减少产量，或者从加工一种产品迅速转移到生产另一种产品的能力。这种应变能力在当今市场需求多样化、个性化的时代对于企业是很重要的。它包括三层含义：柔性工厂、柔性生产过程和柔性工人。理想状态的柔性工厂转换产品的调整时间为零，通过使用可移动设备及易于装配和重组的生产线实现快速转换；柔性生产过程是指在调整成本较低的情况下，生产线可以快速地从生产一种产品调整到生产另一种产品；柔性工人是指工人掌握多种技能和能力，从而可以很容易地从一个工种调整至另一个工种（相比之下，柔性工人需要更广泛的技能培训）。柔性生产能力可以有效应对不断变化的需求，这对需求波动大且难以预测的服务行业极为重要。

产能利用率和**产能效率**是评估产能绩效时两个常用的指标。产能利用率就是实际产能占设计产能的百分比，而产能效率则是实际产能占有效产能的百分比，计算公式如下：

$$产能利用率 = 实际产出 \div 设计产能 \tag{4-1}$$

$$产能效率 = 实际产出 \div 有效产能 \tag{4-2}$$

由于实际生产过程中有许多不确定因素，如生产提前期变化、设备故障、工作人员变动等，再加上企业的管理问题，企业通常不能达到 100% 的效率。

【例 4-1】 计算产能利用率和效率。某配送中心有一台分拣装置，分拣配送中心内的千余种物品。上周这个分拣装置共计分拣 148，000 件物品。配送中心现行运营条件下分拣数量为 175，000 件物品，生产线每周工作 7 天，每天工作 16 个小时，其余时间用于设备维护和检修。生产线被设计每小时分拣 1，800 件物品。计算该分拣装置的设计产能、产能利用率及产能效率。

设计产能 =7 天 ×16 小时 ÷ 天 ×1800 件 / 小时 =201600 件

产能利用率 = 实际产出 ÷ 设计产能 =148000 件 ÷201600 件 =73.4%

产能效率 = 实际产出 ÷ 有效产能 =148000 件 ÷175000 件 =84.6%

2. 影响有效产能的因素

系统设计的许多决策因素都影响有效产能，许多运营决策一样影响产能。这些因素主要包括：设施、产品和服务、运营因素、人力因素和外部因素。

（1）设施。设施的数量、质量及未来的拓展空间是决定有效产能是一个关键因素，设施的数量包括生产面积、设备数量等；设施的质量包括生产设备的工作效率、生产面积可利用系数等。

（2）产品和服务。实际上，如果生产的产品和服务相似，系统的产能要比生产不同产品和服务的产能大。比如，快餐店通常能比饭店更快地提供餐饮，原因之一是快餐店食品种类较少而饭店菜单种类繁多。产出的产品和服务相似时，其生产方法和材料越容易实现标准化，从而达到更大的能力。

（3）运营因素。在企业中，不同设备具有不同的能力和任务安排，因此会产生排程的问题。库存的储存决策、延迟交货、所采购的原材料及部件的质量水平、质量检验与控制程序，都会影响有效产能。

（4）人力因素。一项工作任务涉及员工的各种活动，完成任务所需的培训、技能和经验都会对潜在的和实际的产出产生影响。另外，员工的激励、替换频率等因素也会对产能造成影响。

（5）外部因素。外部影响因素主要是指政策性因素。例如，管理政策可以显著地影响有效产能，以《药品经营质量管理规范》《药品批发企业物流服务能力评估指标》等政策为例，这些因素都能够明显影响产能；工会或相关政策要求的员工工作时间限制也会影响有效产能。

4.1.2 产能规划的概念及影响因素

1. 产能规划的概念

产能规划是企业为满足目前和未来的产能需求量而对生产能力水平所做出的管理。产能规划解决的基本问题为：需要何种能力生产；需要多大能力生产；何时需要这些生产能力；现有生产能力是否能满足生产要求。产能规划决定了其生产能力的利用程度，是企业对市场需求和提供服务的保证，直接影响到供应链的运作成本和投资效益水平，很大程度上决定了企业的竞争力。

从时间跨度上来看，产能规划可以分为三类，即长期规划、中期规划和短期规划。对不同阶段的规划，所采用的方法通常也不相同。如长期规划（通常超过一年）需要获得高层管理人员的参与和批准，可以通过增加可供长期使用的设备实现；中期规划（通常 3~18 个月）可通过外包、增加或减少设备、增加轮班时间等实现；而短期规划（通常少于 3 个月）则与每日、每周的安排紧密结合，且需要为消除实际产出与计划之间的差异做出调整，可以通过加班、人员调度以及替代性生产程序规划等实现。该分类内容参考表 4-1。

表 4-1 产能规划的分类和规划内容

长期	中期	短期
工厂能力 资本基金 设施需求 其他	部门能力 劳动力 购买能力 库存 其他	设备能力 员工技术等级 现金 库存 其他

市场需求通常具有不确定性，而且企业的产能也可能由于设备故障、人员调度等意外状况造成产能的不稳定。总之，产能的供应与市场的需求很难实现平衡，有时甚至出现严重的供大于求或供不应求的情况。产能规划的重要意义在于根据市场的需求适时调节产能的大小，使供需**大体平衡**。战略产能规划着眼于企业的核心竞争力和发展要求，在一定时期内对产能进行整体规划，使产能满足变化的需求，从而提升企业自身的竞争力。产能规划是管理者必须做出的设计决策中最基本的决策之一。事实上，产能规划对一个企业是至关重要的。

（1）产能规划对于组织满足产品和服务的未来需求具有深远的影响。产能从根本上限制了可能的产出率。公司拥有满足顾客需求的产能时可以带来巨大的收益。如果顾客需求不能及时满足，不仅会丧失销售机会，更会因此造成顾客不满，从而降低市场竞争力。

（2）产能规划影响运营成本。理想情况下，产能和需求匹配时运营成本最低。然而实际中却并非如此，由于产能和需求之间存在偏差或者需求不稳定，产能和需求通常不能匹配。这些情况下，需要平衡产能过剩或者产能不足产生的成本。

通常产能越大，其总成本越高。但是单位产品成本不同，产能越大，单位产品的成本往往越低。

（3）产能规划意味着资源的长期性投入。产能规划一旦实施就很难再改变，或者改变成本很高。由于产能规划涉及大量的资金和其他资源，需要提前做好规划。例如，建造一个新的物流中心并使之运营会需要多年的时间。然而这也增加了规划的风险，因为较早确定的生产能力可能在产能规划完成后与实际需求不一致。

（4）产能规划影响企业的竞争力。如果企业有过剩的产能或者迅速扩大产能的能力，会给其他企业设置进入障碍，同时也能较好地应对需求的不确定性。

此外，合理的产能相对于不匹配的产能更加容易管理，因为如果产能与需求不匹配，必然会要求管理者扩大产能或缩减产能，从而增大管理的难度。

2. 产能规划的影响因素

除战略因素外，产能规划过程中考虑的主要因素包括系统的平衡、产能变动的频率和外部产能的运用程度。

（1）系统的平衡。在一个处于最佳平衡状态的系统中，上一个阶段的输出下一个阶段的输入。例如某个工厂上一阶段的正常状态下零部件的产量即为下一阶段装配中的需求量。但实际上这种最佳平衡状态很难实现，其中一个重要原因就是每个阶段的最佳运营产能是不同的。例如工厂某一阶段的最佳运营产能为 80 单位 / 小时，而下一阶段的最佳运营产能为 60 单位 / 小时，则会造成系统产能不平衡。另外，产品需求的不确定性及生产过程的不确定性都会对系统平衡造成破坏。

要做到系统产能的平衡，可以从以下几方面入手。首先可以着力提高瓶颈上的产能，这可以通过加班、业务外包等方式实现。其次可以在瓶颈环节设置缓冲库存，进而保证瓶颈一直有效运营。以上方式正越来越广泛地运用于供应链的设计中。同时，实践证明，从供应链的角度规划产能可以有效解决需求不确定等问题。

（2）产能变动频率。在扩大产能的同时需要考虑两类成本：升级过于频繁引发的成本和升级过少引起的成本。产能升级频繁的成本包括旧设备的处理、新设备的购置、相应员工的培训等。相反，产能升级过少时每次升级购入的产能相应增大，而任何购买的但没能利用的产能都是间接成本。图4-1体现产能升级频繁与升级过少时的情况。

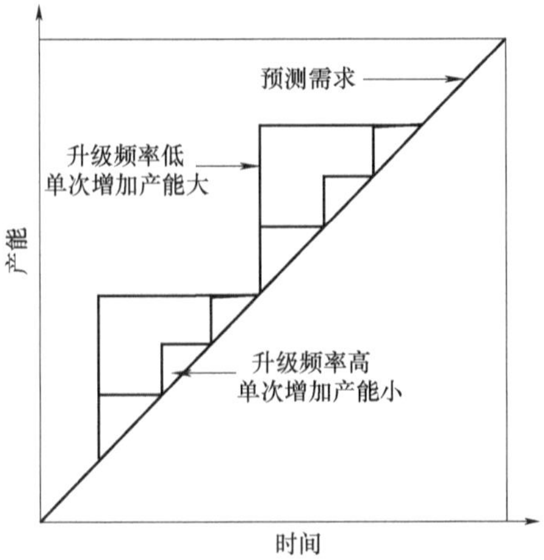

图4-1　产能升级频率的影响

瞬间大规模增加产能，在渐进式的需求下会引发需求缓慢增长与产能快速扩张之间的矛盾。图4-2揭示了应对产能扩张的四种方法。其中图4-2a、图4-2c和图4-2d都是产能渐进式扩张的方式，特点是逐年增加产能以保持产能与需求间的协调。但是图4-2a始终使产能保持领先于需求，从而有一定量的产能过剩。图4-2c始终保持产能一定幅度落后于需求，产能利用充分但不能充分满足需求。图4-2d通过逐年对产能的调整，使年度平均产能与平均需求保持平衡。图4-2b在较长一段时间内一次性扩张，使产能领先于需求。

图4-2a和图4-2b所示扩张方法的优点在于，在产能领先于需求的情况下，企业可以为缩短生产时间做更多准备，生产灵活性和弹性更强，从而可以压低库存，因为多余的产能可以迅速地建立额外库存，满足过剩需求。图4-2c和图4-2d均有产能落后于需求的情形，此时需要通过延期或者转包的方式来适应超额的需求。

（3）外部产能的运用程度。某些情况下，不提高企业自身的产能，而借用现有的外部产能资源是更为经济的方法。企业经常使用的两种方法，就是外包和产能共享。物流外包的方法就是外包的典型做法，这也直接促进了第三方物流的发展。产能共享的例子有很多，比如两家航空公司在不同的需求季节有不同的飞行航线，当一家航线的任务繁重而另一家相反时，则会进行飞机互换，或者两家共享航线。物流运营中的共同配送也是产能共享的例子。共同配送的一种形式就是多家配送企业联合，共同划分配送区域，共同利用配送设备，进行一定程度上的分工，形成共同协作的配送方式，这能有效地提高自身的物流服务能力。

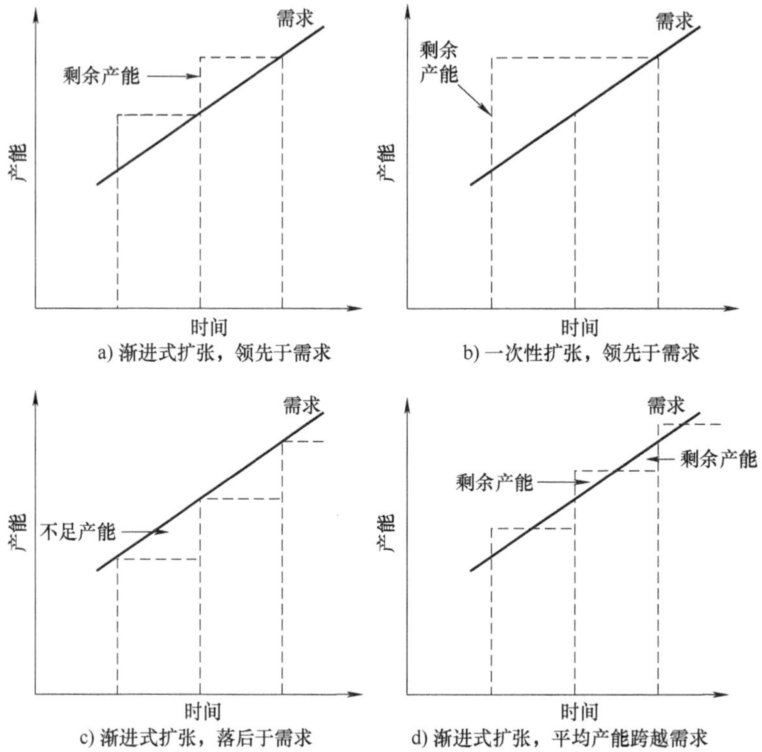

图 4-2　产能扩张的四种方法

4.2　产能规划的过程和方法

产能规划的目的是确保产能和需求的匹配，因此产能规划不仅包含产能决策的制定，也包含对需求的管理。本节首先介绍产能需求管理与需求预测的方法，并在此基础上，进一步阐述产能决策的方法。

4.2.1　产能需求管理与需求预测

1. 产能需求管理

管理需求的方法有很多，如通过价格机制或使用商品促销以改变需求水平；利用闲置的生产能力创造可选的产品或服务；吸引顾客离开生产能力紧张的资源等。在具体的操作中应根据需求与产能的具体关系对需求进行管理。

（1）产能超过需求。此时企业通常会降低价格或促销以提高消费量，或者通过改变产品以适应市场。

（2）需求超过产能。此时企业可以设置较长的提前期，或者提高产品价格以减少需求量。但如果是因为设备短缺而造成的产能不足，则需要增加产能以适应长期的需求。

（3）季节性需求。季节性需求是对产能规划的另一项挑战。季节性需求即需求随着季节的变化呈现周期性波动。面对季节性需求，可以在需求较小时通过生产互补产品的方式平衡总体需求和产能，进而提高产能的利用率。

使产能匹配需求的策略有很多，我们可以通过以下方法调整流程以达到给定的产量：

① 进行人员调整（增加或减少员工数量）；

② 调整设备和流程，包括购买额外的机器，或是出售、出租现有设备；

③ 技术改革；

④ 重新设计产品。

2. 产能需求预测

进行产能规划时首先需要对未来的需求进行预测。需求预测包括定性预测和定量预测两方面，接下来我们将分别对这两种方法进行介绍。

（1）定性方法。定性方法主要适用于中长期预测，代表性的方法有市场调研、类比法、德尔菲法等。

1）市场调研。市场调研通过运用科学的方法，有目的、有计划地收集、整理、分析有关供求、资源的各种情报、信息和资料，把握供求现状和发展趋势。市场调研能够提供作为决策基础的信息，弥补信息不足的缺陷，帮助企业了解外部市场信息，了解市场环境变化。

市场调研一般包含以下步骤，即确定市场调研的必要性、定义问题、确立调研目标、确定调研设计方案、确定信息的类型和来源、确定收集资料方法、问卷设计、确定抽样方案及样本容量、收集资料、分析资料及撰写调研报告。

2）类比法。类比法是按同类事物或相似事物的发展规律相一致的原则，对预测目标事物加以对比分析，从而预测目标事物未来发展趋向与可能水平的一种方法。类比法应用形式很多，如由点推算面、由局部类推整体、由类似产品类推产品、由相似国外市场类推国内市场等。类比法一般适用于预测潜在购买力和需求量、开拓新国际市场、预测新商品长期的销售变化规律等。类比法适合于中长期的预测。

a. **由点到面的类比**：由点到面的类比广泛适用于许多一般消费品和耐用消费品的需求预测。比如，通过典型调研或抽样调研测算出某市彩电年销售率为40%，就可以以此销售率来推算其他城市的销售率了。许多消费品的需求量可以采用由点到面或由部分到全部的类比推算预测法求得短期、近期预测值。

b. **以国外同类产品市场发展趋势来预测**：这种推算方法是把所要预测的产品市场同国外同类产品市场的发展过程或变动趋向相比较，找出某些共同的或相类似的变化规律，用来推测目标产品市场的未来变化趋向。比如，可以参照国外某些产品更新换代过程的时间及条件来分析预测我国同类产品更新换代时间。

c. **以国内相近产品类推产品**：这种对比类推往往用于产品开发预测，以相近产品的发展变化情况，来类比预测某种产品的发展方向和变化趋势。例如，由于人们喜欢吃水果糖，日用化工厂生产了水果香型牙膏。

3）德尔菲法。德尔菲法是从一组专家获得一致意见的系统方法，它以匿名的方式，通过多轮咨询专家对预测事件的意见，由组织者进行集中汇总，最终得出较为一致的专家预测意见。德尔菲法一般按照以下程序进行：

a. 预测准备阶段，包括确定主题和选定专家两项内容。

b. 预测实施阶段，通常包括三到五轮的专家咨询过程。第一轮，组织者向专家提供所需预测的主体和具体项目，并提供必要的背景材料。专家可以向组织者索取更为详细的资料，然后回答问题。第二轮，组织者对专家的各种回答进行整理，汇总相同的结论，剔除次要的、分散的结论，形成征询意见表并连同补充材料、组织要求等再向专家征询意见，请专家分别为自己和别人的意见进行评论、修改或补充说明。第三轮，将前一轮征询意见汇总，再次制成征询意见表，连同补充材料、具体要求等再向专家咨询，请其进一步评价别人的意见和补充修改自身意见。经过多轮修正，当预测结果较为一致时，预测组织者可统计整理并形成最终预测结果。若三轮预测未能形成统一意见，可组织第四轮、第五轮预测，流程和第三轮类似，直至形成统一结果。

c. 撰写预测报告。当通过多轮咨询并形成统一结论时，应及时撰写预测报告，介绍预测的组织情况、资料整理、预测结论和决策建议等。

（2）定量方法。定量方法主要适用于短期或中期预测，代表性的方法有时间序列分析法和因果模型。本文介绍三种预测方法作为参考，分别是时间序列分析法中的加权移动平均法、指数平滑法，和自回归模型中的最小二乘法。

1）加权移动平均法。加权移动平均法就是根据同一个移动段内不同时间的数据对预测值的影响程度，分别给予不同的权重，然后再进行平均移动以预测未来值。即

$$S_{n+1}=\sum\nolimits_{i=1}^{n}\omega_i S_i \tag{4-3}$$

式中，ω_i 为时期 i 相应的预测权重，且 $\sum\nolimits_{i=1}^{n}\omega_i=1, 0<\omega_i<1$；$S_i$ 为时期 i 的实际值；S_{n+1} 为时期 $n+1$ 的预测值。

加权移动平均法在计算平均值时对移动期内的数据差别看待，根据愈是近期数据对预测值影响愈大这一特点，差别对待移动期内的各个数据，对近期数据给予较大的权重，对较远的数据给予较小的权重。当所有权重 ω_i 相等时，加权移动平均即退化为简单移动平均。

移动平均法有三个缺点。首先，加大 n 的值（周期的个数）可以较好地平滑波动，但是使得模型对于数据实际变化缺乏敏感性。其次，移动平均值不能很好地反应趋势。由于是平均数，预测值总是停留在过去的水平上，而无法预计可能导致将来更高或更低水平波动的情况。也就是说，它滞后于实际值。另外，移动平均法还需要大量的历史数据记录。

2）指数平滑法。指数平滑法是在移动平均法基础上发展起来的一种时间序列分析预测法，它是通过计算指数平滑值，配合一定的时间序列预测模型对现象的未来进行预测。根据平滑次数的不同，可分为一次、二次、三次指数平滑法。其中一次指数平滑预测的原理是任一期的指数平滑值都是本期实际观察值与前一期指数平滑值的加权平均，即

$$S_{n+1}=\alpha S_n+(1-\alpha)A_n, \alpha\in(0,1) \tag{4-4}$$

式中，S_n 为时期 n 的预测值；A_n 为时期 n 的实际值；α 为指数平滑系数；S_{n+1} 为时期 $n+1$ 的预测值。

指数平滑法的优点是只要有上期实际值和上期预测值，就可计算下期的预测值，这样可以节省很多数据和处理数据的时间，减少数据的存储量，方法简便。显然，α 越大，则上一期的预测值对下一期预测值的影响越大；α 越小，则上一期的真实值对下一期预测值

的影响越大。α 的选取非常重要，它直接影响着预测的结果。一般情况下，α 可采用如下选取方法：

a. 直观法。若时间序列变化比较平稳，α 取较大的值，如 0.6~0.8。若时间序列变化比较明显，则 α 取较小的值，如 0.1~0.3。

b. 模拟法。其目标是使预测误差的平方和 $\sum_{i=1}^{n}(A_i-S_i)^2$ 最小，可借助计算机利用穷举法得出。

【例 4-2】 利用指数平滑法进行预测。北京市预测 2018 年的货物运输总量为 25 万 t，2018 年实际货物运输总量为 25.748 万 t，相关部门利用经验确定平滑系数为 α=0.8，请根据以上信息，利用指数平滑法预测出北京市 2019 年的货物运输总量。

实际上，对于指数平滑法，只要知道上一期的预测量和实际量，以及平滑系数三个数据，就可以预测下一期的量。

北京市 2019 年的货物运输总量 =［25 × 0.8+25.748 ×（1−0.8）］万 t=25.1496 万 t

3）回归模型——最小二乘法。时间序列分析方法把时间作为唯一的自变量，需求量作为因变量。而部分方法如回归模型使用其他指标作为自变量并用以预测未来需求。此时首先需要确定一些外部条件作为解释需求的变量，目标是找到一个与需求具有足够稳定关系的变量作为预测的工具。通常使用最小二乘方法来拟合直线与数据点，使数据点与直线距离的平方和的总和最小。这样的变量可以是广告费用、产品或服务的价格等。下面我们具体介绍最小二乘法的原理和方法。

利用最小二乘法得出的直线可以由 y 轴上的截距和对应的斜率来定义，由此我们可以用式 4-5 表示这条直线：

$$\hat{y}=a+bx \tag{4-5}$$

式中，$\hat{y}$为预测值（因变量）；a 为 y 轴截距；b 为回归线斜率；x 为自变量。

要使数据点与直线距离的平方和的总和最小，即使 $\sum_{i=1}^{n}(T_i-a-bx_i)^2$ 最小，通过极值必要条件可以得到：

$$b=\frac{\sum xy-n\overline{xy}}{\sum x^2-n\overline{x}^2} \quad a=\overline{y}-b\overline{x} \tag{4-6}$$

在确定产品需求后，必须进一步处理单个生产线、单个工厂的产能需求，以及整个生产系统中的生产或服务任务的分配状况，将总体的需求落实到单个生产线、单个工厂，完成对生产设备及劳动力的具体安排。这个环节的主要工作是需求预测和计算所需增加的产能每一步增量的大小，进而明确产能需求。

4.2.2　产能规划决策与决策方法

1. 产能规划决策程序

不同企业进行产能规划决策的程序各有不同，但一般来说都会经历以下阶段。

第一个阶段是预测需求。由于产能需求的长期计划不仅与未来的市场需求有关，还与技术变化、竞争关系以及生产率提高等多种因素有关，因此必须综合考虑。另外，预测的时间段越长，预测误差就可能越大。反之，预测的时间越短，预测误差可能越小。对市场需求做的预测必须转变为可与产能直接进行比较的度量。在制造业企业中，企业产能经常是以可利用的设备数量来表示的，在这种情况下，管理人员必须把市场需求转变为所需的设备数量。

第二个阶段是计算每一步所需增加的产能的大小，进而明确产能需求。例 4-3 即体现了需求与产能的转化过程。当预测需求与现有产能之间的差为正数时，即产能需求大于当前产能时，就需要扩大产能。同样的，如果产能需求小于当前产能需求，此时不必扩大产能。要注意的是，当一个生产运营系统包括多个环节或多个工序时，产能的计划和选择就需要格外谨慎。一个典型的例子是：20 世纪 70 年代，西方发达国家的航空工业呈现供不应求的局面，因此，许多航空公司认为所拥有的飞机座位数越多，就可以赢得越多的顾客，因而竭力购入大型客机。但事实证明，拥有小型飞机的公司反而获得了更好的经营绩效。原因是满足需求的关键因素在于航班次数的增加，而不是每一航班所拥有的座位数。也就是说，顾客需求总量可用“座位数 × 航班次数 / 年”来表达，只扩大前者而忽视后者会遭到失败。以下的例 4-3 是一个典型的产能决策过程。

【例 4-3】 S 公司生产两种口味的沙拉酱：P 口味和 N 口味，每种口味的产品都有两种包装方式，即瓶装和一次性塑料袋装。管理者需要确定未来五年的设备和劳动力需求量。

首先，市场营销部利用预测技术提供了未来五年的预测需求值，如表 4-2 所示。

表 4-2　S 公司沙拉酱销售预测表

	年需求量				
	1	2	3	4	5
P 瓶装 / 千瓶	60	100	150	200	250
P 塑料袋装 / 千袋	100	200	300	400	500
N 瓶装 / 千瓶	75	85	95	97	98
N 塑料袋装 / 千袋	200	400	600	650	680

第二步，计算符合产品预测的设备和劳动力需求。按照目前的生产水平，三台可用设备的加工产能为每台 15 万瓶 / 年，每台机器需要两名操作人员，能对 P 和 N 两种口味的产品进行瓶装加工，现有的瓶装机器操作人员 6 名。年加工量 25 万袋的袋装机器现有 5 部，同样可对两种口味的产品进行袋装加工，每台机器需要操作人员 3 名，装袋机器的操作人员共有 20 名。对表 4-3 中的瓶装和袋装产品数量分别相加得到生产线预计总需求。

表 4-3　S 公司生产线预计总需求

	年需求量				
	1	2	3	4	5
瓶装 / 千瓶	135	185	245	297	348
塑料袋装 / 千袋	300	600	900	1050	1180

现在，我们可以计算出每年需要的设备和劳动力的需求。以第一年为例，瓶装需求量为 135, 000 瓶，那么共需要 135, 000 ÷ 150, 000=0.9 台瓶装机器，袋装需求量为 300, 000 袋，则需要 300, 000 ÷ 250, 000=1.2 台袋装机器。

相对应的，劳动力需求为：

0.9（台瓶装机）× 2=1.8（个操作员）

1.2（台袋装机）× 3=3.6（个操作员）

产能利用率为：

瓶装机 135，000 ÷（150，000 × 3）=30%

袋装机 300，000 ÷（250，000 × 50）=24%

通过计算五年内的设备和劳动力需求，得到表 4-4。可见，该企业近五年内的可用设备和劳动力能满足预期需求。

表 4-4 设备及劳动力需求

	年需求量				
	1	2	3	4	5
瓶装作业					
产能利用率	30	41	54	66	77
瓶装机需求量	0.9	1.23	1.62	1.98	2.31
劳动力需求量	1.8	2.46	3.24	3.96	4.62
袋装作业					
产能利用率	24	48	72	84	94
瓶装机需求量	1.2	2.4	3.6	4.2	4.7
劳动力需求量	3.6	7.2	10.8	12.6	14.1

第三个阶段是制定备选方案。处理产能与需求之差的方法可有多种。如在不扩大产能的情形下调整工序、调度人员，或者采取不同的产能扩大策略以及外包等方式。这些都是制定产能规划方案所要考虑的内容。所考虑的重点不同，就会形成不同的候选方案。

最后需要定量和定性地评价每个方案，进而选择出合适的策略。目前定量评价主要是从财务的角度，比较各种方案给企业带来的收益以及投资回收情况，常用的方法包括净现值法、盈亏平衡分析法、投资回收率法等；定性评价主要考虑财务分析之外的因素，例如，是否与企业的整体战略相符，与竞争策略的关系等。

2. 产能规划决策方法

产能规划决策方法主要有盈亏平衡分析法、净现值法和决策树分析法三种，下面具体阐述。

（1）盈亏平衡分析法。盈亏平衡分析法主要是要找到使成本等同收入的点，即盈亏平衡点（如图 4-3 所示）。产能规划考虑盈亏平衡的目的是确保运营在盈亏平衡点以上，使企业实现盈利。为计算盈亏平衡点，固定成本、变动成本、收入等因素需要被考虑。其中，常见的固定成本

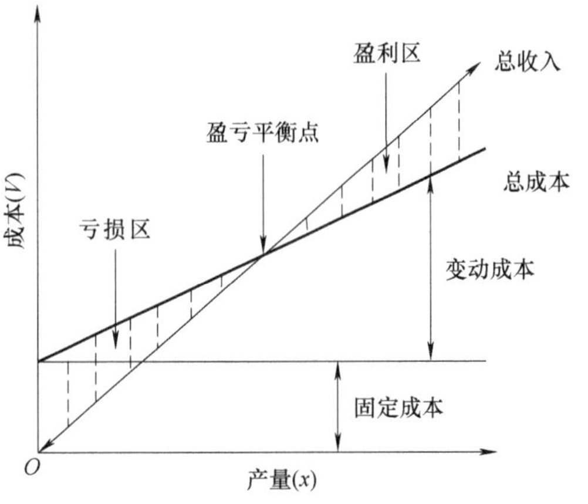

图 4-3 盈亏平衡分析

有折旧、负债、按揭贷款等，而变动成本则包括劳动力和物料成本，以及其他随产量变化而变化的成本。值得注意的是，固定成本和变动成本并非绝对是线性变化的。在以下的讨论中假设变动成本和总成本均为线性变化。

已知固定成本为 F，单位产品的变动成本为 V，产品销售单价为 P，产量为 x，盈亏平衡点产量为 Q，盈亏平衡点处的收入为 TR^*，那么

$$\text{总收入 } TR=Px$$

$$\text{总成本 } TC=F+Vx$$

盈亏平衡时 TR=TC，即 $Px=F+Vx$，盈亏平衡点产量 $X=Q$，则

$$Q=\frac{F}{P-V} \tag{4-7}$$

相对应的，盈亏平衡时的收入为 TR^*，则

$$TR^*=\frac{PF}{P-V}=\frac{F}{1-\frac{V}{P}} \tag{4-8}$$

从图4-3可知，企业为保证盈利，产量必须大于盈亏平衡点产量 Q。在多产品的情形下，可将以上结论进行推广，假设第 i 项产品销售比例为 ω_i，变动成本和售价分别为 V_i 和 P_i，产量为 x_i，则盈亏平衡时总收入为 $TR=\sum_i P_i x_i$，总成本为 $TC=F+\sum_i v_i x_i$，且有 TR=TC。那么 $F=\sum_i (P_i-v_i)x_i$，则有

$$\begin{aligned}TR^* &= \sum_i P_i x_i \\ &= \frac{F}{\sum_i (P_i-v_i)x_i}\sum_i P_i x_i \\ &= \frac{F}{\left(\sum_i (1-v_i/P_i)P_i x_i\right)\Big/\sum_i P_i x_i} \\ &= \frac{F}{\sum_i \omega_i (1-V_i/P_i)}\end{aligned} \tag{4-9}$$

接下来的例 4-4 是运用盈亏平衡分析法进行产能决策的典型案例。

【例4-4】 某企业欲建设新的物流中心，以应对未来的市场需求。运营方案分别是A、B、C。测算结果表明，三个方案对应的固定成本分别是960万元、1500万元和2000万元，而成本-收益分析显示，单位变动成本是10元/箱，单位价格为40元/箱。产量规模与生产线的数量成简单的线性关系，即三种方案的最大产能分别是30万箱、60万箱和90万箱。根据销售部调查和预测的结果，市场对产品的需求不超过65万箱。试根据上述信息对三种运营产能方案做出评价，并选出最优方案。

对方案A，盈亏平衡点产量＝［960/（40−10）］万箱=32万箱

对方案B，盈亏平衡点产量＝［1500/（40−10）］万箱=50万箱

对方案C，盈亏平衡点产量＝［2000/（40−10）］万箱≈66.67万箱

根据计算结果，当选择A方案时，盈亏平衡点为32万箱，但是A方案的最大运营产能只能达到30万箱，小于盈亏平衡点。这也就意味着A方案没有利润，所以这一方案不

可取。当选择B方案，盈亏平衡点为50万箱，而生产产能可达到60万箱，小于市场需求，所以只要企业运营得当，使产量达到50万箱以上即可得到利润。其利润计算如下：

利润 =（60×40−1500−60×10）万元 =300 万元

可见，B方案是一个可行方案。

当选择C方案时，盈亏平衡点为66.67万箱，虽然小于C方案的最大产能90万箱，但却超过了市场对产品的最大需求65箱。因此同样没有利润，C方案不可取。

在盈亏平衡分析的实际应用中，还要注意以下问题：

① 现实生活中，产量和销量往往不同。在利用盈亏平衡分析时，应使用可预测的销售量。

② 在某一范围内，单位成本是不变的，但超过某一范围时，单位产品的变动成本会随着生产规模的变化而变化。如果产品的变动成本随生产规模的变化有较大的变动，应确定相应的总变动成本函数。

③ 实际中，产品的价格市场会随着市场供求的变化而变化。如果产品价格随着销售量的变化发生较大的变动，应确定相应的总销售收入函数。

④ 生产运营中许多不确定因素的变动具有相关性。例如，固定资产投资增加可能表示购买先进的机器设备，代表方案技术水平的提高，其结果是增加产量、降低了单位产品的变动成本；而产品生产成本下降也会使企业降低产品售价、增加产品产量等。

⑤ 盈亏平衡分析法以盈利为零作为盈亏平衡状态，没有考虑资金的“时间价值”，而产能决策是一个长期过程，存在资金时间价值的问题。下面要讲的净现值法涉及资金时间价值。

（2）净现值法。净现值法是使用净现值作为评价方案优劣的指标，是将未来的收入折合到当前收入的一种方法。所谓净现值，是指特定方案未来现金流入的现值与未来现金流出的现值之间的差额。按照这种说法，所有未来现金流入和流出都要按预定折现率折算为现值，然后再计算它们的差额。如净现值为正数，即折现后现金流入大于折现后现金流出，则该投资项目的报酬率大于预定的折现率。如净现值为零，即折现后现金流入等于折现后现金流出，则该投资项目的报酬率相当于预定的折现率。如净现值为负数，即折现后现金流入小于折现后现金流出，则该投资项目的报酬率小于预定的折现率。

为了理解这个概念，我们先来观察银行存款计息行为。假设当前银行年利率为3%，那么年初100元的存款将在年底转变为100+100×3%=103元，两年后则是100×（1+3%）×（1+3%）=106.09元，N年之后将变为$100\times(1+3\%)^N$元。可见，资金并非一成不变的，而是随着市场利率一直变化的。同样未来的现金收入也不等同于当前的现值。假定贴现率为i，现值为P的资金N年后的价值F为$P\times(1+i)^N$，即$F=P\times(1+i)^N$，则

$$P=\frac{F}{(1+i)^N} \tag{4-10}$$

于是，未来的现金收益可以通过以上方式折合为当前收益，进而为投资决策提供参考。显然，净现值高的方案要比净现值低的方案更优。

（3）决策树分析法。决策树分析法是解决产能规划问题的重要方法之一。每个决策或事件（即自然状态）都可能引出两个或多个事件，导致不同的结果，把这种决策分支画成

图形很像一棵树的枝干，故称决策树。它可以清晰地列出规划的各个步骤，不仅便于理解，而且有助于找到解决问题的方法。

决策树由四个要素构成：决策节点、方案枝、状态节点、概率枝。如图 4-4 所示，通常，方块代表决策节点，圆圈代表状态节点，方块与圆圈间的连线代表方案枝，而圆圈后面引出的带有事件发生概率（P_i）的“树枝”代表概率枝。

在利用决策树解题时，应从决策树末端起，从后向前，步步推进到决策树的始端。在向前推进的过程中，应在每一阶段计算事件发生的期望值。需特别注意：如果决策树所处理问题的计划期较长，计算时应考虑资金的时间价值，即净现值。计算完各方案的期望收益以后，则从后往前剪掉除去最大收益外的分支，直至第一个决策点。

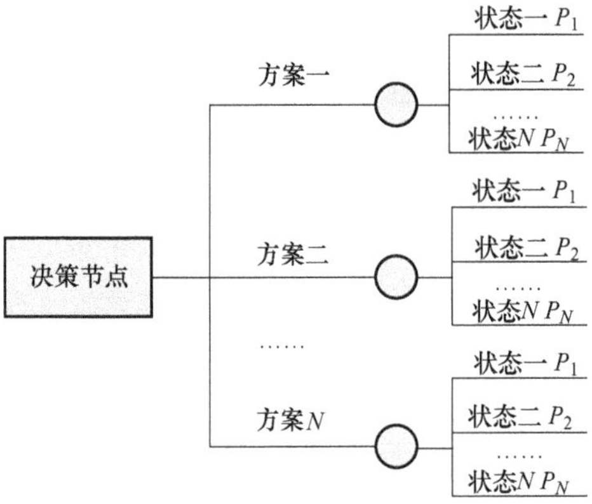

图 4-4　决策树分析法

【例 4-5】 某配送中心的管理部门正在考虑未来五年的业务计划。过去几年的业务情况非常好，如果能进一步扩大配送中心的处理能力，将进一步扩大该配送中心的市场占有率。目前，管理部门有三个选择：一是扩大现有配送中心的规模，二是通过业务外包获得新的业务处理能力，三是暂时不做改变。如果第一年不做改变的情况下出现销售强势增长，则扩大现有配送中心规模的提议将重新被考虑，否则配送中心的服务水平可能下降，进而影响顾客的满意度。

经过过去几年数据的分析，现给出下列条件：

① 近年间销售强劲的可能性为 60%，销售疲软的可能性为 40%。

② 配送中心规模扩张时，若销售强劲每年可带来的收益为 200,000 元，若销售疲软则每年收益只有 110,000 元。

③ 业务外包情形下若销售强劲每年可带来的收益为 190,000 元，若销售疲软则每年收益只有 100,000 元。

④ 在不做改变的情况下，强劲的销售增长会带来 170,000 元的收益，而销售增长不佳时只有 90,000 元的收益。

⑤ 配送中心扩张现有规模需要投资 250,000 元，而业务外包的成本为每年 35,000 元。

⑥ 若销售增长强劲，第二年配送中心扩大规模所需的投资成本仍保持 250,000 元。

在不考虑净现值的情况下，我们可计算该配送中心的收益，如表 4-5 所示。

表 4-5　配送中心投资盈利分析　　（单位：元）

方　案	收　益	成　本	盈　利
扩大规模，销售强劲	200,000×5	250,000	750,000
扩大规模，销售疲软	110,000×5	250,000	300,000
业务外包，销售强劲	190,000×5	35,000×5	775,000
业务外包，销售疲软	100,000×5	35,000×5	325,000

（续）

方　　案	收　　益	成　　本	盈　　利
暂不改变，销售强劲，次年扩张	170,000+200,000×4	250,000	720,000
暂不改变，销售强劲，次年不扩张	170,000×5	0	850,000
暂不改变，销售疲软	90,000×5	0	450,000

根据前文的决策树制作流程可制作决策树如图4-5所示。从右至左进行剪枝，首先在销售强劲的前提下，次年暂不改变的方案比扩大规模的方案获得的收益更大，故将次年扩大规模的方案剪去。然后计算上一层方案盈利的期望，发现第一年扩大规模带来的收益期望为570,000元，采取业务外包带来的收益为595,000元，而暂不改变的收益期望为690,000元。所以将第一年扩大规模和业务外包的两支剪去。不难发现，在不考虑净现值的情况下，最优方案为暂时不做改变。

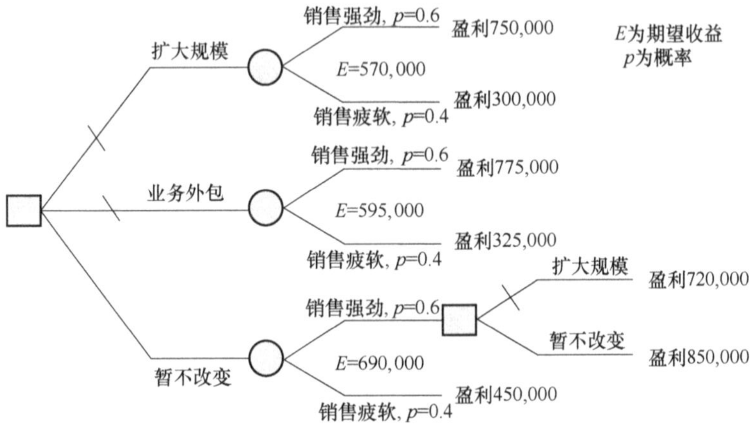

图4-5　配送中心扩张问题决策树分析

另外，由于商业计划的时间跨度为5年，计算时收入和成本的时间价值可能会有影响。假定年利率为16%，第一个选择（现在搬新址，增长强劲）产出值的折现值为200,000元×3.274（3.274为五年的折现系数）减去成本250,000元。具体计算过程如表4-6所示。

表4-6　配送中心投资净现值盈利分析　（单位：元）

方　　案	收　　益	成　　本	盈　　利
扩大规模，销售强劲	200,000×3.274	250,000	404,800
扩大规模，销售疲软	110,000×3.274	250,000	110,140
业务外包，销售强劲	190,000×3.274	35,000×3.274	507,470
业务外包，销售疲软	100,000×3.274	35,000×3.274	212,810
暂不改变，销售强劲，次年扩张	170,000×0.862+ 200,000×（3.274−0.862）	250,000×0.862	413,440
暂不改变，销售强劲，次年不扩张	170,000×3.274	0	556,580
暂不改变，销售疲软	90,000×3.274	0	294,660

对“第一年暂不改变、次年扩张”的计算较为复杂。在这种情况下，第一年的收入为170, 000元，后面四年收入为200, 000元。第一部分的计算第一年收入折现的现值（170, 000×0.862, 0.862为第一年的折现系数），第二部分计算后四年折现到第一年的现值（200, 000×（3.274–0.862））。

由以上投资盈利分析可以得到净现值下的决策树，如图4-6所示。从右至左进行剪枝，首先在销售强劲的前提下，次年暂不改变的方案比扩大规模的方案获得的收益更大，故将次年扩大规模的方案剪去。然后计算上一层方案盈利的期望，发现第一年扩大规模带来的收益期望为286, 936元，采取业务外包带来的收益为389, 606元，而暂不改变的收益期望为451, 812元。所以将第一年扩大规模和业务外包的两支剪去。不难发现，在考虑净现值的情况下，最优方案为暂时不做改变。

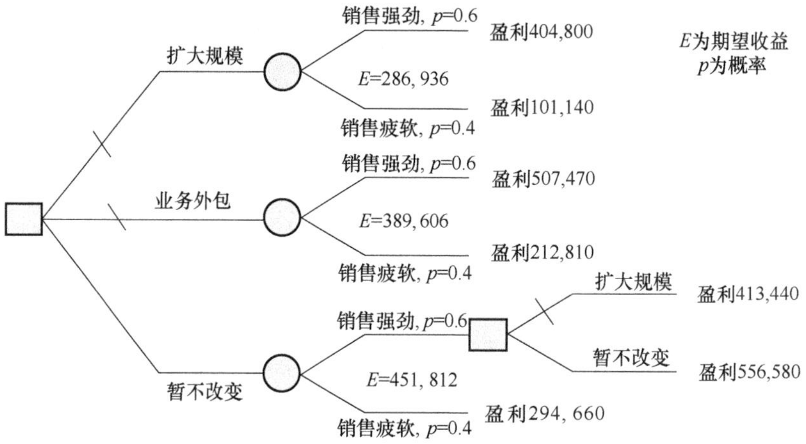

图4-6 配送中心扩张问题净现值决策树分析

通过考虑净现值的决策树分析可以得到，暂不改变依然是该配送中心的最优策略。但是考虑净现值的情况下各个决策的期望收益与不考虑净现值时相比发生了很大变化。在考虑长时期内的规划问题时，净现值法与决策树分析法通常可以一起使用。

4.3 服务能力规划

服务能力是一种特殊的产能，与一般产能相比，服务能力在时间特性、选址问题和需求不稳定性三方面有着显著的差异。本节将介绍服务能力与一般产能的区别，并重点介绍需求调节的几项策略，同时分析物流服务能力决策的相关内容。

4.3.1 服务能力与一般产能的区别

服务能力与生产制造的能力相比具有独特的个性，具体表现为时间特性、选址问题和需求不稳定性。因此，虽然服务能力与生产制造能力在规划问题上遵循的方法一致，但必须注意服务能力与生产制造能力的区别。

1. 时间特性

生产制造能力可以通过库存应对不稳定的需求，但服务往往不能储存起来，只能在客户到达时释放出来，所以服务能力要求企业能够实时根据需要提供服务。比如银行提供的人工服务，顾客只能根据自己的排号在到达服务台时得到服务。

2. 选址问题

服务作为一种特殊的产品，是最接近客户的环节，需要方便客户。所以服务能力需要尽量接近客户。在制造行业中，企业更注重原材料的可得性、用地成本等问题，并不注重靠近客户，而是通过分销商更快捷地将产品送达消费者。服务能力则恰恰相反，它需要尽快抵达客户。比如大多数配送中心选择接近物流服务需求地，接近大型工业、商业区等，以便缩短运距、降低运费等物流费用、提高服务水平。

3. 需求不稳定性

服务系统的需求不稳定性非常显著。正如前文所讲，服务不能储存，所以无法以库存的方式应对大幅的需求波动。消费者的需求各异，要求的服务也不尽相同，从而产生服务时间的不规律性。比如每个去银行排队等候服务的顾客所要办理的业务不尽相同，所耗时间也不一致，这就对保证同一服务水平提出了极高的挑战，因为管理者无法让服务台前正在接受服务的顾客马上离开。服务需求受消费者行为的影响很明显。比如，餐厅的客源在就餐时间很多而其他时间很少，会有服务需求集中而持续时间短的现象，其服务能力的规划通常是以 10~30 分钟为单位规划的，不像制造业那样以周、月、季为单位规划。

4.3.2 需求调节策略

服务的生产和消费是同时进行的，如果服务需求相对于服务能力不足，会导致服务人员和设备闲置。服务需求的波动性，给在动态环境中管理服务业的管理人员提出了很大的挑战。如何通过更好地协调服务供给与需求来提高服务能力使用率，这就需要需求调节策略。服务系统能够通过使用主动和被动的方法来调节需求。通过调节需求，可以降低服务需求周期性的起伏。下面讨论几种用来调节需求的策略。

1. 划分需求

事实上，对某种服务的需求很少来自于单一来源。例如，航空公司将乘客分为工作日商务顾客和周末旅游顾客。需求经常可划分为随机需求和计划需求。例如，银行可以预测它的商务客户每天在大概的固定时间光顾，而个人客户则是随机光顾的。由此，可以对计划需求进行控制，对计划中的客户的到来的时间和人数做出统计，再根据本单位的工作人员配置情况做调整。

2. 提供价格诱因

使用价格诱因可以刺激低谷期的需求和分流高峰期的需求。这样的例子有很多，生活中也不乏业务淡季时以及竞争状态下降价促销的案例。

3. 促进非高峰期的需求

寻找需求的不同来源会导致对非高峰期服务能力创造性的利用。例如，提供仓储服务的物流企业在业务淡季时将自有仓库出租给其他企业。采用促进非高峰期需求的策略有利于提高服务设施的利用率。

4. 开发互补性服务

很多饭店已经认识到通过增加一个酒吧来提供互补性服务的好处。在饭店最繁忙的时刻，把顾客引入酒吧，既可以为饭店带来利润，又可以缓解顾客焦急等待的心情。开发互补性服务是扩展市场的一种自然方法。

5. 提供预订服务

预订的优点在于它将原本未知的服务需求明朗化，是企业通过合理安排降低运营成本的方法。当预订做出之后，额外的服务需求就会被转移到其他适宜的服务时间，或转移到其他服务设施上。预订服务还可以通过减少等候时间和保证随时提供服务来使顾客受益。目前，预约的手段形式多样，通过电话、网络等方式预约更加快捷，例如特定日期的团购业务。然而，并非所有的顾客都能履行其预订。面对由于未能履行预订情况的出现，企业可采取超额预订的策略。即预约的总量可以超过自身服务能力。这样可以防范出现大量未履行预订的风险，然而随之而来的就是未来需求无法满足的风险。因此，采用超额预定策略需要对一线员工进行培训，以应付那些未能获得预订服务的客人。常用的处理措施有给予一定赔偿、免费为其安排等值服务等。

4.3.3 服务能力决策

除了有效地调节需求，部分企业要对它的服务能力进行资本投资，但服务需求不稳定的特点决定了服务企业应该善于运用应对非均匀需求的策略。

1. 实施工作轮班

在不同的企业中，组织工作轮班的制度是不同的，有的实行单班制，有的实行多班制。这主要根据企业的生产工艺特点、生产任务、人员情况、经济效果和其他有关的生产条件而定。

（1）单班制。单班制是指每天只组织一个班生产，工人都在统一时间上下班。组织工作相对简单，主要是组织好不同工种之间的配合，充分利用工作班内的时间。

但有些生产单位由于工作班内工作量不均衡，开始工作只需少数人作生产准备，然后全组才能全面展开，工作结束又只需少数人作结尾工作。在这种情况，为了充分利用工时，提高全班产量，可以组织一部分人提前上下班，一部分人稍后上下班，使工时得到充分利用。

（2）多班制。多班制是指每天组织两班或两班以上的工人轮流生产。由于某些工艺或服务的特点，生产过程必须连续不断进行，要组织三班或四班交叉制。工艺或服务过程可以间歇进行，按生产任务要求也可以组织两班制或三班制生产。

2. 聘用兼职员工

对于可以由某种替代者提供服务的工作来说，工作时间安排可以更加灵活，工作负担也可以更加均匀。例如，银行每天收到的由其他银行签写的支票都需要在后台进行处理。因而可以延迟处理或分批处理。但是所有的支票必须在某一个时间段完成，而每天到达银行的支票数是一个可以预测的随机变量，如果一些支票因为人手不够而没能及时处理，银行将会为此承担机会成本。如果银行为了拥有足够多的处理能力而雇佣过多的员工，它就要承担另外一种成本。通常在权衡这两种成本以后，为了匹配预测需求的分布，银行会使用一定数量的兼职员工。

3. 业务外包

兼职员工是用来调节服务能力以应对高于正常水平需求的一种常用手段，特别是服务行业，因为其不能使用存货来满足需求。与使用兼职员工类似，那些能够使用随叫随到设施或临时设施的服务企业较少受到自身设施的限制。例如，一家运输企业可以与个体货车运输商签订协议，让他们为企业运输货物。运输企业一般都有一队自有货车来运输将要运送的货物。当运输需求超出自有车队的运载能力时，调度员就要看看这个区域或附近区域有没有可以运输货物的个体货车。独立的个体运营商在寻找运输的货物，而运输企业在寻找能够运输货物的货车。这种扩大生产能力的方式与制造业的转包是一样的。

4. 多技能的流动员工

服务需求旺盛，而服务企业内部各部门间负荷不平衡时，非常需要一些能够从一个部门转移到另一个部门的流动服务能力，以便灵活地应对不同部门间业务需求的波动。比如医院每个部门的病患数量和需要的护理工作有很大联系，医院护理人员的安排主要是指护理人员在不同病房之间的转移。每个病房需要的护理工作量取决于病人中被指定为全部护理、部分护理和自我护理的比例，对于需全部护理的病人占比较大的病房，有较多的护理服务需求，可以由基本护理人员加上流动员工来满足。

4.4 案例：京东“618”物流服务能力计划

每年6月18日是京东店庆日，在店庆月京东都会推出一系列的大型促销活动，以“火红六月”为宣传点，其中6月18日是京东促销力度最大的一天。2017年，京东618全民年中购物节期间累计的下单金额已经突破1100亿元，数额庞大的订单背后所产生的包裹也不计其数，能否快速对急剧膨胀的需求做出反应成为影响顾客消费体验和顾客满意度的重要环节。在618大促期间，京东超过80%的自营订单实现当日达和次日达，这意味着当日上午11:00前提交的现货订单，当日送达；夜里23:00前提交的现货订单，次日15:00前送达。

物流体系中最大的压力点便是数据，系统的平稳是整个生产中最关键的一环，研发团队在618大促开始几个月之前就通过压力测试来检验系统的稳定性，确保大促期间系统稳定，单量能够平稳生产。云平台也对服务器进行了检修，研发团队24小时轮守，保证服务器的稳定，如果出现问题可以第一时间解决，保障用户体验。

“618”物流背后是京东的大笔投入。对卖家的每笔物流补助因地域、标准等尺度而不同。京东物流政策的根本目的是吸引更多卖家和客户进入京东体系，让所有从京东购物的客户，都体验到京东快递的优质服务。京东高层表态：不管多少卖家，只要申请这个服务，京东都100%提供。

京东在“618”期间采取了四大物流策略来应对：

（1）划分主场分解物流压力。促销期从6月9日~18日，按照消费者群体划分不同主场，每位消费者的不同喜好，为消费者打造定制的专属界面，不同消费者看到的商品、店铺、清单、会场很可能是不一样的，“让货找人”。促销期间消费群体的划分让物流压力和IT压力被合理分散。

（2）自营物流支撑体系。从2007年开始，京东自建物流，自营物流占比达到93%~94%，自营物流体系的工作人员近两万人。全国部署1400多个配送站，300多个自提点，几百个合作站，覆盖全国约1400个行政区县。在广州、上海、武汉等地开通了9

个亚洲一号，通过高科技的物流中心为618大促做保障。同时在广州更投入了自动分拣机器人，机器人每个小时能达到20000单分拣单量，这个速度是人工操作的12倍，而其准确率可以达到99.9%。

（3）保证第三方平台的服务体验。主要是针对第三方平台依次在仓储、运输、配送、售后以及智慧供应链五个方面进行了详细的准备。

仓储方面，618大促期间京东为第三方商家在北京、上海、广州、武汉和成都五个地区单独租赁了仓库，以保障他们货物的存储能力，满足商家入库的需求。56个中小件大件仓库为商家提供24入库生产服务。此外专设生鲜通道，无论是仓储还是配送端，都有专门的绿色通道为生鲜品类进行特殊的保障。

运输方面，京东物流为618大促单独开通了50条干支线班车，总发车20000次，覆盖了100多个大中型城市，确保班次以及货物24小时不间断的发出，避免货物的积压。

配送方面，京东通过众包网的搭建，利用众包网辐射校园与乡村的网络，保证配送流畅。

售后方面，京东平台针对第三方开通了售后取件功能，现有88个城市具备了为商家提供逆向取件的功能。

智慧供应链方面，推出了智慧库存、智慧预测、补货建议的三大智慧服务。帮助商家对货物量进行预测，指导商家更加精准地备货，通过开放全面附能商家实现与商家的共赢。

（4）特色计划。随着应对大促的经验的不断累积，除了整体的布局之外，为了能够更加灵活高效地生产，京东物流还推出了很多有特色的计划。比如四色标签，6月18日～22日期间物流流量达到最高峰，京东物流按照订单接受日期，依次使用红、粉、蓝、绿四色标签对订单进行区分，按时优先生产配送，确保客户体验。还有迅雷计划、通途计划和零点行动等，都是为了消费者不受大促的影响，享受到极致的购物体验而推出的特色服务。

“青龙”系统是京东自主研发的物流生产系统。在整个物流过程中，每一个环节如何控制、如何分配，都是由这个系统自动完成。在“最后一公里”，青龙系统可以把运输环节的状态和订单情况记录下来，随时告知客户。该系统为京东顺利实施“618”活动的物流服务提供了有效的支撑。下一步，京东希望深入挖掘青龙系统智能分析功能，实现运输资源合理配置和最优设计。

京东认为人是未来物流中重要的因素：“软件、硬件都可以花钱买到，京东物流体系最核心的是配送员队伍。京东配送员离职率低于30%，在行业中属较低水平。如何使快递人员在完成本职工作时，助力营销，多做‘活广告’是未来京东培养配送人员的方向，也是第三方物流平台无法为电商平台做的事情。”

思考题：

1. 京东物流产能的柔性体现在哪些方面？
2. 第三方物流在京东商城服务能力计划中占有什么样的地位？

习题

1. 简述产能规划的内涵。
2. 简述产能决策方法。
3. 服务能力与一般产能的区别有哪几种？
4. 在扩大生产能力或服务能力时，管理者应当依据已有的需求增长进行计划，还是依据对未来需求的预测进行扩大经营的计划？请列出两种方式的优劣势。

5. Always Rain 灌溉公司想对未来四年的产能规划做出决策。目前有两条生产线——铜制的和塑料的洒水器。两种洒水装置均有三种型号：90 度喷嘴洒水器、180 度喷嘴洒水器和 360 度喷嘴洒水器。管理层对未来四年的需求预测如表 4-7 所示。

表 4-7 Always Rain 灌溉公司未来四年需求预测 （单位：千个）

	年需求量			
	1	2	3	4
90 度塑料	32	44	55	56
180 度塑料	15	16	17	18
360 度塑料	50	55	64	67
90 度铜质	7	8	9	10
180 度铜质	3	4	5	6
360 度铜质	11	12	15	18

每条生产线都生产各种型号的喷嘴洒水器，每个生产铜质洒水器的装置需要 2 名操作人员，可以生产 12000 个洒水器。每个生产塑料洒水器的装置需要 4 名操作人员，可以生产 200000 个洒水器。现有 3 个生产铜质洒水器的装置和 1 台生产塑料洒水器的装置。试回答：未来四年需要的生产能力是多大？如果市场部为铜质洒水器做大力的广告宣传，从而促进未来铜质洒水器的销售，这样的广告活动对生产能力有什么样的要求？

6. 某公司正在考虑建一个新厂，为其产品线增加产量。公司目前有两个选择，一是成本为 600 万元的一个小设施。如果对产品需求较低，公司预计收入的贴现值为 1000 万元。另一方面，如果需求较高，则收入的贴现值为 1200 万元。第二个选择是成本为 900 万元的一个大设施。如果对产品需求较低，公司预计收入的贴现值为 1000 万元。如果需求较高，则收入的贴现值为 1400 万元。不管是小设施或大设施，需求低的概率为 0.4，需求高的概率为 0.6。不建新厂则没有额外的收入。建立决策树帮助其做出最优决策。

7. 某公司经营一家配镜店，在过去 10 年里，经营取得很大发展。经过对其数据进行分析，判断出其增长是否持续稳定，可以利用回归分析预测需求。配镜店历史需求见表 4-8。此外，该公司能够小批量地添置磨镜仪器。

表 4-8 配镜店历史需求

年份	2007	2008	2009	2010	2011	2012	2013	2014	2015	2016
产量 / 千块	15.0	15.5	16.25	16.75	16.9	17.24	17.5	17.3	17.75	18.1

（1）计算该公司在 2018 年、2020 年和 2025 年的预测需求量。

（2）如果每台仪器每年都能生产 2500 块镜片，该公司到 2020 年应该拥有多少仪器？

8. 红玫瑰俱乐部的运营经理希望能够确定明年的盈亏平衡点销售额，并已经决定将俱乐部的销售额分为四类。第一类是啤酒，预计啤酒的销售量是 30,000 杯，每杯的售价平均为 1.50 美元，成本是 0.75 美元。第 2 类是正餐，期望销售 10,000 份，每一份的平均售价是 10.00 美元，成本是 5.00 美元。第三类是甜点和葡萄酒，期望销量是 10,000 单位，每单位平均价格 2.50 美元，成本是 1.00 美元。第四类是便餐和低价三明治，期望销售量 20,000 份，平均价格 6.25 美元，成本是 3.25 美元。固定成本是每月 1800 美元加上 2000 美元的演艺支出。

（1）每月的盈亏平衡销售额是多少？

（2）如果一个月的营业时间是 30 天，那么每天正餐的期望销售量是多少？

参考文献

[1] 雅各布斯，蔡斯 . 运营管理［M］.13 版 . 任建标，译 . 北京：机械工业出版社，2011：60-62.

[2] 海泽，伦德尔 . 运作管理原理［M］. 寿涌毅，译 . 北京：北京大学出版社，2010：337-339.

[3] 刘丽文 . 生产与运作管理［M］. 北京：清华大学出版社，2006：101-102.

[4] 郭永辉，黄国轩，高广章，等 . 供应链战略产能规划决策研究［J］. 机械设计与制造 .2010，（10）：249-252.

[5] 姬雪春 . 供应链产能管理［J］. 当代经理人，2006，（12）：16-17.

[6] 马风才 . 运营管理［M］. 北京：机械工业出版社，2011：61-62.

[7] 史蒂文森 . 运营管理［M］. 张群，张杰，译 . 北京：机械工业出版社，2008：57-59.

[8] 蔺磊，吴贵生 . 服务管理［M］. 北京：清华大学出版社，2008.

[9] 周华锋，袁磊 . 以服务质量塑造中国移动通信运营商的竞争优势——基于“服务蓝图”的服务质量实证研究［J］. 北京邮电大学学报（社会科学版），2003，5（2）：19-25.

第 5 章

生产和服务设施的选址

本章导引

设施选址是指运用科学的方法决定生产和服务设施的地理位置，使之与企业的整体经营运作系统有机结合，以便有效、经济地达到企业的经营目的。生产和服务设施的合理选址是保证企业良好运行的根本前提，它对企业设施布局、生产经营费用、产品服务质量等有巨大影响。

本章要点

1. 理解生产和服务设施选址的重要性，掌握生产和服务设施选址的目标。

2. 理解影响选址的因素，能够区分选址和定址过程中的影响因素。

3. 理解生产和服务设施选址的一般步骤。

4. 理解生产和服务设施选址的方法，掌握重心法原理，能够利用重心法进行生产和服务设施选址的计算。

5.1 设施选址概述

5.1.1 设施选址的重要性

在企业运营管理过程中，选址决策具有十分重要的作用。设施选址不仅对本企业的业务流程有影响，也对整个供应链系统的高效运作起到重要作用。

1. 设施选址影响企业经营情况

设施选址对设施布局以及投产后的生产经营费用、产品价格、服务质量等有深远的影响。设施选址是一项长期性决策，如果在建成后发现选择不当，其后果无法通过采取简单措施进行弥补。因此，选址的合理性影响企业竞争力，它与企业的总体战略密切相关。在进行设施选址决策时，一定要考虑企业自身设施、产品的特点，结合充分的调查研究，以长远的发展观点进行科学分析。

2. 设施选址是降低成本的关键

成本最小化、利益最大化是企业竞争的焦点。设施选址是否合理从根本上决定了企业成本的高低。不同的选址决策会影响企业运营成本、原材料成本、产品的运输成本、劳动力成本等。因此，选址不当很容易增加企业的经营成本。

3. 设施选址影响企业社会效益

设施选址确定了企业所接触的外界环境，在一定程度上对员工的生活质量、工作情绪、公共关系等产生影响。合理的选址有利于充分利用人力、物力和自然资源，有利于保护环境，使企业的社会效益达到最优。

5.1.2 设施选址目标

生产和服务设施的科学选址在减少劳动力闲置、增加就业两个方面起到了非常重要的作用。在区域经济、社会、环境的不断发展之中，企业必须以全局视角审视生产和服务设施的选址规划，才能够为区域经济、社会、环境的可持续发展提供保障。在确定选址决策前，首先应确定选址的目标，这样才能为后续工作提供指导。通常，生产和服务设施的选址有服务水平最优化、发展潜力最大化、成本最小化三个目标。

1. 服务水平最优化

在日趋激烈的竞争环境中，服务水平最优化已成为企业保持市场份额、增强市场竞争力的重要手段之一。与设施选址决策直接相关的客户服务指标主要有速度和准时率，企业为适应客户的多品种、小批量、多频率、短时间的需求，选择距离终端消费者更近的地点作为设施选址的最终方案，以实现服务水平最优化的目标。

2. 发展潜力最大化

生产和服务设施的建设具有投资大、周期长的特点。在选址决策时，必须考虑企业的经济效益、社会效益及可持续发展能力，不仅要在现有的市场条件下实现降低成本、增强服务能力、提升经济收益等目标，还应使其保持发展潜力，满足顾客日益增长的需求和市场规模扩大的需要。

3. 成本最小化

生产和服务设施选址决策传统的目标是成本最小化。与选址相关的成本主要有土地成本、运输成本等。土地成本是指取得土地使用权的费用，在租赁的形式下，土地成本体现在租金上。运输成本取决于原材料供应地与企业之间、企业与产品需求点之间的距离和运输费用。合理的设施选址可以有效降低运输费用，减少土地购买费等费用，从而减少企业成本。

以上三个目标之间并不是相互孤立的，它们之间有密切的联系。发展潜力最大化是成本最小化和服务水平最优化的前提保证；而服务水平最优化和成本最小化有时是矛盾的，服务的优化可能导致成本的相应提高。因此，在现实的决策中，企业应该根据自身情况，寻找各目标的平衡点，以实现企业经济收益的最大化。

5.1.3 设施选址原则

为了使生产和服务设施发挥其应有的功能，设施选址应遵循以下原则，如表 5-1 所示。

表 5-1　设施选址遵循的原则

原　　则	含　　义
政策适应性原则	设施的选址必须与国家及省市的政治经济发展方针、政策、产业发展规划相适应，必须与资源分布和市场需求相适应，满足生产和服务设施用地空间的统一布局和统筹安排
分散与集中相结合原则	生产设施选址要遵循合理分散、适度集中原则。合力分散能够使各地区自然资源充分利用，缩短物料的运输距离，形成最佳的经济结构；适度集中有利于形成规模效应，便于企业之间的专业化合作
靠近用户原则	不论是服务企业还是制造企业，靠近用户原则都会成为选址的重要原则之一。对于服务设施而言，靠近消费市场便于为顾客提供服务，降低顾客接受服务的总成本，从而提升自身的竞争力；对于工业设施来讲，可以有效地提高顾客响应速度，减少在途物资的损耗，节省运费
可持续性原则	企业选址是一项战略性原则，必须要有长远的发展目光。不仅要考虑企业目前的需求，还要考虑企业未来发展的需要，以及所选择的厂址所在地区的未来发展前景
环境合理性原则	设施的选址应遵循低碳经济和循环经济的发展要求。如大型制造企业应设置在远离市中心的地方，避免城市污染，维护城市生态建设，加强企业的社会与环境效益
费用最低性原则	选址要考虑设施在建设期和使用周期中所产生的成本费用和经营收入，以综合成本费用和收益最低作为企业选址的首要原则

5.2　影响设施选址的因素

选址工作要考虑的因素有很多，这些影响因素有时是相互矛盾的，但通常只有一个或几个最重要的因素对选址决策起决定作用。对于不同性质的企业，其决定因素也有所不同。例如，在制造业中，一般的决定性因素包括原材料及能源的可获得性、水资源及供应条件，交通运输条件可作为一个重要因素来考虑。在服务行业中，选址的决定因素则与市场有关，包括交通运输条件、消费者对产品和服务的需求等。企业选址标准取决于一个企业在供应链中的位置。例如，处于供应链末端的企业例如零售业，在选址时主要考虑便利性，更多关注消费者行为、交通模式和当地习俗等，这类企业会选择将设施建设在距离终端消费者较近的地方；位于供应链起始位置的企业，主要考虑原材料的供应，那么这类企业一般将设施建在离原材料近的地方；位于供应链中部的企业，如分销商或批发商，则根据其业务特点选择离其供应商或目标市场近的地方。例如，从事商品储存或分销的企业通常选择将一个区域的中心位置作为选址的决策点，以减少分销成本。

5.2.1　影响因素分类与说明

表 5-2 分别列举了生产和服务设施的选址过程中需要考虑的主要因素。

表 5-2　生产和服务设施选址影响因素

分　　类	影响因素	遵循的选址原则
经济因素	原材料及能源的可获得性	分散与集中相结合原则、靠近用户原则、费用最低性原则
	劳动力资源条件	
	交通运输条件	
	靠近目标市场程度	

（续）

分　类	影响因素	遵循的选址原则
自然因素	土地资源及供应条件	分散与集中相结合原则、可持续性原则
	水资源及供应条件	
	当地气候条件	
社会因素	科技依托条件	靠近用户原则、可持续性原则
	当地社会的生产协作条件	
	公共设施条件	
政治因素	政局的稳定性	政策适应性原则
	法律、法规和政策条件	
	生产运作全球化	

1. 经济因素

（1）原材料及能源的可获得性。从供应方便、及时性和采购成本三个方面考虑，对原材料和能源依赖性较强的企业需要着重考虑此因素。如从事采矿业、林业和渔业的企业及农场，在运作中必须紧邻原材料产地；从事生鲜产品的制冷保鲜和罐头、乳制品加工企业在选址时要考虑原材料的易腐性，临近原材料供应地建厂可以减少其腐烂程度。

（2）劳动力资源条件。这主要包括劳动力的成本和可得性、某一地区薪资水平、劳动力的素质与生产效率及其工作态度等。当前全球化生产的动力之一就是企业转移到劳动力成本更低的地区而获得成本优势，在劳动密集型行业中，劳动力成本更为重要。不同地区劳动力的工资水平和受教育程度是不同的，是否可以较为容易地获得企业所需要的合格劳动力，是企业进行选址时需要考虑的重要因素之一。

（3）交通运输条件。对于运输量较大和运输成本较高的企业，应考虑生产所需原材料和产成品的特性，如体积、质量、形态等，选择合适的运输方式，从而确定设施位置应该靠近铁路、港口，还是安排在主干公路上。企业在进行设施选址时应考虑靠近交通枢纽，使公路、铁路、水运和航空等各种运输方式相互衔接，以便于缩短经济距离，辐射更大范围，提高综合运输效率。

（4）靠近目标市场程度。企业的设施选址应尽可能靠近产品目标市场，以便产品可以迅速投放至市场，并节省运输费用，同时还有利于及时掌握市场动态，更好地为满足顾客需求而服务。对于一些产品不便运输或产品易变质的生产制造企业及服务型企业来讲，靠近目标市场有利于提升服务水平，获得更多收益。

2. 自然因素

（1）土地资源及供应条件。企业的选址要有适宜所建设施的地形和必要的场地面积，要考虑企业的规模、基础埋设深度、土方工程量等因素。企业在进行设施选址时，应考虑企业今后的发展，在厂区内部留有适当余地。

（2）水资源及供应条件。对于一些用水量大的企业如造纸厂、制糖企业、化工企业等，选址时必须优先考虑该地区的水资源供应。酿酒企业的产品质量受水质影响较大，因此水资源质量是该类企业选址时重点考虑的因素。

（3）当地气候条件。气候条件包括温度、湿度、气压、风向等。当地气候条件会直接影响产品的制造、库存和工人的工作条件。许多产品不适宜在极端温度或湿度下进行生产，因此气候条件也是企业选址时必须考虑的重要因素之一。

3. 社会因素

（1）科技依托条件。科技水平是企业选址决策过程中考虑的重要因素。对于一些高新企业来讲，选址时一般更希望选择靠近科技力量雄厚的大学、科研机构集中的地区，以便得到良好的科技依托，推动企业发展。

（2）当地社会的生产协作条件。企业选择在工业发达的地区建设生产设施，容易获得良好的生产协作条件。加工装配型的机械制造企业和电子产品制造企业一般需要其他企业提供大量的零配件和元器件，因此其对设施所在地的生产协作条件要求较高。

（3）公共设施条件。是否有各种公用设施以方便利用，为职工提供良好的生活环境，也十分重要，如住房条件、生活必需品供应、娱乐设备、交通条件、医疗设备等。否则，企业将要独自承担企业职工生活区的建设，这样不仅投资大，而且周期建设长，不利于企业的正常运行。

4. 政治因素

（1）政局的稳定性。政局的稳定性决定了企业的发展命运。因此，政局的稳定性成为影响企业特别是跨国企业选址最为重要的因素。如果政局稳定，人民安居乐业，就会为企业提供良好的发展环境。相反，政局不稳，社会矛盾尖锐、社会秩序混乱，不仅会影响经济发展和消费者的购买力，而且极大地影响企业的正常运行。

（2）法律、法规和政策条件。不同的国家和地区适用不同的法律、法规和政策，这是当今跨国企业在全球范围内选址必须要考虑的重要因素。一些国家以吸引外资为目的，对外国企业来本国设厂提供了许多政策优待条件。

（3）生产运作全球化。企业生产运作全球化是经济全球化带来的必然结果和表现形式之一，它扩大了制造业和服务业的辐射范围，为企业开辟了新市场。

生产运作全球化对设施选址的影响主要表现在以下几方面：

1）可选地址的机会增多。传统的设施选址只局限于某个国家或地区内，而当前的选址则需要在全球范围内进行，否则，企业有可能丧失好的选址机会从而影响利益。

2）选址问题复杂化。当企业在国内或者本地区进行选址决策时，所考虑的因素大多属于经济方面，如运输成本、原材料成本等。然而，在生产运作全球化的背景下，企业在选址时则需要考虑政治、文化、民族习惯等多方面因素，增加了选址的复杂程度。政治制度和传统文化的差异，会使生产运作管理的理念和方法有所不同。

3）选址过程中，还要同时考虑该地区是否能够适应生产运作全球化的技术要求。全球设施选址对生产管理技术的方法提出了新的挑战。全球范围内组织生产的管理难度大大增加，需要许多技术的辅助和支持，如互联网、管理信息系统等。因此，企业在全球范围进行设施选址决策时，必须考虑该地区是否具备使企业在全球范围内组织生产和运作管理的环境和配套设施。表 5-3 列举了影响全球化选址的相关因素。

表 5-3 影响全球化选址的因素

层　次	考虑事项
外国政府	当地生产部门的要求、进口限制、货币限制、环保规则、当地的产品标准、企业责任法、政治环境的稳定
文化差异	外国工人及其家属的居住环境、宗教节日和传统
顾客偏好	当地的消费习惯
劳动力	工人的教育及培训水平、工作实践、限制外国雇员数量的有关规定、语言差别
资源	原材料、能源和交通的质量及可得性
金融	金融激励、税率、通货膨胀率、利率
技术	技术变革的速度、创新水平

5.2.2 影响因素之间的权衡与取舍

企业在进行生产及服务设施选址时，会考虑多方面的影响因素，远远多于上文所列。需要注意的是：第一，对所列因素必须进行仔细衡量，确定哪些因素是与设施位置相关的，哪些因素虽然对企业运营和经营成果有影响，但与设施选址关系不大，分清主次，抓住关键因素。第二，同一影响因素对不同类型企业会有不同的影响作用，因此在实际决策中不可生搬硬套原则条文，也不可完全模仿已有经验，应根据设施的具体特点进行具体分析，因地制宜。第三，对于制造业和非制造业来说，两者考虑的影响因素和同一因素的重要程度可能有很大的差异。

例如，商品流通企业总是选择人口众多或交通方便的地点，因为它们的产品与竞争者没有实质性区别，要靠交通的便利来吸引顾客。当一个特定地区的服务市场可能太小而不能容纳两个或更多的竞争者时，选址会偏向于一个没有竞争者的地点；反之，靠近竞争对手的选择可能更可取，如购物中心经常集中在一起，因为顾客在商业集聚区可以有更多的选择。

但对于制造型企业来讲，降低成本是其发展首要目标，因此靠近目标市场在这类企业的选址过程中影响程度不高。大多制造企业会将原材料及能源可获得性条件作为选址决策的首要考虑因素，以便节省运输成本和采购成本，达到降本增效的目的。

5.3 设施选址的一般步骤

选址的工作一般可分为三个阶段，如图 5-1 所示。

1. 准备阶段

在这个阶段，企业首先确定选址总目标，制定设施选址规划；其次，根据企业的产品类别、特性和规模以及企业职工数、车间构成、运输方案等方面，识别设施选址的重要因素，在综合考虑重要因素后初步选取区域。

选址的总体目标是通过选址规划给企业带来最大化的收益。与选址有关的信息主要包括企业类型、运营能力、工艺流程、运输要求、市场流通渠道等，进而从诸多的影响因素中识别出主要影响因素。

2. 现场勘察阶段

成立选址小组，对初步确定的区域进行现场勘查和调查，收集各方面资料，如备选地点的地形图和城市规划图、交通线路图、水文条件，以及当地运输价格、税费等相关费用标准，分析调查结果，并结合当地有关部门意见，最终将勘察的选址方案整理成选址方案汇总表，以便进行下一阶段的方案评选。

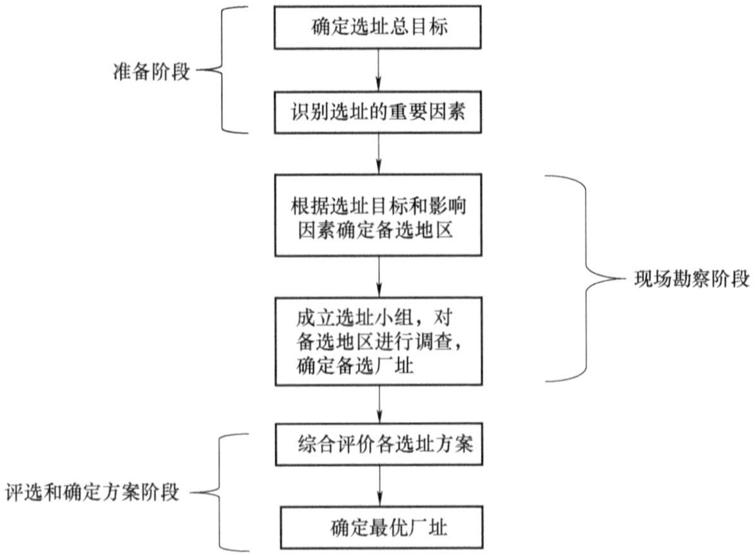

图 5-1 生产及服务设施选址的一般步骤

3. 评选和确定方案阶段

对候选方案采取合适的评价方法，结合企业经济效益和社会效益、当前利益和长远利益进行全面的评价，从中确定一个最佳的方案。

5.4 设施选址的定量分析方法

影响设施选址的因素很多，有些因素可以用经济指标来衡量，进行定量分析，称为经济因素；有些因素则只能进行定性分析，称为非经济因素。在设施选址决策过程中，一般采用定量和定性分析相结合的方法解决实际问题。常见的方法有德尔菲法、优缺点比较法、重心法、Baumol-wolfe 方法、运输规划法等。本节介绍定量方法。

5.4.1 分级加权法

典型的选址决策包括质和量的输入，这些质和量的输入随每个组织的需要不同而变化。分级加权法是一种常见的方法，对于给定地点的评估和备选设施选址的比较非常有用。这种方法的价值在于：通过为每一个备选地点建立归纳各种因素的综合得分，进而为评估提供了合理的基础，为最优方案的确定提供了方便。分级加权法一般会将决策者的个人意愿与大量的信息引入决策过程。

根据具体操作方法的不同，分级加权法可以分为以下几类方法。

方法一：赋予各因素相同的权重，按照各因素的评价标准给每一个候选地址打分并求和，每个候选地址的总分即为各因素的分数之和。最后比较各地址的总分，选择总分最高者作为最优选择方案。

方法二：赋予各因素不同的权重，各因素利用共同的评价标准对每一备选地点进行定级。

方法三：对每一个因素规定不同的权重，然后按照因素规定评价标准，给每一个备选地点进行打分，将每一个因素得分乘以规定的权重，即得各备选地点的每一因素得分。将各因素得分相加得到该地点的总分数。选择总分最高者作为最优选择方案。

分级加权法的步骤为：

① 将有关因素列出清单，确定各因素的权重；

② 对每一个因素确定评价标准，按照评价标准对每个备选地点进行打分；

③ 分值与权重相乘，并求出每个地点各项因素得分的乘积总和；

④ 比较各地点的最终得分，选择分数最高的备选地点为最终方案；

在实际情况中，可以采取以下办法进行快速决策：

① 淘汰法。如果在全部备选方案中有一些方案的每项指标值均不优于某一方案对应的指标值，则这些备选方案都可以淘汰。

② 设置最低临界值。在某些情况下，管理者会对某些关键评价指标设置最低临界值，若方案的相应指标低于这个最低值，则被淘汰。在厂址选择中有些因素是不能太差的，比如水源，如果无法达到一个最低的水源供给标准，则不适宜建厂。

【例 5-1】 某家服装店打算开一家分店，表 5-4 是两个备选地点的信息。

表 5-4　备选地信息

因　素	比　重	得　分		衡　量　值	
		地点 1	地点 2	地点 1	地点 2
临近已有商店	0.1	100	60	10	6
交通繁华	0.05	80	80	4	4
租金	0.4	70	90	28	36
大小	0.1	86	92	8.6	9.2
布局	0.2	40	70	8	14
运营成本	0.15	80	90	12	13.5
	1			70.6	82.7

由表 5-4 可知，地点 2 综合得分最高，是比较好的选择。

5.4.2　重心法

重心法是一种静态选址，常用于解决单设施选址问题。在进行设施选址决策时，当产品成本中运输费用所占比重较大，企业的原材料由多个原材料供应地提供或其产品运往多个销售点，此时适宜采用重心法。重心法计算方法简单，没有特定限制，运用范围较广。采用该方法进行选址决策时，运输成本是唯一的考虑因素。以单设施选址为例，在给定供给和需求点的坐标以及节点之间的运输量的情况下，为求运输总成本最小的物流设施选址，建立模型如下：

$$\min TC=\sum_{i=1}^{n}v_i c_i d_i \tag{5-1}$$

$$d_i=\sqrt{(\bar{x}-x_i)^2+(\bar{y}-y_i)^2}$$

最终求出使总运输成本最小时物流中心的坐标

$$\bar{x}^*=\frac{\sum_{i=1}^{n}\frac{v_i c_i x_i}{d_i}}{\sum_{i=1}^{n}\frac{v_i c_i}{d_i}}$$

$$\bar{y}^*=\frac{\sum_{i=1}^{n}\frac{v_i c_i y_i}{d_i}}{\sum_{i=1}^{n}\frac{v_i c_i}{d_i}} \tag{5-2}$$

式中　TC——运输成本；

n——需求点的数量；

v_i——需求点 i 到待定地址间的运输总量；

c_i——需求点 i 到待定地址间的运输费率；

d_i——需求点 i 到待定地址间的距离；

x_i——需求点 i 的横坐标；

y_i——需求点 i 的纵坐标；

$\bar{x}$——待定地址的横坐标；

$\bar{y}$——待定地址的纵坐标。

【例 5-2】 假定从重心运往四个目的地的商品数量一致，求图 5-2a 问题的重心坐标位置。

解：首先在图上加上坐标系，如图 5-2b 所示，可以得出目的地的坐标（见表 5-5）。

表 5-5　各目的地坐标

目　的　地	(x, y)
D_1	（2，2）
D_2	（3，5）
D_3	（5，4）
D_4	（8，5）

$$\bar{x}=\frac{\sum x_i}{n}=\frac{18}{4}=4.5$$

$$\bar{y}=\frac{\sum y_i}{n}=\frac{16}{4}=4$$

因此，重心位坐标为（4.5，4），位于 D_3 的西方，如图 5-2c 所示。

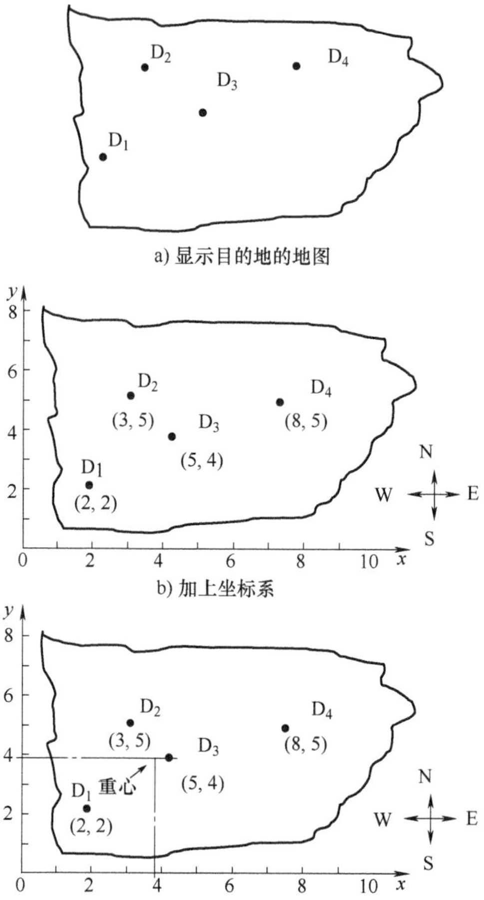

c) 重心

图 5-2　重心法

【例 5-3】 假定图 5-2a 描述的问题中运往各地商品数量如表 5-6 所示，请确定重心位置。

表 5-6　运往各地数量

地　　点	(x, y)	每周数量
D_1	(2，2)	800
D_2	(3，5)	900
D_3	(5，4)	200
D_4	(8，5)	100

解：因为运往各个目的地的商品数量是不同的，因此必须用加权平均公式：

$$\overline{x}=\frac{\sum x_iQ_i}{\sum Q_i}=\frac{2\times800+3\times900+5\times200+8\times100}{4}=\frac{6100}{2000}=3.05\approx3$$

$$\overline{y}=\frac{\sum y_iQ_i}{\sum Q_i}=\frac{2\times800+5\times900+4\times200+5\times100}{4}=\frac{7400}{2000}=3.7$$

所以，重心的坐标点大约是（3，3.7），这个点在 D2（3，5）的南方，如图 5-3 所示。

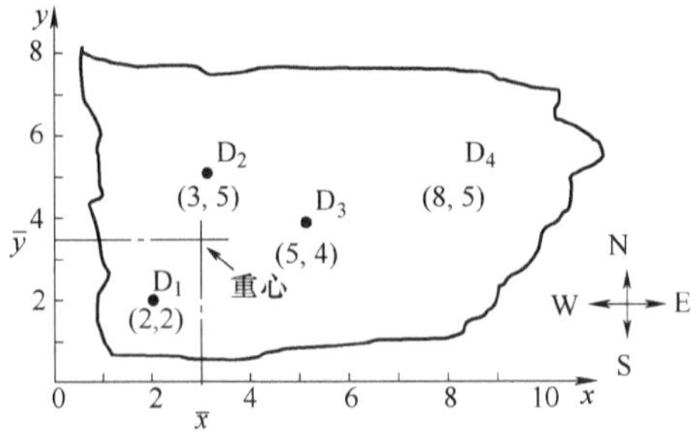

图 5-3　例 5-5 的重心

5.4.3　Baumol-wolfe 模型

该模型是一个典型的离散模型。模型涉及的对象有供应地、物流中心和需求点。在满足供需约束条件下，以运输费用、配送费用及可变费用之和最小为目标函数建立模型。这种模型计算方法比较简单，避免了混合整数规划模型求解的困难。模型如下：

$$\min F=\sum_{k=1}^{l}\sum_{i=1}^{m}\sum_{j=1}^{n}\left(C_{ki}+H_{ij}\right)x_{ijk}+\sum_{i}v_i\left(W_i\right)^{\theta}+\sum_{i}r\left(W_i\right)F_i$$

$$r\left(W_i\right)=\begin{cases}0,\ W_i=0\\1,\ W_i>0\end{cases} \tag{5-3}$$

约束条件：

$$\sum_{k=1}^{l}\sum_{i=1}^{m}x_{ijk}\leqslant S_k$$

$$\sum_{i=1}^{m}\sum_{j=1}^{n}x_{ijk}\geqslant D_J \tag{5-4}$$

式中　l——供应点数量；

m——物流中心数量；

n——用户数量；

C_{ki}——供应点 k 到物流中心 i 的单位运输成本；

H_{ij}——物流中心 i 向用户 j 发送单位运量的发送费；

x_{ijk}——供应点 k 通过物流中心 i 向用户 j 运送的运量；

v_i——物流中心 i 的单位运量可变费用；

W_i——通过物流中心 i 的运量，$W_i=\sum_{j=k}x_{ijk}$；

θ——参数，$0<\theta<1$；

F_i——物流中心 i 的固定费用；

S_k——供应点的生产供应能力；

D_J——各用户的需求量。

5.4.4 线性规划法——运输问题

线性规划方法，是一种广泛使用的战略和战术物流计划工具。线性规划在考虑特定约束条件下，从许多可用的选择中挑选出最佳行动方案。在选址的决策中，运输成本有时会扮演非常重要的作用。这是由于在原料运输或成品运输的过程中，均会产生运输成本。如果将一个工厂看作是某一段运输的唯一起始点或终点，那么企业可以将每单位的运输成本整合到每单位的可变成本中，从而可以把运输成本算进成本——利润选址分析中。

如果商品是由不同的出发点运输到不同的接收点，同时，在整个系统中增加了新地点（出发点或接收点）时，企业应单独分析运输成本。基于这样的情况，运输线性规划模型十分有用，可以通过这样的模型，测定最小的运输成本。这些信息可以用作选址方案的评估。具体的方法可采用运输表法，一般适用于一个公司设有多个工厂、多个分销中心（或仓库）的选址问题。这类问题的目标是使将 n 件货物运输至 m 个目的地的成本最小化。约束条件为出发点的实际输出不能超出其生产能力，接收点的实际输入不能高于其接受能力或需求。运输表法的数学模型如下：

目标函数：

$$\min\sum_{i=1}^{m}\sum_{j=1}^{n}C_{ij}X_{ij} \tag{5-5}$$

约束条件：

$$\begin{cases}\sum\limits_{j=1}^{n}X_{ij}=P_{ij}，\ i=1,2,\ldots,m\\ \sum\limits_{i=1}^{m}X_{ij}=S_{ij}，\ j=1,2,\ldots,n\\ X_{ij}\geqslant 0\\ \sum\limits_{i=1}^{m}P_i=\sum\limits_{j=1}^{n}S_j\end{cases} \tag{5-6}$$

式中 m——工厂数；

n——销售点数；

P_i——工厂 i 的生产能力，$i=1,2,\ldots,m$；

S_j——销售点 j 的需求，$j=1,2,\ldots,n$；

C_{ij}——在工厂 i 生产的单位产品运到销售点 j 的生产运输费用；

X_{ij}——从工厂 i 运到销售点 j 的产品数量。

【例 5-4】 已知某公司现有两个设施 F1 和 F2，供应四个销售点 P1、P2、P3、P4。由于需求量不断增加，需再建一个新的设施，可供选择的地址是 F3 和 F4。试在其中选择一个最佳设施位置。根据资料分析，各厂单位产品生产和运输费用的总费用如表 5-7 所示。约束条件是工厂不能超过其生产能力，销售点不能超过其需求量。

解：假设新厂设在 F3，解题的具体步骤如下。

1）表中 F3-P2 组合的费用最少，为 7.05 万元。但需求量仅为 8000 台，就把 F3 的 8000 台分配给 P2。F3 还有 4500 台的剩余量。由于 P2 的需求量已经全部满足，这一列可以不用再考虑。

表 5-7　生产、运输总费用　（费用单位：万元）

工厂＼销售点	P1	P2	P3	P4	年产量
F1	8.00	7.80	7.70	7.80	7000 台
F2	7.65	7.50	7.35	7.15	5500 台
F3	7.15	7.05	7.18	7.65	12500 台
F4	7.08	7.20	7.50	7.45	12500 台
需求量	4000 台	8000 台	7000 台	6000 台	

2）其余组合中费用最少的是 F3−P1 和 F2−P4，都是 7.15 万元，可把 F3 的 4500 台剩余产量中的 4000 台分配给 P1。这时，P1 的全部需求已经满足。这一列可以不再考虑。F3 还有 500 台剩余量。

3）其余组合中费用最少的是 F2−P4，可把 F2 的 5500 台产量全部分给 P4。F2 的产量已全部分配完毕。

4）其余组合中费用最少的是 F3−P3，是 7.18 万元。可把 F3 的 500 台剩余产量分配给 P3。这时 F3 的产品已完全分配。

5）其余组合中费用最少的是 F1−P3，是 7.7 万元。P3 还需要 6500 台，可把 F1 产量中的 6500 台分配给 P3。这时 P3 的需求量全部满足，这一列也可不用再考虑。

6）最后，P4 还有 500 台的需求量尚未满足，将 F1 的 500 台剩余产量分配给 P4。此时，所有销售点都得到满足，所有产量都分配完毕。

若在 F3 建厂，所有产量分配情况如表 5-8 所示。

表 5-8　产量分配表　（费用单位：万元）

工厂＼销售点	P1		P2		P3		P4		年产量
F1		8.00		7.80	（5）	7.70	（6）	7.80	7000 台
					6500		500		
F2		7.65		7.50		7.35	（3）	7.15	5500 台
							5500		
F3	（2）	7.15	（1）	7.05	（4）	7.18		7.65	12500 台
	4000 台		8000 台		500 台				
需求量	4000 台		8000 台		7000 台		6000 台		

则当在 F3 处设厂时，全部的费用至少为：

C_3=6500×7.7+500×7.80+5500×7.15+4000×7.15+8000×7.05+500×7.18=181865（万元）。

若在 F4 处时，解法与上述相同，其结果如表 5-9 所示。

表 5-9 产量分配表 （费用单位：万元）

工厂＼销售点	P1		P2		P3		P4		年产量
F1		8.00		7.80	（5）	7.70		7.80	7000 台
					7000				
F2		7.65		7.50		7.35	（2）	7.15	5500 台
							5500		
F3	（1）	7.15	（3）	7.05	（4）	7.18	（4）	7.65	12500 台
	4000 台		8000 台		500 台		500 台		
需求量	4000 台		8000 台		7000 台		6000 台		

同样可得设厂于 F4 处的全部费用至少是：

C_4=7000×7.7+5500×7.15+4000×7.08+8000×7.2+500×7.45=182870（万元）

两方案比较，可得 $C_4>C_3$。因此，在 F3 建厂属于最优方案，可节省生产运费。

此例为产销平衡的问题，对于产销不平衡的问题，可以通过增加产地或销地，将问题转换成产销平衡问题求解，最后求得最佳场所位置。

5.4.5 启发式算法

服务系统一般会面临在一个城市内建立几家销售点这样的问题，比如在全市范围内建立几家超市。该问题比较复杂，可以通过启发式方法求解。下面我们通过例题加以说明。

【例 5-5】 某公司拟在某市建立两家连锁超市，该市共有四个区，记为甲、乙、丙、丁。各区可能到超市购物的人数权重已经给出。求该超市设置于哪两个区内，使居民到超市购物最方便，即总距离成本最低。各区距离及权重数据如表 5-10 所示。

表 5-10 各区距离及权重表

各区名称	距离				各区人口数（千人）	人口权重
	甲	乙	丙	丁		
甲	0	21	15	22	15	1.4
乙	21	0	18	12	13	1.3
丙	15	18	0	20	28	1.0
丁	22	12	20	0	22	1.2

解：(1) 将各区人口数与人口权重相乘再乘以各区间的距离，得到总的距离成本，并将各列相加，得到的结果如表 5-11 所示。

表 5-11 距离成本表

地　址	甲	乙	丙	丁
甲	0	441	315	462
乙	335	0	304	203
丙	420	504	0	560
丁	581	317	528	0
合计	1356	1262	1147*	1225

从表 5-11 中看出，社区丙所在列总成本最低为 1147，所以其中一个超市建在丙区。

（2）甲乙丙各列数字与丙列数字相比较，若小于丙列同行数字，则将其保留，若大于丙列数字则将原数字改为丙列数字，得到新表表 5-12，并将同列数字相加。

表 5-12　距离成本表

地　址	甲	乙	丙	丁
甲	0	315	315	315
乙	304	0	304	203
丙	0	0	0	0
丁	528	317	528	0
合计	832	632	1147*	518

如表 5-12 所示，社区丁所在列总成本最低，则选丁区为另一超市地点。

5.5　案例：J 公司选址策略

生产和服务设施的选址对企业的经营有着至关重要的作用。为了更好地理解生产和服务设施的选址决策，分析不同因素对选址决策的影响，接下来，我们以 J 公司的超市选址策略为例进行分析。

J 公司成立于 1959 年，是大卖场业态的首创者，是欧洲第一大零售商，世界第二大国际化零售连锁集团，现拥有 11，000 多家营运零售单位，业务范围遍及世界 30 个国家和地区。J 公司以三种主要经营业态引领市场：大型超市，超市，折扣店。此外，J 公司还在一些国家发展了便利店和会员制量贩店。2004 年，J 公司税后销售额增至 726.68 亿欧元，员工总数超过 43 万人。2012 年，J 公司在《财富》杂志编排的全球 500 强企业中排名第 39 位。截止到 2013 年 12 月 31 日，除港、澳、台地区的门店外，J 公司在中国拥有门店 236 家。

J 公司的经营理念是以低廉的价格、卓越的顾客服务和舒适的购物环境为广大消费者提供日常生活所需的各类消费品。J 公司对顾客的承诺是在价格、商品种类、质量、服务及便利性等各方面满足消费者的需求。J 公司力争通过自己的努力成为当地社区最好的购物场所，为消费者带来更多的实惠和便利，并携手和各商业伙伴为当地经济的繁荣做出贡献。

J 公司超市的选址一般是在城市边缘的城乡接合部。为了靠近中心城市和大型居住区，其超市通常都开在十字路口。巨大的招牌 500 米开外都可以看得一清二楚。十字路口成为 J 公司选址的第一标准，同时还要达到交通便利的要求，满足私家车、公交车、地铁、轻轨等各种交通要素通达的需求。另外还需考虑，人口密度要相对集中，十字路口处至少有一条为主干道，所在区域还要配有相当大的停车场。比如，在北京至少要求 600 个以上的停车位，非机动车停车场地 2000m^2 以上，免费给 J 公司员工及顾客使用。

J 公司的选址决策也曾出现过失误。2006 年 12 月 31 日，J 公司在中国西安开设的首家门店北大街店宣布停业。而 2010 年 7 月底，小寨店也步北大街店后尘，这家 J 公司西安“第二店”，从正式开业到停业时间不到三年半。专家认为，J 公司退出西安，主要是在选址、经营策略及管理上出了问题。J 公司西安北大街店以前位于北大街中段，周边大型居民区不够集中，来往人流主要是购买电器、服装和电子产品。该商圈距离北门和钟楼各有一站路程，但人气远远不及全国闻名的钟楼商圈，因此，并不适合J公司这样针对居民日用生活消费的大型超市。

同样，小寨店也并非在小寨商圈，而是在小寨商圈的西北部边缘地带，且小寨商圈素来是南北旺、东西差。J公司入驻的安南城在小寨的西侧，距离小寨大约一站路左右，这一特点与北大街店极其相似。J公司在西安只有一家店，相应的物流配送、供货体系的成本比较高，不像华润万家和人人乐有自己的物流配送中心。同时J公司在西安没有构建自己的采购体系，无法发挥其全球采购和物流配送的优势，开的店比较少也就导致自己的物流配送成本高于西安同类型其他超市。

思考题：

1. J公司超市选址的原则是什么？
2. 零售业超市的选址有什么特点？与生产制造型企业有什么不同？
3. J公司超市在西安市场的失败主要是因为没有考虑哪些选址因素？
4. 我国大型商场在选址时能从J公司选址策略上学到什么？

习题

1. 什么是设施选址？
2. 设施选址的基本原则是什么？
3. 影响设施选址的因素有哪些？
4. 企业在选址时如何权衡和取舍各影响因素。
5. 设施选址的方法有哪些？
6. 一家处理危险品垃圾的公司希望降低垃圾从五个中转站运到处理中心发生的运输费用。已知中转站的位置坐标和日装货量，如表5-13所示。试用重心法为处理中心选址。

表5-13　地点及日装运量

中转站坐标（x，y）	日装运量/t
（10，5）	26
（4，1）	9
（4，7）	25
（2，6）	30
（8，7）	40

7. 某汽车制造厂，每年需要从P1地运来钢材，从P2地运来铸铁，从P3地运来焦炭，从P4地运来各种造型材料。各地与某城市中心的距离和每年的材料运量如表5-14所示。计算该厂的位置坐标。

表5-14　距离和材料运量

原材料及供应地及其坐标	P1		P2		P3		P4	
	x_1	y_1	x_2	y_2	x_3	y_3	x_4	y_4
距城市中心的坐标距离/km	20	70	60	60	20	20	50	20
年运输量/t	2000		1200		1000		2500	

8. 某彩电公司有两个工厂A和B，三个仓库U、V、W，分别位于不同的城市。为求得发展，决

定选择某城市建一新厂。现有两个备选厂址 X 和 Y，位于不同城市，基本条件如表 5-15 所示，请做出建厂选择。

表 5-15　运费及生产能力

现有工厂和备选工厂	生产能力（台 / 月）	到仓库的单位运费（元）		
		U	V	W
A	2800	10	24	36
B	2000	20	16	14
X	2400	30	22	12
Y	2400	40	30	8
各仓库的需求（台 / 月）		2200	1400	2600

9. 根据所学知识，分析京东仓库选址决策过程。

参考文献

[1] 高光瑞，任俊义 . 生产与运作管理 [M]. 北京：电子工业出版社，2014.08.
[2] 史蒂文森 . 运营管理 [M]. 张群，张杰，译 . 北京：机械工业出版社，2008.07.
[3] 李香君 . 现代生产与运作管理 [M]. 北京：清华大学出版社，2014.
[4] 丁宁 . 运营管理 [M]. 北京：清华大学出版社，北京交通大学出版社，2014.02.
[5] 侯玉梅，许良，马利军 . 物流工程 [M]. 北京：清华大学出版社，2011.01.
[6] 马风才 . 运营管理 [M]. 北京：机械工业出版社，2011.05.
[7] 林强 . 物流工程 [M]. 北京：清华大学出版社，北京交通大学出版社，2009.01.
[8] 蒋长兵，胡立夏 . 物流系统工程 [M]. 北京：电子工业出版社，2011.03.
[9] 韩璐 . 配送中心选址的管理研究 [D]. 北京：华北电力大学（北京），2016.
[10] 任鸣鸣 . 供应链系统节点设施选址研究 [D]. 武汉：华中科技大学，2008.
[11] 李翼，赵茂先，李岳佳，等 . 无容量限制设施选址问题的分支定界法 [J]. 山东理工大学学报：自然科学版，2012，26（1）：70-73.
[12] 陈丹红 . 供应链终端选址的影响因素分析——以零售业为例 [D]. 北京：对外经济贸易大学，2010.
[13] 罗宜美，万福来，赵南海，等 . 基于 MILP 的再制造逆向物流网络设施选址研究 [J]. 工业工程与管理，2012，17（5）：16-20，28.

第 6 章

流程设计与优化

本章导引

流程对于企业非常重要。无法满足企业需求的流程会制约整个企业的发展。那么，我们该如何理解流程？流程有哪些类型？如何对流程进行设计评价呢？服务流程的设计和评价又有哪些特点？本章将介绍流程，包括服务流程的基本概念、类型，流程设计及流程绩效评价方法，并给出评价实例。为体现物流特色，本章还将介绍物流服务流程设计基础和实例。

本章要点

1. 理解流程的概念与类型。
2. 掌握流程设计方法及流程优化方法。
3. 理解物流服务流程设计。
4. 理解流程设计和方案评价。

6.1 流程概述

了解和分析流程，对于提高效率、提升企业竞争力至关重要。以两家快递公司为例，如果第一家公司将一份快递送到顾客手中的时间是 2 天，而第二家为 5 天，那么在保证货物安全的情况下，显然第一家的顾客满意度更高，但也会增加成本。

6.1.1 流程的概念

流程不仅能够体现执行某个工序的先后顺序，即先做什么、后做什么，还可表示具体任务由谁来执行。这样，若干个工序或者项目、相关责任人及其相互关系，可以借助流程一目了然地表示出来。

Michael Hammer 认为，流程是把一个或多个输入转换为对顾客有价值的输出的活动。

T.H.Davenport 认为，流程是一系列结构化的可测量的活动集合，并为特定的市场或特定的顾客产生特定的输出。

ISO9000 标准认为，流程是一组将输入转化为输出的相互关联或相互作用的活动。

流程是提供产品和服务的基础，在运营管理中至关重要。本文采用 ISO9000 标准对于流程的定义。**流程的目的是用以产生有价值的结果，如产品、服务或信息。**

流程是对整个运营过程的细化，流程的六要素为输入资源、活动、活动的相互作用（即结构）、输出结果、顾客和价值。这六个要素的关系可用图 6-1 表示，输入的资源经过若干活动的相互作用，以顾客和价值作为输出。

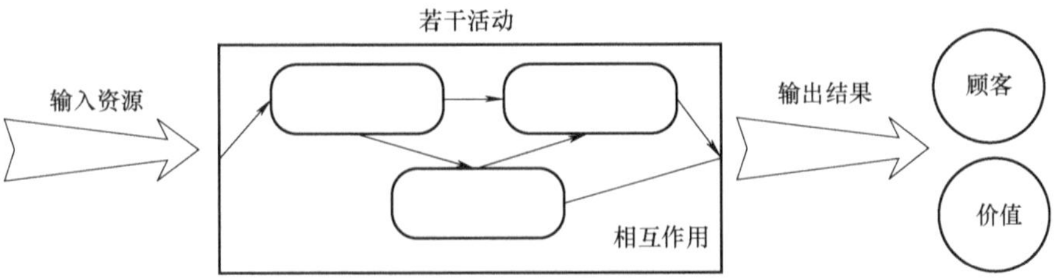

图 6-1　流程六要素

服务流程是一种特殊的流程，是以服务为输入和输出的流程。在服务流程中，应当将重点放在服务的本质上：顾客是服务型组织所有决策和行动的着眼点。如图 6-2 所示的“服务三角”中，顾客是服务策略、服务流程和服务人员的中心。因此，在设计服务流程时，应重点考虑顾客的需求。

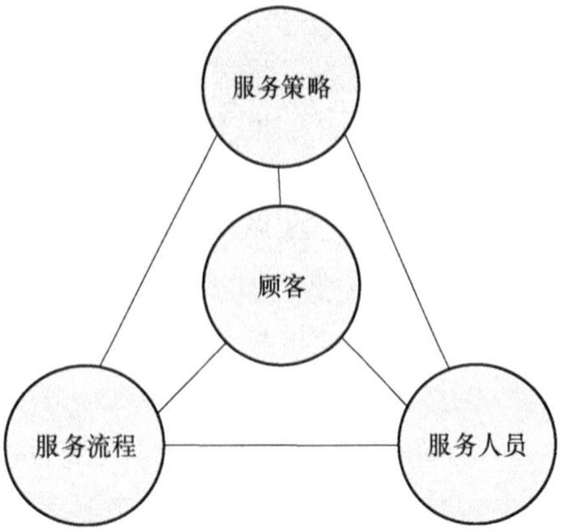

图 6-2　服务三角

服务流程比以产品作为输出的流程更为复杂。产品流程更关注能否高效地生产产品，追求效率与成本间的权衡，而服务流程关注于能否为顾客提供满意的服务，追求顾客满意度与成本间的权衡。顾客满意度难以量化，这为服务流程的设计、分析、评价等带来了困难。此外，在服务流程设计中还应考虑一些特殊因素。例如，服务组织与顾客间的互动经常会对服务流程绩效产生不利的影响。但是，满足顾客的独特需求就意味着存在互动和满足定制的需要。若服务流程在设计上未考虑此类需求，顾客的独特需求往往会给服务组织带来不便。所以，服务流程设计越适合顾客的独特需求，服务流程的效果越好。

6.1.2　流程的类型

我们可以借鉴 AT&T 公司的观点，即**流程在实际中被定义为为顾客创造价值的过程**。企业主要流程包括价值创造流程、支持流程和综合管理流程。

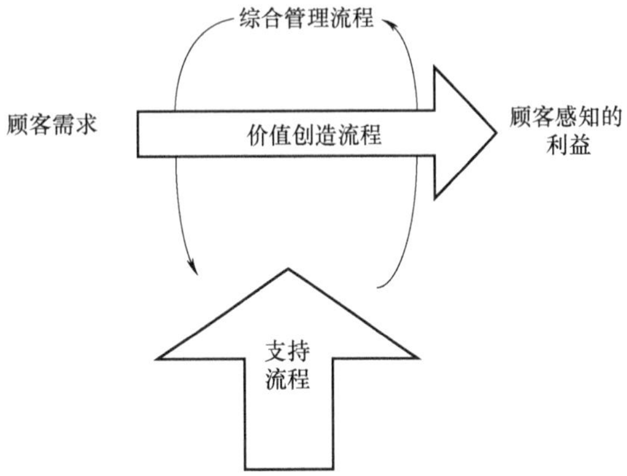

图 6-3　价值创造流程、支持流程和综合管理流程之间的关系

图 6-3 说明了这些不同类型流程之间的

相互关系：综合管理流程和支持流程相互作用，并影响着价值创造流程，顾客需求通过价值创造流程转化为顾客感知的利益。

考虑的角度不同，流程的分类也有所不同：

1. 按流程在价值链中的地位分类

价值链能帮助分析企业的各项作业活动与获利来源的关系。在价值链的观点下，企业流程可分为以下三类：

① 核心流程，直接为企业创造收益的作业流程，包含产品开发、采购、制造、销售、物流等；

② 支持流程，为核心流程提供直接服务的作业流程，包含品质保证、信息、人事、财务等；

③ 管理流程，战略规划、策略分析、运营计划、绩效考核等。

一般在进行流程分析时，会以核心流程为主体，先确认核心作业的流程，然后依据核心流程的需求，制定支持的机制与流程，最后依据企业的特性，针对必要的管理项目制定管理流程。

2. 按流程的形态分类

流程的形态是指流程从开始到结束的路径。流程按照形态可分为单向流程、树状流程、单步往返流程、汇集流程和循环流程：

① 单向流程，整个流程从开始到结束，只有单一方向及单一路径，通常用于描述项目流程的主体，例如产品开发或制造的主体流程。

② 树状流程，用来描述流程中有多个选择项目，然后依不同的选择项目走不同的路径，而且这些项目是独立的，项目执行完毕即在各个路径终点结束，不会回到共同的结束点。例如进出口的货运流程即属于树状流程。

③ 单步往返流程，项目活动从第一个单位传到第二个单位，再从第二个单位传回第一个单位，主要用于审核、会签等流程。

④ 汇集流程，各项目从不同的起点开始，最后这些项目都会回到共同的结束点。例如产品开发的各项支持性项目，工作完成后还是会回到原来的主流程上，或是各个单位提供给研发部门必要的信息。

⑤ 循环流程，整个流程从起点到终点，结束时又回起点重新执行一次，不断循环；必须满足某项条件才能进入到下一个阶段，例如产品检验流程。

3. 按流程的作用范围分类

"作用范围"是指流程涉及的内容和所起的作用。按此标准，一般可将流程分为企业战略流程、企业经营流程、企业保障流程三类：

① 企业战略流程，与企业的战略定制、战略调整、经营分析等相关的流程。

② 企业经营流程，与企业主营业务相关的流程，包括信息管理、财务管理、人力资源管理类流程等。

③ 企业保障流程，如行政管理、后勤保障类流程。

4. 服务流程分类

服务流程作为一种特殊的流程，要求以顾客需求为核心进行服务流程设计，其复杂程度和差异程度不尽相同。通常按照以下原则进行分类：

（1）按流程形态不同分类。

1）线性作业流程。所谓线性作业流程，是指各项作业或活动按一定顺序进行，服务是依据这个顺序而产出的，它适用于标准化程度高且有大量的持续性需求的服务业。自助式餐厅就是这种作业顺序的标准形态，在自助式餐厅，顾客依顺序阶段式移动。线性作业流程的各种不同构成要素之间的相互关系，往往使整体作业会受到相互影响，甚至因此造成停顿现象。

2）间歇性作业流程。间歇性作业流程是指各服务项目独立进行，属于非经常性重复的服务流程，最有助于项目管理技术及关键途径分析方法的应用。例如，一部大型影片的制作，一个广告宣传活动的设计都属于间歇性作业流程。这类项目的规模与线性作业大不相同，对管理者而言，此类流程的管理是复杂而艰巨的。

3）订单生产流程。订单生产流程就是运用不同活动组合及顺序提供各种不同的服务。这类服务流程接受事先预定或者特别设计，以迎合顾客的不同需求。餐馆及专业服务业都属于订单生产流程。虽然这种形态具有弹性优势，但仍然存在时间不易安排、难以估算流程产能等困难。

（2）按与顾客接触程度不同分类。

顾客接触（Customer Contact）是指顾客在流程中实际参与服务的过程。**服务创造（Creation of the Service）**是指包含提供服务的工作过程。**接触程度（Extent of Contact）**可定义为顾客在流程中停留时间占服务流程总时间的百分比。服务流程与顾客的接触时间百分比越大，两者在生产过程中的联系程度自然也越大。

按照顾客接触程度不同，可以将服务分为顾客接触程度低（Low Degree of Customer Contact）和顾客接触程度高（High Degree of Customer Contact）两类。

为了更好地阐释高、低顾客接触程度的服务运营特点，表 6-1 从位置、布局等方面比较了配送门店（高顾客接触）和配送中心（低顾客接触）。

表 6-1 高度接触与低度接触流程的主要差别

设计决策	高度接触流程（配送门店）	低度接触流程（配送中心）
设施位置	必须在接近顾客的地方运营	可在接近供应、运输或劳动力的地方运营
设施布局	服务设施满足顾客需求及预期	服务设施应把着眼点放在生产效率上
产品设计	环境及产品决定服务性质	顾客不在服务环境中
流程设计	顾客对流程各阶段有直接影响	顾客未介入流程主要部分
安排流程	在安排流程时必须考虑顾客影响	顾客主要关心完成时间
工人技能	直接劳动者应与顾客保持良好交流	直接劳动者仅需要专业技能
质量控制	质量标准通常由顾客掌握，因此会发生变化	质量标准一般是可以测量的，因此是固定的
时间标准	服务时间依赖于顾客需求，因此会发生变化	工作形式标准化，时间标准相对固定
服务能力计划	为避免服务跟不上，应根据高峰时的需求规划服务能力	适当储存使服务能力保持在平均需求水平之上

与顾客接触程度低的服务流程相比，顾客接触程度高的流程更难控制。在这个流程中，顾客可以影响服务的需求时间、服务性质等因素。

（3）按复杂程度和差异程度不同分类。

考虑服务流程的特点，可按照复杂程度和差异程度将服务流程分为以下四类（如图 6-4 所示）：

① 复杂程度和差异程度都较低的服务流程，如超市的服务流程，既不复杂也没有太大差异。

② 复杂程度较高、差异程度较低的服务流程，如餐厅的服务流程，比较复杂，但比较标准化，一般不会出现太大的差异。

图 6-4　服务流程四象限分类图

③ 复杂程度较低、差异程度较高的服务流程，如理发店的“服务流程”，不复杂，但差异程度较高。不同的理发师之间，不同顾客要求之间，甚至同一要求由不同理发师完成，其服务流程也会有较大差异。

④ 复杂程度和差异程度都比较高的服务流程，如咨询行业处理顾客所提出的问题，不同顾客之间的问题差异较大，且复杂程度较高。

5. 物流流程分类

以上分类都是企业通用的流程分类方式，而不同行业也有不同的分类方式。考虑物流行业的特点，我们可以具体将物流流程划分为以下类型：

（1）备货型流程、订货型流程与混合流程。

1）备货型（Make-to-Stock）流程：也称存货型流程，是在对市场需求量进行预测的基础上，有计划地进行生产的流程。为防止库存积压和脱销，生产管理的重点是抓供、产、销之间的衔接，按“量”组织生产过程各环节之间的平衡，保证全面完成计划任务。这种流程的顾客定制程度很低，通常是标准化地、大批量地轮番生产，效率比较高。它的响应时间短，适用于品种较少的高度标准化的产品，例如家用电器、标准件、汽车等。

2）订货型（Make-to-Order）流程：是指按用户订单进行的生产流程。用户对产品提出各种各样的要求，经过协商和谈判，以协议或合同的形式确认对产品性能、质量、数量和交货期的要求，然后组织设计和制造。该流程可将产品库存控制在最低程度，但有交货速度较慢、效率较低、价格较贵的弊端。一般对于顾客定制的差异化产品，通常采用订货型流程，例如，特殊订制产品等。

3）混合型（Hybrid）流程：把以上两种流程结合起来。在常见的混合型流程中，流程的前几个步骤中按照备货型流程进行生产和存储，而在最后一个阶段根据顾客订单的实际要求制作。

如图 6-5 所示为麦当劳的制作流程，这是一个混合型流程。原材料经过烹调后被储存起来，当顾客点餐后，将材料组合成顾客需要的产品并递送给顾客。通过信息系统，顾客的特殊要求能够及时传到汉堡包制作区。制作流程迅速对顾客需求做出反应。这样的流程既可以对顾客需求做出快速反应，又可满足不同顾客的特殊要求。

（2）节拍流程和非节拍流程。节拍（Pacing）流程是指流程中每一步骤所用时间都是固定的，相当于常说的机械化流程。例如，汉堡王快餐店保证其汉堡包的制作时间固定为 90 秒。而非节拍流程是指用计时器计算每个周期的剩余时间，当计时器显示剩余时间为零时，产品就以人工方式进入下一个步骤。不考虑按照顾客要求进行生产所需的时间，我们可以计算出流程的周期。例如，一家汽车制造商要生产 1000 辆汽车，而装配流水线只运行 420 分钟，则周期就是 25.2 秒。

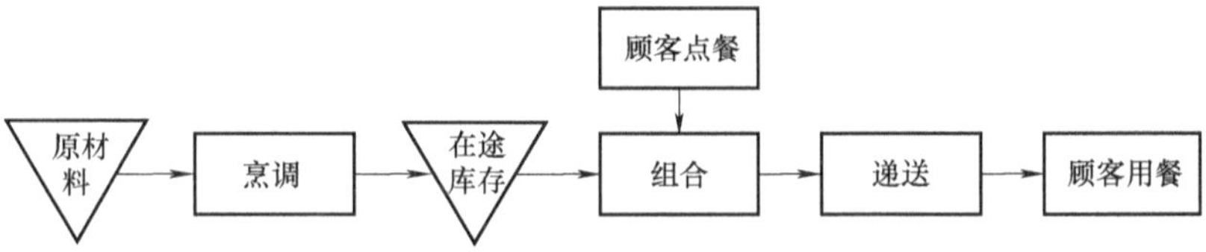

图 6-5　麦当劳的制作流程

（3）不同类型企业的物流作业流程。

1）生产企业的物流作业流程。

● 供应物流：提供原材料、零部件或其他物料时所发生的物流活动。其中包括出库、配送、接收、质检、入库和结算（商流）等活动。

● 生产物流：企业生产过程中发生的涉及原材料、在制品、半成品、产成品等所进行的物流活动。其中包括进出库、加工制造、搬运、质检、成本控制等活动。

● 销售物流：企业在出售商品过程中所发生的物流活动。其中包括进出库、包装、搬运、销售、结算（商流）等活动。

从物流功能的角度分析，生产领域的物流作业是以运输、储存、装卸搬运等及其相应的信息处理功能等组成的体系。包装和流通加工功能则弱化并融于生产过程中。生产企业内的物流过程往往与工艺流程结合在一起，即人们常说的流水线。现代化的流水线，不仅仅是技术上的进步，对于物流合理化来说，也是一种深刻的变革。合理化的物流作业流程可以减少整个物流过程中的混乱和浪费，防止大量原材料、零部件在备料库内锈蚀、老化、腐烂，减少半成品、残次品和部分零部件、原材料堆积，为企业正常生产打好基础。

2）流通企业的物流作业流程。

● 供应物流：供应商根据合同条款为批发零售企业供货，商品从生产企业或批发企业的仓库移动到批发零售企业的仓库或货架上。该过程以运输为主体，包括包装、装卸搬运等物流功能的组合。

● 储存和售前准备的店内物流：包括商品的仓储、保管、分拣、上架、补货等活动。以零售企业为例，当商品到达零售企业后，一部分直接送至销售柜组或货架上，其余部分为了避免短时间的脱销风险存入仓库，这些商品都需要经过储存、保管、补充、分拣和上架等过程，实现从仓库向店面或货架的转移。

● 销售物流：一般分线下销售和线上销售。线下销售中，商品直接由柜组或货架转移到客户手里；线上销售中，由客户通过电话或电子商务平台订货，再由批发零售企业将商品送达客户指定的场所。

● 逆向物流：物品从供应链下游向上游的运动所引发的物流活动。如在采购进货中，发现的不合格的商品，需要退回货主；对仓库和货架上或直接销售过程中的残、次、过期商品，需要回收；售出商品的包装物也需要回收。

在批发零售企业的物流作用中，运输、配送、储存是主要的功能，而装卸搬运、包装、流通加工、信息处理等是辅助功能。但同时，配送、包装和流通加工等服务性功能得到了不断强化，精美的包装起着美化商品、促进销售的作用；送货上门、拆零销售和恰当的分割、组合，则日益成为批发零售领域的售前或售后服务的主要内容。

6.2 流程设计

通过上面的分析，大家对流程应该有了基本的了解。本节将介绍流程设计的相关内容。流程设计中最重要的两个步骤就是绘制流程图和流程的优化，下面我们将围绕流程设计的步骤进行具体介绍。

6.2.1 流程设计基础

1. 流程设计的目标

流程设计的目标最终是为了实现运营管理的主要任务，即通过科学合理地设计流程，有效地利用有限的各类资源，达到高效、低耗、柔性、准时地生产合格产品和（或）提供满意服务的运营目标，以取得最佳的经济和社会效益。因此，任何流程的设计都应该考虑资源利用率、质量、效率、可靠性和成本等绩效目标，并根据企业整体目标确定流程设计目标。

流程设计的目标通常包括以下几点：

① 有效节约资源。进行流程设计可将企业资源进行有效整合，提高资源利用率，有效节省企业资源。

② 有效提高质量。在标准化流程下，各个工序受到严格控制，各工序按照流程设计进行，可有效提高产品或服务质量。

③ 有效提高效率。流程设计中将考虑各工序的时间，可有效控制各工序进程，从而有效提高效率。

④ 有效提高可靠性。流程设计实现企业内部运营标准化、规范化，从而减少流程中出现的失误。

⑤ 有效降低成本。流程设计不仅要有效节约资源，还要提高效率的前提下降低资本成本和运营资本，有效降低流程成本。

在企业内部，企业的长期发展战略规划是流程设计的基础条件。企业应在制定发展战略的基础上进行流程设计工作，这样才能适应本企业发展的实际情况。

2. 流程设计的一般步骤

流程设计的一般步骤为：

① 明确设计的目标和任务。

② 分析材料、设备、资金、人员、工艺和环境等因素。

③ 列出流程涉及的主要事项，进行初步的排列。

④ 分析各个事项之间先后顺序，合理安排流程的时序和环节。

⑤ 选择一种合适的表达方式，表示设计的流程。

⑥ 精心设计和反复修改流程，达到比较理想的效果。

我们可以用图 6-6 来表达流程设计的步骤。

由于顾客在服务流程设计中的重要性，顾客注重的因素也将直接影响服务流程设计。这就要求在服务流程设计中，除了考虑服务流程设计要素之外，还应考虑顾客需求及其对服务流程设计的影响。

了解了流程设计的目标和步骤后，我们需要对流程进行进一步设计。流程设计有几个重要的问题需要解决，例如，流程设计要素有哪些，流程图如何绘制，如何对流程进行改进。本章后面的小节将介绍流程设计的具体过程和实例。

3. 流程设计的要素

流程设计的第二步是分析材料、设备、资金、人员、工艺和环境等因素，进而设计得到更加合理有效的流程。在实际流程设计中，一般有两种情形。一是流程的若干环节是显性的，也就是事物发展的规律较容易描述，如邮局邮件的分拣流程、快餐配送中心的工作流程等。二是流程的环节不是或不全是显性的，这就需要经过大量试验和较长时间的研究后，才能得知其内在属性和规律。

具体来说，流程设计要素包括：

① 材料，不同材料有不同的加工处理方式。

② 工艺，不同的产品工艺要求各不相同。

③ 设备，生产设备的水平往往决定了流程的自动化水平。

④ 人员，人员的技术水平将影响流程的进程。

⑤ 资金，资金影响生产过程、质量、周期。

⑥ 环境，生产过程对环境的污染以及环境对生产的反作用。

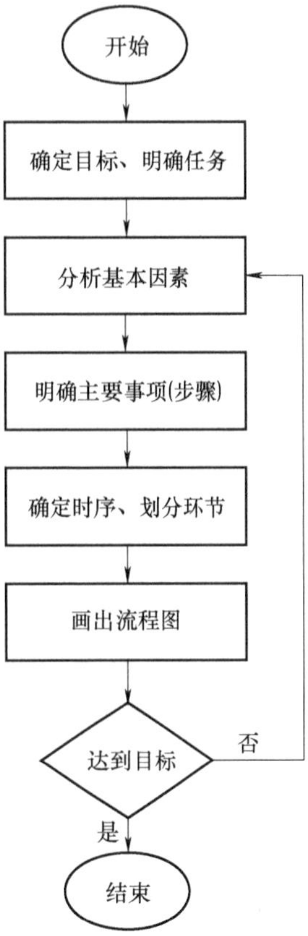

图 6-6　流程设计过程

不同行业的流程有不同的特点，流程设计中应考虑的基本要素也各不相同。例如，对于一个航空公司来说，流程设计要素需要考虑航空设备（设备因素）、空勤和地勤人员（人员因素）、日常运营资金（资金因素）等。

服务流程设计中应综合考虑设施、人员等因素，较一般流程设计更为复杂。除一般流程设计要素，服务流程设计中还需要考虑的特殊因素包括：

1）工作时间安排。在服务流程设计中，应考虑工作时间的安排。比如，一般情况下某快递公司的快件较为平均，在某些情况下会出现快件增多的情况，那么在这种突发情况下需要考虑如何安排人员的工作时间。

2）员工技能。在服务流程中，一般不仅要考虑员工的专业技能，对于直接与顾客接触的员工而言，应当考虑员工与顾客交流和处理问题的技能。

3）顾客接触时间。正如 6.1 节中的描述，顾客接触在服务流程中有着重要作用，因此顾客接触时间也是一个设计要素。在服务流程中，顾客接触时间较短可能导致顾客对服务了解不充分，顾客接触时间较长可能导致顾客与服务人员的矛盾。如何设计合适的顾客接触时间，是服务流程设计的重点。

4）顾客参与。在服务流程的设计中，是否需要顾客参与设计，参与程度如何，也是服务流程设计的重点。比如，顾客去银行取款，取款流程是标准化的，一般顾客并不参与服务流程的设计过程；而对于一些咨询行业，需要根据每个人的情况选择不同的服务方案，顾客要参与服务流程设计中。

6.2.2 流程图的概念及类型

流程中各项活动相互影响。因此，需考虑若干活动同时进行时的效率。对流程进行分析时，我们可以采用画图的方式画出流程的基本组成部分——重要的任务、流程和存储区，这就是流程图。流程图（Flowchart）是表示材料、产品或人员流动的图解或图形。组织在案例分析或流程改善项目中它能帮助我们收集到信息。

在绘制流程图的过程中，需要遵从以下原则：

① 以流程设计目标为导向：在考虑流程时，应按照流程的总体设计目标为导向进行设计。

② 以流程为中心：在各项活动进行时，应以流程为中心。

③ 以人为本的团队式管理：在流程内部人员管理时，应按照以人为本的原则进行管理。

在一般情况下，只用椭圆、矩形、菱形和带箭头的直线这四种符号就可基本满足绘制流程图。

流程图的功用在于显示企业各项活动运营时的情形，由于一家企业里有不同层级的人员、不同的功能单位，不同性质的作业活动，要解决的管理问题也不同，因此为了确保流程设计的效果，满足各种使用需求，必须有不同类型的流程图，针对使用者的需求提供不同的信息。对表 6-2 所示为美国国家标准学会（ANSI）规定的流程图符号及含义。需要说明的是，表 6-2 中的流程图符号适用于各类流程图，但在特殊流程图中可能有一些新的符号引入。

表 6-2　流程图的符号及含义

符　号	含　义
	流程的开始或结束
	具体任务或工作
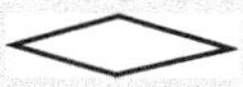	需要决策的事项
	流程线
	信息来源
	信息储存与输出

图 6-7 给出了一个标准的合同管理流程图。

在传统的方法中，将流程图分成以下四类：

1. 基本流程图

基本流程图由很简单的“起点”“终点”“决策判断点”“工作项目”组成，我们常可在企业的 ISO 文件或内部控制制度中看到这类流程图。基本流程图是最简单的流程图，也是最重要的流程图，它的主要用途在于考察工作展开的过程、决策点的逻辑是否正确。基本流程图是其他各类型流程图的基础，一旦基本流程图所展开的工作项目不完整，或是所描述的决策逻辑不正确，将会造成其他类型流程图的错误，因而，基本流程图虽然很简单，却也是最重要的流程图。如图 6-7 就是一个基本流程图。

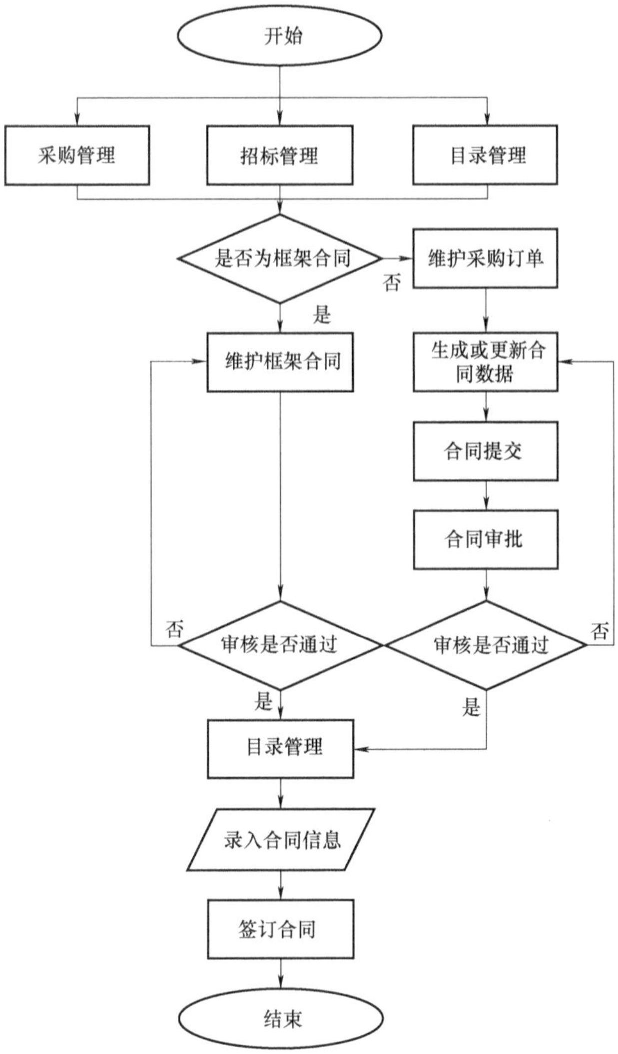

图 6-7　合同管理流程图

2. 跨功能作业互动图

跨功能作业互动图主要也是由“起点”“终点”“决策判断点”“工作项目”组成的，同时增加了一个“转接点”。当某一任务或工作对应多项任务，或多项任务对应一项任务时，用“转接点”进行衔接，使流程图更为清晰。它与基本流程图的不同之处在于跨功能作业互动图在作业项目呈现时，依据各单位的职责予以划分。跨功能作业互动图的主要功用在于针对某特定流程，制定各单位的权责，能够清楚说明每个单位应完成的作业活动以及这些作业活动如何在部门之间往来的情形。

该类流程图符号与基本流程图有一些差别，如表 6-3 所示（此处只列出与基本流程图不同的符号）。

表 6-3　跨功能作业流程图的符号及含义

符　号	含　义
	流程的开始
	转接点
	流程的结束

图 6-8 给出了一个企业采购的流程图示例。

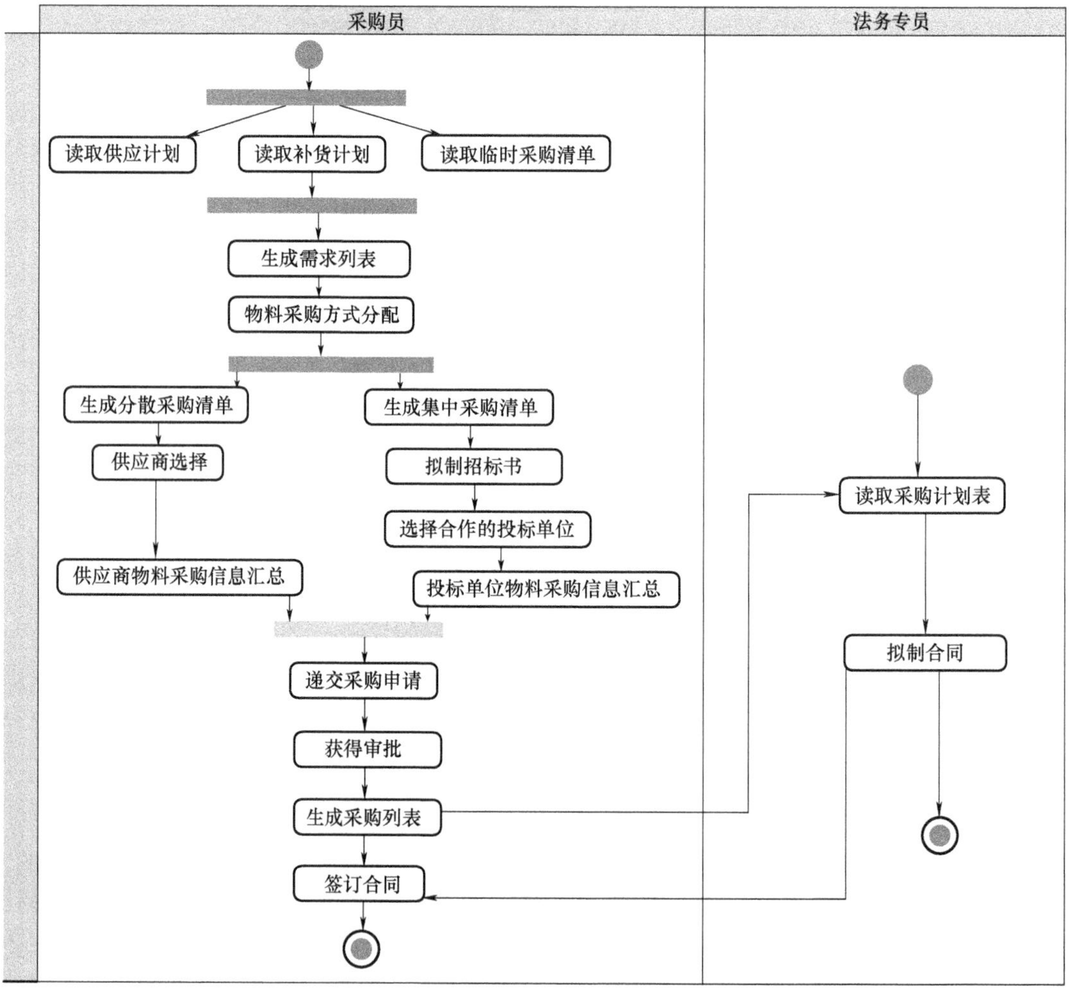

图 6-8　采购流程图

3. 自上而下的流程图

自上而下的流程图是将工作项目依顺序以单一方向排列，如图 6-9 所示。自上而下的流程图通常不会有起点及终点的标识（直接以第一个及最后一个工作项目代替），也不会有决策点，而且工作项目通常很少。

自上而下流程图主要用于显示工作执行的顺序，并以结构性的方式显示大项作业与各细部作业的关系。此类流程图常用于工作与流程的规划，例如在研发项目规划的阶段，用来展开并制定工作计划。

4. 平面分析图

平面分析图是先在平面上将各单位的相对位置予以标定，然后依据人员在执行工作时的方式，标示移动的路径。此类图形的用途在于布局的分析，通过检查人员移动的路径、频率以及所花费的时间，判断各单位及设备的所在位置是否合理，一般用于生产线或办公空间的设计，如图 6-10 所示。

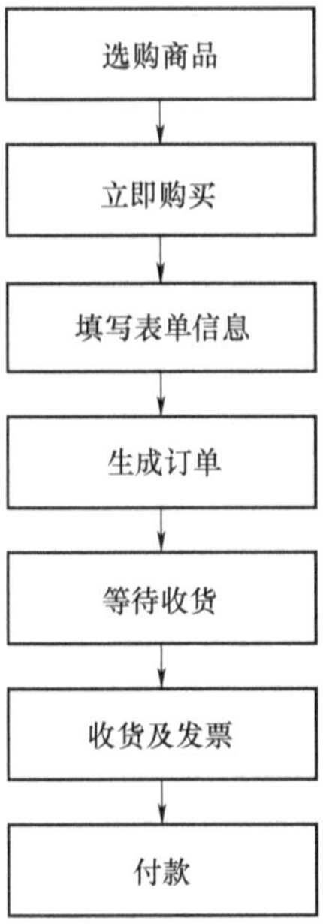

图 6-9　自上而下流程图

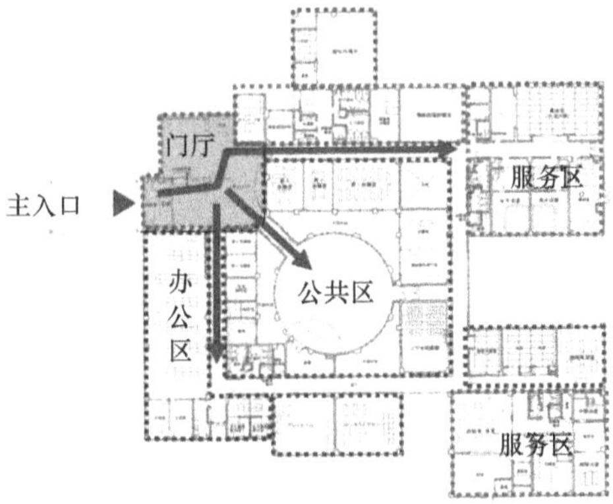

图 6-10　平面分析图

5. 服务蓝图

服务蓝图是一种准确地描述服务体系的工具。它借助于流程图，通过描述服务提供过程、服务遭遇、员工和顾客的角色以及服务的有形证据来直观地展示服务。经过服务蓝图的描述，服务被合理地分解为服务提供过程的步骤、任务及完成任务的方法，使服务提供过程中所涉及的人（不管是企业内部员工还是外部顾客，也不管他们的出发点和目的是什么）都能客观地理解并进行处理。更为重要的是服务蓝图可以清晰地识别顾客同服务人员的接触面，从而达到通过这些接触面来控制和改进服务质量的目的。

服务蓝图展示了一个企业的服务结构和服务流程，其特点在于区分了服务流程中与顾客高度接触的方面（接触面）和顾客不可见的方面（支持系统）。

（1）服务蓝图的基本构成要素。服务蓝图强调流程设计的重要性。该区别在流程图中用“可视分界线”表示。在“可视分界线”上方的流程是与顾客高度接触的；“可视分界线”下方的流程是顾客不可见的部分，也就是服务提供者处理服务请求的具体流程。

服务蓝图的基本构成要素包括：四种行为、连接行为的流向线、分割行为的三条分界线和设置在顾客行为上方的有形展示，如图 6-11 所示。

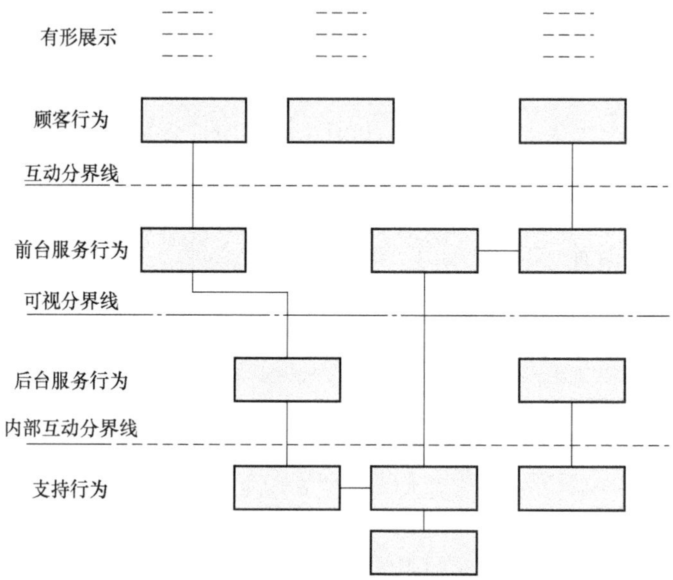

图 6-11　服务蓝图示意图

四种行为的含义分别是：

① 顾客行为——包括顾客在购买、消费和评价过程中的步骤选择、行动和互动；

② 前台服务行为——那些与顾客接触并能让顾客看得见的服务人员表现出来的行为和步骤；

③ 后台服务行为——发生在后台、支持前台服务人员行为的员工行为；

④ 支持行为——包括内部服务和支持服务人员履行服务的步骤和互动行为。

三条分界线的含义分别是：

① 互动分界线——表示顾客与组织间直接的互动，是顾客活动区域和前台区域之间的分界线；

② 可视分界线——把顾客能看到的服务行为与看不到的行为分开，是前台活动和后台活动的分界线；

③ 内部互动分界线——用来区分服务人员的工作和其他支持服务的工作和工作人员。

（2）绘制服务蓝图的步骤。绘制服务蓝图的步骤主要包括：

① 识别需要制定蓝图的服务流程；

② 识别顾客与服务的接触；

③ 从顾客角度描绘服务流程；

④ 描绘前台与后台服务人员的行为；

⑤ 把顾客行为、服务人员行为与支持功能相连；

⑥ 在每个顾客行为步骤加上有形展示（有时为了简洁，有形展示的部分可以不在服务蓝图中绘制）。

（3）服务蓝图示例。如图 6-12 给出了一个旅店的服务蓝图。其中有形展示包括停车区、门面、门卫制服、大厅、登记卡、房卡等；顾客行为包括到店、登记、进入房间等；前台行为包括问候、拿行李、登记等；后台行为包括送行李到房间、送餐订单等；支持过程包括信息系统等。

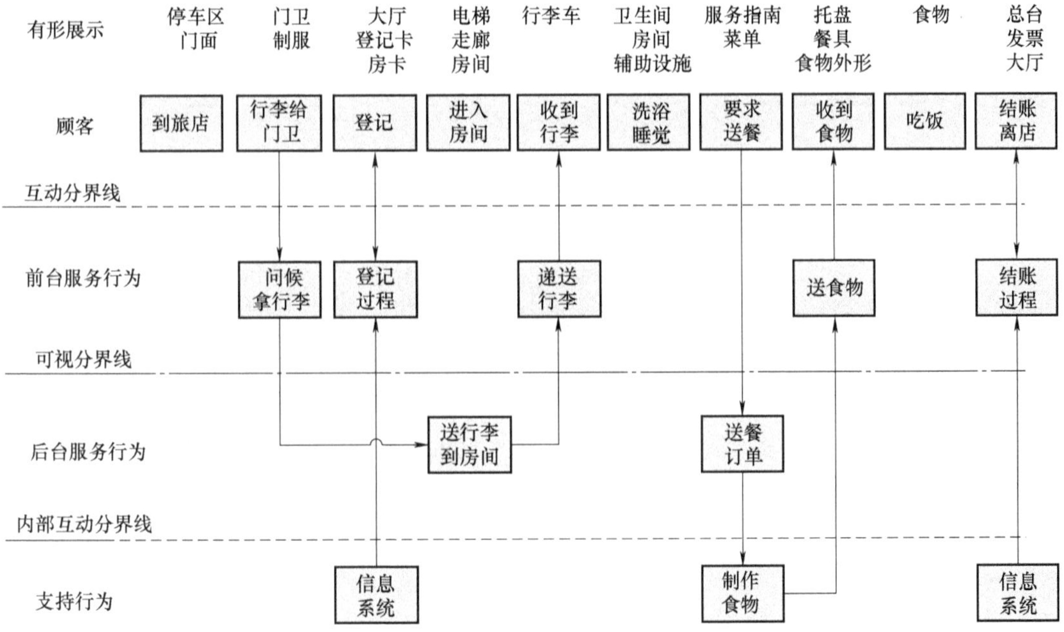

图 6-12 旅店服务蓝图

其中涉及多个顾客和服务流程互动的过程。比如，顾客提出要求送餐，送餐订单送往后台，再由支持系统制作食物，然后由前台负责将食物送达顾客处，最终顾客收到食物。

（4）防故障程序。基本蓝图描述了服务设计的特点，但没有提供任何直接的指导帮助流程与设计相互吻合，解决该问题的方法之一就是防故障程序（Poka-Yoke）。防故障程序就是防止不可避免的错误发展成为服务欠缺，它包括确保零件正确组装的设备、故障发生时自动关闭设备的电子开关、确保装配数量正确的装置、保证后续步骤顺序正确的检查表。

图 6-13 是典型的汽车服务运营蓝图。组成一个典型服务平台的每一项活动都标注在流程图中。为了更好地表示控制这些活动的实体，汽车服务运营蓝图包含以下活动：由顾客控制的活动、由接触顾客的服务人员完成的活动、维修工作及内部计算工作。

物流中应用防故障程序的例子很多，比如排号流程、提醒收件人取货的短信、包裹上的提示、退货保障卡、货物编号等。

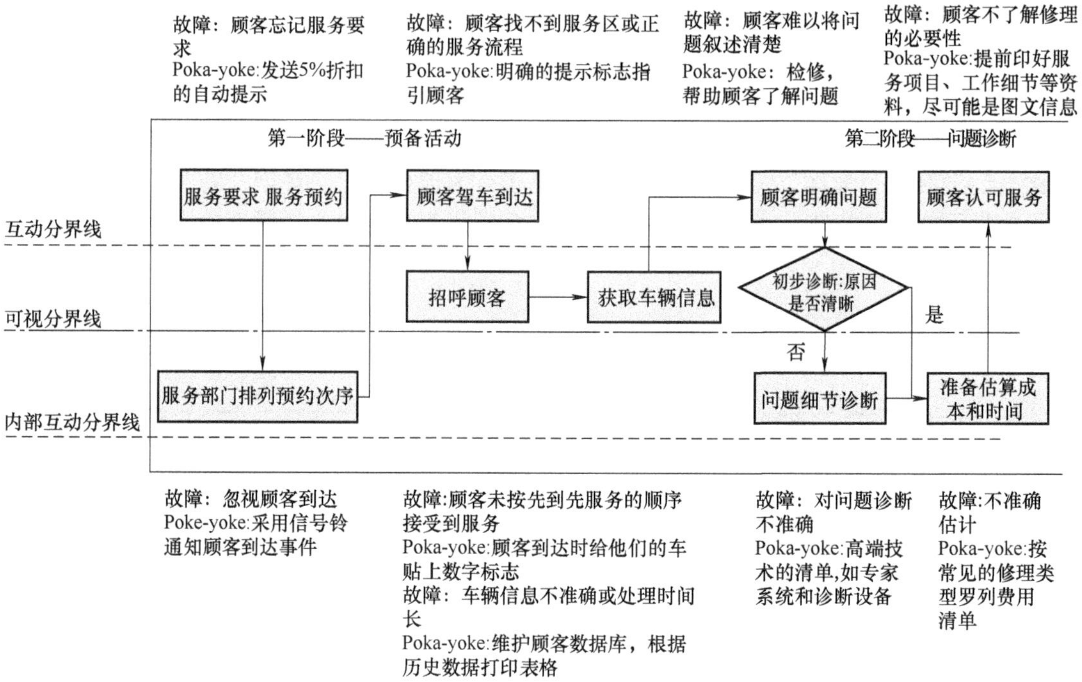

图 6-13 汽车服务运营蓝图

6.2.3 流程优化

在流程的设计中，要对流程不断地改进，以取得最佳效果。对流程的改进称为流程的优化。

流程的优化需要一定条件，它建立在设备和工艺水平提高的基础上，因此，流程优化与材料、设备、工艺有着密切的关系。

流程优化需要具备的条件有：

① 设备和工艺水平的提高。例如，只有在引进高科技设备的基础上，才能对某些流程进行优化。

② 深入了解流程内在机理。在进行流程优化时，应让熟悉流程的专业人员参与，否则，若制定流程的人对流程不熟悉，可能导致以偏概全、片面追求某一指标的情况发生。

③ 人员技术水平的提高。很多时候，随着流程优化，对人员技术水平的要求也不断提高，要求执行流程的人员在保证质量的情况之下提高效率，这就需要他们的技术水平得到相应的提升。

流程优化涉及工期、工艺、成本、效率、技术、质量等多个指标。流程优化应在综合考虑各项指标的基础上突出重点指标的优化，综合权衡达到整体优化的目的。

1. 以工期为重点的流程优化

首先我们来看一个工期优化的例子。

某工厂维修工件流程如图 6-14 所示。从图中我们可以看出，维修总工期为 18 天。

下面对该维修流程进行优化。我们可以采用并行的方式缩短工期，如图 6-15 所示，优化后工期为 15 天。

工期优化的目的是缩短加工时间。从上例可以看出，工期优化的主要方式是在不改变工艺的条件下，将某些环节的串行改为并行。当然，我们必须了解，不能一味将串行环节改为并行。在把串行改为并行工序时，要考虑到并行工作需要的人力和物力的增加，要把人力和物力增加的成本与缩短工期的成本进行比较，如果改进后的总成本降低，则改进方案就是可行的。

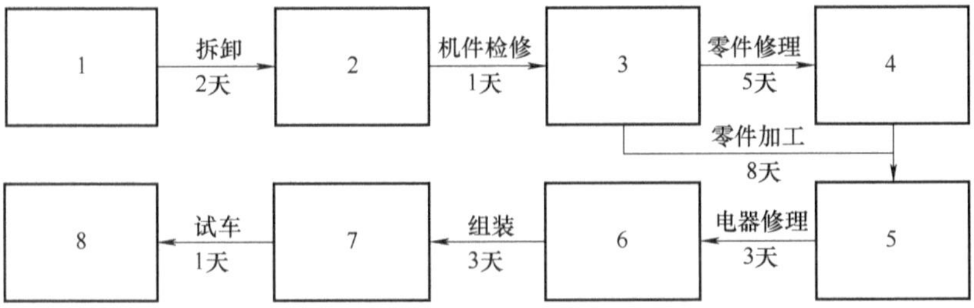

图 6-14　维修过程流程图

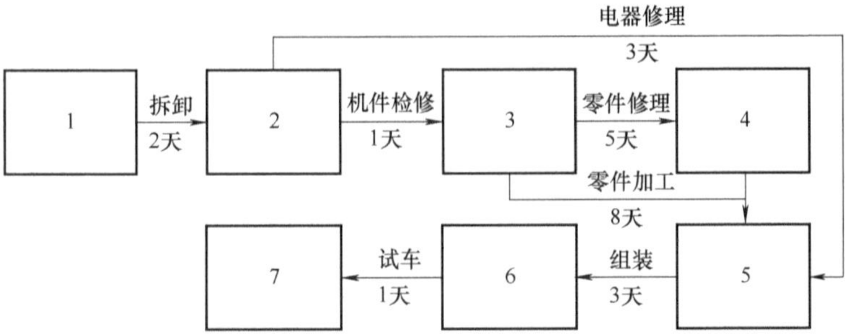

图 6-15　优化后的维修过程流程图

2. 以工艺为重点的流程优化

工艺优化主要指通过对工艺的改进，节约原材料，从而直接或间接降低成本。

工艺优化对技术要求较高，且一般由设备决定，我们在此只做简单介绍。

某产品的加工工艺有两种：

切削法：

下料——切削——钻孔——检查

少切削法：

断料——加热——锻压——热处理——切削——检查

可通过改变工艺进行流程优化，从而实现减少原材料的浪费，进而降低成本，如表 6-4 所示。从表中可知，采用新工艺可大大节约成本。

表 6-4　工艺优化

加工方法	单个产品用料 /kg	原材料单价 /（元 /kg）	材料利用率	1 万个产品损耗原材料的质量 /kg	损耗总金额 / 元
切削法	9.2	3.8	40%	55200	209760
少切削法			90%	9200	34960

3. 以成本为重点的流程优化

成本优化一般通过直接考察成本因素进行流程优化，例如优化配送路线需考虑的直接成本是路程，因为路程直接影响成本。

例如，由如图 6-16 所示的配送路线图，可以得到表 6-5 中的配送路线的方案。

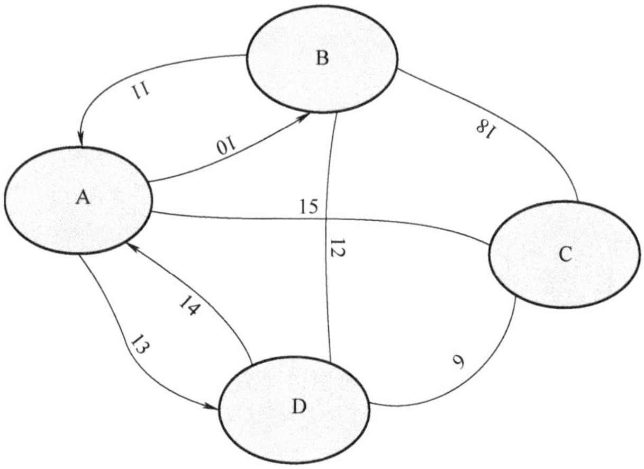

图 6-16　配送路线图

表 6-5　配送方案与路程

方　案	路　线	路程 /km
1	ABCDA	51
2	ABDCA	46
3	ACBDA	59
4	ACDBA	47
5	ADCBA	51

4. 以效率为重点的流程优化

以装配线作业为例，装配线上的产品以相同的时间间隔经过一系列的工作站，这种时间间隔称为工作站节拍（即相邻的两个产品离开装配线的间隔时间）。每个工作站上的操作人员对产品进行零件安装等操作，然后将其送至下一个工作站，直至完成装配。每个工作站上的操作由许多零碎的作业组成，因此作业也称为工作要素或工作单位。

工作站的总工作量与分配给工作站的作业总数相同。装配线平衡就是将所有的作业分配给不同的工作站，使每个工作站停止运行的时间（即空闲时间）达到最小化。

实现装配线平衡的步骤如下：

① 用流程图描述作业间的顺序关系。

② 确定工作节拍 C，用以下公式来计算：

$$C = 每天工作时间 \div 每天计划产出量（单位：个） \tag{6-1}$$

③ 确定满足工作站节拍的工作站最小数量理论值 N_t，用以下公式计算：

$$N_t = 完成工作所需总时间（T）\div 节拍（C） \tag{6-2}$$

④ 确定给每个工作站分配工作的主要原则，若该原则在应用中出现问题时，则采用第二原则。

⑤ 给工作站 1 安排工作，逐项增加，直至所有作业的时间与工作站节拍相等，或受到时间和操作顺序的限制，不能继续安排其他工作为止。重复该过程，直到所有作业都分配完毕。

⑥ 用以下公式计算装配线平衡效率：

$$效率 = 完成作业所需总时间 \div（工作站实际数目 \times 节拍） \tag{6-3}$$

如果效率不能达到要求，则使用其他决策标准再次进行平衡。

6.3　物流服务流程设计

根据中华人民共和国国家标准 GB/T 18354—2006《物流术语》中的定义，**物流服务是指为了满足客户需求所实施的一系列物流活动产生的结果**。物流服务包括运输、仓储、包装、装卸搬运、流通加工、配送服务和信息处理七项基本要素，物流服务能力设计即为满足物流需求而对物流设备的配置及设施的选址布局、人力资源配置和作业流程等作出的计划，具体包括包装、装卸搬运、运输、仓储、流通加工、配送服务和信息管理七方面的作业计划。本节首先介绍物流服务流程设计构成及影响因素等基本内容，在此基础上以第三方物流为例介绍物流服务流程的设计过程，最后通过一个物流服务设计实例对流程设计进行具体形象的解释。

6.3.1　物流服务流程设计基础

1. 物流服务流程设计的影响因素

进行物流服务流程设计时，应考虑以下因素：

（1）客户对提供物流解决方案的认同。根据统计资料，我国目前大约只有三分之一的企业采购物流公司提供的整体服务。虽然这一比例会继续增加，但要客户完全将整个物流操作委托一家物流公司来执行，观念上还需要进一步更新。许多企业担心一家物流公司来提供所有服务，其服务价格、服务质量在市场上会失去竞争性；即使想寻找替代者，整体衔接也会有困难。因此，客户认可此项服务需要一个过程。

（2）物流公司本身提供整体服务的实力。客户的需求是全方位的，公路、水路、铁路及航空都有可能涉及，同时需要国内运输及国外运输的可能性也很大，信息流程要有适应性，银行要确认其作为监管方的资格，同时满足上述条件的物流公司并不多，因此，对物流公司的要求也很高。

（3）恰当的合作时机。运营中的企业一般都已经有了其成熟的运营方式，有惯用的物流合作方，让客户做整体调整是有难度的，需要借助合适的时机才能让客户接受。在下列情况下，新的物流服务流程比较容易推广：一是新建工厂，企业没有形成自己的物流运营流程时；二是客户需要融资时；三是整个物流供应链运营质量不高、成本过高，战略上需要引进整体物流服务时；四是公司高层接受这种服务模式，认为需要改进创新时。

（4）战略性的适应调整。国内大多数物流企业按业务版块分类经营、分类操作，它们在自己的业务范围内比较专业，公司的组织机构也按照这种模式设立。改变物流服务流程，需要人员具备综合性的物流知识和更强的团队协作精神，并需要更强大的组织保障，需要协调公司的物流资源。这些都需要物流企业做出战略性的适应调整。

另外，对需要物流服务的企业来讲，并非仅能依靠购置新的物流设备和引入新的劳动力来扩充物流服务能力，还可以通过物流外包和共同配送的形式来获得。

企业物流外包是企业为了获得比单纯利用内部资源更多的竞争优势，将其部分或全部物流业务交由合作企业完成。外包有助于企业集中资源和精力在自己的核心业务上，增强企业的核心竞争能力，还能与外包企业分担风险，加速企业重组，实现规模效益。第三方物流企业具有专业化优势，能提供灵活多样的顾客服务，为顾客创造更多的价值，因此，物流外包相对于企业自营物流能提供更好的物流服务。

2. 定制物流服务方案的基本流程

物流服务领域非常广，除了常用的仓储、运输、配送管理外，还提供产品回收、订单履行、运价谈判、信息技术、产品安装、车辆管理等几十项服务。物流企业通过对物流需求者的调研，分析客户企业所处物流需求的层次，依此定制个性化的物流服务方案。其流程一般包括三个阶段。

① 调研阶段，深入客户企业，通过与客户交谈，识别当前需求和未来需求，与内部员工和管理人员进行广泛的沟通与交流，了解企业实际运营状态和业务过程，收集资料。

② 流程分析阶段，对客户企业的现有流程进行描述，同本行业先进企业的物流实践进行对比，评价现有物流体系的绩效，找出现有物流体系存在的问题和不足，找到解决问题的关键。

③ 方案设计与实施阶段，通过借鉴国内外企业先进的物流实践经验，按照物流服务需求的不同层次，设计个性化的物流服务产品组合，并提供专业化的操作。

6.3.2 物流服务流程设计中的需求分析

物流服务流程设计需要根据生产及流通企业的实际情况进行物流需求分析，在此基础上设计物流产品组合，定制个性化的服务方案。只有确定了企业需要何种类型的物流服务，才能有针对性地进行流程设计。因此本节重点介绍物流服务流程设计中的需求分析。

物流服务内容多，服务项目的多样性和服务产品的不同组合，使物流企业提供的物流服务项目，从简单的仓储运输到一体化的物流服务，非常多样。不同的产品组合满足不同的客户的物流需求。第三方、第四方物流企业必须根据客户的需要来量身定做，设计符合客户需要的物流产品组合，进行专业化的运营，提供个性化的物流服务。

1. 物流业务需求周期分析

国内外生产及流通企业进行物流业务外包的主要动因在于：集中核心业务、降低物流成本、提高客户服务水平、减少物流投资、提高运营灵活性。传统的生产及流通企业都自营物流；但随着业务的扩张和市场需求的增加，它们开始考虑物流业务外包。而对物流外包的需求和使用要经历循序渐进的过程，一般来说需要经历如表 6-6 所示的四个阶段。在不同阶段，将有不同的物流产品组合，以满足某个时期的某个特定需求。在不同时期物流企业要采取不同的营销、制造、财务、产品组合策略。

表 6-6　物流业务需求周期

需求周期	特　点	表　象	物流产品组合
第一阶段	生产及流通企业开始外包物流，少数物流公司介入，物流业务投资大、利润小	大量传统仓储、运输公司向物流企业转变，功能性物流企业出现	仓储、运输管理、货物代理服务等
第二阶段	物流外包趋势形成，市场需求大，利润增长	综合物流代理开始出现	包装、零件组配等增值服务，物流信息流程规划
第三阶段	规模化、专业化物流服务逐渐形成	第三方物流完全成熟，第四方物流开始出现	库存控制、生产计划、物流预测
第四阶段	物流业务竞争加大，利润空间变小。面向企业需求一体化的第四方物流服务兴起	第四方物流逐渐成熟	一体化物流、物流流程与网络规划设计

2. 物流需求层次分析

一般而言，生产及流通企业对物流服务的需求可分为简单需求和复杂需求。客户企业完整的物流体系包括三个层面，即运营层、管理层和规划层，而这三个层面构成了对物流模式及物流产品的不同需求，如图 6-17 所示。运营层的物流服务是最早的物流外包形式，也是最重要、最基本的物流服务形式。一些单一项目的服务，比如运输、仓储、货运代理一般由传统物流来承担；随着服务层次和项目种类的扩展，传统物流逐步退出或向第三方物流企业转变。管理层的物流服务主要是指库存控制、物流预测、采购、计划等高级的物流服务，这是专业的物流公司体现竞争力、整合社会资源、实现利润的主要服务方式。规划层主要是指对物流网络、物流体系的规划设计，主要包括物流设施选择、仓库配送中心选址等，这类服务不但对客户企业提供物流运营管理，而且实施整体规划、流程重组，对物流技术要求高、专业性强，由一些具有先进管理技术和管理经验

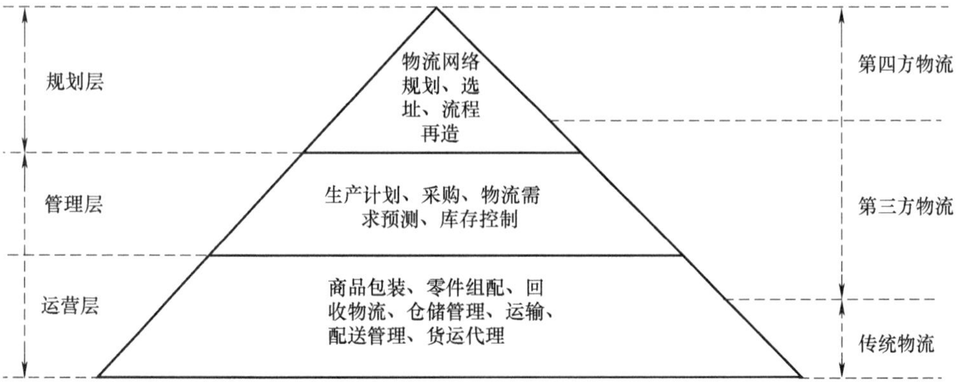

图 6-17　企业物流需求层次

的第三方物流和新出现的第四方物流来承担。在利用所有第三方物流服务的基础上，提供增值的创新服务，如：供应链网络规划、设计、选址，提供一体化的供应链解决方案。

6.3.3 物流服务流程设计实例

本节将以一个快递服务流程设计为例，介绍服务流程设计。

（1）明确设计目标、目的或使命。快递物流服务作为复杂程度较高的第三方物流形式，其运作目标是建立对时间性有较高要求的一体化的物流服务体系，运作必须基于先进的管理基础和管理手段。

（2）确定服务流程设计要素。快递服务的基本特点首先体现在快速和灵活方便两方面，这就要求快递运输必须具备完成长途运输的快速运输工具和负责集散货物、分发、派送的小型运输工具，主要是飞机和各种类型的专用汽车。另外，在货源集散地，尤其是各公司经营区域的中心地区，快递公司必须设置专用集配、中转和控制中心，配备大型仓库群、计算机中心、控制和指挥中心、客户服务中心、运输工具存放中心等设施。

快递物流服务要求完善的信息系统，因而需要进行全面信息化建设。快递物流服务必须做到及时、准确地接收顾客信息、快速处理单证、货品全程跟踪、随时解答顾客查询等。快递公司只有配备先进的计算机与通信网络，具备实现各种个性化的、特殊的快递服务需求的特有软件和硬件功能，才能满足顾客需求。20 世纪的最后 10 年，UPS 在电子技术方面共投资了 110 亿美元，不仅实现了对包裹运送每一步的紧密跟踪，而且使其在电子商务大潮中占据有利地位。

在实际服务流程设计中，还应考虑快递配送中心和各配送点的选址、具体工作时间安排等，涉及因素较多。此处只考虑各配送中心及配送点设施和顾客参与等因素。

（3）确定影响服务流程设计的顾客因素。快递物流服务由于比传统物流服务更多地面向个体客户，顾客接触多，差异大，必须不断优化服务。快递企业间的相互竞争更要求各企业提供最优良的服务手段和服务功能，一方面要不断提高和完善函件快递的桌到桌、物品快递的门到门服务水平，如 FedEx 创立的“翌日快递”使 FedEx 确立了在美国快递业的霸主地位；另一方面，服务功能还呈现出向多样化发展、向综合物流发展的趋势，与其他物流形式逐步结合融汇。

（4）确定合适的服务设计方法。考虑到快递服务流程的特点、目标等因素，一般情况下，快递服务流程较为标准化，因此采用生产线法进行流程设计。

（5）绘制服务蓝图及其优化。根据对快递物流服务的分析，顾客及其行为部分是指根据快递公司的订单处理程序，顾客采取的电话下单、网络下单及其他下单行为及其相互作用；前台服务员工行为主要是快递公司员工上门取件和上门送货活动，这一部分是顾客接触的主要部分；后台服务员工行为则是快递公司为前台员工提供支持的活动，如订单处理、单据和服务费用处理等；快递企业内部支持活动主要包括集货、运输、分货、配送等环节，是快递物流质量的决定性环节。

从整体上看，快递物流服务流程包括订单处理作业、集货作业、运输作业、分货作业和配送作业。从顾客角度看，快递物流服务流程包括三个步骤：下订单（通过电话或网络）、交付包裹（快递公司前台员工上门收取）、收取包裹（快递公司前台员工上门送达）。对快递物流公司而言，与顾客紧密接触的是订单接线员、网络订单确认人员、上门收件员和上门送货员。其中，订单处理环节的有形展示主要为服务人员的服务态度、网上订单表格等；上门收货和上门送货环节的有形展示主要为员工服务态度、制服、车辆、终端设备（射频设备、电脑等）、包装袋、单据等。

顾客并不关心可视分界线背后的复杂运作流程，而这里的复杂流程正是快递公司服务质量的核心。为了保证可视部分的顺利进行，不可视的内部服务必不可少。同时，快递服务蓝图是可以调整的，图中的任何步骤都可以进一步细化和深入。例如，若快递公司发现分拣环节耗时过长而导致快递延迟时，就会对这一环节进一步细化以解决出现的问题。

快递服务蓝图如图 6-18 所示。

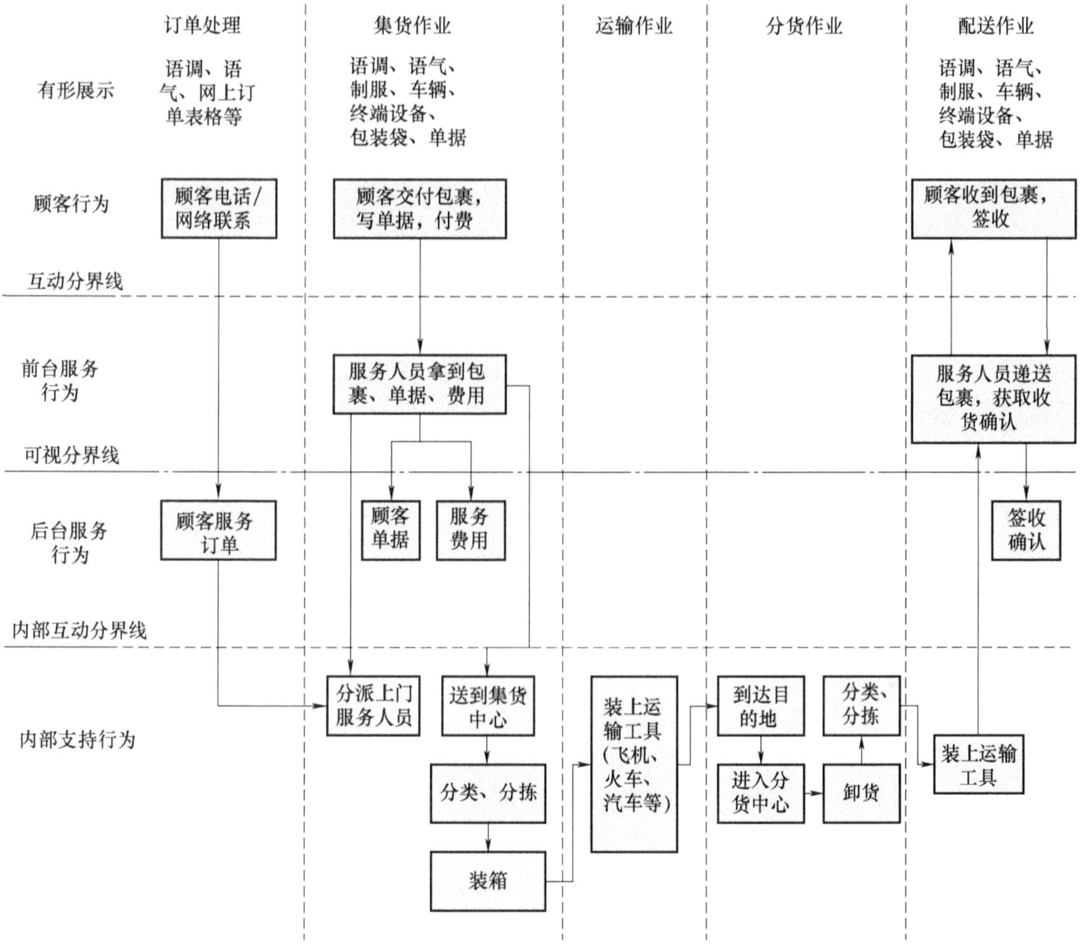

图 6-18　快递服务蓝图

根据已经绘制的快递服务蓝图，针对每一种行为发生的问题，制定防故障程序，如图 6-19 所示。

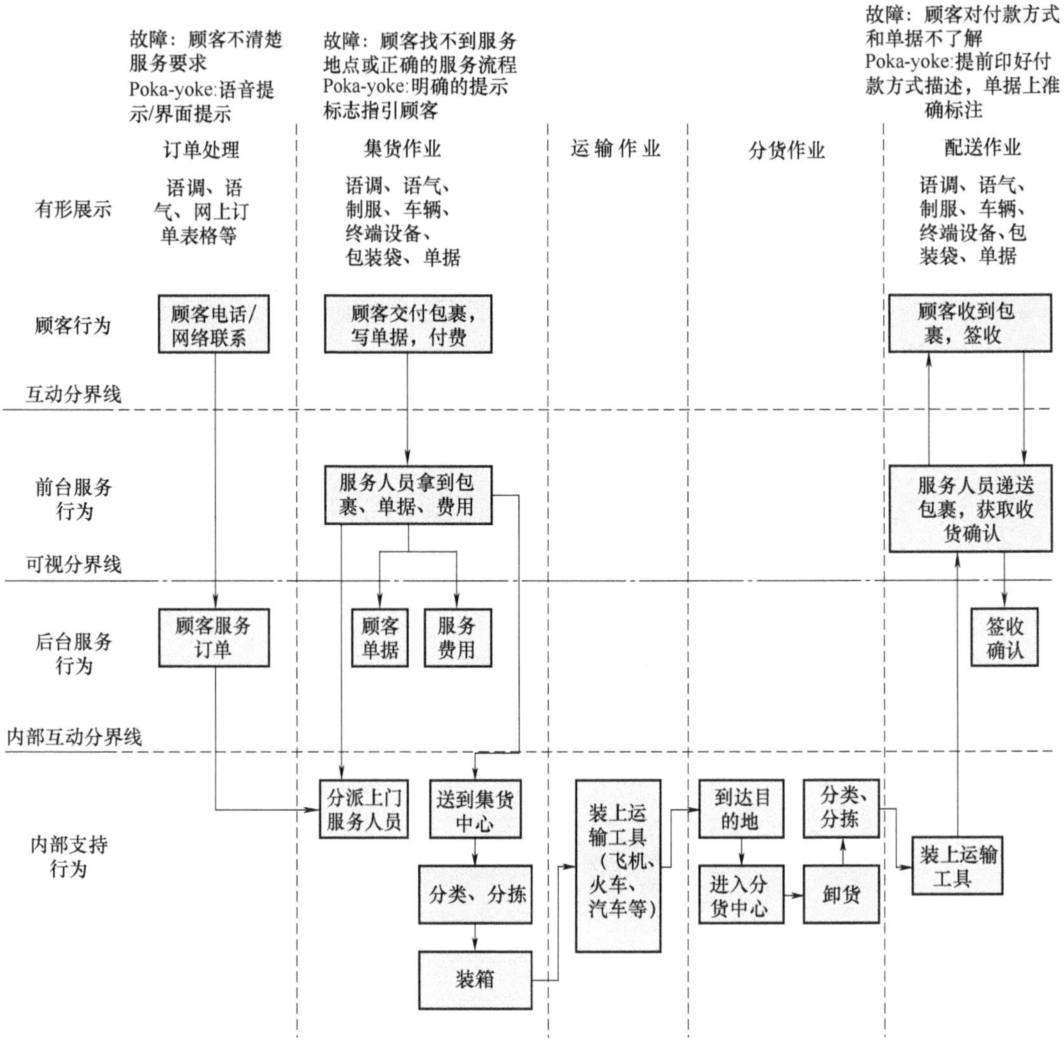

图 6-19　快递服务蓝图及防故障程序

6.4　流程绩效评价

在实际工作中，可以用多种方式对流程绩效进行评价。在对公司或行业进行决策前，必须了解如何计算这些指标。指标通常是针对特定流程的各个工序而言的。在实际操作中，我们还应根据案例的具体环境分析指标的应用。将不同企业的指标进行对比的方法，通常称为“标杆法”，是一种重要的绩效评价方法。指标可以显示是否在不断改进。本节将引入流程绩效的评价指标，帮助理解分析流程并进行流程绩效的衡量。

我们先引入流程单位的概念。从投入开始，最终转换为产出而结束流程的过程中，流程单位在整个流程中流动。流程单位的选择一般是根据生产流程所供应的产品或服务的类型确定的，例如医院里的病人、航班的乘客、流水线生产中的车辆等。

（1）流程生产率。流程生产率（Process Productivity）是衡量流程投入转化为流程产出的有效指标。

$$流程生产率（Process Productivity）= \frac{流程产出（Output）}{流程投入（Input）} \tag{6-4}$$

它是一个相对绩效指标，分为单要素流程生产率和多要素流程生产率。其中，单要素流程生产率是指产出量对某一种给定要素的投入量之比，多要素流程生产率是产出量对某几种要素的投入量之比，反映了几种生产要素的综合使用效率。

（2）流程效率。流程效率（Process Efficiency）指的是与产品或设备的理论标准相比，流程实际产出的比率。例如，某设备处理货物的工作速度理论值为 20 箱 / 分钟，如果在某段时间内，设备实际工作速度为 18 箱 / 分钟，那么该设备的流程效率就是 90%。在衡量整个流程的效率时，流程效率指的是输出资源与投入资源的比，例如一个流程投入 2000 单位的资源用于转化为其他形式的资源，流程的产出为 1800 单位，那么流程的效率就是 90%。

（3）流程周期。流程周期（Process Period）是指一项工作从开始到结束的总时间，包括每项流程的时间和等候时间。例如对于一个配送流程来说，货物从出库到顾客收到货物的总时间即为配送的流程周期。需要注意的是，在计算流程周期时，如果有几项工作同时进行，不能简单地将每项工作时间加和，而应当将从"开始"到"结束"最长的时间作为流程周期。

（4）流程能力。流程能力（Process Capacity）是指一个流程在给定的单位时间内能够生产多少产品或者能够服务多少顾客。流程能力受到生产设施能力的制约，且取决于最弱的生产设施能力，用公式可表示为：

$$流程能力 =\min\{生产设施 1 的能力，\cdots，生产设施 n 的能力\}$$

如果有充足供应且流程具有足够能力，即需求小于流程能力，流程就按照需求的速度生产，而与流程能力无关，这种情况称为需求约束（Demand-Constrained）。也就是说，如果需求小于流程能力，则流程能力完全能够满足客户需求，此时流程生产完全依照需求考虑即可。如果需求大于流程能力，流程的进行就受到供应能力的制约，这种情况称为供应约束（Supply-Constrained）。

（5）瓶颈。瓶颈（Bottleneck）是生产设施中最小的生产设施的能力。如同木桶效应，决定一个木桶容积的是木桶上最短的一块木板。因此，整体流程能力是由瓶颈决定的。

（6）流程利用率。流程利用率（Process Utilization）是指流程单位时间产出所占流程能力的比率，即

$$流程利用率 = 单位时间产出 \div 流程能力$$

不难看出，瓶颈是具有最高利用率的资源。对于单个生产设备来说，有：单个生产设备利用率 = 单位时间产出 ÷ 生产设施的能力。需要指出的是，对于大多数企业而言，生产目标是利润最大化，而非利用率最大化。

（7）柔性。为满足不断变化的顾客需求，企业需要对自身业务流程进行调整，衡量这一调整有效程度的指标称为柔性（Flexibility）。

柔性衡量的维度主要有流程的产品柔性、流程的产量柔性、流程的多产品制造柔性。

6.5　流程设计及评价实例

6.5.1　案例一：7-11 便利店的配送流程设计

下面，我们来看 7-11 便利店配送流程的设计。

（1）明确配送流程设计的目标和任务。7-11 便利店的经营目的是，在顾客需要的时候向他们提供所需要的产品。公司的主要目标之一是，通过位置、季节和每天的时间安排，寻求供给与需求之间的微观平衡。7-11 便利店利用区位、库存、运输和信息的设计与管理来支持这一目标。

（2）分析材料、设备、资金、人员、工艺和环境等因素。随着店铺的扩大和商品的增多，7-11 便利店的配送越来越复杂，配送时间和配送种类的细分势在必行。以我国台湾的 7-11 便利店为例，配送就细分为出版物、常温食品、低温食品和鲜食食品四个类别的配送，各区域的配送中心需要根据不同商品的特征和需求量每天做出不同频率的配送，以确保食品的新鲜度，以此来吸引更多的顾客。新鲜、即时、便利和不缺货是 7-11 便利店配送管理的最大特点，也是各家 7-11 便利店的最大卖点。

同样，日本 7-11 便利店也是根据食品的保存温度来建立配送体系的。日本 7-11 便利店对食品的分类是：冷冻型（-20℃），如冰激凌等；微冷型（5℃），如牛奶、生菜等；恒温型，如罐头、饮料等；暖温型（20℃），如面包、饭食等。不同类型的食品会用不同的方法和设备配送，如各种保温车和冷藏车。由于冷藏车在上下货时经常开关门，容易引起车厢温度的变化和冷藏食品的变质，7-11 还专门用一种两仓式货运车来解决这个问题，一个仓中温度的变化不会影响到另一个仓，需冷藏的食品就始终能在需要的低温下配送了。

除了配送设备，不同食品对配送时间和频率也会有不同要求。对于有特殊要求的食品如冰激凌，7-11 便利店会绕过配送中心，由配送车早中晚三次直接从生产商门口拉到各个店铺。对于一般的商品，7-11 便利店实行的是一日三次的配送制度，早上 3 点到 7 点配送前一天晚上生产的一般食品；早上 8 点到 11 点配送前一天晚上生产的特殊食品如牛奶，新鲜蔬菜也属于其中；下午 3 点到 6 点配送当天上午生产的食品，这样一日三次的配送频率在保证了商店不缺货的同时，也保证了食品的新鲜度。为了确保各店铺供货的万无一失，配送中心还有一个特别配送制度来和一日三次的配送相搭配。每个店铺都会随时碰到一些特殊情况造成缺货，这时只能向配送中心打电话告急，配送中心则会用安全库存对店铺紧急配送，如果安全库存也已告罄，中心就转而向供应商紧急要货，并且在第一时间送到缺货的店铺手中。

（3）列出流程涉及的主要事项，进行初步排列。在以上分析后，将流程主体确定为供应商、配送中心、零售门店。配送流程具体包括订单下达、订单处理、收发货、验收、配送等过程。

（4）分析各个事项之间的先后顺序，合理安排流程。7-11 便利店的共同配送系统就这样浮出水面，共同配送中心代替了特定批发商，分别在不同的区域统一集货、统一配送。配送中心有一个计算机网络配送系统，分别与供应商及 7-11 便利店相连。为了保证不断货，配送中心一般会根据以往的经验保留 4 天左右的库存，同时，中心的计算机系统每天都会定期收到各个店铺发来的库存报告和要货报告，配送中心把这些报告集中分析，最后形成一张张向不同供应商发出的订单，由电脑网络传给供应商，而供应商则会在预定时间之内向中心派送货物。7-11 便利店配送中心在收到所有货物后，对各个店铺所需的货物分别打包，等待发送。第二天一早，配送车就会从配送中心鱼贯而出，择路向自己区域内的店铺送货。整个配送过程就这样每天循环往复，为 7-11 便利店的顺利运行提供配送服务。

（5）绘制流程图。根据以上分析及实际运作情况，绘制如图 6-20 所示的流程图。

（6）流程的不断优化与完善。日本 7-11 便利店充分认识到了便利店新的利润增长点——物流服务，随着电子商务计划的启动，市场拓展战略很快从纯零售业转向物流业，利用自己强大的零售网络和配送功能为网上商店提供物流服务。如 7-11 便利店与他人合作开设

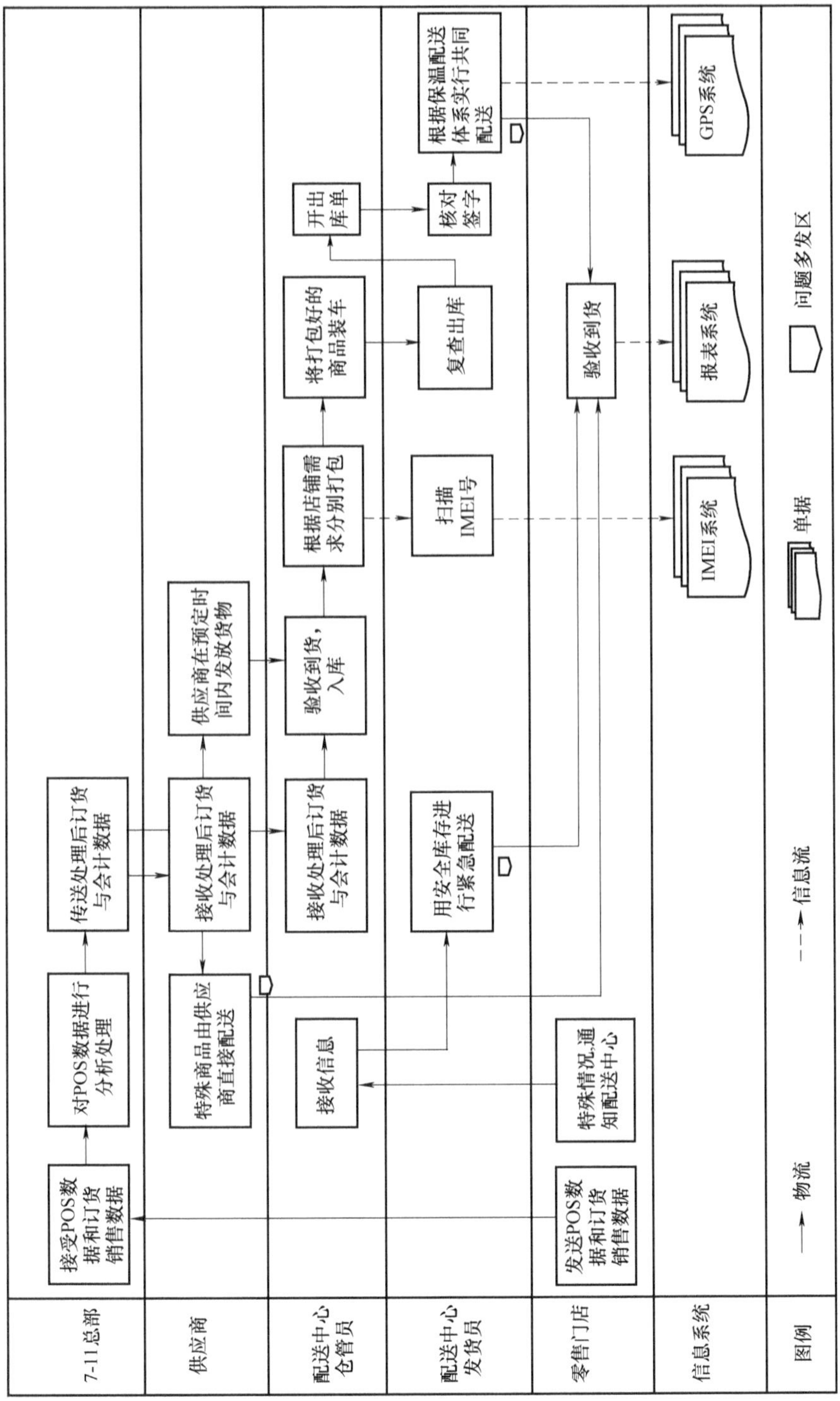

图 6-20　7-11 便利店配送流程图

的网络书店，有8000多家店铺和53家图书配送处，有力地保证了图书的及时订货和送货。另外，到就近的7-11便利店订书、取书和付款不仅方便，更让许多对网络付款仍然疑虑重重的顾客可以安心上网购书了，这也是7-11便利店配送流程进一步优化的方向。

思考题：

参考7-11便利店配送流程图，结合本章所学，绘制7-11门店服务蓝图及防故障程序。

6.5.2 案例二：DHL公司的服务流程

DHL公司是一个国际快递公司，在全世界范围内运送货物，小到鲜花大到工业货物。DHL公司在世界各地设立了6500多家办事处，拥有一个由240个网关、450多个分拨中心、仓库和集散地组成的服务网络。DHL公司的运输队伍由420架飞机和76200辆汽车组成，为全世界约410万顾客提供服务。

DHL公司最主要的业务是配送业务，DHL公司配送的服务流程如下：

1. DHL公司快递配送的一般作业流程

DHL公司快递配送的一般流程适用于以干货为主的配送。以干货为主的配送，主要是指服装、鞋帽、日用品等小百货，家用电器等机电产品，图书和印刷品及其他杂品的配送。这类产品的特点是有确定的包装、商品的尺寸不大，可以对它们进行混装、混载，适用于多品种、少批量、多批次、多用户配送需要，它们的配送过程是一种适用范围较宽的配送工艺流程结构。

具体到不同类型、不同功能的配送中心或结点的配送活动，其流程可能有些不同；而且不同的商品，特性不一样，其配送流程也会有所区别。

2. 有加工功能的配送作业流程

为了完善配送的整体功能，满足用户需要，DHL公司增加了加工作业。由于配送加工的组织形式和加工内容不同，因而形成了多种配送流程组合形式，包括：在储存前加工（进货后直接加工）和在储存后加工（进货后先储存，按需要再加工），加工后再装车送货和加工后经储存直接装车及与其他未加工货物一同经储存、理货、配货后送货。此流程形式比较复杂，因为它包含了多种流程形式。

3. 无理货、配货、配装功能的配送流程结构

由于某些货物形态特点不适宜与其他货物混运、混放，或单品种配送批量很大的货物（如燃料油、煤炭及大批量钢材、木材等的配送），不需要配装就可以装满一车厢，其流程没有理货、配货、配装等作业环节，可进库后在货位组织装车送货。该种配送流程简单、作业环节少，不需要过多设备，组织作业也较容易，是DHL公司快递配送效率较高的配送流程结构，也是大量货物配送的主要形式。

4. “四就”配送流程结构

“四就”配送即采用就厂、就港（站）、就车（船）、就库直接配送方式。

为了减少倒装转运次数和环节，提高商品的周转速度和效率，保证作业安全，减少损失，对本地区生产的大批量物资配送、危险品配送，DHL公司一般采用在生产仓库装车配送的办法；对于外地及国外大批量到港到站的专用物资，凡是明确用户的，DHL公司一般采用就港、就站以及利用仓库专用线等直接装车、倒装转运送货方法。

DHL公司在提高效率、减少成本的同时，为客户提供了多种多样的增值服务，这些与供应链相关的增值服务延伸到寄送包裹以外的领域。这些服务允许DHL公司的顾客外包其大部分需要协调供应链过程的工作。以下是 DHL 公司供的一些增值服务：

① 订单管理：订单的签收、管理、执行、排序以及货物的准时发运。

② 呼叫中心管理：管理订单，跟踪销售活动，为客户提供服务以及执行服务台的功能。

③ 全球库存管理：顾客能对库存进行全球跟踪，从而可以对库存配置做出明确的决定。

④ 综合账单服务：对某一时期由多个供应商所提供的服务按类别统一开具发票。

⑤ 货运和海关服务：DHL 公司按照国际贸易规范和程序为全世界 220 多个国家和地区提供服务，积累了相当丰富的跨国贸易经验，再加上欧洲国家竞争力中心和国家专业技术，有足够的能力为顾客提供服务、质量与管理俱佳的跨国交易。

思考题：

画表比较 DHL 公司四种配送流程的特点。

6.5.3　案例三：ZCM 甩挂运输服务流程设计

ZCM 是经营管理国家储备棉的政策性中央企业，负责国家储备棉的经营管理。在国家宏观调控和监督管理下，ZCM 实行自主经营、统一核算、自负盈亏。ZCM 目前下辖 16 个直属库和 160 余个代储库，分布于全国各主要棉花产销区，初步形成了布局合理、设施先进、管理规范的棉花仓储体系。

ZCML 是 ZCM 旗下的全资子公司，成立于 2013 年 10 月，注册资金 3 亿元。公司成立以来，充分依托其在政策、资源、资金、信息和物流等方面的优势，积极利用国际和国内两个市场、两种资源，以执行国家棉花宏观调控任务为基础，以向客户提供优质服务为中心，以棉花物流配送、进口、仓单质押、收购加工和代购代销业务为重点，建设高度整合棉花商流、物流、信息流和资金流的服务平台，为国内外广大棉纺织企业提供一站式、差别化的物流、采购和金融解决方案。

ZCML 积极发展棉花综合物流服务业务，提高棉花物流效率，降低棉花物流成本，构建覆盖全国的棉花物流新格局。为此，ZCML 拟建立甩挂运输站场，并对甩挂业务流程进行了分析和设计。

甩挂运输业务以棉花运输为基础，探索建立“干线接驳式甩挂线路 + 区域辐射式甩挂网络”甩挂运输业务模式，如图 6-21 所示。“干线接驳式甩挂线路”以乌鲁木齐、郑州作为干线甩挂线路的端点，以兰州、西安作为运输过程的核心节点，将长途或超长途线路“分割”为多段，在核心节点处进行甩挂作业。“区域辐射式甩挂网络”则以乌鲁木齐以及郑州为核心节点，以 ZCM 分公司所在地为区域中心节点，构建区域辐射式甩挂运输网络，形成一个覆盖全国主要棉花产销地的高效公路运输网络。该网络的形成可降低车辆空载率，减少车辆等待时间，提高服务质量和效率。该甩挂运输业务核心节点的类型及作用如表 6-7 所示。

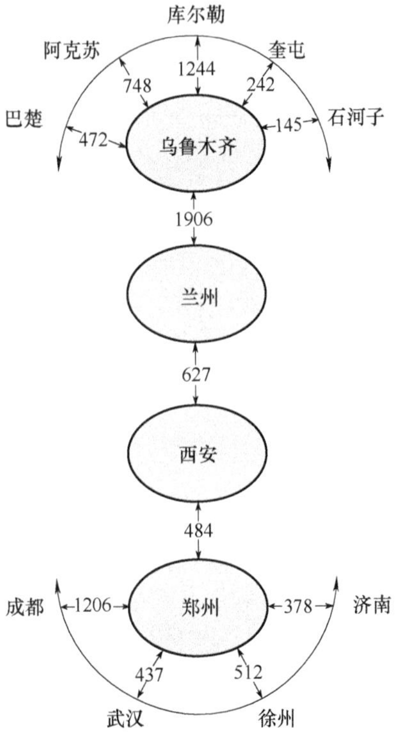

图 6-21　网络型分拨甩挂业务模式

表 6-7 甩挂运输业务核心节点类型及作用

核心节点	类　型	主要作用
乌鲁木齐	区域辐射 + 干线接驳甩挂核心节点	主要发挥出入疆货物的集疏运功能
兰州	干线接驳甩挂核心节点	运输过程的转运功能
西安	干线接驳甩挂核心节点	运输过程的转运功能
郑州	区域辐射 + 干线接驳甩挂核心节点	主要发挥货物的集疏运功能

1. 甩挂运输业务作业流程

(1) 干线接驳式甩挂线路。"乌鲁木齐—兰州—西安—郑州"这条运输干线上采用接驳式甩挂运输，以乌鲁木齐、兰州、西安和郑州作为干线上的核心站场（转运中心），当牵引车行驶至转运中心或线路端点时，卸下挂车，可以立即挂上预先装载好的另一辆挂车，返回原出发点或行驶至下一个目的地。

干线接驳式甩挂运输作业流程如图 6-22 所示。以乌鲁木齐到郑州甩挂线路为例，首先将接驳甩挂转运节点的零担货物集中到乌鲁木齐和郑州转运中心两点的货运仓库内，在乌鲁木齐转运中心的仓库预留 1、2 两辆挂车，挂车 1 先装满货物待挂，挂车 2 等待零担货物的装载作业；在郑州转运中心的仓库预留 3、4 两辆挂车，挂车 3 先装满货物待挂，挂车 4 等待零担货物的装载作业。牵引车 1 拖带挂车 1 运往郑州转运中心，到达郑州转运中心以后甩下挂车 1，随即拖带完成装载的挂车 4 返回乌鲁木齐转运中心。牵引车 2 拖带挂车 3 运往乌鲁木齐转运中心，到达乌鲁木齐转运中心后甩下挂车 3，随即拖带完成装载的挂车 2 返回郑州转运中心。

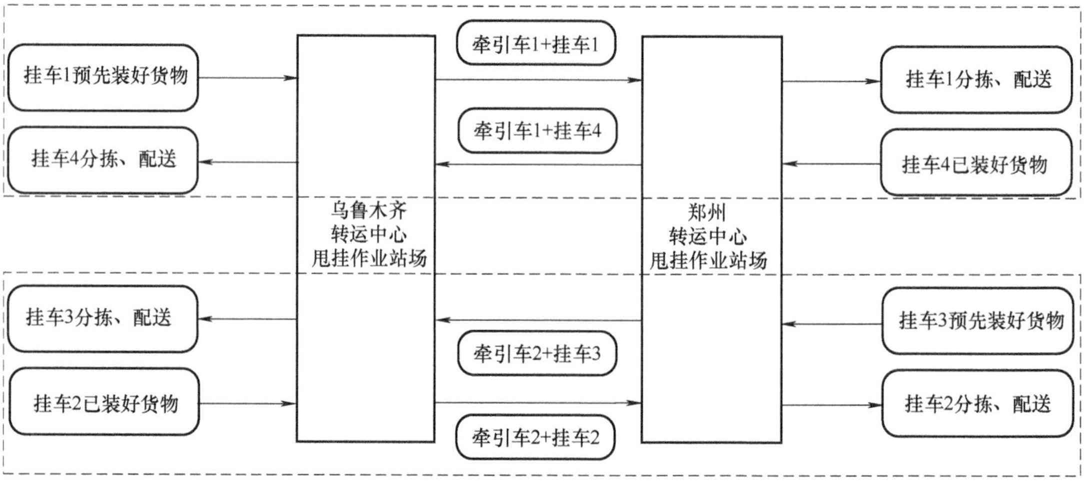

图 6-22 干线接驳式甩挂运输作业流程

(2) 区域辐射式甩挂网络。区域辐射式甩挂网络由干线运输网络、区域配送网络和智能化甩挂运输信息网络三大部分组成，主要由货物、运输干线、站场设施、运输配送车辆、信息网络和运输组织六大要素构成。六大要素之间既相互独立又相互联系，构成了完善的运输网络体系。

本案例中，以乌鲁木齐、郑州为核心站场形成新疆、内地两大区域辐射式甩挂网络。以新疆辐射式甩挂网络为例，乌鲁木齐为核心，库尔勒、阿克苏、巴楚、奎屯、石河子为中心站场，形成了"核心 + 中心 + 网点"的多层次化区域甩挂网络，基本辐射新疆主要棉花产销地。

区域辐射式甩挂网络作业流程如图 6-23 所示。

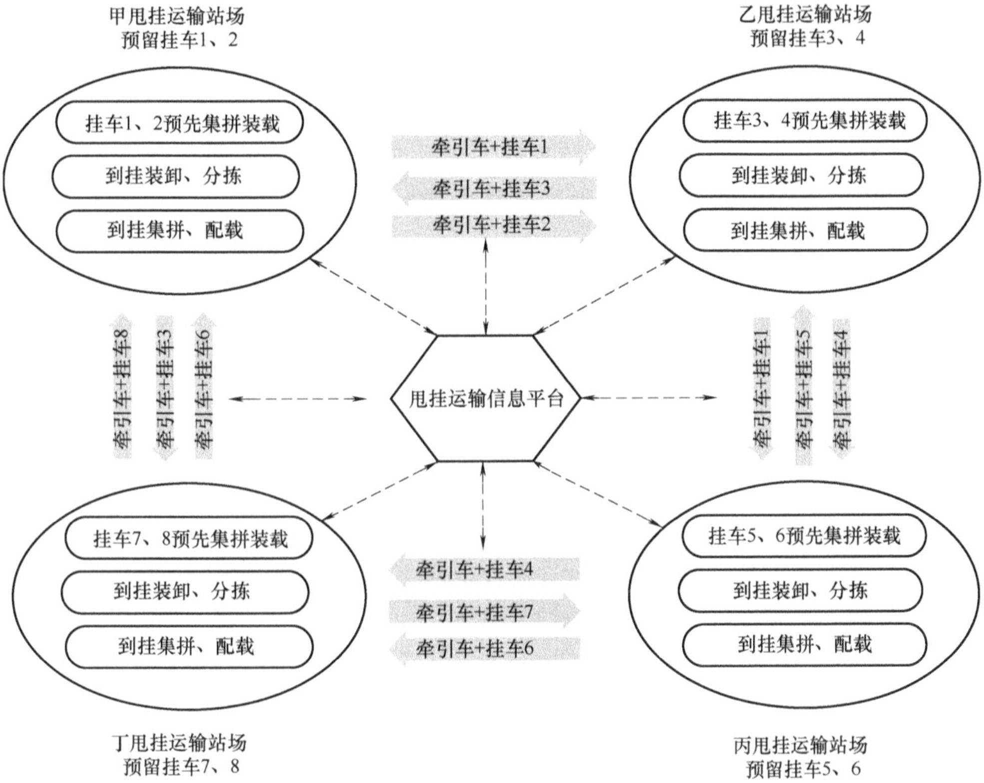

图 6-23 区域辐射式甩挂网络运输作业流程

（3）场内作业流程。为了使站场内货流、车流、装卸机具形成协调的统一体，实现作业高效、有序、安全运作，甩挂站场内的作业流程如图 6-24 所示。

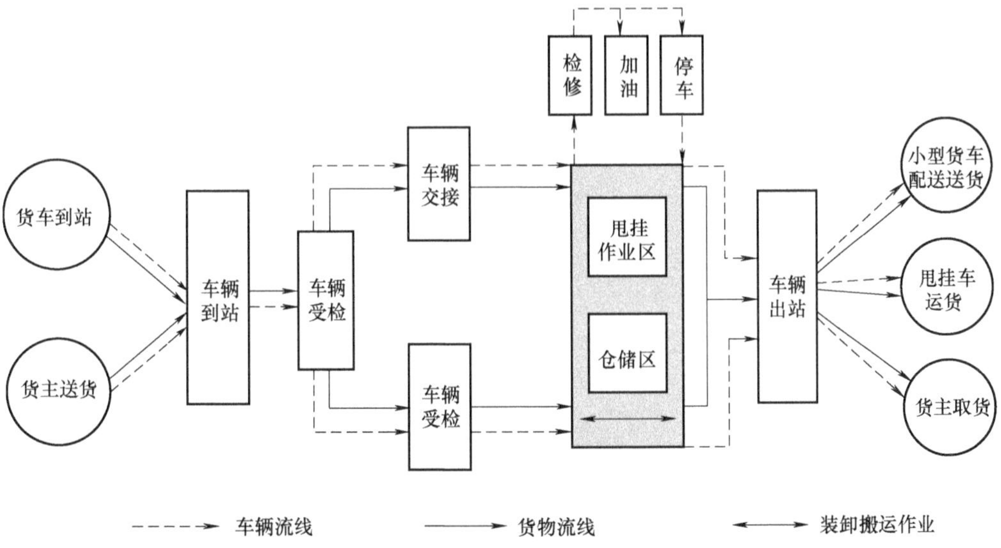

图 6-24 甩挂站场内作业流程

2. 甩挂运输业务货源组织流程

本案例甩挂业务货源组织采用基于货运站场的货源组织模式。本案例中，以乌鲁木齐、兰州、西安、郑州作为“干线接驳式甩挂线路”的核心节点，以乌鲁木齐、郑州作为“区域辐射式甩挂网络”的核心节点，以 ZCM 分公司所在地为区域节点，将一定区域内零散的货源从各个地方集中起来形成一定的规模，形成批量货源，再进行“干线接驳式甩挂线路 + 区域辐射式甩挂网络”甩挂运输作业，原理如图 6-25 所示。例如，西安、郑州可作为华中和华北地区区域中转站，集结陕西、河北、河南、山东等地货源。

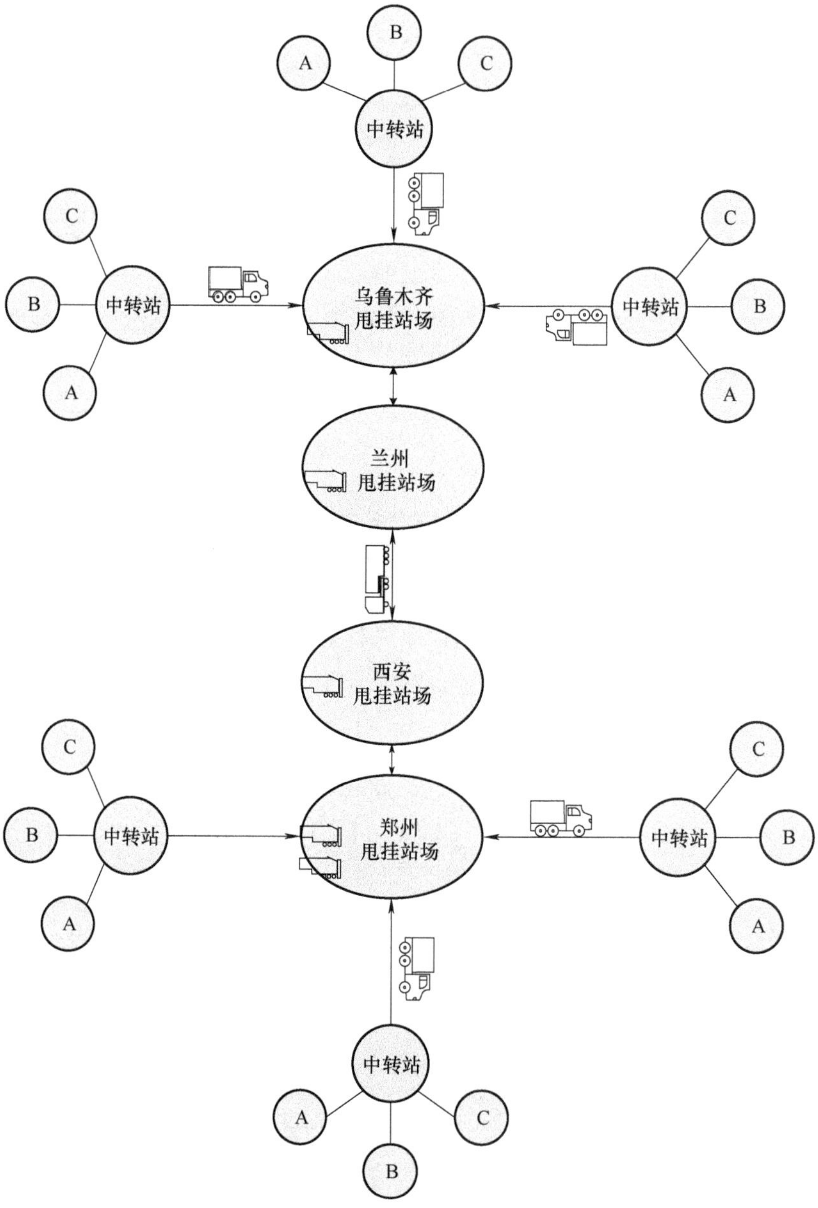

图 6-25　甩挂运输业务货源组织

思考题：

1. 根据案例内容，结合本章相关知识，对甩挂运输服务流程进行分析和评价，并提出改进方案。

2. 分析甩挂运输业务的支持系统流程与“接触面”流程的关系和相互影响。

3. 结合物流服务流程设计特点和案例内容，分析甩挂运输服务流程设计的特点。

习题

1. 一条装配线的规定日产量为 360 个单位产品。这一装配线每天运行 450 分钟。表 6-8 给出了单位产品的作业时间的先后次序，以及各个作业所需时间（A~H 代表各项作业，紧前作业是指在该作业之前的作业，且完成后才能开始本作业）。

表 6-8　单位产品作业时间次序

作　业	作业时间 / 秒	紧前作业
A	30	-
B	35	A
C	30	A
D	35	B
E	15	C
F	65	C
G	40	E，F
H	25	D，G

（1）画出流程图。

（2）流程生产线流程周期是多少？

（3）装配线平衡的效率是多少？

2. 一条装配线每天工作 7.5 小时，日产出量为 300 件。表 6-9 是关于装配线作业和作业时间的信息（A~L 代表各项作业）。

表 6-9　装配线作业和作业时间

作　业	紧前作业	作业时间 / 秒	作　业	紧前作业	作业时间 / 秒
A	-	70	G	D	60
B	-	40	H	E	50
C	-	45	I	F	15
D	A	10	J	G	25
E	B	30	K	H，I	20
F	C	20	L	J，K	25

（1）画出流程图。

（2）流程生产线流程周期是多少？

（3）确定流程生产线工作站最小数目的理论值。

（4）装配线达到平衡时，效率为多少？

（5）假设需求增加了 10%，应该采取何种措施？设装配线每天的运行时间为 7.5 小时。

3. 表 6-10 给出了一些作业，并根据装配要求确定了这些作业的顺序。这些作业结合起来组成了一条装配线。这条装配线每天运行 7.5 小时，每天产出需求为 1000 件产品（A~L 代表各项作业）。

表 6-10 工序装配要求及顺序

作业	紧前作业	作业时间 / 秒	作业	紧前作业	作业时间 / 秒
A	-	15	G	C	11
B	A	24	H	D	9
C	A	6	I	E	14
D	B	12	J	F，G	7
E	B	18	K	H，I	15
F	C	7	L	J，K	10

（1）流程生产线流程周期是多少？

（2）本题中装配线平衡的效率是多少？

（3）在生产开始之后，市场部门意识到需求估计过低，应该将日产量增加到 1100 件。这时应该采取何种措施？

4. 表 6-11 中的作业计划在一条装配线上完成（A~H 代表各项作业）。每天的工作时间为 7 小时，日产量为 750 件。

表 6-11 作业计划及工序

作业	作业时间 / 秒	紧前作业
A	20	-
B	7	A
C	20	B
D	22	B
E	15	C
F	10	D
G	16	E，F
H	8	G

（1）流程生产线流程周期为多少？

（2）确定流程生产线最小数目的理论值。

（3）画出流程图。

（4）装配线平衡的效率是多少？

（5）假如日需求从 750 件上升到 800 件，应该采取什么措施？给出相关数据或计算过程。

（6）假如日需求从 750 件上升到 1000 件，应该采取什么措施？给出相关数据或计算过程。

5. 参考图 6-8 采购流程图，分析并绘制配送流程图。

6. 根据流程形态不同，服务流程可以分为哪几类？

7. 选取某物流服务流程，按照本章服务流程设计实例进行设计。

8. 根据 6.6.1 中给出的案例内容，搜索其他相关资料，设计 DHL 公司的服务流程。

参考文献

[1] 雅各布斯，蔡斯 . 运营管理 [M] .13 版 . 任建标，译 . 北京：机械工业出版社，2011：93-121.
[2] 雅各布斯 . 运营与供应链管理：基础教程 [M] . 官振中，官德华，译 . 大连：东北财经大学出版社，2010.
[3] 孙宗虎，付伟 . 生产管理流程设计与工作标准 [M] . 北京：人民邮电出版社，2006.
[4] 于淼 . 供应链管理 [M] . 北京 : 高等教育出版社，2006.
[5] 邵玉华，郭莹，王卫光 . 铁路货物“门到门”运输流程优化研究 [J]. 铁道货运，2016, 34(01) : 1-49.
[6] 胡军珠 . 北京 Y 公司蔬菜冷链运输流程优化研究 [D] . 北京 : 北京交通大学，2009.
[7] 陈万林 . 实用六西格玛质量突破 [M] . 北京：清华大学出版社，2009.
[8] 安贺新 . 服务营销管理 [M] . 北京 : 化学工业出版社，2011.
[9] 杨米沙，张丽拉，刘志梅 . 金融营销 [M] . 北京：中国人民大学出版社，2011.
[10] 科利尔，埃文斯 . 运营管理：产品服务与价值链 [M] . 马凤才，马俊，译 . 北京：北京大学出版社，2011.
[11] 涂永式 . 服务营销 [M] . 广州：广东高等教育出版社，2007.
[12] 克拉耶夫斯基，里曼次 . 运营管理：流程与价值链 [M] . 刘晋，向佐春，译 . 北京：人民邮电出版社，2011.
[13] 施罗德，戈尔茨坦，拉格塔斯纳海姆 . 运营管理：概念与案例 [M] . 北京：清华大学出版社，2011.
[14] 菲茨西蒙斯 J.，菲茨西蒙斯 M. 服务管理：运作战略和信息技术 [M]. 张金成，范秀成，译 . 北京：机械工业出版社，2007.

第 7 章

质 量 管 理

本章导引

本章首先给出了质量与质量管理的概念，对于质量管理的过程进行了分析；其次介绍了质量管理中常用的工具与方法；然后来对全面质量管理这一理念进行了阐述，介绍其目标与关键要素等内容；接下来对 ISO 9000 质量管理体系的起源及族标准进行了介绍；最后阐述了六西格玛的相关内容，包括其由来、特点和实施方法。

本章要点

1. 理解质量与质量管理的概念。
2. 掌握质量管理的工具与方法。
3. 掌握控制图的应用。
4. 理解全面质量管理的概念、特点与基本流程。
5. 理解 ISO 9000：2015 族标准的知识体系。
6. 掌握六西格玛的概念、特点及实施方法。

7.1 质量与质量管理的概念

本节主要讨论质量管理中的一些最基本的概念，对若干关键术语进行了定义和辨析，介绍了质量管理的关键过程，以及质量管理与运营管理的关系。

7.1.1 质量的含义

所谓质量，是指一组固有特性满足要求的程度。“**固有特性**”是指事物或产品本身就有的，尤其是那种永久的特性。例如，用于加工产品是工厂的固有特性，用于存储产品是仓储中心的固有特性，用于运输产品是货车的固有特性。和固有特性相对的就是“**赋予特性**”，它不是事物固有的，是后来人为定义上去的，如商品的价格。事物的固有特性和赋予特性有时候可以相互转化，例如物流行业要求有及时性，送货的及时性本是人为定义的赋予特性，而在物流行业却是一个固有特性。

关于“要求”又分为明示的要求、隐含的要求或者必须履行的需求或者期望。明示的要求是需要规定下来，例如在合同或者采购协议，针对产品来说一些尺寸的规格等就是明示的要求。隐含的要求是不需要特别的规定，是一种常理或者一种常规的做法。必须履行的要求是指法律法规的要求或者一些强制性的要求，如食品需要符合食品安全法等。

在“质量”的定义中，有两个含义对质量管理来说最重要：

（1）“质量”意味着能够满足顾客的需求从而使顾客满意的那些产品特征。按照这种理解，质量的这一含义是收益导向的。企业追求这种收益导向的高质量的目的是旨在实现更多的顾客满意，从而实现收益的增加。可是，提供更多或更好的产品质量特征常常意味着增加投资，从而导致生产成本增加，较高的质量通常意味着“花费更多”。

（2）“质量”意味产品没有那些需要重复返工或者会导致功能失效、顾客不满、顾客投诉等差错。这种理解方式是成本导向的。对成本导向的质量含义而言，高质量通常会“花费更少”。

7.1.2　质量管理的过程

质量管理是指确定质量方针和目标，并通过质量体系中的质量计划、保证、控制和改进来使其实现的全部活动。对质量实施管理，通常从建立企业的“愿景”及方针和目标开始。目标向成果转化是通过管理过程来进行的，如表 7-1 所示。质量计划、质量保证、质量控制、质量改进是质量管理活动中频繁发生的四件事，并构成所谓的 PDCA 循环。

表 7-1　质量管理的四个过程

质量计划	质量保证	质量控制	质量改进
设定质量目标 确定顾客是谁 确定顾客的需要 开发满足顾客需求的产品 建立能够生产这种产品的过程 建立过程控制措施	明确标准 质量控制 提供质量达标证据	评价实际绩效 将实际绩效与预定目标对比 对差异采取措施	提出改进的必要性 做好改进的基础工作 做好改进项目 建立项目小组 为小组提供资源、培训和鼓励 诊断原因 设计纠正措施 建立控制措施以巩固成果

“质量计划”是指以特定产品、项目或合同为对象，确定质量以及采用质量体系要素的目标和要求的过程，目的在于确保最终结果满足顾客需要。质量计划包括：设定质量目标，确定顾客是谁，确定顾客的需要，开发满足顾客需求的产品，建立能够生产这种产品的过程，建立过程控制措施。质量计划的工具和方法是与开发和提供特定产品的技术工具结合在一起的。质量计划为消灭各种类型的质量差距并确保最终的总质量差距最小化提供了过程、方法和技术。

“质量保证”是指为使人们确信某一产品、过程或服务的质量所必需的全部有计划有组织的过程。质量保证分为内部质量保证和外部质量保证。**内部质量保证**是企业管理的一种手段，目的是为了取得企业领导的信任。**外部质量保证**是在合同环境中，供方取信于需方信任的一种手段。因此，质量保证的内容绝非是单纯的保证质量，而更重要的是要通过对那些影响质量的质量体系要素进行一系列有计划、有组织的评价活动，为取得企业领导和需方的信任而提出充分可靠的证据。

“质量控制”对于企业的运营而言是一个普遍的过程，它提供稳定性，防止出现质量问题并维持现状。为维持稳定性，质量控制过程需要对实际绩效加以评估，将其与目标进行对照，并采取措施消除两者的差异。因此质量控制主要包括评价实际绩效，将实际绩效与预定目标对比，对差异采取措施等过程。通过质量保证和质量控制活动，企业可以发现质量工作中的薄弱环节和存在问题，再采取针对性的质量改进措施，进入新一轮的质量管理PDCA循环，以不断获得质量管理的成效。

“**质量改进**”是一个常年进行的持续的过程，这个过程旨在明确质量改进的行动方案以及包括高层管理人员在内的每个人在该过程中所起的作用。质量改进过程包括：提出改进的必要性，做好改进的基础工作，做好改进项目计划，建立项目小组，为小组提供资源、培训和鼓励，诊断原因，设计纠正措施，建立控制措施以巩固成果。

7.1.3 质量管理与运营管理的关系

1. 运营管理的核心问题是质量问题

质量管理作为一种现代的运营理念和管理战略，它以优化质量、功能、成本结构、提高质量效益为前提，以顾客满意为目标，以质量体系为保证。

现代企业的运营管理是一个复杂的多目标系统，既要致力于提高产品和服务质量，又要致力于提高资本运营质量，还有降低质量成本、提高质量效益、提高资本增值盈利等多重目标。由于企业目标的多元性，质量问题是其核心问题，企业的生产运营从本质上就成为质量效益的运营活动。

2. 产品和服务的质量是运营成果的体现

产品和服务的质量乃至资本运营质量都取决于企业生产运营和资本运营过程中的工作质量，而工作质量无疑取决于企业运营管理的整体质量水平，包括管理质量水平和决策质量水平。这说明，产品和服务质量是企业运营的体现，只有认真抓好企业的各个生产运营环节，才能提高产品质量和服务质量。

需要注意的是，消费者对商品的需求，不只是追求产品核心的质量高，而且还希望产品的造型美、包装美、色彩美，价格可以接受，同时也要求产品安全、可靠、售后服务也好。这样，产品才能使顾客满意，企业才能赢得消费者的信任，才能扩大产品销售，实现规模运营，获得更多的资本增值利润。因此，质量管理的目标不能仅停留在狭义的产品质量上，同时必须以广义的质量为目标。

7.2 质量管理的工具和方法

质量管理强调一切用数据说话，是为了根据事实采取行动，防止盲目的主观主义。一个具体的产品需要一系列的数据来反映它的质量，如尺寸、重量、强度等。产品质量的提高，要用数量来表示，不合格品率的降低，也要用数量来表示。在质量管理过程中，需要有目的地收集数据，运用数理统计的方法处理所得的原始数据，提炼出有关产品质量、生产过程的信息，再分析具体情况，做出决策，从而达到提高产品质量的目的。

质量管理的工具和方法都是服务于解决质量问题这一目标的。所谓质量管理的工具，是指针对具体的质量管理问题，将实际操作中收集起来的数据进行分析和处理的手段。所谓质量管理的方法，是指在质量管理环节中分析、解决问题的原则和指导思想。质量管理的方法一般比较成系统化，质量管理各种方法的实施也是一项系统工程。目前，学术界适用于质量管理的工具主要有六种，质量管理的方法主要有三种，这些工具和方法将在本节进行介绍。实际工作中，在解决问题时有一套系统的方法和工作程序，并将具体的质量管理工具和方法综合起来，对于提高管理的效率和有效性十分重要。

7.2.1　质量管理的工具

在质量管理中常用的管理工具有六种，即分层法、散布图法、因果分析图法、排列图法、统计分析表法、直方图法。

1. 分层法

引起质量变化的原因是多种多样的，因此搜集到的质量数据往往带有综合性。为了能真实地反映产品质量变化的实质原因和变化规律，就必须对质量数据进行适当归类和整理。分层法是分析产品质量原因的一种常用的统计方法，它能使杂乱无章的数据和错综复杂的因素系统化和条理化，有利于找出主要的质量问题并采取相应的技术措施。

质量管理中的数据分层就是将数据根据使用目的，按其性质、来源、影响因素等进行分类，把不同材料、不同加工方法、不同加工时间、不同操作人员、不同设备等各种数据加以分类的方法，也就是把性质相同、在同一生产条件下收集到的质量特性数据归为一类。

分层法经常同质量管理中的其他方法一起使用，如将数据分层之后再进行加工，整理成分层排列图、分层直方图、分层控制图和分层散布图等。

分层法有一个重要的原则就是，使同一层内的数据波动幅度尽可能小，而层与层之间的差别尽可能的大，否则就起不到归类汇总的作用。分层的目的不同，分层的标志也不一样。一般说来，分层可采用以下标志：

① 操作人员，可按年龄、工级和性别等分层；

② 机器，可按不同的工艺设备类型、新旧程度、不同的生产线等进行分层；

③ 材料，可按产地、批号、制造厂、规范、成分等分层；

④ 方法，可按不同的工艺要求、操作参数、操作方法和生产速度等进行分类；

⑤ 时间，可按不同的班次、日期等分层。

举例说明，柴油机装配厂的气缸体与气缸垫之间经常发生漏油现象，为解决这一质量问题，对该工序进行现场统计。被调查的 50 台柴油机，有 19 台漏油，漏油率为 38%，通过分析，影响是否漏油有两个因素：一是该工序涂密封剂的工人 A、B、C 三人的操作方法有差异；二是气缸垫分别由甲、乙两厂供应，原材料有差异。

为了弄清究竟是什么原因造成漏油或找到降低漏油率的方法，我们将数据进行分层。先按操作工人为标志进行分层，得到的统计情况如表 7-2 所示。然后按气缸垫生产厂家为标志进行分层，得到的统计情况如表 7-3 所示。

表 7-2　按操作工人分层统计表

操作者	漏油台数	不漏油台数	漏油率（%）
A	6	13	32
B	3	9	25
C	10	9	53
合计	19	31	38

表 7-3 按气缸垫生产厂家分层统计表

供 应 厂	漏油台数	不漏油台数	漏油率（%）
甲	9	14	39
乙	10	17	37
合计	19	31	38

由上面两个表格可以得出这样的结论：为降低漏油率，应采用操作者 B 的操作方法，因为操作者 B 的操作方法的漏油率最低；应采用乙厂提供的气缸垫，因为它比甲厂的漏油率低。实际情况是否如此，还需要通过更详细的分层分析。下面同时按操作工人和气缸垫生产厂家为标志进行分层，见表 7-4。

表 7-4 综合分层的统计表

操作材料			气缸垫		合 计
			甲 厂	乙 厂	
操作者	A	漏油	6	0	6
		不漏油	2	11	13
	B	漏油	0	3	3
		不漏油	5	4	9
	C	漏油	3	7	10
		不漏油	7	2	9
合计		漏油	9	10	19
		不漏油	14	17	31
共计			23	27	50

从表 7-4 的数据来看，很明显，其中有两种漏油含数为 0 的情况。这与原来的分析结果截然不同。正确的方法应该是：①当采用甲厂生产的气缸垫时，应推广采用操作者 B 的操作方法。②当采用乙厂生产的气垫缸时，应推广采用操作者 A 的操作方法。这时它们的漏油率平均为 0%。可以看出，运用分层法时，不宜简单地按单一因素分层，必须考虑各因素的综合影响效果。

2. 散布图法

在质量管理过程中，经常需要对一些重要因素进行分析和控制，这些因素大多错综复杂地交织在一起，它们既相互联系又相互制约既可能存在很强的相关性，也可能不存在相关性。如何对这些因素进行分析？散布图便是这样一种直观而有效的好方法。

散布图是描绘两种质量特性值之间相关关系的分布状态的图形，即将一对数据看成直角坐标系中的一个点，多对数据得到多个点组成的图形即为散布图。散布图是将影响质量特性因素的各对数据用直角坐标系表示成图形，以观察判断两个质量特性变量之间的关系，对产品或工序进行有效控制。一般的散布图如图 7-1 所示。

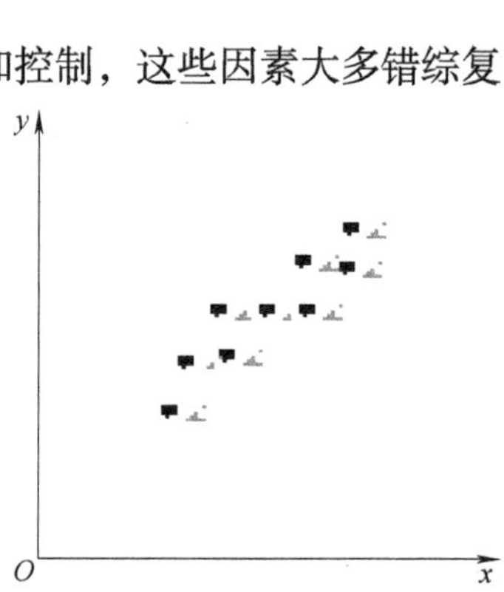

图 7-1 散布图

散布图的作图步骤如下：

（1）选定对象。可以选择质量特性值与因素之间的关系，也可以选择质量特性值与质量特性值之间的关系，或者是因素与因素之间的关系。

（2）收集数据。一般需要收集成对的数据30组以上。数据必须是一一对应的，没有对应关系的数据不能用来做图。

（3）画出横坐标 x 与纵坐标 y，填上特性值标度。一般横坐标表示原因特性，纵坐标表示结果特性。进行坐标轴的分计标度时，应先求出数据 x 与 y 的各自最大值与最小值。划分间距的原则是：应使 x 最小值至最大值（在 x 轴上的）的距离，大致等于 y 最小值至最大值（在 y 轴上的）的距离。其目的是为了防止判断的错误。

（4）根据每一对数据的数值逐个画出各组数据的坐标点。

举例说明，某厂将淬火温度与硬度之间的成对数据用散布图对数据的相关程度进行分析研究。具体数据如表7-5所示。

表7-5 淬火温度与硬度之间的成对数据

序号	温度 x（℃）	硬度 y（洛氏硬度，HRC）	序号	温度 x（℃）	硬度 y（洛氏硬度，HRC）
1	810	47	16	820	48
2	890	56	17	860	55
3	850	48	18	870	55
4	840	45	19	830	49
5	850	54	20	820	44
6	890	59	21	810	44
7	870	50	22	850	53
8	860	51	23	880	54
9	810	42	24	880	57
10	820	53	25	840	50
11	840	52	26	880	54
12	870	53	27	830	46
13	830	51	28	860	52
14	830	45	29	860	50
15	820	46	30	840	49

根据数据，制作散布图如图7-2所示。

对于物流运作而言，物流系统中的基础设施、技术水平、操作人员基本素质、信息系统建设状况、运作效率等因素都会不同程度地影响物流服务的质量。为了更直观地展示这些影响因素对物流服务质量的影响程度，可以采用散布图的方法。散布图所展现出来的影响程度可以帮助管理者确定哪些因素对物流服务质量的影响更大，进而加强对该要素的管理，保证物流服务的质量水平。

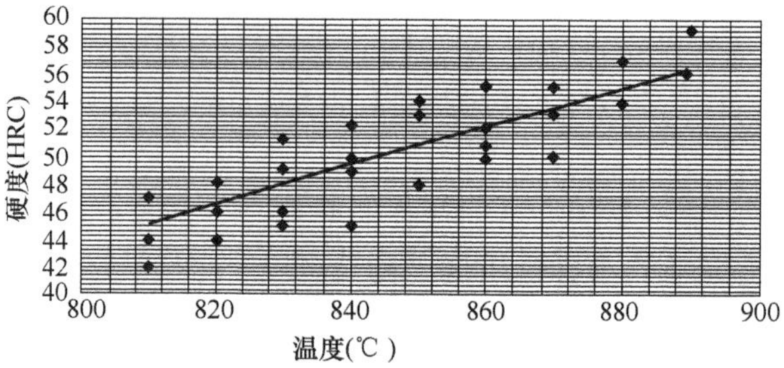

图 7-2　淬火温度与硬度之间的成对数据散布

3. 因果分析图法

日本质量管理学者石川馨为分析特性与因素之间的关系而采用的树枝状图（或鱼刺图）分析法称为因果分析图法。该方法广泛应用于制造业及服务业的质量分析和质量改进活动中。

因果图的应用步骤如下：

① 简明扼要地定义结果，即明确需要解决的质量问题；

② 确定问题中影响质量原因的分类；

③ 开始画图；

④ 寻找所有下一个层次的原因，画在相应的主（因）枝上，并继续一层层地展开；一张完整的因果图展开的层次至少应有两层；

⑤ 从最高层次（即最末一层）的原因中选取和识别少量看起来对结果有最大影响的原因，并对它们做进一步的研究，如收集资料、论证、试验、控制等。

举个例子，20 世纪 90 年代物流业开始进入国门，设施的集约化、仓储的规模化和流动的高效化带动了棉花物流的发展。棉花含有天然纤维，虽不被列为危险品，但棉花的理化性质特殊，对仓储条件（特别是防火条件）要求较高。存有大量棉花的物流仓库一旦着火，火势将在几秒钟内迅速发展到上百平方米，造成不可估量的经济损失。根据棉花物流仓库火灾发生的原因，绘制出因果分析图，如图 7-3 所示。

从图 7-3 可看出，该因果分析图按时间顺序分析了造成棉花物流仓库火灾的原因：环境温度过高或自身放热引发火灾，明火燃烧，同时发生火势蔓延，最终造成棉花物流仓库坍塌。

4. 排列图法

在质量管理工作中，无论是为了寻找提高产品质量的途径，还是追究造成废品损失的原因，其所涉及的有关因素都非常多。怎样寻找主要因素并有效解决，是我们必须考虑的首要问题。

生产实践告诉我们，对于一项特定的质量问题来说，虽然同时作用于它的因素很多，但是它们对质量问题的影响程度并不相同。如果我们分因素统计它们发生的频数并按其发生的频数多少顺序排列，以直方块的形式画出来，即构成了所谓的排列图。

影响产品质量特性的因素很多，但起主要作用的仅是其中少数几项，即符合“关键的少数与次要的多数”这一规律，从而使排列图成为寻找关键问题或关键因素的常用工具。

主次因素排列图的基本格式及其画法要点如图 7-4 所示。

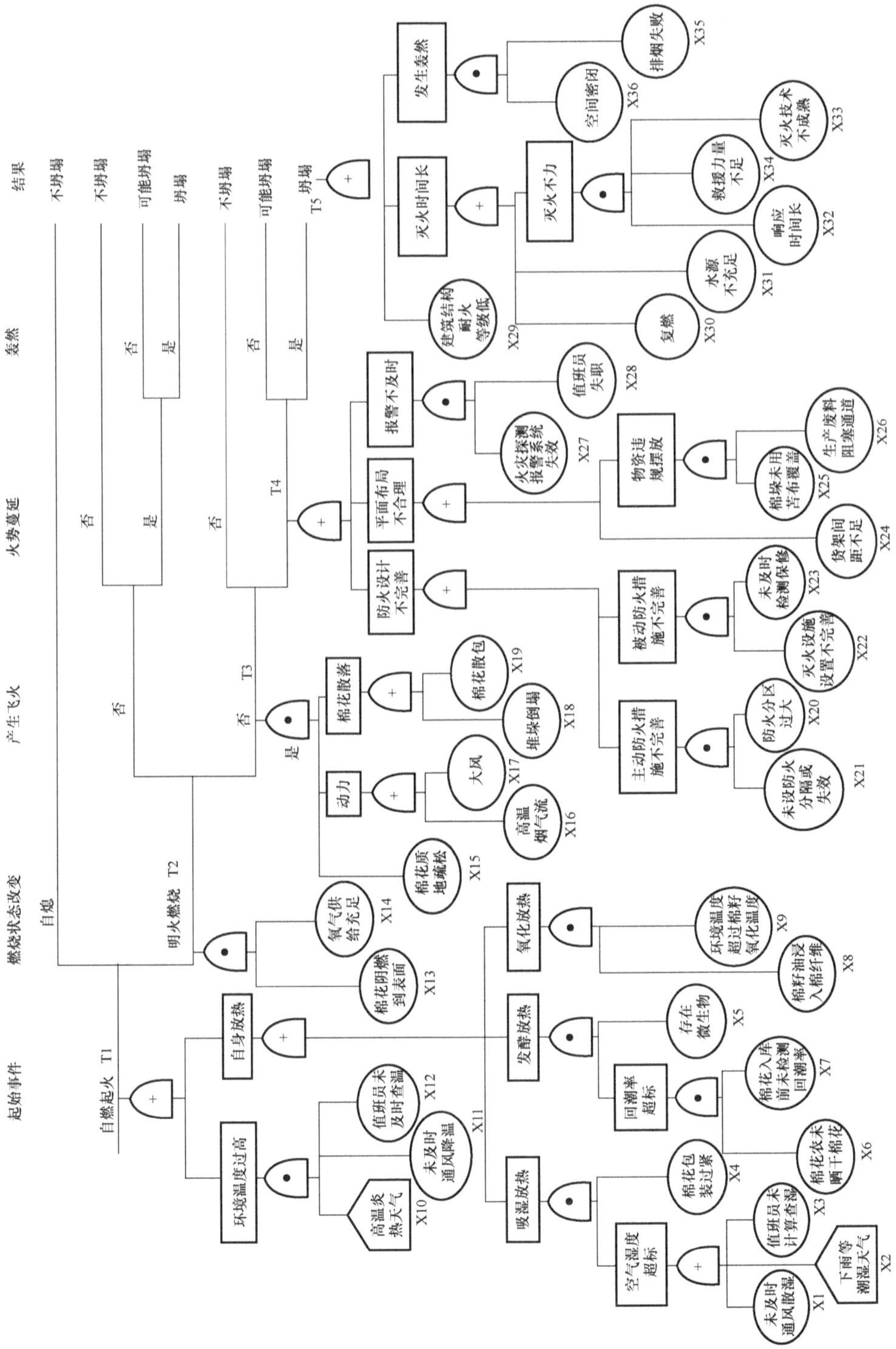

图 7-3　棉花物流仓库火灾的因果分析图

图中横坐标表示影响产品质量的因素或项目，本例中一共有8个影响因素。一般以直方的高度表示各因素出现的频数，并从左到右按频数的多少，由大到小顺次排列。纵坐标一般设置两个：左端的纵坐标可以用事件出现的频数（如各因素造成的不合格品数）表示，或用不合格品损失金额来表示；右端的纵坐标用事件发生的频数占全部事件总数的比率表示；将各因素所占的频率（比率）顺次累加起来，即可得各因素的顺次累计频率（累计百分比）。然后将所得的各因素的顺次累计频率逐一点画在图中相应位置上，并将各点连接，即可得到帕累托曲线（横坐标表示影响质量的各个因素，按影响程度的大小从左至右排列；曲线表示各影响因素大小的累计百分数）。

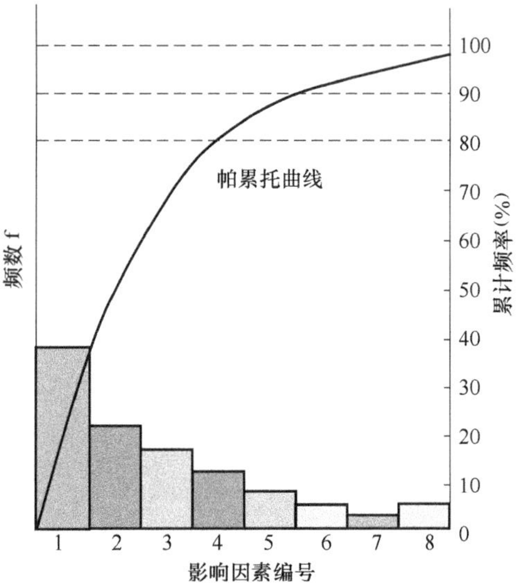

图 7-4　主次因素排列图的基本格式

绘制排列图的目的主要是为了寻找影响质量的主要因素，为此，通常把影响因素分为三类：把包括在累计频率0~80%范围的因素称为A类因素，即影响产品质量的主要因素；其次，属于累计频率80%~90%范围内的因素称为B类因素，即次要因素；其余在累计频率90%~100%范围内的因素称为C类因素，是一般因素。通常A类因素应为1~2个，最多不超过3个。为了有利于集中精力提高产品质量，首先应在规定时间内，着重解决影响产品质量的A类因素。

举个例子，某烟草公司物流中心QC小组在开展“提高循环利用包装箱回收完好率”这一课题时，采用排列图对影响包装箱回收完好率的相关因素进行分析。经梳理，列出影响包装箱回收完好率的因素9项，通过现场统计的方式，对4月第3周卷烟分拣仓储包装箱保存及损坏情况进行统计分析，制作出“循环利用包装箱分类破损数量统计表”（表7-6）及“循环利用包装箱分类破损数量排列图”（图7-5）。

表 7-6　循环利用包装箱分类破损数量统计表

序　　号	项　　目	累计个数	占　　比	累计百分比
1	回收皮带夹损	54	38.57%	38.57%
2	暴力拆解	26	18.57%	57.14%
3	回收皮带机过高摔损	24	17.14%	74.29%
4	叉车叉运损毁	18	12.86%	87.14%
5	烟箱拖拽磨损	5	3.57%	90.71%
6	笼车边角磨损	4	2.86%	93.57%
7	机油泄漏污损	3	2.14%	95.71%
8	堆垛过高压损	2	1.43%	97.14%
9	其他	4	2.86%	100.00%
合计		140	100.00%	

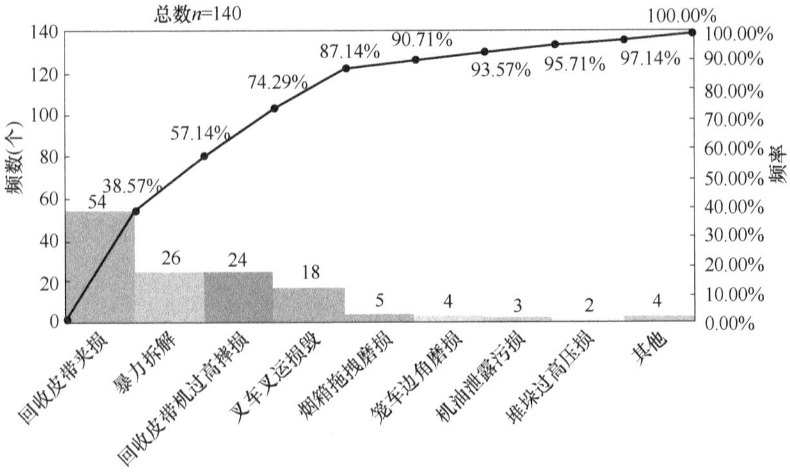

图 7-5 循环利用包装箱分类破损数量排列图

从图 7-5 中可见，造成包装箱破损的关键项目有回收皮带夹损、暴力拆解、回收皮带机过高摔损、叉车叉运损毁四项，如能解决这四项疵点问题，就可以降低包装箱的破损率。

应当指出，排列图的应用范围很广，它不仅可以用来分析产品质量，还可以用来分析工作质量，在日常工作和生产活动中，对那些能够数据化管理的地方，排列图都将能够得到较好的应用。

5. 统计分析表法

统计分析表法也叫质量调查表法，它最早是由美国的菲根堡姆先生（Armand Vallin Feigenbaum）提出的，是在全面质量管理中利用统计图表来收集、统计数据，进行数据整理并对影响产品质量的原因做粗略分析的方法。它是用来系统地收集资料和积累数据，确认事实并对数据进行粗略整理和分析的统计图表。这种方法在质量管理活动中，特别是在 QC 小组活动、质量分析和质量改进的活动中得到广泛的应用。

这种调查分析的做法是：画出产品示意图，并规定不同外观质量缺陷的表示符号。然后逐一检查样本，把发现的缺陷，按规定的符号在同一张示意图中的相应位置上表示出来，这样，这张缺陷位置调查表就“记录”了这一阶段（这一批）样本的所有缺陷的分布位置、数量和集中部位，便于进一步发现问题，分析原因，采取改进措施。

常用的统计分析表分为缺陷位置调查表、不合格品统计调查表和频数分布调查表。**缺陷位置调查表**用于对产品各个部位的缺陷情况进行调查，可将产品的草图或展开图画在调查表上，当某种缺陷发生时，可采用不同的符号或颜色在发生缺陷的部位上标出。若在草图上划分缺陷分布情况区域，可进行分层研究，分区域要尽可能等分。**不合格品统计调查表**用于调查产品质量发生了哪些不良情况及其各种不良情况的比率大小。频数分布调查表是预先制好的一种频数分布空白表格。该表应用于以产品质量特性值为计量值的工序中，其目的是为了掌握这些工序产品质量的分布情况，比直方图更为简单。

6. 直方图法

直方图法是频数直方图法的简称。它是将收集到的数据进行分组整理，绘制成频数分布直方图，用以描述质量分布状态的一种分析方法。直方图是用一系列宽度相等、高度不等的长方形表示数据的图。长方形的宽度表示数据范围的间隔，长方形的高度表示在给定间隔内的数据数。

直方图的作用是：

① 显示产品质量波动的状态；

② 较直观地传递有关过程质量状况的信息；

③ 通过直方图，能够掌握流程的状况，从而确定在什么地方进行质量改进工作；

④ 可估算工序的不合格品率。

举个例子，为考查某物流公司的服务水平，决定对该公司的客户满意度进行分析，分析人员计划用直方图反映该公司客户满意度的分布状况。为此，分析人员设计了符合该公司现状的客户满意度调查表，该调查表用五项指标反映公司的物流服务水平，每项 10 分，满分 50 分。经客户反馈后，分析人员共收集了 50 份客户满意度调查表，并将其随机分成 10 组，经整理如表 7-7 所示。

表 7-7　客户满意度得分统计表

序　号	客户满意度分数					最大值分值	最小值分值
1	39.8	37.7	33.8	31.5	36.1	39.8	31.5
2	37.2	38.0	33.1	39.0	36.0	39.0	33.1
3	35.8	35.2	31.8	37.1	34.0	37.1	31.8
4	39.9	34.3	33.2	40.4	41.2	41.2	33.2
5	39.2	35.4	34.4	38.1	40.3	40.3	34.4
6	42.3	37.5	35.5	39.3	37.7	42.3	35.5
7	35.9	42.4	41.8	36.3	36.2	42.4	35.9
8	46.2	37.6	38.3	39.7	38.0	46.2	37.6
9	36.4	38.3	43.4	38.2	38.0	42.4	36.4
10	44.4	42.0	37.9	38.4	39.5	44.4	37.9

（1）收集整理数据，参见表 7-7。

（2）为对数据进行分组，首先计算极差 R（即所有数据的最大值和最小值之差）。

$$x_{max}=46.2$$

$$x_{min}=31.5$$

$$R=x_{max}-x_{min}=46.2-31.5=14.7$$

（3）对数据分组，包括确定组数、组距和组限。

确定组数：组数的确定要适当，组数太少，会引起较大计算误差；组数太多，会影响数据分组规律的明显性，且计算工作量加大。通常情况下，组数的确定可参考表 7-8，即若收集的数据有 50~100 个，组数 k 宜确定在 6~10 个之间，以此类推。

表 7-8　数据分组参考值

数据总数 n	分组数 k	数据总数 n	分组数 k	数据总数 n	分组数 k
50~100	6~10	100~250	7~12	250 以上	10~20

由于极差 R=14.7 分，若组数 k=6，为保证组距为整数，并将 50 组数据全部包含在直方图中，则组距是 3 分，直方图最后一组的上限与第一组下限的差值为 18 分，然而这个

值与极差 R 差别较大，将使这 50 组数据在直方图中的分布过于集中；若 k=7，组距仍然是 3 分，这个差值为 21 分，与极差的差别更大；若 k=8，则组距是 2 分，直方图最后一组的上限与第一组下限的差值为 16 分，与极差 R 值最为接近；若 k=9，则组距是 2 分，直方图最后一组的上限与第一组下限的差值为 18 分，与极差 R 的差别变大；若 k=10，则组距是 2 分，直方图最后一组的上限与第一组下限的差值为 20 分，与极差 R 的差别更大。因此，综合考虑极差 R 和数据总数可取 $k = 8$。

确定组距 h：组距是组与组之间的间隔，即组的范围。由于各组距应相等，因此：

极差≈组距 × 组数，即，$R \approx hk$

本例中：h =14.7 ÷ 8=1.8 ≈ 2

确定组限：每组的最大值为上限，最小值为下限。为防止数据出现在组限上，无法区分，可将其计入较高（低）组或提高原始数据精度（提高半个最小测量单位）。本例中采取第一种方法，即计入较高组。

第一组下限 $=x_{\min}-h/2=31.5-2\div2=30.5$

第一组上限 $=30.5+h=30.5+2=32.5$

第二组下限 = 第一组上限 =32.5

第二组上限 =32.5+2=34.5

（4）编制数据频数统计表，如表 7-9 所示。

表 7-9 数据频数统计表

组 号	组限（分）	频数统计	组 号	组限（分）	频数统计
1	30.5~32.5	2	6	40.5~42.5	5
2	32.5~34.5	6	7	42.5~44.5	2
3	34.5~36.5	10	8	44.5~46.5	1
4	36.5~38.5	15	合计		50
5	38.5~40.5	9			

（5）绘制直方图，如图 7-6 所示。

从图 7-6 可以较直观地看出，在 50 份客户满意度调查表中，客户满意度主要分布在 30.5~46.5 分。其中，15 位客户的满意度介于 36.5~38.5 分，10 位客户的满意度介于 34.5~36.5 分，9 位客户的满意度介于 38.5~40.5 分。这说明该公司的客户满意度介于 34.5~40.5 分的概率更大些，分析人员可以根据这些数据判断该公司的服务水平是否符合预期的服务质量要求。

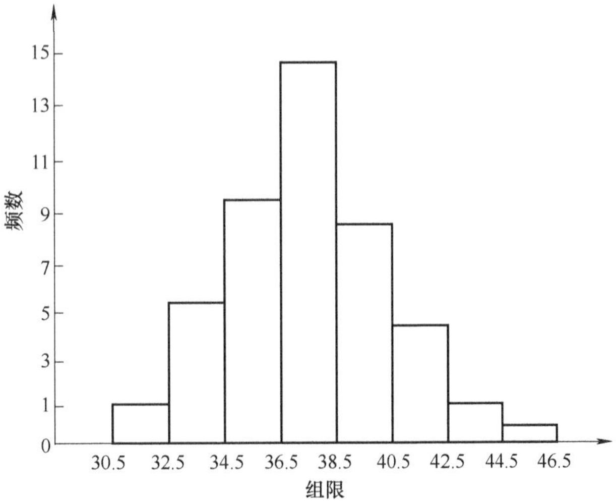

图 7-6 直方图

7.2.2 质量管理的方法

1. 试验设计

企业不论是设计新产品，还是改革旧工艺、提高产品质量、减低成本，大都需要做试验。一个好的试验设计方法，既可以减少试验次数，缩短试验时间，避免盲目性，又能迅速得到有效的结果。试验设计是应用统计手法进行解决问题的方法，它在 19 世纪产生于英国，最早是在农业领域采用的试验方法。

试验设计是产品设计开发过程中行之有效的质量控制和管理的技术和方法，包括单因素试验设计和多因素试验设计。

试验设计的三个基本原理是重复、随机化及区组化。

所谓**重复**，意思是基本试验的重复进行。重复有两条重要的性质。第一，允许试验者得到试验误差的一个估计量。这个误差的估计量将成为确定实际测量到的差值是否是统计上的试验差的基本度量单位。第二，如果将样本均值作为试验中一个因素的效应的估计量，则重复允许试验者求得这一效应的更为精确的估计量。

所谓**随机化**，是指试验材料的分配和试验过程中各个试验进行的次序，都是随机确定的。统计方法要求观察值（或误差）是独立分布的随机变量。随机化通常能使这一假定有效。把试验进行适当的随机化亦有助于“均匀”可能出现的外来因素的效应。

区组化是用来提高试验的精确度的一种方法。一个区组就是试验材料的一个部分，相比于试验材料全体，它们的性质应该更为类似。区组化牵涉到在每个区组内部对感兴趣的试验条件进行比较。

2. 控制图

控制图（Control Chart,CC）是对生产过程的关键质量特性值进行测定、记录、评估并监测过程是否处于控制状态的一种图形方法。它是质量管理的一种重要手段。运用控制图的目的之一是，通过观察控制图上产品质量特性值的分布状况，分析和判断生产过程是否发生了异常，一旦发现异常就要及时采取必要的措施加以消除，使生产过程恢复稳定。产品质量特性值的分布是一种统计分布，因此，绘制控制图需要应用概率论的相关知识。

如图 7-7 所示，控制图中一般有三条平行于横轴的直线：中心线（Central Line,CL）、上控制线（Upper Control Line,UCL）和下控制线（Lower Control Line,LCL），并有按时间顺序抽取的样本统计量数值的描点序列。中心线是所控制的统计量的平均值，UCL、LCL 统称为控制线（Control Line,CL），上下控制界限与中心线相距数倍标准差，通常将控制界限设定在 ±3 倍的标准差的位置。若控制图中的描点落在 UCL 与 LCL 之外，或描点在 UCL 和 LCL 之间的排列不随机，则表明过程异常。对于物流运作过程而言，物流服务是其运作的产品，衡量物流服务质量的重要指标就是客户满意度，因此，可以将客户满意度作为控制图中的“产品质量”来衡量物流服务的质量。

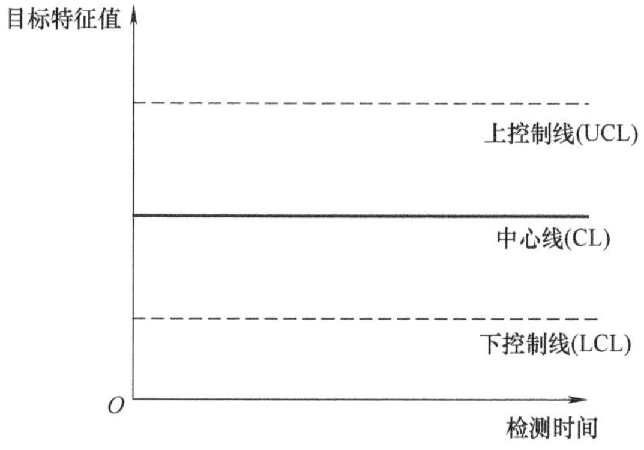

图 7-7　控制图

控制图用以描述以下三个方面的质量改进：

- 诊断，评估过程的稳定性；
- 控制，决定某过程何时需要调整，何时需要保持原有状态；

- 确认，确认某一过程的改进。

绘制控制图的步骤：

步骤1，选定质量特性，选定控制的质量特性应是影响产品质量的关键特性，这些特性应能够计算（或计数）并且在技术上可以控制；

步骤2，选定控制图的种类；

步骤3，收集数据，应收集近期的，与目前工序状态一致的数据；

步骤4，计算有关参数。

3. 潜在失效模式与后果分析

潜在失效模式与后果分析（Failure Mode and Effects Analysis,FMEA）是指在产品设计阶段和流程设计阶段，对构成产品的子系统、零件，对构成过程的各个工序逐一进行分析，找出所有潜在的失效模式，并分析其可能的后果，从而预先采取必要的措施，以提高产品的质量和可靠性的一种系统化的活动。

FMEA是一种用来确定潜在失效模式及其原因的分析方法。通过实行FMEA，企业可在产品设计或生产工艺真正实现之前发现产品的弱点，可在原形样机阶段或在大批量生产之前确定产品缺陷。

由于产品故障可能与设计、制造过程、使用、承包商/供应商以及服务有关，因此FMEA一般可细分为理念FMEA、设计FMEA、过程FMEA、设备FMEA和服务FMEA五类。其中设计FMEA和过程FMEA最为常用。

FMEA原理的核心是对失效模式的严重度、频度和检测等级进行风险评估，通过量化指标确定高风险的失效模式，并制定预防措施加以控制，从而将风险完全消除或降低到可接受的水平。严重度是指某种失效模式对产品质量造成的影响程度，频度是指某种失效模式在一定的时间段内发生的次数，检测等级可以反映各种失效模式能够被检测到的几率。

FMEA质量管理方法不仅适用于汽车零配件生产企业的质量管理体系，也可应用于物流企业的服务质量管理体系。物流企业的运作过程包括运输、仓储、装卸搬运、配送、流通加工、包装、物流信息等环节，可以通过FMEA方法评估物流运作过程各环节失效模式的严重度、频度和检测等级，进而确定高风险的失效模式，并采取适当的预防措施将风险降低到合适的水平，最终实现对物流服务流程的质量管理，提供客户满意的物流服务。

7.3 全面质量管理

全面质量管理（Total Quality Management,TQM）是最早起源于20世纪50年代的一种管理方法，从20世纪80年代初期开始变得非常普及了。全面质量是对公司努力提供能够满足客户需要的产品和服务的态度、文化和组织的一种描述。这种文化对公司运营中的各个方面都提出了质量的要求，从一开始就要正确地运营，从根本上杜绝过失和浪费。

7.3.1 全面质量管理的概念

1. 全面质量管理的定义

应该明确的是，全面质量管理包含三个方面的基本概念。

（1）以顾客为中心。企业只有为顾客提供产品或服务才能生存。越来越多的企业发现，保持住现有顾客、减少客户流失远比获得新顾客更容易获得利润。

（2）持续改进。近年来，迅速变革已经成了一种趋势，人们已经非常熟悉为了实现持续改进的目标所使用的各种方法，如跨职能团队、流程再造、质量项目小组、新点子建议制度、过程改进小组、日常工作优化等。

（3）强调每个员工的价值。目标是在质量方针中确立、理解并强调人的因素。现在企业以内部开发的质量管理过程作为将所有雇员调动到努力改进中的一个载体。企业利用每一层次上的雇员来确定每一道工作过程是如何与下一道过程及顾客的需要和期望相联系。

所谓全面质量管理，就是进行全过程管理、全范围管理和全员管理。**全过程管理**要求对产品生产过程进行全面控制；**全范围管理**的一个重要特点，是强调质量管理工作不局限于质量管理部门，要求企业所属各单位、各部门都要参与质量管理工作，共同对产品质量负责；**全员管理**还要求把质量控制工作落实到每一名员工，让每一名员工都关心产品质量。

因此，我们将全面质量管理定义为：一个组织以质量为中心，以全员参与为基础，目的在于通过让顾客满意和本组织所有成员及社会受益而达到长期成功的管理系统。

2. 全面质量管理与传统质量管理的区别

从质量管理发展的历程中可以看出，全面质量管理和传统质量管理有很多差异，主要体现在以下几方面：

（1）强调系统管理。传统的质量管理是由操作者进行分散的控制和检验，有时是就事论事，很难解决根本问题。全面质量管理要求用系统工程的思想和观点对质量问题进行综合治理和改进，传统质量管理不具备建立有效的质量体系的先进性。

（2）强调预防为主。传统的质量管理重点在于不断加强最终检验，强调事后把关。全面质量管理本身强调控制全过程的特点，决定了质量管理要做到预防为主，并在事前通过科学的程序进行有效控制，即从原来的控制结果转变为控制因素。

（3）强调不断改进。传统的质量管理强调达到技术标准，符合规范要求，这就是质量保证。全面质量管理强调质量突破，不断改进，促使产品质量不断提高并增强市场竞争力。

（4）强调满足顾客需求。全面质量管理是市场经济发展的产物。随着经济的发展，人们对产品质量的要求也在不断变化，特别是在现代生活中，人们不仅追求产品的基本功能，还要求得到一定的心理满足，这样对产品质量就有更高、更广泛的需求。全面质量管理着眼于市场需求和变化，最经济实惠地满足不同需求是全面质量管理的目标。

7.3.2 全面质量管理的目标和任务

1. 全面质量管理的目标

产品是用以满足客户需求的，因此，全面质量管理的原则之一就是始终要以客户为中心，最大可能地满足客户各种各样的需求是进行全面质量管理的目标。

2. 全面质量管理的任务

由于全面质量管理的目标是始终将客户摆在第一位，力求最大限度地让客户满意，因此，全面质量管理的任务都是围绕着满足客户需求、获取最大利益这个中心而展开的。

（1）生产顾客所需质量的产品。全面质量管理在以“客户第一、顾客第一”为目标的基础上，逐步延伸出创造客户价值的质量管理理念。在这种理念指导下，企业必须生产出适合顾客所需质量的产品。因此，产品的质量标准并不是越高越好，而是要能够适合顾客的需求。例如，即使生产出来的袜子能够穿20年，也没有用户愿意穿同样的袜子这么久。

（2）以用户认为合理的价格销售产品并获取利润。全面质量管理还要求最大限度地降低产品的生产成本，以用户认为合理或可以接受的价格销售产品，并要保证企业自身能够获得必要的利润。如果企业没有质量成本的概念，仅仅是为了生产更高质量的产品或者完全为了满足顾客的需求，导致产品成本急剧上升，以至于以顾客无法接受产品价格，那么，这样的生产活动和质量管理活动是没有意义的。

（3）保证必要的生产数量。全面质量管理的第三个重要任务是企业必须保证必要的生产数量，这是现代经济中十分重要的要素之一。只有达到了一定经济规模的时候，产品的生产成本才能较大幅度地下降，顾客才能够不断地获得价格和质量都令人满意的产品。

例如，上汽集团是中国生产规模最大的汽车制造企业之一，庞大的生产量使得上汽集团不但能够满足用户对汽车的功能需求，还能在保证质量的前提下不断地降低产品的价格。

随着市场竞争的程度日益激烈，消费者的需求越来越多样化，商品配送就呈现出小批量、多频次的发展趋势。物流公司可以通过增加配送货物种类、同时给多个零售商配送等方式保证每次配送的货物数量，以达到规模经济，减少运力的浪费，降低配送成本。

（4）为客户提供必要而及时的服务。在全面质量管理过程中提出了全过程的概念，这个全过程包括了产品的售后服务。全面质量管理要求企业能够做到在客户需要的时候为客户提供及时的服务，售后服务由此成为产品质量不可或缺的一部分。因此，我们在理解全面质量管理目标的时候，要牢记以顾客为中心，尽可能地让顾客感到满意。

7.3.3 全面质量管理的关键要素

为了能够成功地实施全面质量管理，企业必须关注以下八个关键要素：道德规范、诚实、信任、培训、团队协作、领导、奖励、沟通，如图7-8所示。

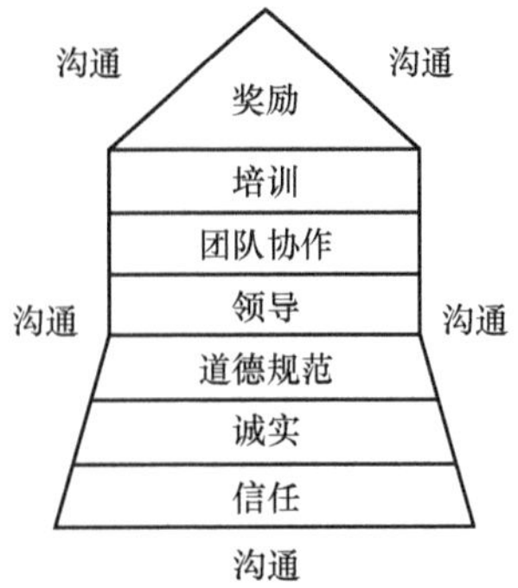

图7-8 全面质量管理的关键要素

全面质量管理需要这八个关键要素的帮助，如果把构建企业全面质量管理比作搭建一座房屋的话，那么这些要素可以根据他们的功能划分为以下四类：

1. 根基——道德规范、诚实和信任

全面质量管理是在道德规范、诚实和信任的基础上构建起来的，它提倡开放、公正和真诚，允许每一个人介入其中，这是发挥全面质量管理最终潜力的关键。这三个要素是在一起发挥作用的，但是，各个要素都对全面质量管理概念起到不同的作用。

（1）道德规范。道德规范在任何情况下都是与好和坏有关系的一个原则，它是由公司道德规范和个人道德规范组成的两面体。公司道德规范构建了一个所有员工在他们的工作表现中都要遵守执行的商业品行规范。个人道德规范则包括个人的正确和错误。

（2）诚实。诚实意味着正直公平和对事实的忠诚。人们知道诚实的反义词是狡诈。全面质量管理是不可能在一个欺诈的环境中运营的。

（3）信任。信任鼓励所有成员的全面参与，领导者之间以及上下级之间通过诚实建立信任关系。信任意味着人与人之间都认为他人不会在语言、行为或决策方面采取机会主义行为，如果没有信任，全面质量管理的架构是无法建立起来的。

2. 建筑砖——培训、团队协作和领导

基于可靠的信任、道德规范和诚实，建筑砖成为到达屋顶的基础。它包括：

（1）培训。培训对于提高员工的生产率是非常重要的。培训员工需要具备的沟通技巧，在团队内行使职责、解决问题、制定决策、分析工作经营效果的能力，改善公司运行状况和提高自身技术技巧的能力。在全面质量管理创建和形成的初期阶段，员工应该得到相应的培训，以成为具备全面质量管理思想的员工。

（2）团队协作。为了能够在商业方面获得成功，团队协作对于全面质量管理来说也是一个关键的因素。利用团队的优势，企业的业务将会得到更快和更好的解决方案，团队也能在实施进程和运营过程中帮企业实现更为持久的效能提升。在团队内部，在问题可能发生的时候人们会对提出问题会感到更为自然，同时也可以从其他的合作伙伴处获得解决方案并投入到实践中。

（3）领导。全面质量管理的领导素质要求管理者能够提出让所有下属都能够理解的鼓舞人心的战略决策，在指导下属的过程中逐渐灌输价值观。为了能够使全面质量管理在公司运营中获得成功，领导者必须能够引导自己的员工。领导者还必须能够理解全面质量管理，信任它，并且能够通过自己在全面质量管理的日常实践中向自己的下属展示自己的信念和应该承担的义务。领导者要确信全面质量管理的战略、哲学、价值和目标能够在组织内全面得到贯彻，为组织指明一个集中、清晰的方向。

3. 黏合剂——沟通

沟通可以把任何事情都黏合在一起。从全面质量管理屋的根基到屋顶，每一个要素都需要沟通作为水泥黏合在一起。沟通意味着在信息发送者和接收者之间的共同理解，成功的全面质量管理需要在企业成员、供应商和客户之间建立顺畅的沟通。

4. 屋顶——奖励

奖励是整个系统中最后一个因素，它应该为团队和个人同时提供建议和绩效。辨别并奖励做出贡献的员工是领导者最为重要的工作。员工也要努力争取对自己和团队的奖励。奖励员工，会在员工自尊、生产率、产品质量方面产生重大的影响。当员工完成出色的工作后马上就得到奖励则效果最佳。

7.3.4 全面质量管理的基本流程

全面质量管理活动的全部流程，就是质量计划的制定和组织实现的过程。这个流程就是按照PDCA（Plan-Do-Check-Action）管理循环，不停顿地、周而复始地运转的。PDCA管理循环是全面质量管理所应遵循的科学程序，它是由美国质量管理专家戴明博士首先提出的，所以也叫作“戴明环”，如图7-9所示。

图7-9 戴明环

PDCA 管理循环作为全面质量管理体系运转的基本方法来说，必须经历以下四个阶段、八个步骤：

（1）P：制定计划，就是确定质量目标、质量计划、管理项目和拟定措施。

步骤 1，分析质量现状，找出存在的质量问题。这就要有质量问题意识和改善质量的意识，并要用数据说明。在分析质量现状时，必须通过数据来进行分析，必须通过数据来说明存在的质量问题。

步骤 2，分析产生质量问题的各种原因或影响因素，如人（人的因素）、机（设备、工具、工装）、料（材料、零配件）、法（工艺、方法）、环（环境）等因素，要对逐个问题或影响因素，加以具体分析，不能笼统地进行。

步骤 3，从各种原因中找出影响质量的主要原因。这就不能“胡子眉毛”一把抓，而要全力找出主要因素。也就是说，解决质量问题，必须从解决主要矛盾入手。

步骤 4，针对影响质量的主要原因制定对策，拟订管理、技术和组织措施，提出执行计划和预计效果。应明确：为什么要制定这一措施和计划，预期达到什么目标，在哪里执行这个措施和计划，由哪个单位或谁来执行，什么时间开始执行，何时完成，怎样执行等。我们称之为计划时要考虑的 5W1H（Why、What、Where、When、Who、How）。

（2）D：实施，就是按预订计划、目标和措施及分工，实实在在地去执行，努力实现。这是步骤 5。

（3）C：检查，是把实施的结果和计划的要求对比，检查计划的执行情况和实施的效果如何，是否达到预期的目标和效果，哪些是成功的，其经验是什么，哪些做得不对或做得不好，教训是什么，其原因又在哪里。这里既要掌握进度，检查效果，又要从中找出问题。这是步骤 6。

（4）A：处理，具体包括两个步骤。

步骤 7，总结经验教训、巩固成果并对出现的问题加以处理，同时把成功的经验和失败的教训纳入相应的标准、制度或规定之中，以巩固已经取得的成绩，防止问题再重复发生。

步骤 8，提出这次循环尚未解决的问题，作为遗留问题转入下一次循环去解决，并为下一阶段制定计划提供资料和依据。

全面质量管理活动的运转，离不开管理循环的转动。也就是说，改进与解决质量问题、赶超先进水平的各项工作，都要运用 PDCA 管理循环的科学程序。例如，要提高产品质量，减少不合格品，总要先提出目标，即质量提高到什么程度、不合格品率降低多少。进而质量管理过程就要有个计划：这个计划不仅包括目标，而且还包括实现这个目标需要采取的措施。计划制定之后，就要按照计划去实施。按计划实施之后，就要对照计划进行检查，哪些做对了，达到了预期效果；哪些做得不对或者做得不好，没有达到预期的目标；做对了是什么原因，做得不对或者做得不好又是什么问题，都要通过执行效果来进行检查。最后就要进行处理，把成功的经验肯定下来，制定标准，形成制度，今后再按这个标准工作；对于实施失败的教训，也要规定标准，吸取教训，今后不要重蹈覆辙。这既总结了经验，巩固了成果，也吸取了教训，引以为戒，同时又把这次循环没有解决的问题提出来，转到下次 PDCA 管理循环中去解决。

7.4 ISO 9000 质量管理体系

7.4.1 ISO 9000 的起源

ISO 9000 是由西方的品质保证活动发展起来的。第二次世界大战期间，因战争扩大，所需武器需求量急剧膨胀，美国军火商因当时的武器制造工厂规模、技术、人员的限制未能满足“一切为了战争”。美国国防部为此面临千方百计扩大武器生产量，同时又要保证质量的现实问题。分析当时企业：大多数管理是 NO.1，即，工头凭借经验管理，指挥生产，技术全在脑袋里面。而一个 NO.1 管理的人数很有限，产量当然有限，与战争需求量相距很远。于是，国防部组织大型企业的技术人员编写技术标准文件，开设培训班，对来自其他相关原机械工厂的员工（如五金、工具、铸造工厂）进行大量训练，使其能在很短的时间内学会识别工艺图及工艺规则，掌握武器制造所需关键技术，从而将“专用技术”迅速“复制”到其他机械工厂，从而有效解决了战争难题。战后，国防部将该经验进行总结、丰富，编制更周详的标准在全国工厂推广应用，并同样取得了满意效果。当时美国盛行文件风，后来，美国军工企业的这个经验很快被其他工业发达国家军工部门所采用，并逐步推广到民用工业，在西方各国蓬勃发展起来。

1. ISO 9000 产生的必然性

任何标准都是为了适应科学、技术、社会、经济等客观因素发展变化的需要而产生，ISO 9000 亦是如此。

科学技术的进步和社会的发展，使顾客需要把自己的安全、健康、日常生活置于“质量大堤的保护之下”；企业为了避免因产品质量问题而巨额赔款，要建立质量保证体系来提高信誉和市场竞争力；世界贸易的发展迅速，不同国家、企业之间在技术合作、经验交流和贸易往来上要求有共同的语言、统一的认识和共同遵守的规范。现代企业内部协作的规模日益庞大，使程序化管理成为生产力发展本身的要求。这些原因共同使 ISO9000 标准的产生成为必然。

2. ISO 9000 的发展与来历

1979 年 ISO 组织成立质量管理和质量保证技术委员会 TC 176，专门负责制定质量管理和质量保证标准。同年，英国标准协会 BSI 向 ISO 组织提交了一份建议，倡议研究质量保证技术和管理经验的国际标准化问题。ISO 也在同年批准成立质量管理和质量保证技术委员会 TC 176，专门负责制定质量管理和质量保证标准。TC 176 主要参照了英国 BS 5750 标准和加拿大 CASZ 299 标准，从一开始就注意使其制定的标准与许多国家的标准相衔接。

在各国专家努力的基础上，国际标准化组织在 1987 年正式颁布了 ISO 9000 系列标准（9000~9004）的第一版。ISO 9000 标准很快在工业界得到广泛的承认，被各国标准化机构所采用并成为 ISO 标准中在国际上销路最好的一个。ISO 9000 标准被欧洲测试与认证组织 EOTC 作为开展本组织工作的基本模式。欧盟在某些领域如医疗器械的立法中引用 ISO 9000 标准，供应商在某些领域必须取得 ISO 9000 注册。许多公司得出的结论是，要想与统一起来的欧洲市场做生意，取得 ISO 9000 注册是绝对有好处的。许多国家级和国际级产品认证体系如英国 BSI 的风筝标志、日本 JIS 标志，都把 ISO 9000 作为取得产品认证的首要要求，把ISO 9000结合到产品认证计划中去。

7.4.2 ISO 9000：2015族标准的结构和特点

1. ISO 9000：2015族标准的结构

ISO 9000族标准是国际标准化组织（英文缩写为ISO）于1987年制订，后经不断修改完善而成的系列标准。现已有100多个国家和地区将此标准等同转化为国家标准。一般地讲，组织活动由三方面组成：经营、管理和开发。在管理上又主要表现为行政管理、财务管理、质量管理等。ISO 9000族标准主要针对质量管理，同时涵盖了部分行政管理和财务管理的范畴。ISO 9000族标准并不是产品的技术标准，而是针对组织的管理结构、人员、技术能力、各项规章制度、技术文件和内部监督机制等一系列体现组织保证产品及服务质量的管理措施的标准。具体地讲，ISO 9000认证族标准就是在以下四个方面规范质量管理：

① 机构：标准明确规定了为保证产品质量而必须建立的管理机构及职责权限。

② 程序：组织的产品生产必须制定规章制度、技术标准、质量手册、质量体系操作检查程序，并使之文件化。

③ 过程：质量控制是对生产的全部过程加以控制，是面的控制，不是点的控制。从根据市场调研确定产品、设计产品、采购原材料，到生产、检验、包装和储运等，其全过程按程序要求控制质量。并要求过程具有标识性、监督性、可追溯性。

④ 总结：不断地总结、评价质量管理体系，不断地改进质量管理体系，使质量管理呈螺旋式上升。

ISO 9000：2015族核心标准有四项：**ISO 9000：2015标准**、**ISO 9001：2015标准**、**ISO 9004：2009标准**和**ISO 19011：2011标准**。新版标准对旧版ISO 9000族标准的总体结构和标准文件都进行了全面调整和重新安排，主要包括以下三个思路。

① 把过去三个外部保证模式ISO 9001、ISO 9002、ISO 9003合并为ISO 9001标准，允许通过裁剪适用不同类型的组织，同时对裁剪也提出了明确严格的要求。

② 把过去按20个要素排列，改为按过程模式重新组建结构，其标准分为管理职责，资源管理，产品实现，测量、分析和改进四大部分。

③ 引入PDCA戴明环闭环管理模式，使持续改进的思想贯穿整个标准，要求质量管理体系及各个部分都按PDCA循环，建立实施持续改进结构。

2. ISO 9000：2015族标准的特点

ISO 9000：2015族标准以朱兰、戴明、费根鲍姆等质量管理大师的管理理念和经营管理思想为自身注入了新的内涵。针对2008年版标准的不足，在充分考虑用户需求的前提下，新版标准总结了质量管理的实践经验，吸收了管理学科学发展的新观点、新思想，从整体上看较2008年版标准有了较大的提高，归纳起来有以下明显的特点：

（1）ISO 9000标准是一系统性的标准，涉及的范围、内容广泛，且强调对各部门的职责权限进行明确划分、计划和协调，而使企业能有效地、有秩序地开展给各项活动，保证工作顺利进行。

（2）强调管理层的介入，明确制订质量方针及目标，并通过定期的管理评审达到了解公司的内部体系运作情况，及时采取措施，确保体系处于良好的运作状态的目的。

（3）强调纠正及预防措施，消除产生不合格或不合格的潜在原因，防止不合格的再发生，从而降低成本。

（4）强调不断的审核及监督，达到对企业的管理及运作不断地修正及改良的目的。

（5）强调全体员工的参与及培训，确保员工的素质满足工作的要求，并使每一个员工有较强的质量意识。

（6）强调文化管理，以保证管理系统运行的正规性，连续性。如果企业有效地执行这一管理标准，就能提高产品（或服务）的质量，降低生产（或服务）成本，建立客户对企业的信心，提高经济效益，最终大大提高企业在市场上的竞争力。

7.5 六西格玛

7.5.1 六西格玛的由来

六西格玛概念于 1986 年由摩托罗拉公司的比尔·史密斯提出，此概念属于品质管理范畴，旨在生产过程中降低产品及流程的缺陷次数，防止产品变异，提升品质。西格玛（ σ ）是希腊字母，在统计学中代表标准差，可以当作一种评估产品和生产过程特性波动大小的统计量。因此，在质量管理理论中，就由 σ（标准差）的值导出了“西格玛水平”的概念，用以衡量过程绩效的优劣。

初期六西格玛的理念只是停留在统计阶段。最早公司用缺陷率（ Defect Per Unit,DPU ）这一指标来衡量产品质量，它的值等于在任何检查点发现的缺陷数除以通过该检查点的单位数，运用这个指标来衡量质量确实可以反映每一定单位产品中缺陷数量是多少，但是不能反映缺陷的严重程度。而且 DPU 这一指标无法横向比较，因为不同事物的复杂程度不同，出错的机会也就不同，复杂的事物出错的机会就会多一些，简单事物的出错机会会少一些。

为了满足质量指标公平性要求，出错机会这一概念被引入为新的质量衡量指标。因为六西格玛的统计意义为，在正态分布图中，平均数正负六西格玛以外出现的概率为百万分之三点四，所以引用了百万机会缺陷数（ Defects Per Million Opportunities,DPMO ）这一指标来衡量产品质量，而这也恰恰对应于六西格玛的统计学意义。理论和事实都证明 DPMO 是公平度量不同复杂程度的产出的通用指标。其计算方法是 DPMO=PDU × 100000 ÷ 单个产品的出错机会，当 DPMO=3.4 时，就相当于六西格玛的质量水平。这样西格玛水平就与之相互对应。然而这样的指标虽然体现了公平性，但是指标的范围太局限，随着经济社会的发展，这样的质量指标显然无法直接反映服务质量的好坏。而且指标的测量太过于精确，统计方面也存在一定的难度，于是一种新的六西格玛质量管理理念势在必行。

六西格玛在 20 世纪 90 年代中期开始被美国通用电气公司（ General Electric Company,GE ）从一种全面质量管理方法演变成为一个高度有效的企业流程设计、改善和优化的技术，并提供了一系列适用于设计、生产和服务的新产品开发工具。继而与 GE 公司的全球化、服务化等战略齐头并进，成为世界上追求卓越管理的企业最为重要的战略举措。六西格玛逐步发展成为以顾客为主体来进行产品开发设计，追求持续进步的一种管理哲学。

20 世纪 90 年代后期，六西格玛从美国传入欧洲和亚洲，受到企业狂热追捧：西门子、诺基亚、索尼、三星、佳能、东芝、本田……目前，世界500强当中有超过40%的企业在实施六西格玛。在中国，中远、上海航空、海南航空、上汽通用、联想、美的等企业都在积极实践，六西格玛管理的科学性、先进性、有效性也一再得到验证和肯定。

六西格玛是一种改善企业流程管理质量的技术，以“零缺陷”为追求，提高顾客满意程度的同时降低经营成本和周期。它是通过提高组织核心过程的运行质量，进而提升企业盈利能力的管理方式，也是在新经济环境下企业获得竞争力和持续发展能力的经营策略。

7.5.2 六西格玛的特点

六西格玛的特点体现在真正了解和关注顾客需求的前提下，要以数据驱动管理，同时采取主动管理的方法，展开无边界合作，对过程中存在的不稳定因素采取措施，追求完美的同时也要容忍失败。

1. 真正关注顾客

顾客是指接受产品或服务的组织或个人，顾客分为外部顾客和内部顾客。外部顾客包括中间用户和最终用户，内部顾客包括企业内部员工等。六西格玛管理业绩测量的起点和终点都是“顾客的心声”，以顾客贯彻始终，从而真正关注顾客。那么顾客关注什么呢？顾客关注的是产品或服务的质量、成本、供应、售后、安全等问题。六西格玛管理首先要确定顾客的需求以及确定能满足这些需求的流程。没有满足顾客需求即构成“缺陷”。六西格玛管理正是在逐步降低“缺陷”的过程中提高顾客的满意度的。

2. 以数据驱动管理

在六西格玛中，确定要解决的问题要靠收集数据，衡量目前的水平要靠数据，实际做到的与期望做到的差距要靠数据，可以说用数据说话是六西格玛管理的显著特点。六西格玛管理要求测量影响顾客满意的所有因素，通过评估系统，跟踪结果和产出，并追溯生产、服务和业务流程的投入和其他可预测因素。六西格玛用数据作为基础，来支持或推动决策的形成，而非确定性的、感觉的、经验的、情绪的、职位的方法和模式来进行决策和驱动管理，因为这些东西不稳定、不可靠、不科学。

3. 主动管理

主动管理（Proactive Management,PM）意味着在事件发生之前，预测问题、数据、状况等的变化方向和趋势，提前采取前瞻性、预防性的控制、纠偏措施，来保证生产过程朝着预期的目标发展。六西格玛强调要进行预防性的积极管理，积极管理意味着设定并跟踪有挑战性的目标，建立清晰的优先顺序，对采取预防措施和事后解决问题的人都给予同等程度的奖励，挑战传统的、静态的、被动的、消极的做事方法。

4. 无边界合作

无边界合作又叫“全面合作”。企业内部的分工能够极大提高劳动生产效率，但也会出现这种情况，即虽然企业内部各部门都很努力，加班加点、挥汗如雨地工作，可是最终的结果可能不完美、不协调，其问题就出在有边界的分工上面。无边界合作是指打破或不去理睬一切人为的屏障，例如职能、官衔、地域、种族、性别或其他障碍，直奔最佳想法。各部门从顾客利益而非部门利益出发，从顾客方便的角度来考虑问题，这样就容易目标一致，紧密协作，提供完美的产品或服务。六西格玛管理就是要打破组织的边界，展示能突出公司整体利益的效果。

5. 针对过程采取措施

任何生产或服务都有一个过程，过程就是把生产要素、要求、目标等输入因素，通过一系列的物理、化学、生物的、社会的作用和反应，形成产品和服务输出的一个流程。把要素投入之后，能否形成合格的、满足要求的产出，关键取决于生产过程本身。六西格玛强调要针对过程、而非针对结果采取措施。例如，加强检验就是对结果采取措施，接待不满顾客也是对结果采取措施，提高售后服务同样是对结果采取措施。其实不符合顾客要求的、不符合规定的，都是在生产过程中制造的，在随后的检验中漏掉的，最后到了顾客那里。六西格玛强调要对生产、服务过程中造成品质不稳定的因素采取控制措施，减少波动，防止缺陷的产生，从而从根本上解决问题。

6. 追求完美但容忍失败

六西格玛管理的实质就是在努力提供完美的、高水平服务的同时，努力降低企业的不良质量成本。为此要进行探索，要采取一些措施对企业生产、服务系统进行改进甚至进行全新设计，并建立六西格玛企业文化等。在这个追求卓越的过程中，并不是每一种方法、手段、措施都非常正确、得力和有效，有可能有些尝试是失败的。六西格玛管理强调要追求完美，但也能坦然接受或处理偶发的挫败，从错误中总结经验教训，进行长期的、持续的改进。

7.5.3 六西格玛的实施方法

DMAIC 模型是实施六西格玛管理的最重要、最经典的模型，主要侧重在已有流程的质量改善方面。

DMAIC 模型是六西格玛管理的一种基本思维方法，起源于摩托罗拉公司，发展于 GE 公司其优点在于其具有解决问题的基本思维方法，同时提供一系列的工具，非常实用。

DMAIC 是指定义（Define）、测量（Measure）、分析（Analyze）、改进（Improve）、控制（Control）五个阶段具体解释如下：

D：确定需要改进的产品或工序，决定项目需要什么资源。

M：定义缺陷，收集有关产品或工序现状（底线）的数据，确立改进的目标。

A：分析在测量阶段所收集的数据，以确定一组按重要程度排列的影响质量的变量。

I：优化解决方案，并确认该方案能够满足或超过项目质量改进目标。

C：确保对工序的改进一经实施就能够持之以恒，并确保工序不会返回到以前的状态。

DMAIC 模型如图 7-10 所示。

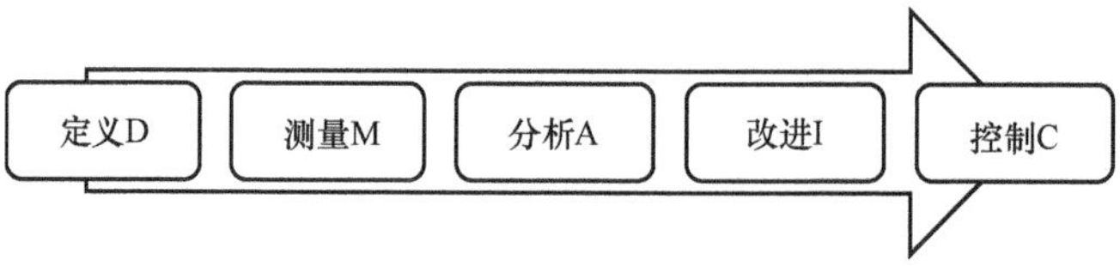

图 7-10　DMAIC 模型

DMAIC 模型的每个阶段又由若干个工作步骤构成，并且由一系列工具方法支持该阶段目标的实现。

7.6　案例：JC Penney 配送中心的质量管理创新

1. JC Penney 配送中心的基本情况

JC Penney 公司创立于 1902 年。20 世纪 90 年代初，JC Penney 公司完成了从连锁店到美国全国性百货商店的转变，迄今为止其在全美设有 1200 家大型服装商场，是美国最大的连锁百货商店、目录邮购和电子商务零售商之一，主要销售男装、女装、童装、珠宝、鞋类、饰品和家居用品等。

JC Penney 公司的一个配送中心位于加利福尼亚州，通过快速的传送分拣系统实现物品从港口到其地区分销中心的转运，每年要处理 900 万种订货，每天 25000 笔订单。该配送中心为 264 家地区零售店装运货物，无论是零售商还是消费者家，该配送中心都能做到 48 小时之内送货。哥伦布配送中心有 200 万 m^2 设施，雇用了 1300 名全日制员工，旺季时有 500 名兼职雇员。JC Penney 公司在其位于密苏里州的堪萨斯城、内华达州的雷诺以及康涅狄格州的曼彻斯特的其他三个配送中心里成功地实施了质量创新活动，能够每天 24 小时为全国 90%的地区提供服务。

2. 物流质量管理创新

JC Penney 公司真正的竞争优势在于其优质的服务。该公司管理部门认为，这种服务的优势应归功于 20 世纪 80 年代中期该公司所采取的三项创新活动，即质量循环、精确至上及激光扫描技术（见图 7-11）。

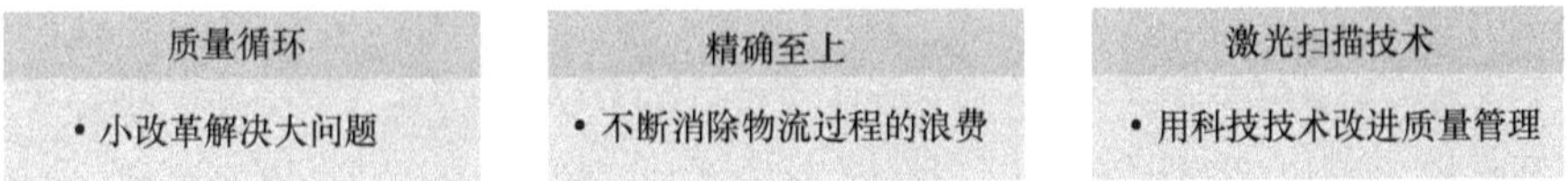

图 7-11　JC Penney 公司采取的三项创新活动

（1）质量循环：小改革解决大问题。1982 年，JC Penney 公司首先启动了质量循环活动，以期维持和改善服务水平。管理部门曾经担心，质量管理的想法会导致管理人员企图简单地花点钱来“解决问题”。然而，员工们经慎重考虑后提出的一系列小改革消除了管理部门的这种担心。这些改革解决了工作中存在的一些主要问题，其中包括根据人们的建议创建的中央工具库，用来方便取用工具并提高工具效率。

（2）精确至上：有效提升服务品质。精确至上的创新活动旨在通过排除收取、提取和装运活动中存在的缺陷，以提高服务的精确性。因此，提供精确的顾客信息和完成订货承诺被视为头等大事。这就意味着当有电话订货时，公司必须能够可以准确地告知某个产品是否有现货，何时可以送货上门等信息。为了确保产品在质量和数量上的正确，JC Penney 公司使用最先进的计算机系统代替人工作业，针对每次装运的商品，进行质量控制和精确的数量检查，同时，把订购商品配送至“自提点”，以减少顾客的取货时间。

（3）激光扫描技术：改进质量管理。第三项质量管理创新活动是应用激光扫描技术，以 99.9%的精确性来跟踪 230000 个存货单位的存货。JC Penney 公司最初位于密尔沃基的配送中心是用手工来处理各种产品项目的储存和跟踪的，接着便开始用计算机键盘操作替代手工操作，这一举动使产品项目的精确性接近了 80%。而激光扫描技术则被看作是既提高记录精度，又提高记录速度的手段。但是，刚开始启动激光扫描技术时的结果并不理想，因为一系列的扫描过程需要精确地读取每一个包装盒子上的信息。然而，在某些情况下，往往需要扫描四次才获得一次读取信息。JC Penney 公司需要一种系统，能够按每秒三次的速度，从任何角度读取各种包装尺寸的产品信息。于是，公司内部的系统支持小组优化了硬件和软件来满足这一目的。

（资料来源：钱芝网．配送管理实务［M］，北京：高等教育出版社，2011）

思考题：

1. JC Penney 公司的物流质量管理对我们有什么启示？
2. 怎样推动企业质量管理创新？

习题

1. 质量管理中常用的管理工具有哪些？
2. 质量管理中常用的方法有哪些？
3. 简述 PDCA 循环的实施阶段和步骤。
4. 推行 ISO9000 对公司和个人来说有什么好处？
5. ISO9000：2015 族标准的核心标准有哪些？
6. DMAIC 由哪几个阶段构成？
7. 请计算数据组“36，38，38，38，39，40，42，44，44，4000”的均值、中位数、众数、标准差和极差。
8. 某厂用直方图分析螺栓的质量分布状况。收集了 100 个外径数据，得到其中的最大值 X_{max}=7.938mm，最小值 X_{min}=7.913mm。若取 k=10，试确定该直方图的组距和第 1 组的上、下限值。
9. CNC 精密仪器制造公司成立于 1982 年，当时只有三个人。如今，该公司已有员工约 170 人，制造精密金属元件薄板、电子机械零件及定制产品，主要涉及办公设备、医疗设备等。1997 年其年收入总计为 950 万元。该公司已将质量改进作为其最基本的经营计划，以实现五个主要业务驱动方面的长期与短期目标：顾客满意、员工满意、股东价值、运营业绩及供应商伙伴关系。

   实施质量改进计划后，该公司的员工流动率明显降低，从 1989 年的 45%降低到 1996 年和 1997 年的 3%，产品缺陷率也大幅下降，该公司甚至对定制产品提供了全面质量保证。按时交货业绩从 1992 年的 85%增加到 1997 年的 99%。资产利润率持续超过同行业平均水平。顾客满意度也呈逐步上升趋势。在 1989 年时，公司的领导提出了如下愿景：“在 CNC 公司成长的过程中，我们每个人共同分担责任，同步成长，共同分享利益。作为一个团队，我们如何实现这个目标呢？质量！质量并非是公司内部单一部门的质量，而是全面质量，它包含在我们说的每一句话、做的每一件事之中。作为一个坚不可摧的团队，我们每个人都朝着同一方向努力。显然，我们会成为我们的顾客、行业以及社会所期望的领军人物。”

讨论问题：结合上述案例谈谈全面质量管理是否只适合大型企业。

参考文献

［1］苏铁军，温华玲．全面物料质量管理［M］．北京：机械工业出版社，2014.
［2］季香君，徐瑞园．现代生产与运作管理［M］．北京：清华大学出版社，2014.
［3］朱兰．领导者的质量思维［M］．北京：焦叔斌，译．中国人民大学出版社，2013.
［4］马风才．运营管理［M］．北京：机械工业出版社，2013.
［5］周晓晔．物流质量管理［M］．北京：清华大学出版社，2012.
［6］苏秦．质量管理［M］．北京：中国人民大学出版社，2011.

[7] 埃文斯．质量管理与质量控制 [M]．焦叔斌，译．北京：中国人民大学出版社，2010.
[8] 高光锐，任俊义．生产与质量管理 [M]．北京：电子工业出版社，2011.
[9] 周尊英，刘海峰，孙建国．质量管理实用统计技术 [M]．北京：中国标准出版社，2009.
[10] 韩直能，李喜军，郑志宏．现代质量管理统计方法 [M]．北京：科学出版社，2007.
[11] 吴陵庆．质量管理体系基础教程 [M]．北京：北京理工大学出版社，2007.
[12] 亓四华．六西格玛管理概论 [M]．合肥：中国科学技术大学出版社，2008.
[13] 李晓光．质量管理学 [M]．北京：中国人民大学出版社，2006.
[14] 张凤荣．质量管理与控制 [M]．北京：机械工业出版社，2006.
[15] 福斯特．质量管理：集成的方法 [M]．何桢，译．北京：中国人民大学出版社，2006.
[16] 柳和玲．物流运作案例剖析 [M]．北京：中国物资出版社，2006.

第 8 章

物料需求计划与企业资源计划

本章导引

企业资源计划（Enterprise Resource Planning，ERP）是一种以提高客户满意度为目标不断进行优化的供应链管理思想，同时也是融合了企业最佳实践和先进信息技术的新的管理工具。ERP 利用信息科学的最新成果，根据市场的需求对企业内部和其供应链上各环节的资源进行全面规划、统筹安排和严格控制，以保证人、财、物、信息等各类资源得到充分合理的应用，从而达到提高生产效率、降低成本、满足顾客需求、增强企业竞争力的目的。物料需求计划（Material Requirement Planning，MRP）是用于制造业中库存管理信息处理的系统，MRP 是 ERP 的雏形。本章主要论述 MRP 和 ERP 的基本概念、原理和应用。

本章要点

1. 理解 MRP 和 ERP 的基本概念和原理。
2. 掌握生产计划的构成及其相互关系。
3. 能够描述物料需求计划的过程，掌握主生产计划表及产品结构树，掌握物料需求计划的制定。
4. 了解 MRP、MRPII 与 ERP 的演进，能够描述 ERP 实施过程中需注意的问题。

8.1 生产计划的构成

8.1.1 生产计划的组成部分

企业里有各种各样的计划，这些计划是分层次的，一般可以分成战略计划、战术层计划与作业层计划三个层次，战略层计划涉及产品发展方向，生产发展规模，技术发展水平，新生产设备的建造等；战术层计划是确定在现有资源条件下所从事的生产经营活动应该达到的目标，如产量、品种、产值和利润；作业层计划是确定日常的生产经营活动的安排。三个层次的计划有不同的特点，从战略层到作业层，计划期越来越短，计划的时间单位越业越细，覆盖空间范围越来越小，计划内容越来越详细，计划中的不确定性越来越小。

生产计划是一种战术性计划，一般由综合生产计划、主生产计划、物料需求计划和作业计划构成。

综合生产计划（Aggregate Production Planning，APP）是在对企业未来较长一段时间内资源和需求之间的平衡所做的概括性设想，是根据企业所拥有的生产能力和需求预测对企业未来较长一段时间内的产出内容、产出量、劳动力水平、库存投资等问题所做的大致性安排。应该指出的是，综合生产计划的产出量是对某类产品的总量而言的，而不是分类产品的产出量。

主生产计划（Master Production Schedule，MPS）是确定每一具体的最终产品在每一具体时间段内生产数量的工作安排。这里所说的最终产品，主要是指经过生产加工过程将要出厂的成品，它可以是直接用于消费的消费产品，也可以是提供给其他企业使用的部件或配件。主生产计划通常以周为单位，在有些情况下，也可以以旬或月为单位。

在主生产计划确定以后，生产管理部门下一步要做的是确保最终产品所需的全部物料（原材料、零部件等）及其他资源在需要的时候能够及时、准确供应。物料需求计划（Material Requirements Planning，MRP）就是制订生产所需的原材料和零部件的生产采购计划。也就是说，物料需求计划要解决的是主生产计划规定的最终产品在生产过程中相关物料的需求问题，这种相关物料需求的计划和管理比独立需求要复杂得多，对企业来说也十分重要。这是因为只要在物料需求计划中漏掉或延误一种物料，就会导致整个产量的生产不能完成或延误。有关物料需求计划的详细内容将在本章中介绍。

当完成物料需求计划后，根据物料需求计划的结果，需要外购的就形成了采购计划，需要企业自身加工生产的就形成了车间作业计划。作业计划是关于车间内每项具体作业的时间和组织安排，即详细的时间安排及各产品生产的先后顺序。

8.1.2　生产计划各部分之间的关系

在生产企业中，综合生产计划、主生产计划、物料需求计划和作业计划的关系如图 8-1 所示。

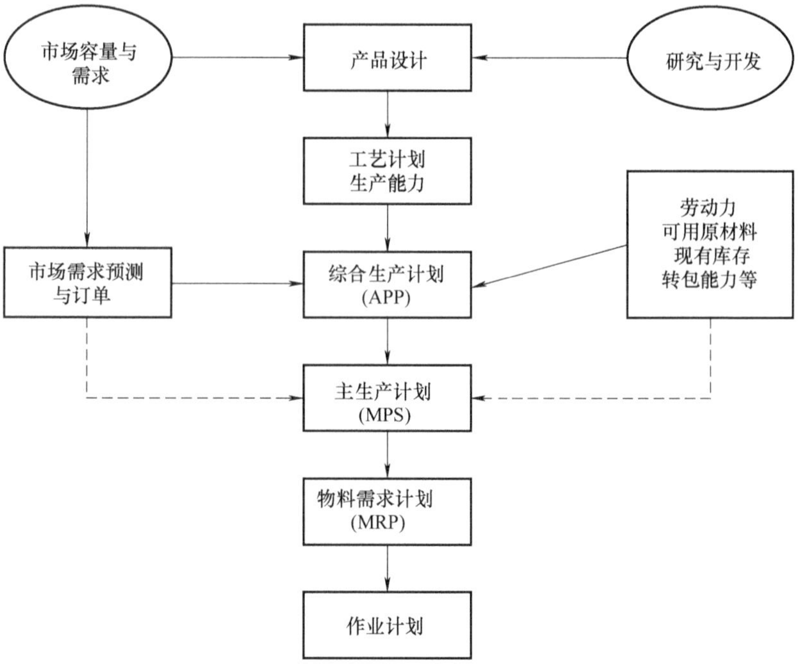

图 8-1　MRP 流程

综合生产计划是生产计划系统的一部分，一般是按月或季度制定的。图 8-1 表明在制定综合生产计划时，管理者不仅要从市场部门的需求预测中获得信息，还要从财务数据、员工、生产能力及原材料的现状分析中获得信息。当综合生产计划制定后，在执行时，要分解成主生产计划，按最终交付给客户的产品规格、型号安排生产。主生产计划首先解决的是产品的出产进度问题；其次是主生产计划所需物料的采购问题，这样就要根据主生产计划所规定的具体产品的出产进度制订物料需求计划；最后加工车间要根据物料需求计划的要求安排各种零部件的详细作业计划，并解决加工的先后顺序问题。

8.2 物料需求计划

8.2.1 物料需求计划的基本概念

MRP 用于生产企业的库存管理，是由美国生产和库存管理协会于 20 世纪 60 年代初提出的。在这以前，企业的物料库存管理通常采用订货点法，当库存水平低于订货点时，就开始订货。应用订货点法的前提条件是：物料需求是连续发生的；提前期是已知且固定的。订货点法在物资消耗量平稳的情况下适用，但是，当按照顾客订单来生产时就会出现问题。由于在生产中使用各种物资的提前期不一样，同时采购所需物资，就可能使物资积压，占用大量资金。

为了克服订货点法存在的缺陷，美国库存协会提出了 MRP 技术。MRP 是一个基于计算机的信息系统，为相关需求库存（例如原材料、组合零件、零件等）的订货与时间进度安排而设计。从预订日期开始，用交货周期及其他信息决定何时订货以及订多少货，来把产成品特定数量的生产计划反向转换成组合零件与原材料需求计划。因此，由对最终商品的需求推导生成了对计划期（如以周为单位）分解开来的底层零件的需求，使订货、制作与装配过程都按照确定的时间安排，准时地完成最终产品，并使库存保持在合理的低水平上。

我国国家标准《物流术语 GB/T 18354—2006》对 MRP 的定义如下：MRP 是一种制造企业内的物料计划管理模式。根据产品结构各层次物品的从属和数量关系，以每个物品为计划对象，以完工日期为时间基准倒排计划，按提前期长短区别各个物品下达计划时间的先后顺序。

从实际中看，组装产品的订货与时间进度安排往往会遇到两个困难。一个是建立时间进度安排的任务量太大，既要追踪大量的零件，又要应付进度与订货的变化。另外一个则是没有把独立需求与相关需求区别开来（独立需求是指外界或消费者对制成品或最终产品的市场需求，这个需求量由市场决定，企业本身只能根据以往经验进行预测，而无法加以控制或决定。而相关需求是指与其他需求有内在相关性的需求，根据相关性，企业可以精确地计算出它的需求量和需求时间，是一种确定型需求）。而 MRP 为制造商提供了一个解决思路。

8.2.2 物料需求计划的基本原理

物料需求计划（MRP）始于最终产品的生产时间，再将这个时间安排转换为特定时间生产产成品所需零件以及原材料的时间进度安排。因此，设计 MRP 是用来回答 3 个问题的：需要什么、需要多少及何时需要？

MRP 的主要输入内容是物料清单，它表明了某产成品的主要组成部分；一份主生产计划，它表明产成品的需要数量与时间；一份库存信息，它表明持有多少库存，还需要订多少货等。计划者对这些信息进行加工，以确定计划期间各个时间点的净需求。

该过程的输出包括：计划订单、订单发布、计划订单的变化等主报告，绩效控制报告、计划工作报告、例外报告等二级报告。

8.3　物料需求计划的计划过程

8.3.1　MRP 的输入

MRP 系统的原理概览如图 8-2 所示。MRP 系统有三个重要信息来源：主生产计划、物料清单与库存信息。下面分别讨论。

1. 主生产计划

主生产计划（MPS）主要决策生产哪些最终产品、何时需要及生产多少数量。如表 8-1 所示，在计划期间内最终产品 X 的计划产出（选取其主生产计划的一部分）。从进度表可以看出，第四周开始时需要（例如，送货给客户）100 单位，第 8 周开始时还需要 150 单位的 X 产品。

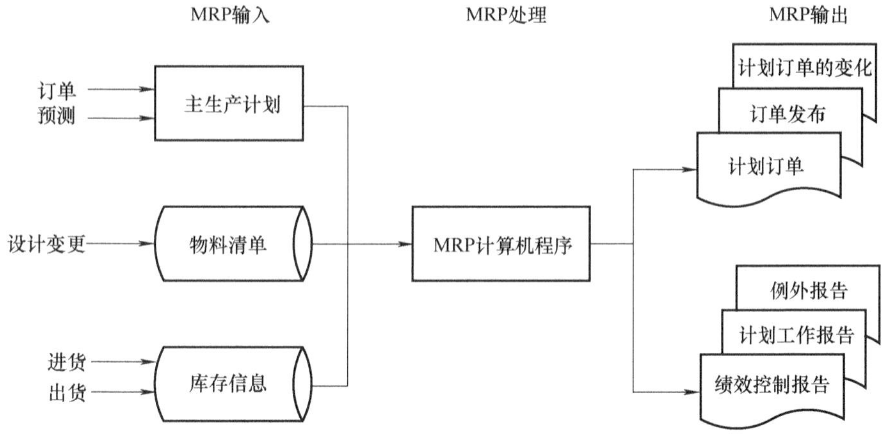

图 8-2　MRP 原理

表 8-1　最终产品 X 的主生产计划

时间（周） 数量	1	2	3	4	5	6	7	8
产品：X				100				150

主生产计划的数据来源有多个方面，包括客户订单、预测及仓库补充季节性库存的需求。

主生产计划将计划期分割成了一系列的时间期间或时间单元，这些期间或单元往往用周表示。时间单元无须都以周为单位，近期的主生产计划时间往往以周表示，而远期的则以月或季度表示。通常，较远期的不确定性更强。

尽管主生产计划没有设置其必须要覆盖的时间，但许多管理者还是喜欢把计划期间做的远到足以对近期可能发生的任何需求及时做出响应，并且最终产品的主生产计划必须覆盖所有流程积累的生产提前期。假设连续生产或装配过程所必需的提前期总量如图 8-3 所示：从第二周初开始进行采购，耗时 2 周；从第四周初开始将采购来的原材料加工成零件，耗时 3 周；从第七周初开始进行零件的装配工作，耗时 2 周；最后从第九周初开始将装配好的零件组装成最终产品。从订购原材料到最后完成组装过程共需 9 周的生产提前期。

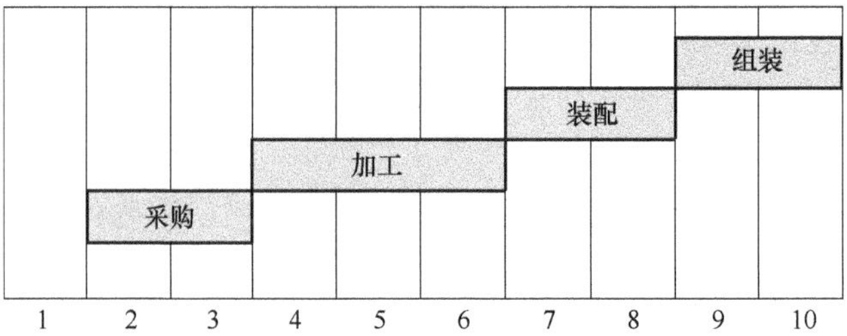

图 8-3　计划期间必须覆盖累积的提前期

2. 物料清单

物料清单（Bill of Material，BOM）是一张具有层次结构的列表，反映了产品的组成与结构信息，也就是说明了是由哪些物料构成的，需要多少物料，是如何制造出来的。每件产成品都有自己的物料清单。

如果把物料清单描绘成一个树状结构，将产品装配过程所需的零件形象地、视觉化地展现出来，则是产品的装配图和产品结构树。例如，如图 8-4 所示的即是一把椅子的装配图

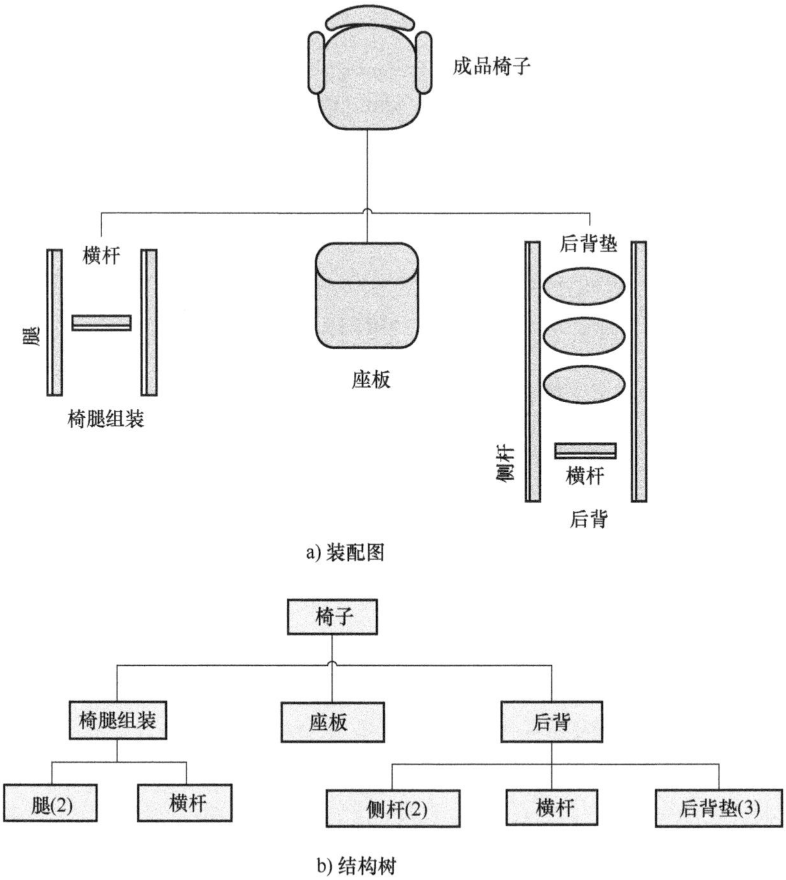

图 8-4　椅子装配图与产品结构树

及其产品结构树。椅子的产品结构树很简单，最终产品（椅子）在树梢位置，紧下边就是各个部件或主要零件，只有把它们拼凑在一起才能形成最终产品。主要部件之下，则是更小的零件，沿树向下，显示着制作或装配每单位上层零件所需的零件，零件名称后面括号内的数字代表每装配 1 个单位上层零件所需的该零件的数量，没有标注的则默认为 1 个单位。

将产品结构树转换为数据格式，也就是物料清单，如表 8-2 所示。

表 8-2　物料清单

层　次	物料名称	数　量
0	椅子	1
1	椅腿组装	1
1	座板	1
1	后背	1
2	腿	2
2	横杆	2
2	侧杆	2
2	后背垫	3

3. 库存信息

库存信息包括各原材料和零件、产品的库存状态，也包括需求总额、预期收货量以及期望持有量，它还包含各零件的其他细节，如供应商、生产提前期、订货批量等。由收发货形成的库存变化，订单取消以及类似事件都记录在此文件中。

像物料清单一样，库存信息也务必准确。当持有数量不正确，或期望送货时间不恰当时，这些关于货物需求量或送货时间的错误信息，都会对 MRP 结果造成负面影响。

8.3.2　MRP 的输出

MRP 系统能够向管理者提供相当多的输出信息，它们通常被分为主报告与二级报告，前者是主要内容，后者则是可选输出。

（1）主报告。生产、库存的计划与控制是主报告的重要组成成分，报告通常包括以下内容：

- 计划订单，指明未来订单数量的时间进度安排；
- 订单发布，授权执行计划订单；
- 计划订单的变化，包括时间安排的改变、订货数量的改变与取消订单等。

（2）二级报告。绩效控制、计划工作与例外情况都属于二级报告，内容通常包括：

- 绩效控制报告，评价系统运营状况，帮助管理者衡量实际偏离计划的程度，包括送货遗漏与缺货，此外还提供用于评价成本绩效的信息；
- 计划工作报告，用于预测未来库存需求，它包括采购及其他用于评价未来物料需求的信息；
- 例外报告，唤起人们对重大差异的注意，重大差异包括最新订单与到货延迟、过高的残次品率、报告失误、对不存在的零件的需求等。

大量充足的输出信息能令 MRP 使用者满足其特定需要。

8.3.3 MRP 的流程

物料需求计划的制定是从主生产计划着手的，然后按物料清单将主生产计划转换成所需物料的时间表，利用此时间表来安排发给供应商的订单以及相关的内部操作，你会在装配时间表上发现各时期需求。

根据分析物料清单得出的零件和原材料的数量是物料总需求，尚未考虑现有库存持有量与预订接收量等因素。企业根据物料清单、已有库存量和即将到货零件等信息算出的实际需求叫作**物料净需求**。净需求的决定是 MRP 程序的核心，计算方法为总需求减去现有库存与预定接收量的总和，然后根据需求加上安全存货。

t 期间净需求 = t 期间总需求 − t 期间现有库存 − t 期间预订接收量 + 安全库存 （8-1）

最后依据净需求及前置时间推算出订单的发出时间以及数量。

为简化起见，本书案例及多数习题的计算中不考虑安全库存。净需求有时还需修正，即允许少量浪费，但出于简化需要，在此也忽略不计这种情况。

订货时间、订货批量和收货时间由订货计划和提前期等因素决定。根据订货政策，计划发出订货可以是指定数量的倍数，如以 50 个单位为基础数量，每次订货量可以为 50、100、150、…以此类推。当然，还可以恰好等于当时的需求量。尽管还有其他可能性，但这两种运用的最为广泛。

例如，设零件 i 现存量为 10 单位，前置时间为 2 周，批量最小为 25 单位。各时段的总需求量如表 8-3 所示（每个时段长为 1 周）所示。要求通过 MRP 系统计算表计算得出各时段的计划订货发出量（已知时段 1 和时段 2 的预计到达量分别为 25 和 25 单位）。

表 8-3　零件 i 各时段的总需求量

时　段	1	2	3	4	5	6	7	8
总需求量	10	15	25	25	30	45	20	30

计算过程如表 8-4 所示。

表 8-4　MRP 计算过程

时　段	0	1	2	3	4	5	6	7	8
总需求量		10	15	25	25	30	45	20	30
前期订货到达量		25	25						
期末库存量	10	25	35	10	10	5	0	5	0
净需求量		0	0	0	15	20	40	20	25
计划订货到达量					25	25	40	25	25
发出订货量			25	25	40	25	25		

下面我们用一个例子来说明实施 MRP 的流程。

【例 8-1】　一家生产高尔夫车的公司刚好收到一份 200 辆车的订单，且要求在第 8 周初就交货，部分产品结构树、生产提前期和库存信息如表 8-5 所示。表 8-5 中“高尔夫车零件”一列，括号内的数字代表安装 1 单位上一层次零件需要多少零件，如属于层次 2 的“支撑（4）”就代表每安装 1 单位层次 1 的“顶部”需要 4 个“支撑”，没有括号的项目默认为

1 个。用这些信息来解决下列问题。

（1）做出主生产计划表及产品结构树。

（2）制定一份物料需求计划来保证在第 8 周能按照配套订货来提供 200 辆高尔夫车。

表 8-5　产品信息

层　次	高尔夫车零件	提　前　期	库存信息
0	高尔夫车	1 周	0
1	顶部	1 周	40
1	底盘	1 周	20
1	顶部		
2	支撑（4）	1 周	200
2	覆盖物	1 周	0
1	底盘		
2	发动机	2 周	100
2	车身（含车轮）	3 周	50
2	座椅（2）	2 周	120

第一步：制作一张主生产计划表，如表 8-6 所示。

表 8-6　主生产计划表

周　数	1	2	3	4	5	6	7	8
数量								200

第二步：制作产品的产品结构树，如图 8-5 所示。

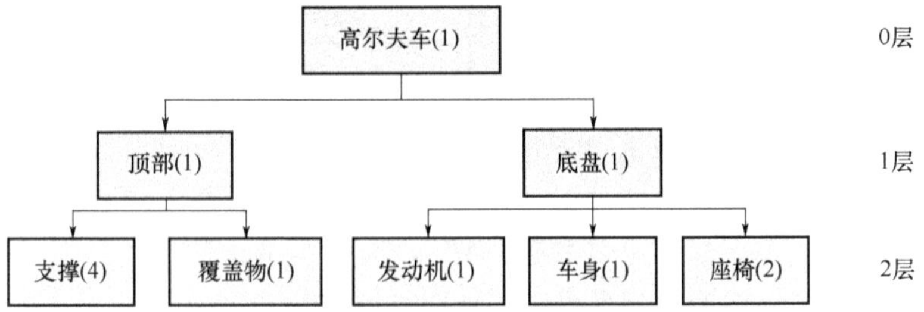

图 8-5　高尔夫车产品结构图

第三步：根据产品结构树编成物料清单，如表 8-7 所示。

第四步：确定各层次相关物料的总需求量。

处于层次 1 的物料总需求量 = 处于层次 0 的物料数量 × 处于层次 1 的物料数量

处于层次 2 的物料总需求量 = 处于层次 1 的物料总需求量 × 处于层次 2 的物料数量

……

依此类推，即可得到各层次各相关物料的总需求量。现已知物料相关库存信息如表 8-8 所示。

确定各层次相关物料的总需求量涉及物料需求计划的三大输入，即主生产计划、库存信息和物料清单。由主生产计划可知在一定时间内要生产200辆高尔夫车，因此有：

顶部总需求量（件）=200×1=200

底盘总需求量（件）=200×1=200

支撑总需求量（件）=200×4=800

覆盖物总需求量（件）=200×1=200

发动机总需求量（件）=200×1=200

车身总需求量（件）=200×1=200

座椅总需求量（件）=200×2=400

表8-7　物料清单

层　次	物料名称	数　量	提前期
0	高尔夫车	1	1周
1	顶部	1	1周
1	底盘	1	1周
2	支撑	4	1周
2	覆盖物	1	1周
2	发动机	1	2周
2	车身	1	3周
2	座椅	2	2周

表8-8　物料库存信息

	顶　部	底　盘	支　撑	覆盖物	发动机	车　身	座　椅
现有库存量	40	20	200	0	100	50	120
计划收到量							

第五步：根据上面数据计算各层次相关物料的净需求量。

{公式：净需求量 = 总需求量 − 计划收到量 −（现有库存量 − 已分配量）}

顶部净需求量（件）=200−40=160

底盘净需求量（件）=200−20=180

支撑净需求量（件）=800−200=600

覆盖物净需求量（件）=200−0=200

发动机净需求量（件）=200−100=100

车身净需求量（件）=200−50=150

座椅净需求量（件）=400−120=280

第六步：应用倒序排产法确定物料最迟完工或送达生产地点的日期。

然后由各工序提前期可知，要完成该产品的生产任务，应用倒序排产法以第8周为计算起点，逆向依次确定各物料最迟完工或送达生产地点的日期，结果如表8-9所示。

表8-9中的信息表明：车身、发动机、座椅、支撑、覆盖物最迟在第六周初配送到工

作中心，顶部和底盘最迟在第七周初组装完工，高尔夫车最迟在第八周初组装完工。

表 8-9　各物料最迟完工或到达工作中心日期

物料名称	支撑	覆盖物	发动机	座椅	车身	顶部	底盘	高尔夫车
日期	第六周初		第六周初			第七周初		第八周初

第七步：根据各物料的生产提前期、净需求量和需求时间确定采购任务及生产活动安排。

具体情况如下：最迟在第三周初采购车身 150 件；在第四周初采购发动机 100 件、座椅 280 件；在第五周初采购支撑 600 件、覆盖物 200 件；在第六周初，将支撑、覆盖物、发动机、座椅、车身一起配送到工作中心，再组装成 160 件顶部、180 件底盘；并在第七周初，随后将仓库中的 160 件顶部、180 件底盘一起配送到下一个工作中心，与现有库存件一起组装成 200 辆高尔夫车，且在第八周初完工。具体生产流程如图 8-6 所示。

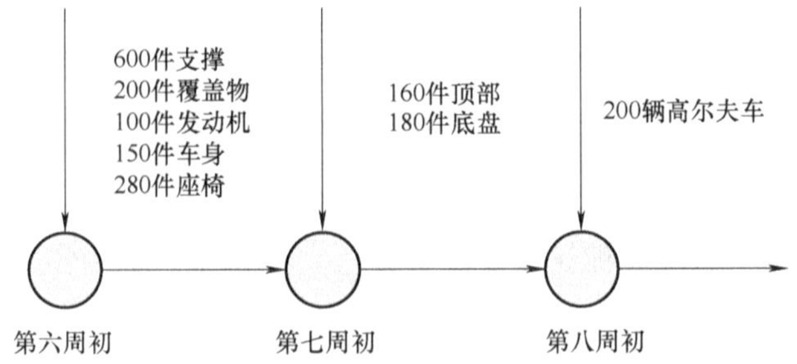

图 8-6　生产流程图

8.4　企业资源计划

8.4.1　MRP、MRP Ⅱ 与 ERP 的演进

1. 从 MRP 发展到 MRP Ⅱ

MRP 解决了订货点法进行物资库存管理的缺陷，但是随着 MRP 的推广应用，MRP 自身的不足也逐渐暴露出来。其一，由于 MRP 系统没有考虑企业的生产能力，当生产能力不足时，所制定的生产计划就无法完成；其二，MRP 系统没有考虑物料采购计划的可行性问题。有些物料可能由于市场紧俏、供货不足或运输工作紧张而无法按时按量满足物料采购计划，在这种情况下，MRP 系统的输出将无法实现。为了解决上述问题，20 世纪 70 年代，人们在 MRP 基础上开发了闭环 MRP 系统。

闭环 MRP 系统是将物料需求计划、生产能力需求计划、车间作业计划和采购作业计划纳入 MRP，形成一个封闭的系统。闭环 MRP 的规划对象也由单纯的物料扩展到了人力和设备等更多资源。它使生产活动方面的各种子系统得到了统一，但闭环 MRP 还存在两个问题；一是生产管理只是企业管理的一个方面，闭环 MRP 系统只涉及物流，没有涉及与物流密切相关的资金流。这在许多企业中由财会人员另行管理，从而造成数据的重复录入与存储，甚至是数据的不一致。二是经营规划与生产规划分别制订，经营规划如果不考虑研究开发以及其他不与生产直接相关的部分，那么不过是把生产规划的总和用货币来表示。

由于闭环 MRP 的不足，人们想到应该建立一个一体化的管理系统，减少数据间的不一致性和重复工作，实现资金流与物流的统一管理。随着该系统的建立与完善，最终形成了把生产、财务、销售、工程技术、采购等各个子系统集成的一体化系统，并称为制造资源计划（Manufacturing Resource Planning）系统。为了同物料需求计划系统（都缩写为 MRP）相区别，把它记为 MRP Ⅱ。我国国家标准《物流术语 GB/T 18354-2006》对 MRP Ⅱ的定义如下：MRP Ⅱ是在 MRP 的基础上，增加营销、财务和采购功能，对企业制造资源和生产经营各环节实行合理有效的计划、组织、协调与控制，达到既能连续均衡生产，又能最大限度地降低各种物品的库存量，进而提高企业经济效益的管理方法。

MRP Ⅱ具有如下特点：

（1）MRP Ⅱ实现了企业业务流程的集成及物流、信息流和资金流的集成，是整个企业范畴的资源计划。

（2）MRP Ⅱ把企业中各个子系统有机结合起来，组成一个全面生产管理的集成优化管理系统。其中，生产和财务两个子系统的关系尤为密切。

（3）MRP Ⅱ具有数据共享功能，同时也保证了数据的一致性。

（4）MRP Ⅱ具有模拟功能，能根据不同的决策方针模拟出各种未来将会发生的结果，如模拟将来物料需求，提出何种物料短缺的警告；模拟生产能力需求，发出能力不足的警告。

因此，MRP Ⅱ大大提高了 MRP 系统的应用效果，与此同时，它也成为企业高层管理机构的辅助决策工具。

随着 MRP Ⅱ管理技术的逐步成熟，MRP Ⅱ的应用范围由最初的机械电子等加工装配型企业，扩展到流程加工型企业，如制药、食品、化工、烟草等行业。因此 MRP Ⅱ已经超出了单纯的计算机系统的管理技术范围，而成为全球制造业推崇的先进企业的管理方法。

2. 从 MRP Ⅱ到 ERP

由于市场竞争的进一步加剧，企业竞争空间与范围进一步扩大，市场与客户需求变化的进一步加速，主要面向企业内部资源管理的 MRP Ⅱ已经不能满足企业的管理需求。在此背景下，20 世纪 90 年代初期，美国著名的管理咨询公司 Gartner Group 在 MRP 和 MRP Ⅱ的基础上，提出了面向全社会资源、体现供应链管理思想的集成式管理模式——企业资源计划（ERP）。企业资源计划（ERP）是从物料需求计划发展到制造资源计划，再从制造资源计划发展的下一个阶段。企业资源计划（ERP）是更有效的管理系统，通过努力整合企业的标准化记录，使得信息可以在企业内不同部门之间共享。

20 世纪 90 年代初，随着全球市场的形成，一些实施 MRP Ⅱ的企业意识到，以面向企业内部信息集成为主的 MRP Ⅱ系统，已经不能满足企业及时了解瞬息万变的全球市场的需求，不能确保企业迅速响应并组织供应来满足全球性市场竞争的要求。必须加强对企业所有资源的管理，扩大软件功能，把“前端办公室”（市场与客户）和“后端办公室”（供应商）的信息纳入管理信息系统。在市场全球化的形势下，需方和供方都已超越了国界，对管理信息系统功能的需求不断扩大。ERP 的出现，同 20 世纪 80 年代后期精益生产、动态联盟和供应链管理等管理思想的问世，是相互配合和呼应的。ERP 是在 MRP 和 MRP Ⅱ 的基础上适应社会发展的结果，三者间功能逐步拓展的情况如图 8-7 所示。

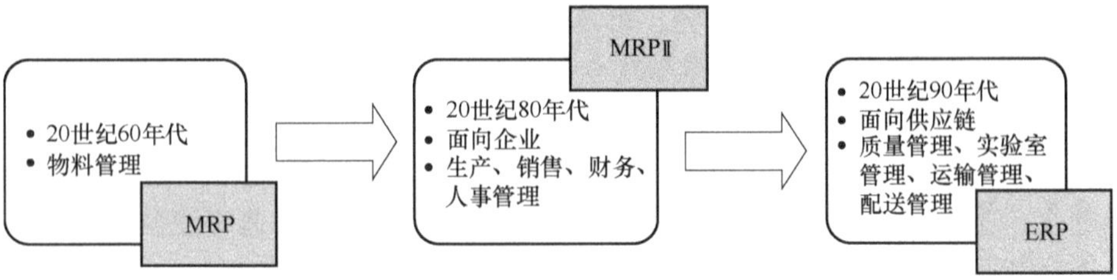

图 8-7　从 MRP 到 ERP 的功能拓展

8.4.2　ERP 的概念与核心思想

业务组织是一个复杂的系统，其中各个职能部门，如采购、生产、销售和分销、财务会计、人力资源等，必须合作行事才能完成组织的目标。然而，在某些业务组织所采用的组织结构中，信息能够在每个职能部门之内流动和共享，但是在部门之间的信息流动却并不通畅。为解决这种部门之间的信息共享问题，新的系统应运而生。

1. ERP 的定义

企业资源计划（Enterprise Resource Planning，ERP），最初被定义为一种应用软件，但其指导思想迅速为全世界商业企业所接受，现已经发展成为现代企业管理理论之一。企业资源计划系统，是指建立在信息技术基础上，以系统化的管理思想，为企业决策层及员工提供决策运行手段的管理平台。企业资源计划也是实施企业流程再造的重要工具之一，是属于大型制造业所使用的企业资源管理系统。世界 500 强企业中有 80% 的企业都在用 ERP 软件作为管理日常工作流程和帮助其决策的工具，企业对其认可程度可见一斑。

美国生产与库存控制协会对 ERP 的定义为：ERP 是一个财务会计导向的信息系统，其主要功能为，将企业用来满足客户订单所需的资源（包括采购、生产与配销运筹作业所需的资源）进行有效的整合与规划，以扩大整体运营绩效、降低成本。我国国家标准《物流术语 GB/T 18354—2006》对 ERP 的定义如下：ERP 是在 MRP Ⅱ 的基础上，通过前馈的物流和反馈的信息流、资金流，把客户需求和企业内部的生产运营活动以及供应商的资源整合在一起，体现完全按用户需求进行经营管理的一种全新的管理方法。

ERP 是整合了企业管理理念、业务流程、基础数据、人力物力、计算机硬件和软件于一体的企业资源管理系统。ERP 是先进的企业管理模式，是提高企业经济效益的解决方案。其主要宗旨是对企业所拥有的人、财、物、信息、时间和空间等综合资源进行综合平衡和优化管理，协调企业各管理部门，围绕市场导向开展业务活动，提高企业的核心竞争力，从而取得最好的经济效益。所以，ERP 首先是一个软件，同时又是一个管理工具。它是 IT 技术与管理思想的融合体，也就是先进的管理思想借助计算机，来达成企业的管理目标。

2. ERP 的特点

ERP 的主要特点是：包括并超越了 MRP Ⅱ 的功能范围和集成功能，支持流程工业的应用及支持混合式的生产类型，系统功能模块化，信息共享，等等。

（1）扩展了 MRP Ⅱ系统的范围和集成功能。除传统 MRP Ⅱ系统的范围（制造、供销和财务）外，ERP 系统还集成了企业其他管理功能，如质量管理、实验室管理、设备维修管理、仓库管理、运输管理、项目管理、市场信息管理、国际互联网和企业内部网、电子通信和电子商务、金融投资管理、法规与标准管理以及过程控制接口、数据采集接口等等，成为一种覆盖企业各个方面的全面的管理信息系统。

事实上，当前一些 ERP 软件的功能已远远超出了制造业的范围，把触角伸向各个行业，特别是金融业、通信业、高科技产业、零售业等。ERP 已成为一种适应性强、具有广泛应用意义的企业管理模式。但是，制造业仍然是 ERP 系统的基本应用对象。

（2）支持混合型生产方式。传统的 MRP Ⅱ系统把企业归类为几种典型的生产方式来进行管理，如重复制造、批量生产、按订单生产、按订单装配、按库存生产、连续流程等，对每一种类型都有一套管理标准。而在 20 世纪 90 年代初期，企业为了紧跟市场的变化，纷纷从单一的生产方式向混合型生产方式发展，许多企业的生产方式是“多品种小批量生产”和“大批量生产”两种情况或多种情况并存，而很少有单纯的离散制造环境和单纯的流程环境，因而更需要用不同的方法来制定计划。ERP 系统汇合了离散型生产和流程型生产的特点，能够很好地支持和管理混合型生产方式，满足企业多元化经营的需求。

（3）系统功能模块化。ERP 系统运用应用程序模块来对企业生产运营活动的所有环节实施有效管理。这些模块可以分为三大类：物流（Logistics）、财务（Accounting）、人力资源（Human Resource）。它们相互协作、共同作用，来处理企业中的经营管理任务。“物流”类模块实现对供应、生产、销售整个过程和各个环节的物料进行管理。“财务”类模块提供一套通用的记账系统，保证资产负债表与损益表的及时更新。此外，还能够进行资产管理，提供有关经营成果的报告，使得企业管理决策建立在客观、及时的信息基础上，协助完成企业的整体控制。“人力资源”类模块可以提供一个综合的人力资源管理系统，它综合了诸如人事计划、新员工招聘、工资管理和员工个人发展等各项业务活动。

（4）采用计算机和网络通信技术的最新成果，实现信息高度共享。ERP 系统除了已经普遍采用的诸如图形用户界面技术、SQL 结构化查询语言、关系数据库管理系统、面向对象技术、第四代语言 / 计算机辅助软件工程、客户机 / 服务器（C/S）、浏览器 / 服务器（B/S）和分布式数据处理系统等技术外，还要实现更为开放的不同平台的相互操作，采用适用于网络技术的编程软件，加强用户自定义的灵活性和可配置性功能，以适应不同行业用户的需要。网络通信技术的应用，使 ERP 系统得以实现供应链管理的信息高度集成和共享。

3. ERP 的核心管理思想

ERP 的核心管理思想就是实现对整个供应链的有效管理，主要体现在以下三个方面：

（1）对整个供应链资源进行管理的思想。在知识经济时代，企业单凭自身资源无法在市场竞争中赢得优势，必须把经营过程中的有关各方如供应商、制造共产、分销网络、客户等纳入一个紧密的供应链中，才能有效地安排企业的产、供、销活动，即利用社会资源，满足企业快速高效进行生产运营的需求，以期进一步提高效率和在市场上获得竞争优势。换句话说，现代企业的竞争不再是企业与企业之间的竞争，而是供应链与供应链之间的竞争。ERP 系统大大改善了社会经济活动中物流与信息流运转的效率和有效性，实现了对整个供应链资源的合理配置，帮助企业提高在知识经济时代适应市场竞争的能力。

（2）精益生产、同步工程和敏捷制造的思想。ERP 系统支持对混合型生产方式的管理，其管理思想表现在两个方面：其一是“精益生产（Lean Production）”思想，它是由麻省理工学院提出的一种先进生产方式，即企业按大批量生产方式生产时，把客户、销售代理商、供应商、协作单位纳入生产体系，企业同其销售代理、客户和供应商的关系，已不再简单地是业务往来关系，而是利益共享的合作伙伴关系，这种合作伙伴关系组成了一个企业的供应链。这就是精益生产的核心思想。其二是“敏捷制造（Agile Manufacturing）”思想。当市场发生变化，企业遇有特定的市场和产品需求时，企业的基本合作伙伴不一定能满足新产品开发和生产的要求，这时，企业会组织一个由特定的供应商和销售渠道组成的短期或一次性的供应链，形成“虚拟工厂”，把供应商和协作单位看成是企业的一个组成部分，运用“同步工程（Simultaneous Engineering）”组织生产，用最短的时间将新产品打入市场，时刻保持产品的高质量、多样化和灵活性，这就是“敏捷制造”的核心思想。

（3）事先计划与事中控制的思想。ERP 系统中的计划体系，主要包括主生产计划、物料需求计划、能力计划、采购计划、销售执行计划、利润计划、财务预算和人力资源计划等，而且这些计划功能与价值控制功能已完全集成到整个供应链系统中。

另一方面，ERP 系统通过定义事务处理（Transaction）相关的会计核算科目与核算方式，以便在事务处理发生的同时自动生成会计核算分录，保证了资金流与物流的同步记录与数据的一致性，从而实现了根据财务资金现状追溯资金的来龙去脉，并进一步追溯所发生的相关业务活动，改变了资金信息滞后于物料信息的状况，便于实现事中控制和实时决策。

总之，借助 IT 技术的飞速发展和广泛应用，ERP 系统得以将很多先进的管理思想变成现实中可实施应用的计算机软件系统。

8.4.3　ERP 系统的功能

ERP 系统功能在原有的 MRP Ⅱ 系统上有了很大的发展。ERP 系统主要包括三大功能模块：生产管理（计划、制造）模块、供应链管理（分销、物流管理）模块、财务管理（会计核算、财务管理）模块。ERP 系统的基本功能结构如图 8-8 所示。

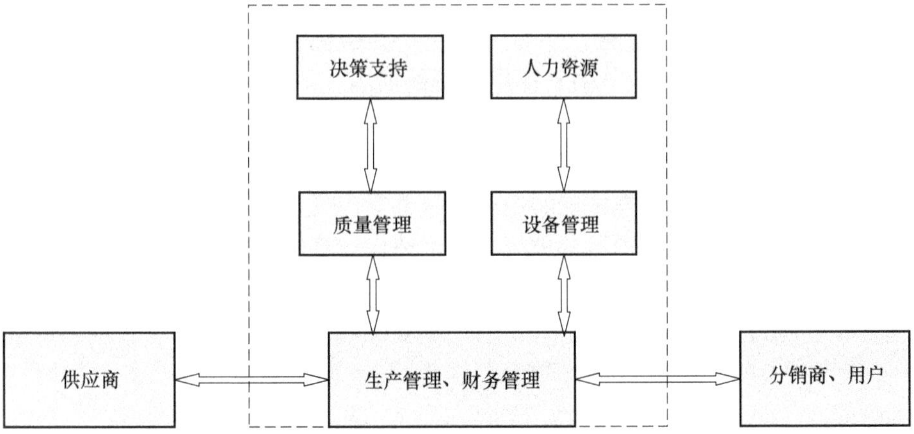

图 8-8　ERP 系统的基本功能结构

1. 生产管理模块

由于很多企业扩大为集团企业，企业又有跨地区的销售网与代理商进行销售，一些企业又在外地设立或兼并工厂，在某些销售网点当地建立散件装配厂等，企业管理信息系统的管理范围超出了一个厂、一个地区的范围，ERP 系统必须处理这样错综复杂的多厂经营管理的问题。ERP 系统提供支持上述环境下经营管理的订单管理、需求计划管理、各生产厂的生产计划部署、分销仓库管理及运输管理。生产管理模块主要有以下关键内容：

主生产计划：此处的主生产计划跟前面介绍的 MRP 主生产计划是一样的。它将生产计划转为产品计划，在平衡了物料和能力的需要后，精确到时间、数量的详细的进度计划。是企业在一段时期内的总活动的安排，是一个稳定的计划，是以生产计划、实际订单和对历史销售分析得来的预测产生的。

物料需求计划：即 MRP。在主生产计划决定生产多少最终产品后，再根据物料清单，把整个企业要生产的产品的数量转变为所需生产的零件的数量，并对照现有的库存量，可得到还需加工多少、采购多少的最终数量。这才是整个部门真正依照的计划。

能力需求计划：它是在得出初步的物料需求计划之后，将所有工作中心的总工作负荷，在与工作中心的能力平衡后产生的详细工作计划，用以确定生成的物料需求计划在生产能力上是否可行。能力需求计划是一种短期的、当前实际应用的计划。

车间控制：这是随时间变化的动态作业计划，是将作业分配到具体各个车间，再进行作业排序、作业管理、作业监控。

制造标准：在编制计划中需要许多生产基本信息，这些基本信息就是制造标准，包括：

- 零件代码，对物料资源的管理，对每种物料给予唯一的代码识别。
- 物料清单，定义产品结构的技术文件，用来编制各种计划。
- 工序，描述加工步骤及制造和装配产品的操作顺序。它包含加工工序顺序，指明各道工序的加工设备及所需要的额定工时和工资等级等。
- 工作中心，使用相同或相似工序的设备和劳动力组成的，从事生产进度安排、核算能力、计算成本的基本单位。

2. 供应链管理模块

ERP 系统在供应链管理方面仍在不断完善。其主要目的是帮助企业提高用户满意度，使用户更好地了解生产过程，并参与企业某些领域，尤其是物流管理系统的业务。供应链管理的另一主要内容是协调支持供应链的所有个人、部门及主管的管理工作，使所有人都对任务有共同的了解与认识，去除各部门间的障碍，理解全部门需求并协同工作。这是实施并行工程的基础。各项工作由与此相关的项目小组完成。进程中小组成员各自安排自身的工作，但可以定期或随时反馈信息并对出现的问题协调解决。依据适当的信息系统工具，反馈与协调整个项目的进行。利用现代计算机集成制造（Computer Integrated Manufacturing，CIM）技术，在产品的研制与开发期间，辅助项目进程的并行化。

供应链管理能为企业带来如下益处：增加预测的准确性；减少库存，提高发货供货能力；减少工作流程周期，提高生产率，降低供应链成本；减少总体采购成本，缩短生产周期，加快市场响应。

3. 财务管理模块

ERP 系统强化了财务管理，其总账、应收账、应付账、固定资产管理各模块的功能更加完善。尤其是物料管理与财务管理的集成，不仅减少了重复的人工数据录入工作量，而且减少误差与时滞，保证了物料账与财务账的一致性。更重要的是，当今企业的产品价格与原材料价格都日益向国际市场价格逼近，国内企业尤其是国营企业逐渐失去国家的各种保护政策，在严峻的市场竞争面前，必须将财务管理和成本管理摆在重要地位。一些 ERP 系统支持企业建立三级责任中心的财务与成本管理体系，以便加强成本与效益的计划、监督与控制。一般的 ERP 软件的财务部分分为会计核算与财务管理两大块。

（1）会计核算。会计核算主要是记录、核算、反映和分析资金在企业经济活动中的变动过程及其结果。它由总账、应收账、应付账、现金、固定资产、多币制等部分构成。

（2）财务管理。财务管理的功能主要是基于会计核算的数据，再加以分析，从而进行相应的预测、管理和控制活动。它侧重于财务计划、控制、分析和预测。

这一部分是 ERP 系统的核心所在，它将企业的整个生产过程有机地结合在一起，使得企业能够有效地降低库存，提高效率。同时各个原本分散的生产流程的自动连接，也使得生产流程能够前后连贯地进行，而不会出现生产脱节、耽误交货的情况。

8.4.4 ERP 实施需要注意的问题

ERP 系统实施成功有两个基本条件，一个是合适的软件，另一个是有效的实施方法。其中有效的实施方法既包括人的方面的内容，又包括软件、硬件方面的内容。因此，在实施 ERP 过程中，需要注意以下问题：

（1）充分的准备工作。国内企业发展越来越快，管理模式逐渐跟不上市场的发展，所以急需用 ERP 系统来提高管理水平，这种情况往往存在需求风险。企业在应用 ERP 系统之前需要做好充分的准备工作，具体包括：

第一，理性的需求分析。企业在准备应用 ERP 系统之前，需要理性地进行需求分析：企业当前最迫切需要解决的问题是什么？ ERP 系统是否能够解决？在财力上企业能不能支持 ERP 的实施？基础管理工作有没有理顺？人员的素质够不够高？准备在上 ERP 之前是否需要咨询公司协助？如果能够决定什么是正确的事，然后再正确地做事，风险将大大降低。

第二，做好充分的信息准备，选择适合企业自己的软件。选择 ERP 软件必须遵循以下四个步骤：理解 ERP 原理，分析企业需求，选择软件，选择硬件平台、操作系统和数据库。前两项是为了更好地了解企业自身需求，后两项是为了有针对性地选择正确的软件。如果在购买 ERP 软件之前，对 MRP/MRP Ⅱ /ERP 的原理不甚了解，认为可以通过培训来弥补，那就大错特错了。在购买 ERP 软件之前，需要分析企业自身特点，了解企业当前迫切需要解决的问题，进而才能知道哪类软件能适应企业并帮助企业解决实际问题。企业选择软件，不必追究其是否为真正的 ERP 软件，选择软件功能也不能按企业的大小来区分，而要根据企业的产品特点、生产组织方式、经营管理特点的不同来选择适用的软件。

第三，企业需具备一定的能力水平。企业利用 ERP 提高企业竞争力，但要想使用好 ERP 这个工具，一定的能力水平是最基本的保证。如果企业本身基础管理不规范，就必须做好打持久战的准备，否则实施周期过长，企业和供应商信心将受到严重打击，项目搁浅的风险就会加大。别指望ERP改变你的管理模式和业务流程，它只是管理工具和先进思想，能不能用好它，要看企业和供应商的能力。

（2）建立 ERP 项目管理体系。ERP 项目是一个具有系统复杂、实施难度大、应用周期长等特点的企业管理系统工程，因此，企业在 ERP 应用过程中，必须从系统工程和科学管理的角度出发，建立健全项目管理体系和运营机制，以及专门的 ERP 项目小组以确保 ERP 项目的成功实施。

ERP 项目管理内容主要包括：制订明确、量化的 ERP 应用目标，进行 ERP 等现代管理知识的培训教育，引入企业信息化咨询，进行 ERP 项目需求分析，开展企业管理创新，进行业务流程重组，实行 ERP 项目监理制和 ERP 项目评价制等，要把实施 ERP 看成是企业本身的重要管理改革。

项目小组是 ERP 的动力引擎，该小组的素质直接影响企业的信息化建设。目前主要是由企业里搞计算机的人组成项目小组，这很显然是错误的，因为他们缺乏管理经验。项目小组是个团队，是个互补的团队，必须获得企业的足够授权，要处在企业一把手和其他部门之间，这样才能驾驭 ERP，否则会经常撞车。

（3）选择好的咨询商和供应商。第一，选择一家富有经验的管理咨询公司并能够充分发挥其咨询、顾问的作用至关重要。企业聘请管理咨询公司，可负责完成总体规划的设计，对企业领导和全体员工进行 ERP 理念的培训，项目的详细实施计划等等。然而，企业面对实施顾问或咨询顾问往往走两个极端，一是不相信咨询或实施顾问的作用，认为其不了解自己的企业；二是过分依赖实施顾问或咨询顾问，认为其有足够的经验。如果企业只把咨询和实施顾问看成是一个商家来赚取利润的工具，从而缺乏信任，项目将离失败越来越近。双方必须进行战略合作，不断地交流，互相学习，确定合理的阶段性目标。要学会求同存异，大家是平等的。双方如果能从平等互利的战略合作角度出发，项目的实施成功将会得到充分保障。

第二，ERP 不仅仅是一个管理工具，而是代表着先进的业务流程和管理思想。其实施是一个复杂的工程，是 IT 技术创新和管理创新的有机融合。这需要 ERP 供应商和企业长期共同努力，甚至需要第三方专业咨询服务商的参与才能够真正完全实现 ERP 应用，达到预期目标。因此，在对供应商选择时，需要选择能够进行长期合作并能提供即时服务的供应商。

此外，还需要注意制定具体的量化目标，做好业务流程重组，有针对性地实施 ERP，解决企业管理瓶颈，注重人力资源，提供完善的数据基础信息等。

8.5 案例：MRP 实例

8.5.1 案例一：MRP 计算实例解析

某产品 E 的产品结构树如图 8-9 所示。0层与1层物料的生产提前期为1周，2层物料的生产提前期为2周。在第1周开始时有 100 单位 R 的订单到货，在

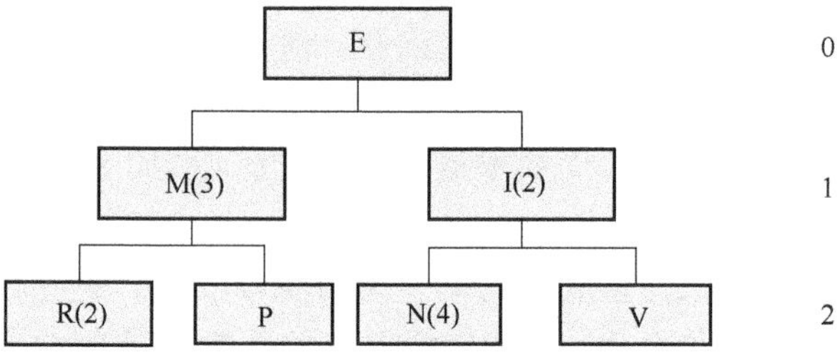

图 8-9　E 的产品结构树

第 1 周结束时另有 60 单位 M 的订单到货。用这些信息来解决以下问题：

（1）做出主生产计划表及物料清单。

（2）用 MRP 编制一个关于 E、M 和 R 的生产计划，使计划能满足第 5 周开始时完成 120 单位的 E（假设其他物料供应充足）。

案例一解题思路与例 8-1 大体相似。通过主生产计划表、产品结构树、物料清单和库存等信息编制物料需求计划。不同的是本例最后将用文字叙述搭配表格的方式来逐步编制需求计划，使过程更加直观、清晰。

第一步：制作主生产计划表，如表 8-10 所示。

表 8-10　主生产计划表

周　数	1	2	3	4	5
数量					120

第二步：已给产品结构树，因此直接制作物料清单，如表 8-11 所示。

表 8-11　物料清单

层　次	物料名称	数　量	提　前　期
0	E	1	1 周
1	M	3	1 周
1	I	2	1 周
2	R	2	2 周
2	P	1	2 周
2	N	4	2 周
2	V	1	2 周

第三步：根据主生产计划表、产品结构树、物料清单和到货信息编制物料需求计划。

主生产计划：第 5 周开始时可获得 120 单位 E。

产品 E：总需求等于主生产计划中给定的数量。既然没有库存持有量，净需求量也等于 120 单位。利用配套批量订货方式，120 单位必须被安排在第 5 周开始时获得。由于装配 E 有 1 周的交货周期，需要在第 4 周开始时发布订单（即开始工作）。

物料 M：M 的总需求 3 倍于 E 的净需求，因为每个 E 需要 3 个 M。它们必须在第 4 周开始时获得。净需求少了 60 单位，因为当时的预期持有量为 60 单位。于是额外的 300 单位 M 必须在第 4 周开始时获得。由于有 1 周的交货周期，因此必须在第 3 周开始时发订单。

物料 R：因为每个 M 需要 2 单位 R，组装 300 个 M 需要 600 个 R。然而，持有量为 100 单位，因此只需要订购 500 个。因为有 2 周的交货周期，500 个 R 必须在第 1 周开始时订货。

E 的主生产计划表及 E、M、R 的需求计划表如表 8-12~ 表 8-15 所示，表中 LT 代表生产提前期。

表 8-12　产品 E 的主生产计划表

周　　数	期初库存	1	2	3	4	5
数量						120

表 8-13　产品 E 的需求计划表

LT=1 周						
总需求						120
预期到货量						
预期库存量						
净需求						120
计划订货入库量						120
计划订货下达					120	

表 8-14　物料 M 的需求计划表

LT=1 周						
总需求					360	
预期到货量			60			
预期库存量			60	60	60	
净需求					300	
计划订货入库量					300	
计划订货下达				300		

表 8-15　物料 R 的需求计划表

LT=2 周						
总需求				600		
预期到货量		100				
预期库存量		100	100	100		
净需求				500		
计划订货入库量				500		
计划订货下达		500				

即：在第一周开始时订 500 个 R，第一周末到货。两周后装配出 300 个 M，即第三周末共有 300+60=360 个 M。经过一周，在第四周末时生产装配出 120 个产品 E，在第五周初满足 120 个产品 E 的需求。

8.5.2　案例二：安顺发动机公司 MRP 实例解析

苏主任是安顺发动机公司的生产计划主任，她刚参加了“物料需求计划（MRP）培训班”归来。学习班上讲授的内容，使她这位有多年实践经验的老生产计划员有茅塞顿开的感觉。她决定以 X-5 型发动机的几种主要零件为对象，亲手用 MRP 方法试编一个生产计划，以消化和巩固所学的知识。

第一步：苏主任先编制了一个 X-5 型发动机的主生产计划（投入计划），如表 8-16 所示，该计划给出了未来 12 周每周需组装的 X-5 型发动机的数量。

表 8-16　主生产计划表

工作周	1	2	3	4	5	6	7	8	9	10	11	12
产量	15	5	7	10	0	15	20	10	0	8	2	16

第二步：苏主任选择了齿轮箱和传动轴两种主要零件编制它们的物料需求计划，这两种零件与发动机的组装关系和提前期信息如图 8-10 所示。

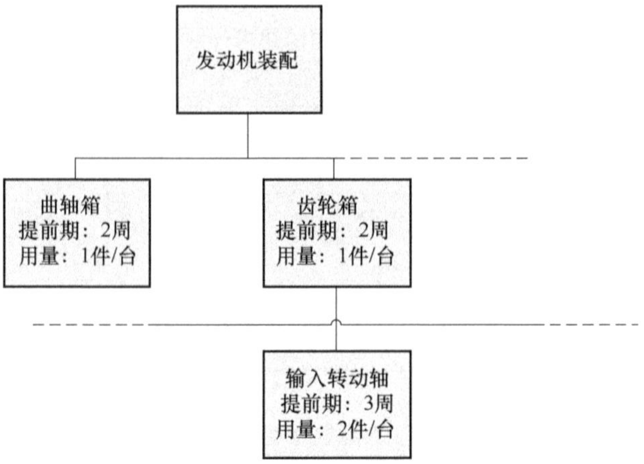

图 8-10　物料之间组装关系和提前期信息

从局部物料清单表 8-17 中可以看出，传动轴是齿轮箱的组成零件，齿轮箱是发动机的组成零件，三者在物料清单中分别处于第 2 层、第 1 层和第 0 层。

表 8-17　X-5 型发动机局部物料清单

层　次	物 料 名 称	数　量
0	发动机	1
1	齿轮箱	1
2	转动轴	2

为了编制 MRP 计划，苏主任又做了以下假设：①发动机的生产提前期为 1 周；②齿轮箱现有库存量为 17 件，另外还有 5 件齿轮箱的制造订单已经下达，计划于第 2 周入库，批量 20 件；③传动轴现有库存量为 80 件，没有计划订单入库，批量 40 件。

根据以上数据，编制出来的主生产计划如表 8-18 所示。发动机的需求计划如表 8-19 所示，计算出齿轮箱和传动轴的需求计划分别如表 8-20 和表 8-21 所示

表 8-18　发动机的主生产计划表

周　　数	期初库存	0	1	2	3	4	5	6	7	8	9	10	11	12
产量			15	2	7	10	0	15	20	10	0	8	2	16

表 8-19　发动机的需求计划表

周　　数	期初库存	0	1	2	3	4	5	6	7	8	9	10	11	12
总需求			15	2	7	10	0	15	20	10	0	8	2	16
预期到货量														
预期库存量														
净需求			15	2	7	10	0	15	20	10	0	8	2	16
计划订货入库量														
计划订货下达		15	2	7	10	0	15	20	10	0	8	2	16	

表 8-20　齿轮箱的需求计划表

周　　数	期初库存	0	1	2	3	4	5	6	7	8	9	10	11	12
总需求		15	2	7	10	0	15	20	10	0	8	2	16	
预期到货量				5										
预期库存量	17	2	0	18	8	8	13	13	3	3	15	13	17	
净需求				2			7	7			5		3	
计划订货入库量				20			20	20			20		20	
计划订货下达		20			20	20			20		20			

表 8-21　传动轴的需求计划表

周　　数	期初库存	0	1	2	3	4	5	6	7	8	9	10	11	12
总需求		40			40	40			40		40			
预期到货量														
预期库存量	80	40	40	40	0	0	0	0	0	0	0	0	0	0
净需求						40			40		40			
计划订货入库量						40			40		40			
计划订货下达			40			40		40						

此案例与案例一解题步骤相似，不同之处是主产品在不同时期均有需求。

从表 8-20 和表 8-21 中可看出：分别在第 0 周（初始周）、第 3、4、7、9 周开始时订购 20 件齿轮箱；分别在第 1、4、6 周开始时订购 40 件传动轴。

习题

1. 什么是物料需求计划?

2. MRP 的输入过程包括哪些内容?

3. 简要分析 MRP、MRP Ⅱ 和 ERP 的联系和区别。

4. 简要说明 ERP 实施过程中需要注意哪些问题。

5. 表 8-22 列出的是组装一个最终产品所需零件，提前期和库存量，且产成品的结构树如图 8-11 所示。

表 8-22 零件提前期和持有量

零　件	最终产品	B	C	D	E	F	G	H
提前期 / 周	1	2	3	3	1	2	1	2
库存量	0	10	10	25	12	30	5	0

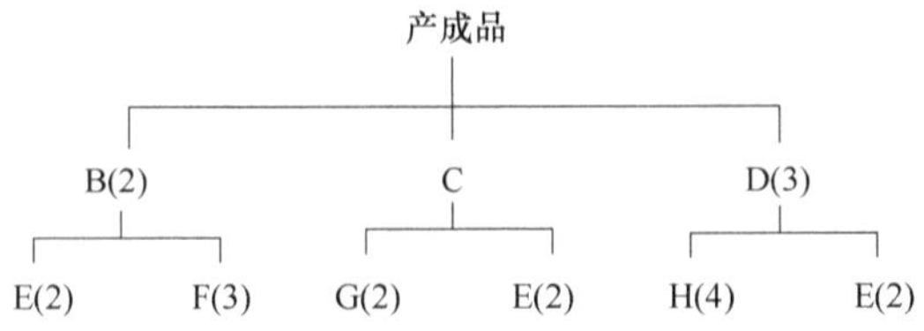

图 8-11 产品结构树

（1）如果组装 20 单位最终产品，额外需要多少单位的 E？（提示：求解过程做 MRP 计划）

（2）根据进度安排，第 11 周开始时有一份组装最终产品的订单。该订单最迟应该什么时候开始生产才能按时准备好？

6. 产品 P 包含 3 个零件：K、L 和 W。K 由 3 个 G 和 4 个 H 组成，L 由 2 个 M 和 2 个 N 组成，W 由 3 个 Z 组成。持有量为 20 个 L，40 个 G 和 200 个 H。已在途的订货为第 3 周初的 10 个 K，第 6 周初的 30 个 K，以及第 3 周初的 200 个 W。

第 6 周初将要运送 100 个 P，另外 100 个则在第 7 周初。K、L 和 W 的交货周期是 2 周，零件 G、H 与 M 则是 1 周。P 的最终装配需要 1 周。G 的每次订单计划都允许 10% 的残次品率。H 的最小订货批量是 200 单位。求：

（1）产品结构树。

（2）P 的主生产计划表。

（3）装配时间表。

（4）K、G、H 的物料需求计划（用配套批量订货方法）。

7. 假如你是组装电力工具商店的经理。你刚好收到一份 50 单位 P 产品的订单，应该在第 8 周初发货。A、B、C、D、E、F 是 P 产品的零件，有关 P 产品的信息如表 8-23 所示。

表 8-23 零件提前期和库存量

零　件	提前期 / 周	库 存 量	零　件
P	2	15	A (2)，B (1)，C (4)
A	1	10	E (3)，D (1)
B	2	5	D (2)，F (3)
C	2	65	E (2)，D (2)
D	1	20	
E	1	10	
F	2	30	

（1）编制产品结构树、主生产计划和装配时间表。

（2）应用配套订货，为零件 E 编制一个物料需求计划。

（3）假设现在生产零件 E 的生产能力限制在每一期最大生产量是 100 单位。修改一下 1~4 期的计划发出订单，使得在任何时期都不会超过最大生产能力，还要记住保持持有成本最小，E 的总需求保持不变。

8. 根据例 8-1，假设不寻常的好天气使得高尔夫车的订货数量和时间都产生了变化。修改过的计划要求在第 6 周开始提供 100 台高尔夫车，第 8 周开始 100 台，第 9 周开始 100 台。

（1）为这个修改后的计划编制一个主生产计划。

（2）确定顶部和底盘的订货数量和时间。

（3）假设由于设备问题，公司的组装底盘的能力下降为 50 单位 / 周。在仍然要满足运输日期的情况下，修改底盘的物料需求计划来反映这个变化。

参考文献

[1] 杨佳其 . 供应链管理 [M]. 北京：人民交通出版社，2006：128-142.

[2] 史蒂文森 . 运营管理 [M]. 张群，张杰，马风才，译 . 北京：机械工业出版社，2011：302-308.

[3] 胡万明 . 浅析生产物流计划之物料需求计划 [J]. 现代经济信息，2012，10：180-184.

[4] 陈志祥 . 我国企业 ERP 系统实施问题探讨 [J]. 中国软科学，2001，12：58-61.

[5] 郭俊华，唐元虎 . 我国企业实施 ERP 系统的现状及对策 [J]. 科学管理研究，2001，6：47-50.

[6] 刘洋 . 基于工作流的钢铁行业 ERP 研究 [D]. 北京：对外经济贸易大学，2006.

[7] 林键，张玲玲 .ERP 的未来发展趋势研究 [J]. 系统工程与管理实践，2002，4：70-74.

[8] 丁丹晨 . 制造业 MRP 系统的算法分析与实现 [J]. 现代生产与管理技术，2008，2：36-39.

[9] 仲秋雁，闵庆飞，吴力文 . 中国企业 ERP 实施关键成功因素的实证研究 [J]. 企业管理 .2004，2：73-78.

[10] 叶强，方安儒，鲁奇，等 . 组织因素对 ERP 使用绩效的影响 [J]. 管理科学学报 .2010，13：77-84.

[11] 张青山 . 生产运作管理 [M]. 北京：化学工业出版社，2011.

[12] 刘丽文 . 生产与运作管理 [M].5 版 . 北京：清华大学出版社，2016.

[13] 孙树栋 . 生产运作与管理 [M]. 北京：科学出版社，2010.

[14] 邱灿华 . 运营管理 [M]. 北京：化学工业出版社，2011.

[15] 孔庆善 . 运作管理 [M]. 北京：科学出版社，2006.

[16] 马庆龙 . 浅谈 ERP 运行中存在的问题和解决方法 [J]. 经济研究导刊，2013（9）：37-38.

[17] 郑称德，陈曦 . 企业资源计划：ERP [M]. 北京：清华大学出版社，2010.

[18] 李健，董锴，王颖纯 . 企业资源计划（ERP）及其应用 [M]. 北京：电子工业出版社，2013.

第 9 章

准时制生产

本章导引

准时制，又称为即时制，是 20 世纪 50 年代由日本丰田汽车公司创立的，是继泰勒的科学管理和福特的大规模装配线生产系统之后的又一革命性的企业管理模式。丰田公司的准时生产（Just in time，JIT）从本质上讲是一种生产管理技术，但就 JIT 生产方式的基本理念来说，“准时化”不仅仅限于生产过程的管理，现在也应用于采购、配送等方面。确切地讲，“准时化”是一种现代经营理念和先进的生产组织原则，它所追求的是生产运营全过程的彻底合理化。

本章要点

1. 了解准时制生产产生的背景。
2. 理解准时制生产的概念和基本思想。
3. 掌握准时制生产的目标和基本手段。
4. 掌握 JIT 和 ERP 的区别和联系。

9.1 JIT 的概念和核心理念

本节将主要对 JIT 的产生背景、概念、目标、基本思想和理念等内容进行辨析。

9.1.1 JIT 的产生背景和概念

日本汽车工业从其起步到今天经历了一个技术设备引进——国产化——建立规模生产体制——高度成长——工业巨大化——强化国际竞争力——出口增大——全球战略这样一个过程。但是，从一开始的技术设备引进阶段起，日本汽车工业就没有全部照搬美国的汽车生产方式。一个很重要的原因是，以丰田汽车公司副总裁大野耐一等人为代表的管理者，从一开始就意识到，美国汽车工业的生产方式虽然已很先进，但需采取一种更灵活、更能适应市场需求的、能够提高产品竞争力的生产方式。

20 世纪后半期，整个汽车市场进入了一个市场需求多样化的新阶段，而且对质量的要求也越来越高，给制造业提出的新课题即是如何有效地组织多品种小批量生产，否则，生产过剩所引起的设备、人员、库存费用等一系列的浪费，会威胁到企业的竞争能力甚至生存。

在这种历史背景下，1953 年，日本丰田汽车公司的副总裁大野耐一综合了单件生产和批量生产的特点和优点，创造了一种在多品种小批量混合生产条件下高质量、低消耗的生产方式——准时制生产。

JIT 生产方式在推广应用过程中，经过不断发展完善，为日本汽车工业的腾飞插上了翅膀，提高了生产效率。这一生产方式也为世界工业界所瞩目，被视为当今制造业中最理想且最具有生命力的新型生产系统之一。

准时制生产方式，即在正确的时间（right time）、正确的地点（right place）做正确的事情（right thing），以期达到零库存、无缺陷、低成本的理想生产模式。我国《物流术语》对 JIT 的定义为：JIT 是在精确测定生产各工艺环节作业效率的前提下按订单准确地计划，以消除一切无效作业与浪费为目标的一种管理模式。

9.1.2 JIT 的理念和目标

1. JIT 的理念

JIT 生产主张精简产品结构，不断简化与改进生产和管理过程，消除一切浪费。这里所说的浪费，按丰田公司的理解是：凡是超出生产所绝对必要的最少量的设备、材料、零件和工作时间，都是浪费。从价值工程的观点看，凡是超出增加产品价值所必需的最少的物料、机器和人力资源，都是浪费。从这一概念出发，加工零件会增加价值，将零件装配成产品会增加价值，但许多习以为常的生产过程中的活动是不增加价值的一种浪费。例如，清点、储存、搬运、质量检查等活动都是不增加产品价值的活动，从根本上说都是浪费。JIT 强调消除生产中的一切浪费，其中包括过量生产、零件与操作者的移动和等待时间、劣质品的生产、物料储存等。

在生产现场控制技术方面，JIT 的基本原则是在正确的时间，生产正确数量的零件或产品，即准时生产。它将传统生产过程中前道工序向后道工序送货，改为后道工序根据“看板”向前道工序取货。看板系统是 JIT 生产现场控制技术的核心，但 JIT 不仅仅是看板管理。

JIT 的基础之一是均衡化生产，使每阶段产品在各作业之间、生产线之间、工序之间、工厂之间，平衡、均衡地流动。为达到均衡化，在 JIT 中采用月计划、日计划，并根据需求变化及时对计划进行调整。

JIT 提倡采用对象专业化布局，用以减少排队时间、运输时间和准备时间。在工厂一级，采用基于对象的专业化布局，以使各批工件能在各操作间和工作间顺利流动，减少通过时间；在流水线和工作中心一级采用微观对象专业化布局和工作中心形布局，可以减少通过时间。

JIT 可以使生产资源得以合理利用，强调劳动力柔性和设备柔性。当市场需求波动时，要求劳动力资源也做相应调整。如需求量增加不大时，可通过适当调整具有多种技能操作者的操作来完成；当需求量降低时，可采用减少生产班次、解雇临时工、分配多余的操作工去参加维护和维修设备。这就是劳动力柔性的含义；而设备柔性是指在产品设计时就考虑加工问题，发展多功能设备。

JIT 强调全面质量管理，目标是消除不合格品，消除可能引起不合格品的根源，并设法解决问题。JIT 中还包含许多有利于提高质量的因素，如批量小、零件很快移到下工序、质量问题可以及早发现等。

JIT 与传统生产理念的对比见表 9-1。

表 9-1　JIT 与传统生产理念的对比

要　素	传统生产理念	JIT
存货	很多，抵消预测失误、供货延迟等	将运营所需降到最低
运输	很少、大量	多次、少量
批量	大	小
生产转换，运转	少，长期	许多，短期
卖主	长期关系很少见	伙伴
工人	完成工作所必需的	资产

2. JIT 的目标

工业企业是以盈利为目的的社会经济组织。因此，最大限度地获取利润就成为企业的基本目标。JIT 采用灵活的生产组织形式，根据市场需求的变化，及时、快速地调整生产，依靠严密细致的管理，通过“彻底排除浪费”，防止过量生产来实现企业的利润目标。为实现这一基本目的，JIT 必须能很好地实现以下三个子目标：零库存、零缺陷、高柔性。

（1）零库存。JIT 的基本思想是“只在需要的时候，按需要的量，生产所需的产品”，也就是追求一种无库存或库存最小化的生产系统。一个充满库存的生产系统，会掩盖系统中存在的各种问题。例如，设备故障造成停机，工作质量低造成废品或返修，横向扯皮造成工期延误，计划不周造成生产脱节等，都可以动用各种库存，使矛盾钝化、问题被淹没。表面上看，生产仍在平衡进行，实际上整个生产系统可能已千疮百孔。更可怕的是，如果对生产系统存在的各种问题熟视无睹，麻木不仁，长此以往，紧迫感和进取心将丧失殆尽。因此，日本人称库存是“万恶之源”，是生产系统设计不合理、生产过程不协调、生产运作不良的证明，并提出“向零库存进军”的口号。所以，“零库存”就成为准时制生产方式 JIT 追求的主要目标之一。

（2）零缺陷。传统的生产管理很少提出零缺陷的目标，一般企业只提出可允许的不合格百分比和可接受的质量水平。其观念是：一定数量的不合格品是不可避免的。而 JIT 的目标是消除各种产生不合格品的原因，在加工过程中每一工序都要求达到最优水平，追求零缺陷。

产品“错了再改”得花费更多的金钱、时间与精力，因此强调“第一次就做对”非常重要。每一个人若在自己工作中养成了这种习惯，凡事先做好准备及预防，认真对待，防患于未然，在很多情况下就不会有质量问题了。过去，企业总是对花在预防上的费用能省则省，结果却造成很多浪费，如材料、工时、检验费用、返修费用等。应该认识到，事后的检验是消极的、被动的，而且往往太迟。各种错误造成需要重做零件的成本，常常是预防费用的几十倍。因此，应多在缺陷预防上下功夫，也许开始时会多花些费用，但很快便能收回成本。

（3）高柔性。高柔性是指企业的生产组织形式灵活多变，能适应市场需求多样化的要求，及时组织多品种生产，以提高企业的竞争能力。面临市场多变这一新问题，JIT 必须以高柔性为目标，实现高柔性与高生产率的统一。为实现柔性和生产率的统一，精益生产方式 JIT 必须在组织、劳动力、设备三方面表现出较高的柔性。

1）组织柔性：在JIT生产方式中，决策权力是分散下放的，而不是集中在指挥链上。它不采用以职能部门为基础的静态组织结构，而是采用以项目小组为基础的动态组织结构。

2）人员柔性：市场需求波动时，要求人员也做相应调整。JIT的人员是具有多种技能的多面手，在需求发生变化时，可通过适当调整操作人员的操作来适应短期的变化。

3）设备柔性：与刚性自动化的工序分散、固定节拍和流水生产的特征相反，JIT采用适度的柔性自动化技术（数控机床与多功能的普通机床并存），工序相对集中、没有固定节拍，物料非顺序输送。这使JIT在中小批量生产的条件下，能实现接近大量生产方式的高效率和低成本，同时具有刚性自动化生产方式所没有的灵活性。

9.2 JIT的基本手段

为了达到降低成本这一基本目标，对应于上述基本目标的三个子目标，JIT的基本手段也可以概括为下述三个方面：适时适量生产；弹性配置作业人数；质量保证。

这三个方面所组成的JIT体系如图9-1所示。下面小节将详细介绍这三方面的内容。

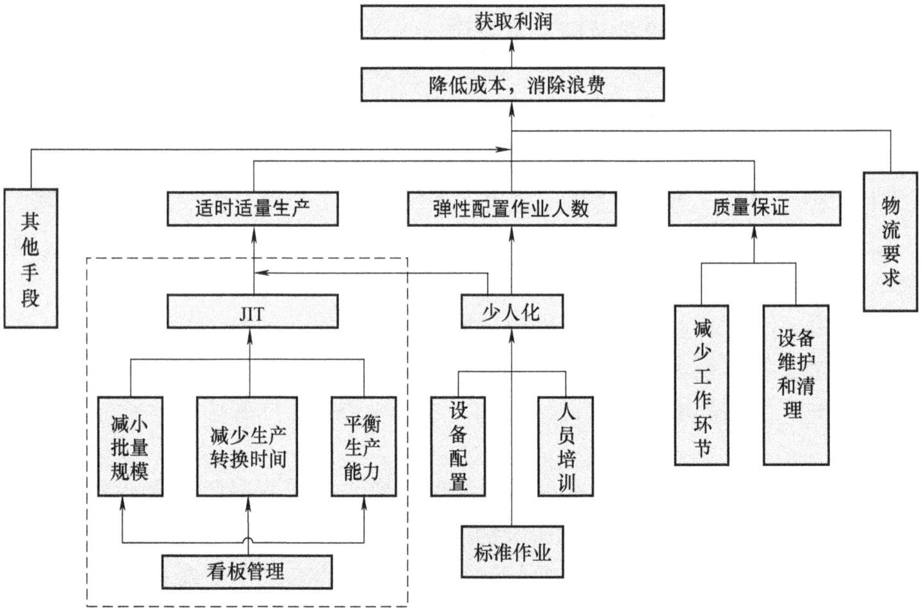

图9-1 JIT体系

9.2.1 适时适量生产

1. 减小批量规模

在JIT理念中，完美的批量规模是1个单位，这个数量通常不现实，因为出于实际考虑，一般都有一个最小的批量规模限制（例如，同时加工多个零件的机器，同时处理多个零件的热处理设备，以及转换时间很长的机器设备等）。当然，尽可能减小批量规模仍然是JIT

的目标。生产过程与供应商运送过程中的小批量会带来很多能使 JIT 系统有效运行的优点。第一，小批量的生产系统，使在制品存货比大批量生产下的在制品存货少得多，这样就减少了持有成本、空间需求及工作间的混乱状况；第二，发生质量问题时，检查与返工成本较少，因为检查与返工批量较小。

小批量能使进度安排的柔性更大。典型的重复性系统产品种类少，每种产品的生产时间长，并且一种产品的生产紧接着另一种产品。尽管每次运行的换产成本最终将分摊到许多零件上，但整个生产周期却很长。比如，某工厂生产 3 种产品品种 A、B、C。在传统生产系统中，先生产很长时间的 A——如两天，再生产三天的 B，最后生产两天的 C，每次可能生产 A、B、C 几百个甚至更多，然后再依次重复生产。小批量运营的 JIT 系统与此相反，它根据客户的需求进行从 A 到 B 再到 C 的轮换生产。如先生产 5 个 A，再生产 10 个 B，最后生产 5 个 C，然后再依次重复生产。这种柔性能使 JIT 系统更快地回应顾客需求的变化。小批量生产的优点如表 9-2 所示。

表 9-2　小批量生产的优点

减少存货，降低持有成本
存货所需空间较少
发现缺陷后返工量较少
贯彻实施产品改进时，存货“清理”量较少
问题更显眼
增加产品柔性
更易于均衡作业运行

小批量生产的使用与经济订货批量（Economic Order Quantity, EOQ）方法并不存在冲突。经济订货批量是指通过平衡采购进货成本和保管存货成本核算，以实现总库存成本最低的最佳订货量。当企业按照经济订货批量来订货时，可实现订货成本和储存成本之和最小化。其基本计算公式为：

$$Q^* = \sqrt{\frac{2DS}{C}} \tag{9-1}$$

式中，Q^* 为经济订货批量；D 为商品年需求量；S 为每次订货成本；C 为单位商品年存储费用。

JIT 理念有两个方面支持小批量生产。一是存货的持有成本被认为是相当高的，但是这一成本是以平均存货为基础的，因此可以通过减少批量来减少平均存货，从而降低存货成本。另外，JIT 还强调换产成本是较低的。因此，较高的持有成本和较低的换产成本这两方面都要求减少最优订货批量，也就是经济订货批量。

2. 减少生产转换时间

小批量生产时，需要经常进行生产转换。除非速度很快、成本较低，否则生产转换就很不经济。而且，较长的生产转换时间往往需要持有较多的库存。因此，缩短转换时间非常重要。

新乡重夫 (Shigeo Shingo) 是在这方面研究上有杰出贡献的专家之一。他是一名日本工程师，也是工业工程领域世界著名的品质管理专家，著名的丰田生产体系创建人。他提出的快速换算法 (Single Minute Exchange of Die，SMED) 有效地缩短了换模时间，为精益生产做出了显著的贡献（换模时间是指介于一个生产作业的最后一件合格品和下一个生产作业的首件合格品之间的时间。换模时间主要由四部分组成：准备时间，换模操作时间，调整时间，整理时间）。SMED 将换模作业分成内部活动和外部活动两种类型。内部活动，是指那些必须将生产活动中断下来才可以完成的活动，主要包括模具拆卸、顶杆调整、模具对准、模具固定、首件检验等工作。外部活动是那些不需要停止设备就可以完成的工作，如寻找模具、吊取模具、吊取材料、成品转移、模具归位等，它们可以在换模之前或之后去完成。基于这种分类，实现快速换模的一种简单途径就是尽可能地将内部活动转化为外部活动，并尽量简化剩余的内部转化活动。

SMED 方法的潜在好处在 1982 年得到了体现，一台机器的换模时间由 100 分钟缩短到 3 分钟。SMED 的原理可以应用到任何生产转换作业中。

转换工具、设备及转换过程必须简易、标准化。多用途设备或附件有助于减少生产转换时间。例如，底部安装有滚轮的机器能很容易转移到各项作业所需地点，从而大大减少作业轮换时间。另外，成组技术能够通过利用循环作业中的共同点，减少转换成本与时间。例如，形状相似的零件、物料等需要的准备工作也非常相似，在同一台设备上对它们进行顺序加工无须完全改变整个生产转换工作，只做较少的调整就行了。

3. 平衡生产能力

主生产进度计划的设计往往要平衡生产能力，这是一种基于生产率的生产安排，而不是以往那种基于数量的进度安排。另外，JIT 一旦实施，生产进度计划就会在较短的时间内相对固定，以保证系统的稳定性。即便如此，日常时间安排仍有可能要调整，以达到平衡生产能力的目的。供应商喜欢平衡的生产能力，因为这意味着对它们的需求是平稳的。

平衡生产进度安排需要平稳式生产。当公司生产不同型号的产品时，进行小批量生产（为使在产品存货最小，也为保持柔性），以达到平稳生产。有一种极端情况，那就是每种产品生产 1 个单位，然后再生产 1 个单位的另一种产品，然后再换一种产品，依此类推。虽然这种方法可以达到最大限度的平稳度，但却并不实际，因为它产生了额外的换产成本。

型号混合排序模型始于每种产品或产品型号的生产需求。例如，某部门生产 A、B、C 三种型号的产品，日需求量如表 9-3 所示。

表 9-3　A、B、C 日需求量

型　号	日需求量
A	10
B	15
C	5

这里有三个问题需要解决，第一个是选用哪一种序列（C-B-A，A-B-C 等），第二个是序列每天要重复多少次（即循环数），第三个是每次循环需要生产各型号多少个。

序列选择取决于多个因素，但比较关键的还是换产时间与换产成本，它们与所用序列的关系最为重大。例如，假如两种型号 A 和 C 非常相似，序列 A-C 与 C-A 的换产成本较小，同时有关型号 B 的换产成本可能较大。选择含有 A-C 或 C-A 的序列会使换产成本比中间插了一个 B 的序列少 20%。

日循环数取决于日产量。如果每次循环都生产一种型号，那么能被各型号的日需求量整除的最小整数就是日循环数。以表 9-3 所示的 A、B、C 为例，日循环数为 5（5 能被每个数整除）。高昂的换产成本促使管理者选用较少的循环，使节约换产成本与均衡生产交错后还要在某些循环中多生产一些型号，以弥补差异。

有时，管理者用各型号产品日产量除以循环数来确定每一循环中的各型号产品单位数。每天 5 次循环的结果如表 9-4 所示。

表 9-4 每循环各型号产品单位数

型号	日需求量	每循环单位数
A	10	2
B	15	3
C	5	1

这些数量可能由于批量限制而行不通。例如，一个纸盒里有 4 个型号 B，因此每次循环生产 3 个 B 就意味着产成品（存货）需要经常等待，直到有足够数量装箱。同样，有些操作有标准批量要求，这时候必须分析和权衡批量与平衡生产之间的利弊。

【例 9-1】 为表 9-5 中产品型号以序列 A-B-C 做生产计划。

表 9-5 A、B、C 日需求量（例 9-1）

型号	日需求量
A	7
B	16
C	5

从表 9-5 中可见，产品生产的最小日需求量是 5，但用 5 去除另外两个数均得不到整数。管理者仍然决定采用 5 次循环。每次循环生产 1 个单位的 A 和 C、3 个单位的 B，这将使管理者短缺 2 个单位的 A 和 1 个单位的 B。管理者决定制定如表 9-6 所示的生产计划，达到近似的平衡生产。其中，字母后括号内的数字代表每一周期生产该型号产品的单位数量，后面没有括号的情况代表默认生产单位为 1。如 A B(3)C 代表本周期生产 1 个单位 A、3 个单位 B 和 1 个单位 C。

表 9-6 平衡生产计划（1）

周期	1	2	3	4	5
形式	A B（3）C	A（2）B（3）C	A B（4）C	A（2）B（3）C	A B（3）C
额外单位		A	B	A	

如果 A 的日需求量是 8 而不是 7，管理者就可以选用如表 9-7 所示的模式了。

表 9-7 平衡生产计划（2）

周期	1	2	3	4	5
形式	A（2）B（3）C	A B（3）C	A（2）B（4）C	A B（3）C	A（2）B（3）C
额外单位	A		AB		A

4. 实现 JIT 的重要工具——看板

为了使上述减小批量规模、平衡生产能力等方法有效实行，JIT 生产方式又采用了被称为“看板”的管理工具。看板卡片是一份移动零件或继续工作的授权书。在看板系统中，工人需要前面流程的物料或服务时，就可以使用看板卡片。

有两种主要形式的看板：

- 生产看板（p 看板），需要生产零件的信号；
- 移动看板（c 看板），需要将零件移交给下一个工作中心的信号；

看板系统的原理如下：生产看板用于指挥工作地的生产，它规定了所生产的零件及其数量。它只在工作地和它的出口存放处之间往返。当需方工作地转来的移动看板与供方工作地出口存放处容器上的生产看板对上号时，生产看板就被取下，放入生产看板盒中。该容器（放满零件）连同移动看板一起被送到需方工作地的入口存放处。移动看板用于指挥零件在前后两道工序之间移动。当放置零件的容器从上道工序的出口存放处运到下道工序的入口存放处时，移动看板就附在容器上。当下道工序开始使用其入口存放处容器中的零件时，移动看板就被取下，放在看板盒中。整条生产线按照这样的规律运转。零件需求引发对存货的补充，零件供应则完全遵照用量的规定。主管也可以根据存货的堆积量调整看板数量，使系统恢复平衡。零件的供应可能会影响容器的数量。而且，传运时间也可能影响容器的数量：较长的传运时间会使用数量较少但容量较大的容器，而较短的传运时间可能会使用数量较多但容量较小的容器。

显然，使用中的看板卡片数是一个很重要的变量。理想的看板卡片数可由下述公式得出：

$$N = \frac{DT(1+X)}{C} \tag{9-2}$$

式中，N 是容器总数（每个容器 1 张卡片）；D 是工作中心的计划使用量；T 是补充零件的平均等候时间加上容器零件的平均生产时间；X 是效率因子，管理者设置的政策变量，反映系统潜在的无效性（越接近 0，系数越有效）；C 是一个标准容器的容量（应该不超过日使用量的 10%）；

【例 9-2】 某工作中心的日耗用量为 300 个零件，每个标准容器装有 25 个零件。每个容器从收到看板卡片开始到再次变空，平均需要 0.12 天。如果 X=0.2，计算所需看板卡片数。

解： D=300 个零件 / 天

T=0.12 天

C=25 个零件 / 容器

X=0.2

$$N = \frac{300 \times 0.12 \times (1+0.20)}{25} = 1.728$$（四舍五入，为整数 2）

则 N=2

注意：向上舍入会令系统变得松散，向下舍入则使系统变紧。通常都用向上舍入。

【例 9-3】 某加工车间的 JIT 系统的工作地每小时对零件的需求量为 200 件，一个标准的容器放置该零件 30 件。传送看板（和领取看板类似）的循环时间为 0.5h，生产看板的循环时间为 1h，其中等待时间和加工时间的容差均为 0.1。求传送看板（领取看板）和生产看板的数量。

解： 对零件的需求量 D=200 件 /h

标准容器容量 b=30

传送（领取）看板循环时间 T_w=0.5h

生产看板循环时间 T_p=1h

等待时间容差 A_w=0.1h

加工时间容差 A_p=0.1h

传送（领取）看板数量 $N_m=DT_w(1+A_w)/b=200\times0.5\times(1+0.1)/30=3.67$(取整为 4)

生产看板数量 $N_p=DT_p(1+A_p)/b=200\times1\times(1+0.1)/30=7.33$（取整为 8）

9.2.2 弹性配置作业人数

JIT 中弹性配置作业人数的实现方法主要是少人化，而实现少人化必须满足三个前提条件。

1. 合理的设备布置

这里的设备布置主要是 U 形布置。U 形布置的模型如图 9-2 所示。U 形布置的本质在于生产线的出口和入口在同一个位置，灵活增减作业现场的作业人员主要靠此实现。

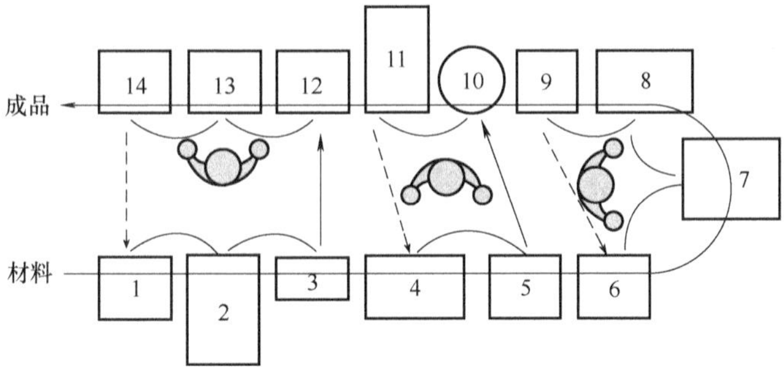

图 9-2 U 形生产布局示意

U 形布置的要点有：

（1）以 U 字形、依逆时针方向按工艺流程排列生产；

（2）入口和出口由同一作业者负责，能够以产距时间按标准数量进行生产及管理，也便于补充生产；

（3）便于作业者相互协作，异常时能停线，及时暴露问题并改进；

（4）步行最短，可单件流动，人员可增可减。

2. 注重人员培训

（1）充分授权及平等尊重。传统工业企业在人力资源管理上通常采用泰勒原则，即从管理人员、监督人员到作业操作人员实行严格等级划分，一线作业人员的任务仅是严格按标准作业方法生产产品，至于为何做及如何做得更好，则是管理人员思考的问题，这便是传统生产方式体制僵化的主要原因。

JIT 要求企业将每一位员工放在平等的位置，将员工看成企业合伙人；鼓励员工参与决策，为员工发挥才能创造机会；尊重每一位员工的建议和意见，注重上下级沟通。

这种充分授权及平等尊重体现在全员参加的现场改善活动及合理化建议制度中。JIT生产方式的目标和目标体系中的各子目标正是通过全员参加的改善活动来实现的。经验表明，提高质量、降低成本、保证按期交货、提高生产效率的根本手段在于永不停歇的现场改善活动。在授权及平等的基础之上，企业尊重每位员工的意见，广泛采纳各种建议及想法，生产体系便可在这种良性运行过程中不断得以完善。

（2）重视培训。企业的经营能力依赖于组织的活力，这种活力来自于员工的努力。只有不断提高员工素质，为他们提供良好的工作环境和富于挑战性的工作，才能充分发挥其潜能。JIT 生产方式的成功依赖于高素质的人才，它不仅要求员工“一人多能”，而且要求员工具备分析问题和解决问题的能力，从而使生产过程中的问题得到及时发现和解决。故而 JIT 生产方式重视对全体员工的培训，以充分挖掘他们的内在潜力，促进全体员工技能和素质的全面提升。

（3）团队合作及共同协作。传统的管理思想认为，效率来自于明确的分工和严格标准方式工作，这种思想的确为大量生产方式带来好处，但同时束缚了员工智慧和创造力，从而缺乏合作意识和灵活应变能力。JIT 生产方式则要求员工在明确企业发展目标的前提下加强相互协作，主要体现在以下几方面。

1）小组化工作方式。JIT 以人为中心，大力推行独立自主的小组化工作方式，把与小组任务有关的职责（成本、质量和交货期等）交给小组去承担，扩大小组成员的工作范围，使员工参与生产的管理工作，并为小组提供不断改善流程的良好氛围。每个员工作为小组中的一员，对企业目标、期望十分清楚，并主动承担实现企业价值的职责。

2）服务于内部客户。JIT 注重员工间的共同协作，认为每件工作都是由一系列的过程组成，而每一个过程都有它的供应商和客户，因此 JIT 提出“下一道工序就是客户”，大部分员工只与内部客户有关系，这要求员工有义务绝不将有缺陷的在制品传递给下道工序的人员，如果每一个员工遵循这一规则，则最终的市场客户就会得到高质量的产品。

3）质量管理小组。JIT 中全面质量管理实现的重要途径在于质量管理小组。质量小组不仅仅致力于质量管理，而且关注成本、安全及生产能力，从而使一线现场人员真正成为“零缺陷”生产的生力军。这是一个在同一生产现场内工作的人员以班组为单位形成的非正式小组，它通过自主的、持续不断的自我启发和相互启发，来研究解决质量问题和现场改善问题的小集体，其特点是自主性、自发性、灵活性和持续性。在 JIT 的动态自我完善机制下，因为强制减少工序间零部件在制储备量，作业人员之间的工作更加直接、紧密地联系起来。由于在制品储备减少，如果一位作业人员工作出现问题，其后工序就有停工的危险，因此作业人员之间的依赖感增强，需要共同关心、共同解决的问题增多。在企业创造的平等尊重的文化氛围中，小组成员无拘无束、相互启发、共同研讨，小组中的每一位成员都有机会展示才智，为改善生产做出贡献，并创造一个充满活力、上进并快乐的工作环境。

3. 标准作业

这主要包括：标准零件；模块化设计；高质量、标准化的生产系统；并行工程。其中前两个要素与速度和简易性有关。

使用标准零件意味着工人需要处理的零件种类更少，培训时间与相应成本将会降低。采购、处理和质量检查更加程序化，有助于工人自己不断改进。另外一个重要优点是有能力进行标准化加工。

模块化设计是标准零件概念的延伸。模块是被视为单个个体的零件集成，大大减少了需要处理的零件数，简化了装配、采购、处理、培训等。标准化还有一个优点是减少了包含在各种产品的物料清单中的零件种类数，因而简化了物料清单。

JIT 需要高质量的生产系统。质量是 JIT 的必要条件，对 JIT 系统至关重要，因为批量小，不存在缓冲存货，一旦出现问题就必须停产，直到问题解决才能重新开始，JIT 系统将运用标准化作业方法进行标准化生产，工人非常熟悉自己的作业及标准化工具的使用，因此才能达到较高的质量水平。

工艺变动将对平滑的生产产生很大的扰动，并行工程能大大减少这种扰动。

9.2.3　质量保证

一般传统的品质管理方法是：先加工零件或生产产品，然后对产品进行检查，挑出合格品，最后交给用户。对于能返修的不良品进行返修，降低它的等级，保证用户使用；对于不能返修的不良品，则直接报废。与传统品质管理不同，JIT 的品质管理强调的是事前预防不良品的发生。具体是从操作者、机器、工具、材料和生产过程等各方面保证不出现不良品。

传统的品质观念认为不良是不可避免的，所以必须检验。JIT 则认为：不良品是可以避免的，过多的工序是多余的，此外，还需做好对设备的预防性维护和清理。

1. 减少不增值的工作环节

传统的生产系统往往带有许多不增值的工作环节。这些工作环节分为物流、计划、质量、变更四类，其中隐藏着巨大的成本。

物流工作包括订货、执行与确认物料从一个地点到另一个地点的运输。相关成本包括运送与接货的人工成本，发订单、数据输入与数据处理的处理成本。

计划工作包括预测、生产计划、生产控制、获取物料、确定进度安排、订货过程等。相关成本为其中涉及的人工成本。

质量工作包括确定规格说明、监督、记录等。成本与评估、预防、内部故障（如残次、返工、再测试、延迟、行政活动等）与外部故障（如授权成本、产品可靠性、退货、未来商机的潜在损失等）有关。

变更工作主要包括改变设计及由此引发的规格说明、物料清单、进度安排、加工指令等的改变。所有这些工作环节中，更改工作中的改变设计所耗费的成本最高。

JIT 系统通过减少这些不增值的工作环节数量和频率来降低生产成本、保证质量。例如，供应商直接把商品运送到生产车间，完全不需要存储，从而也完全省去了仓库接收货物及随后的将物料运送到生产车间等相关工作。另外，选择经质量认证的供应商，也消除了到货的质检需要。遍布 JIT 系统的无穷无尽的质量改进需求，消除了以上所述的许多质量工作及相关成本。另外，采用条码等技术能够降低数据输入工作，增加数据准确性。

2. 对设备的预防性维护和清理

由于 JIT 系统只有极少量的在制品存货，因此设备的停工会产生极大的混乱。为了避免设备的停工，企业可以使用预防性维护设备程序。该程序强调在设备运行良好的情况下就进行维护，并且在设备出问题之前能够替换零件。员工需要对其设备的日常维护负责。

即使采用了预防性维护，偶发事件仍然会发生。因此，企业必须对此有所准备，这样才能使设备迅速恢复运转。这就意味着需要维持一定的关键通用零件以及其他一些应对紧急情况下的设备，有可能是保持一个较小的维修工人队伍或是对工人进行一定的维修培训。在 JIT 环境下，当设备发生问题时，就会有他们的用武之地。

清理包括保持工作地整洁，不存在任何生产上不需要的物料，因为这些物料会占用空间并有可能会扰乱正常的工作流。

清理又是通常所称的“5S 现场管理法”的组成部分。“5S”是指可以提高工作效率的五种行为：

- **Sort（整理）**：确定哪些是有用的物品，现场只保留有用的物品。
- **Straighten（整顿）**：对工作现场进行整顿，使得很快和很容易得到有用的物品。
- **Sweep（清扫）**：保持现场清洁和有序，定期进行维护。
- **Standardize（清洁）**：使前面所有工作规范化和程序化。
- **Self-discipline（素养）**：使员工意识到整洁的工作现场的重要性。

5S 的好处包括：提高生产率，提高员工的士气，降低事故的风险，给参观者一个好的印象。员工和管理者必须认同 5S 的基本思想。否则，他们会认为实施 5S 没有必要，浪费时间。

9.3 JIT 的物流管理要求

在全部工业产品生产过程和制造过程中，除了加工和生产的时间以外，其他的都是物流时间。以机械产品的生产为例，生产过程中加工时间仅占 10% 左右，而物流时间占 90%，很大一部分生产成本消耗在物流过程中。

物流管理面临的挑战就是找到既能避免非经济性成本增加，又能应对需求变化的办法。这需要进行诸多方面的权衡，以提高整个供应链的成本效益为目标。面对增加的压力以及经营中的问题，许多企业逐渐接受了创新的 JIT 管理方法并应用于物流领域。JIT 物流的基本原则就是保证供应链上所有要素的同步，运输和存货补充需求必须及早确定，尤其重要的是，在对待顾客上，有必要事先确定计划并予以“冻结”，即一旦需求在允许的提前期内传递给上游的供应商，这些需求就不能变更。

JIT 物流实施的更深入的目的是如何避免供应商持有过多的存货，因此面向顾客的配送管理就非常关键，配送时特别是要优先考虑货物集并、整合的可能，不要让一整条供应链都在为一个用户的小批量 JIT 配送服务，这样会造成资源的浪费。当然，JIT 作为一个管理理念，其产生与提供专业化配送服务的第三方物流公司的成长相符合。

第三方物流公司利用中心基地或转运中心的设施设备，对来自各个供应商的产品或零件进行整理、分拣与集并后，向用户配送。它们也开展一些增值服务，如质量控制、简单装配或加工。

有效的 JIT 物流还需要用户与供应商之间至少在信息共享和协调计划方面加强联系。应该知道，JIT 的方法并非万能，影响 JIT 物流的因素很多。JIT 物流成功的前提是：对企业进货需求的计划与进度进行有序管理；供应链成员之间沟通与计划的联系程度高；经常利用第三方或物流伙伴来管理进货的集并和有序送货；交通工具和设施的设计应保证装卸、运输小批量货物快速方便。

1. JIT 对包装的要求

JIT 对原材料和外购件的包装提出了特定的要求。良好的包装不仅可以减少装货、卸货对人力的需求，而且使原材料和外购件的运输和接收更为便利。最理想的情况是：对每一种原材料和外购件，采用标准规格且可重复使用的容器包装，既可提高运输效率，又能保证交货的准确性。

2. JIT 对运输与配送的要求

在实施 JIT 时，要求企业必须对经营地点、仓库地点、运输工具、路线、运距、费率等进行系统优化，并根据经营活动的性质，针对的目标市场与消费群体，结合用户的期望值和竞争对手提供的服务水平来安排合理的运输计划，处理好运量、运程、运向间的关系，提高满载率和重称比例，并在运输过程中采用高效的控制技术，降低运输费用，提高运输效率。随着物流内涵的日益丰富，作为物流活动主要业务的运输，其职能范围也在不断扩大，逐步发展到在全面配货的基础上，完全按用户的要求（包括种类、品种搭配、数量、时间等方面的要求）进行的物资配送，成为配货、分货、送货等活动的有机结合体。要按 JIT 的要求快速而又经济地将货物送到用户手中，必须科学合理地确定配送路线。

3. JIT 对仓储的要求

JIT 关注的是实物的移动而非实物的储存，它对仓储的要求只是应能保证物料从最初的采购到加工转化的不同阶段直至最终用户的畅通。

可以这样说，JIT 并不是减少库存的一种举措，然而库存的减少却是成功实施 JIT 的一个结果。物流企业与制造商或分销商密切合作，在信息网络的支持下，通过快速反应，就能实现降低成本与改进服务的双重战略目标。

4. JIT 对信息技术的要求

JIT 不仅要求组织与顾客和供应商之间的信息交流效率更高，而且要求组织内部的几种信息系统之间互相支持和协作。只有采用先进的计算机技术、网络技术和通信技术，在生产计划、库存、质量等各方面及时交流，以便出现问题时能够及时处理，才能保证企业生产经营过程中物流、资金流、信息流畅通无阻，才能保证所需的原材料和外购件的准时按量供应，才能对顾客做出快速的反应，才能有效实施 JIT。

5. JIT 对供应商管理的要求

JIT 采购模式下，供应商必须愿意且能够按要求进行小批量运送。理想中的供应商自己也在 JIT 系统下运营。买方往往根据自己的经验帮助供应商转换到 JIT 生产系统。如此一来，供应商实际上就变成了一个集成了买卖双方的扩展 JIT 系统的一部分。当供应商只服务于一个或几个买方时，集成比较容易。而在实践中，供应商极有可能向许多不同买主供货，买主们有采用传统系统的，也有采用 JIT 系统的。因此，买卖双方必须相互妥协。

传统上的买卖双方不存在合作关系，相反倒是有点对手关系。买方通常把价格视为购买产品的主要决定因素，比较典型的做法是多源采购，即列出潜在卖主清单，分处采购，以免为单一供应商所困。这种方式下的买卖双方互相争斗，以求更好的价格或其他让步。但这样做的后果是卖方无法建立与某个买方的长期合作关系，卖方只得经常设法通过增加买主数量来保护自己。

在 JIT 采购系统中，好的买卖双方关系可以提高物资采购的效率和质量，还可以有效提升企业的管理水平，为企业带来巨大的经济效益。买方设法减少供应商名单，重点维持和几个优秀供应商之间的密切关系。出于对频繁和小批量供货的需求，许多买主都设法寻找当地供应商，以缩短交货提前期和减小提前期的变异性。就近的供应商还有一个好处，就是当出现问题时可以迅速做出反应。

买卖双方的长期合作关系能够加强 JIT 采购系统。卖主更愿意为长期合作关系下的买主 JIT 系统供货。此时，价格往往排在其他因素（如保持高质量、柔性、经常的小批量送货、对问题的快速反应等）之后。

许多 JIT 生产系统的关键特征就是供应商数目较少。在传统生产系统中，公司常常要在高度集中的安排下（如同装有许多轮辐的轮子）面对成百甚至上千个供应商。公司是轮子的中心，轮辐辐射供应商，因此每个供应商都直接与公司接触。传统生产系统下的供应商既不知道其他供应商的存在也不知道别人在做什么。每个供应商都按照买方要求供货，根本不存在建议改进的基础（或动机）。而且，当公司挑拨供应商之间的关系时，信息分享带来的风险远远大于其回报。JIT 生产系统恰恰相反，采用供应商分层法：让很少的第一层供应商直接与公司接触，供应主要零件。第一层供应商再和第二层供应商接触，由后者向它们提供零件的组成构件。这样就大大减轻了最终买方与大量供应商联系的工作量。传统方法与分层方法的差异如图 9-3 所示。

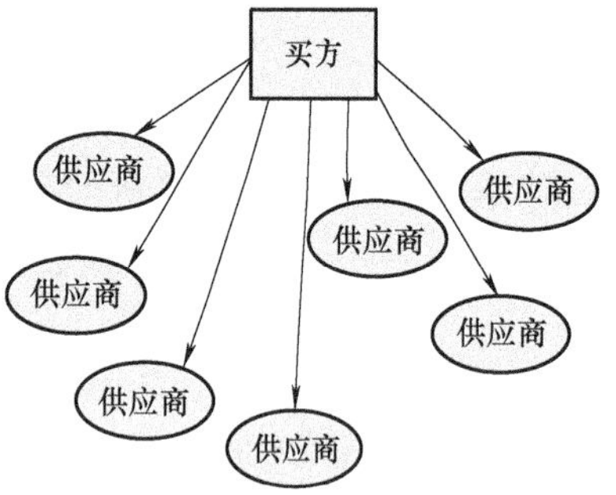

a) 传统方法

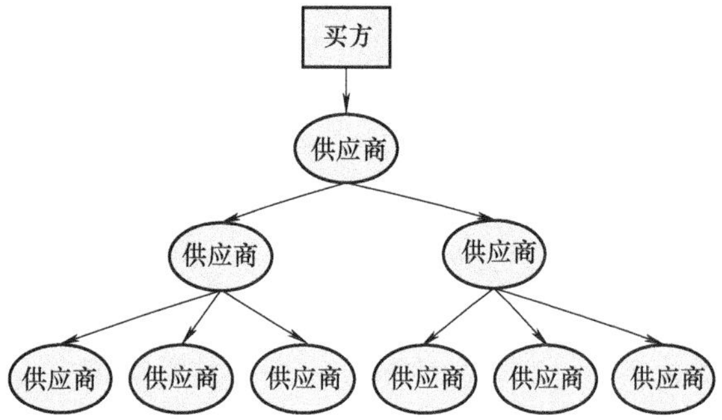

b) 分层方法

图 9-3　对比传统供应商网络与供应商层次

9.4　JIT 与 ERP 的关系

比较企业资源计划（ERP）和准时制生产（JIT）两种生产管理方式，其目的都是实现利润最大化，是提高企业竞争力的主要因素。ERP 侧重于管理的计划职能，而 JIT 则基本上是一种生产控制方法，即管理的控制职能。ERP 在观念上强调集成，在手段上重视计划；JIT 在观念上强调改善，在手段上强调控制。车间作业的控制是 ERP 的弱项，而这正是 JIT 的强项。ERP 的强项是中长期全面的计划，而这正是 JIT 的弱点。从完善的管理体系角度来看，两种生产管理技术的结合将会形成一个更为完整的生产管理体系。

9.4.1　基本目标相通

JIT 系统与 ERP 系统在基本精神上是相通的，两个系统都努力完成企业的三大目标。

（1）降低存货投资，以提高投资回报率。JIT 把过多而不当的存货视为企业最大的浪费；ERP 的根本精神也是避免多余的存货积累。

（2）提高生产效率，降低生产成本。JIT 通过减少存货及清除多余存货的方式，减少生产现场的多余人力和工具，使生产力得到利用；ERP 系统则是着重于事前的产能计划和材料供应的平稳性，促使生产现场的机器和人的闲置时间降到最低，同时可防止瓶颈现象的发生，以提高生产效率。

（3）提高准时交货的水平。JIT 通过产与销的密切配合来达到准时交货目的；ERP 系统则通过对材料及产能的有效计划和控制，来保证交货时间。

9.4.2　JIT 与 ERP 的区别

1. 执行不同

（1）两者的物料流程不同。ERP 系统的方案是根据生产日程计划、产品结构与物料清单（BOM），以及存货来推算出以后需要的生产量。而 JIT 系统则采用看板方式，改为“后道工序在必要时，凭指示牌到前道工序领取必要的数量”，而前道工序只生产被领取的数量。

（2）对计算机的使用程度不同。ERP 系统需借助计算机迅速处理大量数据。

（3）指挥系统不同。ERP 的整体指挥中心是生产计划与控制部门。JIT 系统的生产计划由计划人员根据市场的需求来安排。

（4）生产进度的同步化。JIT 管理系统在有某一工序出现问题时，立即把与此有关的工序都停下，以免产生过多的存货。ERP 系统在某一工序出问题后，其他工序还根据其原定的生产计划生产，其不良后果是使存货过多。

（5）JIT 系统将存货管理放在第一位，一切生产都要追求高效和“零存货”。实际上，丰田公司实行的是把存货放在每个工序中。

2. 企业间关系及企业内部的企业文化不同

由于 JIT 是在日本文化氛围中形成的，因此在企业间关系方面，JIT 与代表欧美文化的 ERP 有着明显的差异：在 JIT 中，企业与供应商是紧密协作和开放的关系，且强调和少数或单一供应商建立长期合作关系，这有利于保证供应的及时和供货的质量。而西方文化则强调契约关系，企业与供应商是供需的市场买卖关系，因此习惯在众多供应商竞价方式下建立供需关系，这有助于获得有利的价格。

JIT 式（或者日本式）企业关系的存在和发展很大程度上受益于日本政府的政策，即日本政府通过维持行业适度竞争的产业政策和联合改组促进了核心企业与大量外围企业的协作关系，从而形成了卫星式企业组织。

3. 管理方法不同

MRP Ⅱ是计划主导型的生产管理方法，即“推”(PUSH) 式方法。这个生产活动被分为若干个阶段和环节，按预定的计划安排人、财、物等资源，有步骤地进行供、产、销等各项活动。后续阶段或环节的活动，基本上依计划由先行阶段或环节的活动结果来推动。整个生产活动依靠事先拟订的尽可能周密的计划安排了合理的组织与科学的秩序。

JIT 则是现场控制主导型的“拉”（PULL）式生产管理方法，生产过程中前一道工序的活动是按后道工序的现场需求来确定的。

ERP 强调计划推动，JIT 强调需求牵引。

ERP 重视计划，JIT 重视现场控制。

在 ERP 生产方式中，不同工序同时接受指令，各工序严格按照既定计划进行生产，即使前后相关工序在实际生产过程中出现变化或异常，本工序仍按原计划生产，其结果造成工序间产量不平衡，从而产生工序之间的在制品库存。

而在 JIT 生产方式中，由于生产指令只下达给最后一道工序，其余各前道工序的生产指令由看板在需要的时候向前一工序传递，这就保证了：

- 各工序只生产后工序所需的产品，避免了不必要的生产和库存；
- 由于只在需要的时候生产，避免和减少了非急需的库存；
- 由于生产指令只下达给最后工序，因此产出数量与计划一致。

4. 生产监察范围不同

作为两种不同的生产管理，ERP 与 JIT 在计划的下达方式上有着明显的差别，同样在控制方面也有显著的不同。

在 ERP 生产管理方式中，生产作业统计是实行生产作业监察的基础，也是企业重要的管理基础工作之一。事实上由于报表只能在生产过程完成后形成，因此相对于生产的实际发生存在着无法避免的滞后现象。因此通过报表反馈信息只能起事后分析的作用，而无法改变生产过程中已发生的事实。因为虽然通过对生产计划的监控，实现了生产过程开始时的控制，但无法对生产过程中进行监控。

在 JIT 生产管理方式中，对生产的监察贯穿于整个生产过程，任何生产过程中出现的问题都由现场人员及时处理，确保实现既定的生产计划。在传统生产管理方式中存在的用于生产控制的统计，滞后于生产过程的现象，在 JIT 方式中能得到较好的解决。

5. 适用的企业生产类型不同

JIT 适合物料简单且提前期稳定、生产速率也稳定的大量重复生产环境。

而在多品种小批量、复杂的单件生产环境里，产品结构复杂多变，使物料需求计划编制难度大；而 ERP 借助于计算机可以将复杂的逻辑展开，并考虑变化的提前期，使得车间作业执行严格管理，以控制订单的状态。

6. 企业应用形式不同

由于 JIT 生产方式的应用不一定需要相应的计算机应用软件支撑，所以可以在 JIT 专家的指导下通过以生产现场为核心的小组活动（团队工作）实现。随着企业的不断发展，企业还可以根据实际情况进行自我改善。

而 ERP 系统则以应用软件形式存在，系统的实施通常由提供该应用软件的软件供应商、其合作伙伴或与该供应商有合作关系的咨询公司，以向企业用户提供技术支持的形式帮助企业实施。虽然软件供应商可以向用户提供“知识转移”，使用户接受先进的管理理念，用户也可以进行自我改善，但毕竟受软件系统所限，因此进一步的改善在很大程度上受到软件产品的限制及软件供应商对产品的更新换代能力的影响。

9.5 案例：JIT 生产方式下的库存管理案例分析

1. 上海德尔福汽车空调系统有限公司基本情况

上海德尔福汽车空调系统有限公司（以下简称上海德尔福）的母公司是一家有百年

历史的跨国经营集团公司，该集团公司是全球最大的汽车系统和零件生产制造商之一。上海德尔福是该集团公司电子 / 电气系统设在中国境内规模最大的全资企业，成立于 1996 年，主要业务是开发、生产、销售汽车线束。上海德尔福提供全面的汽车系统方案，能有效和可靠地管理整个汽车的电气系统。上海德尔福生产的产品已通过 QS9000 和 VDA6.1、QS1694 的质量体系认证，与一汽大众、华晨汽车、韩国现代、美国通用等国内外大型整车生产厂家具有多年的配套关系。上海德尔福目前的组织机构框架设置如图 9-4 所示。

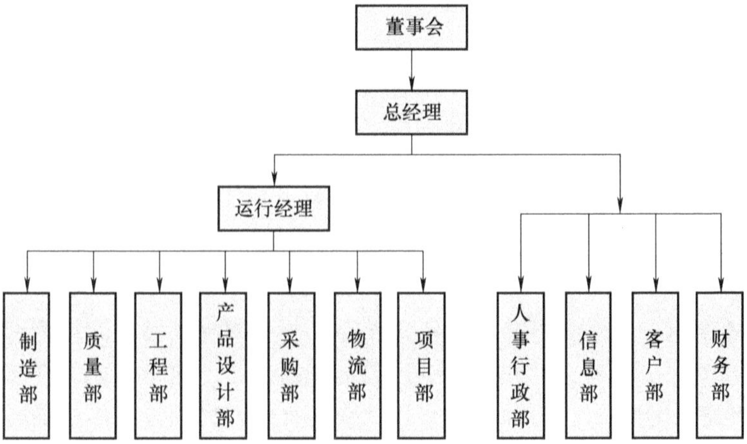

图 9-4　上海德尔福的组织结构图

上海德尔福的客户主要包括一汽大众、韩国现代、美国通用、华晨汽车等，这些客户的业务量占公司总业务量的 99% 以上，其他零星生产业务量只有不足 1%。

上海德尔福既对下游汽车厂商提供即时的产成品供应，同时为了降低成本，实现存货利用最大化，也努力寻求上游客户的即时原材料供应，所以在建立之日起就实施了严格的 JIT 生产管理。

2. JIT 下上海德尔福存货管理的措施

在实施 JIT 模式的情况下，上海德尔福为了持续降低库存，采取了多种措施。

（1）合理布局生产设施。上海德尔福从 2011 年开始逐渐更新生产线，将产品生产线更新为新型的滑板式生产线，并且将生产车间的生产线合理布局，把相似产品的生产线邻近安装，这样大幅度提高了劳动效率和设备利用率，缩短了生产周期，减少了材料占用。

（2）科学安排生产。在 JIT 模式下，企业需要满足并适应小批量多批次的生产特点，上海德尔福经过一段时间的摸索发现，如果在满足交货及保证均衡生产的前提下，可以将一定时期内（比如一个月内）同样规格的产品集中生产，再按不同的出货顺序分类放置。

（3）灵活配置资源，实现弹性生产。上海德尔福调配了实力雄厚的工程技术人员对现有设备进行了全面的改良，使设备的通用化水平有了较大提高，同时也提高了设备的单位产出率，降低了材料浪费；又通过对操作员进行多技能培训，使其掌握了多项顶岗技能，使人员配置的灵活性得到提高，也增加了流水线的柔性。同时，针对小批量多品种的生产特点，公司通过加强人员培训和增加激励等方式，提高了操作人员的积极性，减少了换模时间，有效减少了存货占用。

（4）缩短订货周期。物流部门自身将原来的每月查料改为每周查料，便于更及时地了解每种材料的库存水平，同时借助 MRP 系统，将下单订料时间大大缩短。另外，物流部门与采购部门通力协作，将进口材料不可变订单的提前期从 10 周降低到了 9 周，从而有效地降低了存货金额，也随之降低了超储或缺货的风险。

（5）运用存货 ABC 法进行库存分类管理。公司将存货分为 A、B、C 三类进行管理。A 类存货如导线、端子等，价值约占存货总值的 70%，对这类存货，采用定期法管理；B 类存货如胶带等，价值约占存货总值的 20%，对这类存货，采用定期和定量结合的订货法管理；C 类存货如定位件、卡扣等，单价较低，总价也只占存货总值的 10%，对这类存货，采用定量订货法管理。

（6）使用合理的编码形式记录库存处理信息。公司根据本企业物料的种类、功能、数量等相关信息制定出一套比较完整的编码规则，每一种物料都按照其自身信息分配到一个唯一的八位编码，物料入库时，对应的八位码标示在货物上。只需用扫描枪扫码，即可完成收料。同时，系统会自动提示该物料应当放置的货位，实现了自动定置定位。出料时，操作员只需通过扫码出库，就可以自动实现整标包出库，提高了库存信息的准确性和收发料的工作效率。

（7）积极处理由于客户变更产生的呆死库存。公司明确了呆死库存管理政策，并通过 ERP 系统自动计算呆死库存，这样，管理层就能随时获得此信息；要求仓库每周将这部分库存清单交给销售采购部，一方面联系客户，获得补偿，另一方面尽量早通知供应商办理退货，对于已经拆包不能退货的材料，联系其他使用者转卖。当然，在内部也会考虑由此更改可能造成剩余材料的问题，会视情况尽量选择弹性切换的方案。

（8）编制存货报废预算，提高呆滞料处理效率。库存呆滞料如果得不到及时的处理，将导致存储货位和仓库资源的浪费，同时增加库存管理的工作量。公司解决这一问题的方法是在编制公司的年度预算的过程中，将报废库存预算加入公司的整体预算，这样经过各个相关部门的审核后，就可以及时处置，从而大大加快库存报废材料处理速度。

习题

1. 简述 JIT 的基本思想和理念。
2. 请从供需协调的角度，谈谈你对 JIT 生产方式的理解。
3. 总结 JIT 与 ERP 的关系。
4. 某 JIT 系统用看板卡片处理物料的生产和移动。系统某部分的工作中心在运行过程中，平均每小时使用 100 个零件。管理者规定该中心的效率因子为 0.20，每个标准容器的设计装载量为 6 个零件。容器的循环时间约为 105 分钟。请问需要多少容器？
5. 一设备单元每天使用 200t 的原材料。原料用容量为 20t 的桶运输。桶的循环时间约为 2 小时。管理者规定该单元的效率因子为 0.08。该工厂每天运转 8 小时。请问需要多少个桶？
6. 某零件的日需求量是 24000 件 / 天，标准容器放置该零件的数量为 100 件 / 箱。每日实行 1 班制，有效工时是 8 小时，传送看板的循环时间是 1 小时，生产看板的循环时间是 0.5 小时，等待时间与加工时间的容差都是 0.2 小时。求所需的传送看板数量和移动看板数量。
7. 参考例 9-1，为产品系列求解日循环数及每次循环产量，产品日需求量如表 9-8 所示。（使用 A-B-C-D 序列）

表 9-8　产品日需求量

产　　品	日需求量
A	21
B	12
C	3
D	15

8. 参考例 9-1，为如表 9-9 所示的产品系列求解日循环数与每次循环产量。

表 9-9　产品日需求量

产　　品	日需求量
A	22
B	12
C	4
D	15
E	9

参考文献

[1] 史蒂文森．运营管理［M］．张杰，张群，马风才，译．北京：机械工业出版社，2011：334-347.

[2] 赵倩．基于 JIT 的印刷生产体系的绩效管理研究［D］．北京：对外经济贸易大学，2006.

[3] 郑德东．JIT 生产方式在企业运行中的应用研究［D］．沈阳：东北大学，2009.

[4] 李孟晗．汽车零部件生产商上海德尔福汽车空调系统有限公司 JIT 方式下存货管理及核算研究［D］．吉林：吉林大学，2013.

[5] 刘玉霞．基于 JIT 的电子看板的设计与实现［D］．天津：天津大学，2006.

[6] 张根宝，付兴林，朱瑜庆，等．汽车制造企业精益生产系统模型［J］．机械工程学报，2010，46：93-105.

[7] 车建国．多品种小批量下精益生产系统的改进研究［D］．天津：天津大学，2006.

[8] 斯莱克．运营管理［M］．北京：中国市场出版社，2012.

[9] 仝新顺．运营管理［M］．北京：清华大学出版社，2013.

[10] 张青山．生产运作管理［M］．北京：化学工业出版社，2011.

[11] 刘丽文．生产与运作管理［M］.5 版．北京：清华大学出版社，2016.

[12] 孙树栋．生产运作与管理［M］．北京：科学出版社，2010.

[13] 邱灿华．运营管理［M］．北京：化学工业出版社，2011.

[14] 孔庆善．运作管理［M］．北京：科学出版社，2006.

[15] 陆力斌．生产与运营管理［M］．北京：高等教育出版社，2013.

[16] 刘飞燕，梁慧玉，郑苏峰．生产运作管理［M］．广州：华南理工大学出版社，2014.

第 10 章

项 目 管 理

本章导引

项目管理是管理学的一个分支学科，是在项目活动中运用专门的知识、技能、工具和方法，使项目能够在有限资源限定条件下，实现或超过设定的需求和期望的过程。

项目管理包括项目的范围管理、时间管理、成本管理、质量管理、人力资源管理、信息管理、风险管理、采购管理、沟通管理和项目集成管理十个职能领域。在项目管理过程中，每个阶段都有自己的起止范围，有本阶段的输入文件和本阶段要产生的输出文件。同时，每个阶段都有本阶段的控制界限，即本阶段完成时将产生的重要文件也是进入下一阶段的重要输入文件。每个阶段完成时一定要通过本阶段的控制界限，才能进入下一阶段的工作。

本章要点

1. 掌握项目管理的基本概念、职能领域。
2. 掌握项目管理过程组的构成。
3. 了解项目管理过程应注意的问题。
4. 掌握网络计划技术的步骤。
5. 掌握网络图的构成及绘制。

10.1 项目与项目管理

10.1.1 项目的定义与特性

1. 项目的定义

项目的定义和概念可以从许多不同的角度给出，既可以从项目的投资者、所有者、使用者、实施者和项目的政府监管部门等不同角度，也可以从不同的专业领域，像建筑、软件开发、新产品试制、服务提供、管理咨询等角度，以及其他各种各样的角度给出。

综合多种观点，本书认为，**项目是指组织为实现既定的目标，在一定的时间、人员和其他资源的约束条件下，所开展的独特性、一次性的活动。**项目是人类社会特有的一类经济、社会活动形式，凡是人类创造特定产品或服务的活动都属于项目的范畴。项目可以是建造一栋大楼，开发一个油田，或者建设一个物流园区，像国家大剧院的建设、大庆油田的建设、三峡工程建设都是项目；项目也可以是一项新产品的开发，一项科研课题的研究，或者一项科学试验，像变频空调的研制、艾滋病新药的研究、转基因作物的实验研究都是项目；项目还可以是一项特定的服务，一项特别的活动，或一项特殊的工作，像组织一场婚礼、安排一项救灾义演、开展一项缉毒活动等也都是项目。

从上述定义可以看出，项目可以是一次性的任务或活动，可以小到只涉及几个人，也可以大到涉及几千人；项目也可以是多个组织的共同任务或活动，它们甚至可以大到涉及成千上万人。项目的时间也长短不同，有的在很短时间内就可以完成，有的需要很长时间，甚至很多年才能够完成。项目的典型类型有：

（1）新产品或新服务的开发项目。例如，大数据开发、无人机配送、自提柜设计和新型物流服务开发项目等。

（2）技术改造与技术革新项目。例如，物流设备或生产线、生产场地的更新改造项目和生产工艺技术的革新项目等。

（3）组织结构、人员配备或组织管理模式的变革项目。例如，一个制造企业的组织再造项目，或一个物流公司的职能转变与人员精简项目等。

（4）信息系统的集成或应用软件开发项目。例如，大数据信息采集系统、需求预测系统、物流信息平台等。

（5）建筑物、设施或民宅的建设项目。例如，物流园区、仓储中心、配送中心等的建设项目。

（6）政府或社会团体组织和推行的新行动。例如，物流标准征集、物流学术年会等。

（7）开展一项新经营活动的项目。例如，批量采购折扣活动、大型广告宣传活动、新型售后服务推广活动等，也都属于项目的范畴。

（8）各种服务作业项目。例如，为客户选购一份合适的产品、为客户提供一项定制的物流服务、为客户配置废旧包装的回收政策等都属于项目的范畴。

2. 项目的特性

各种不同专业领域中的项目在内容上可以说是千差万别，不同项目都有自己的特性。但是从本质上说，项目是具有共同特性的，不管是科研项目、服务项目还是房地产开发项目，它们的根本特性是相同的。首先在项目开始之前，必须要确定一个既定目标，同时明确现有资源的制约性，从而生产出独特的产品，在这一生产过程中，因为项目活动是整体性和一次性的，所以要保持项目组织的临时性和开放性。项目的这些共同特性具体解释如下：

（1）目标的确定性。目标的确定性是指任何一个项目都是为实现特定的组织目标服务的。因此，任何一个项目都必须根据组织目标确定出项目的目标。这些项目目标主要分两个方面，其一是有关项目工作本身的目标，其二是有关项目产出物的目标。前者是对项目工作而言的，后者是对项目的结果而言的。例如，对一个配送中心的建设项目而言，项目工作的目标包括项目工期、造价、质量和安全等方面的目标，项目产出物的目标包括配送中心的功能、空间布置、使用寿命和使用安全性等方面的目标。同样，对于一个软件开发项目而言，项目工作的目标包括软件开发周期、开发成本、质量、软件开发的文档化程度等方面的目标，项目产出物（软件产品）的目标包括软件的功能、可靠性、可扩展性、可移植性等方面的目标。在许多情况下，目标的确定性是项目最为重要和最需要项目管理者关注的特性。

（2）资源的制约性。制约性在于每个项目都在一定程度上受客观条件和资源的制约。

客观条件和资源对于项目的制约涉及项目的各个方面，其中最主要的制约是资源的制约。项目的资源制约包括：人力资源、财力资源、物力资源、时间资源、技术资源、信息资源等各方面的资源制约。任何一个项目都是有时间限制的，任何一个项目都有预算限制，此外，一个项目的人员、技术、信息、设备条件、工艺水平等也都是有限制的。这些限制条件和项目所处环境的一些制约因素构成了项目的制约性。这种制约性也是决定一个项目成败的关键特性之一。通常，一个项目在人力、物力、财力、时间等方面宽裕、制约很小，那么其成功的可能性就会非常大，情况相反时则成功可能性较小。

（3）产品的独特性。独特性在于项目所生成的产品或服务与其他产品或服务相比有一定的独特之处。通常一个项目的产出物，即项目所生成的产品或服务，在一些关键方面与其他的产品和服务是不同的。每个项目都有某些方面是以前所没有做过的，是独特的。例如，每个人网上购物都是一个项目，任何一个人的网上购物总会有许多独特的（不同的）地方，虽然网上购物会有一些相同的成分，但是这并不影响个人购物的独特性；人们建造了成千上万座办公大楼，这些大楼都有一定的独特性，这些独特性包括：不同的业主、不同的设计、不同的位置和方位、不同的承包商、不同的施工方法和施工时间等。许多社会生产或服务业务项目都会有一定的共性，即相同的东西，但是这并不影响项目产品的独特性这一重要特性。

（4）活动的整体性。项目活动的整体性体现在项目是一个系统工程，项目中的一切活动都是相关联的，构成一个整体。有些多余的活动对于项目整体来讲是不必要的，然而缺少某些必要的活动将影响项目整体目标的实现。在全球化背景下，由于网络信息技术的普及和应用，现代工程项目呈现出集约化、信息化和整体化的发展趋势和特征，不仅需要将项目的所有参加者纳入到一个统一的管理系统中，更需要立足项目的整体性，把各个管理环节和阶段置于一个范畴中进行管理和控制。

（5）过程的一次性。项目过程的一次性（也被称为“时限性”）是指每一个项目都有自己明确的时间起点和终点，都是一个有始有终（不是不断重复、周而复始的）的过程。项目的起点是项目开始的时间，项目的终点是项目的目标已经实现，或者项目的目标已经无法实现，从而中止项目的时间。项目的一次性与项目持续时间的长短无关，不管项目过程持续多长时间，一个项目都是有始有终的。例如，树立一座纪念碑所用的时间是短暂的，一个大型物流园区从开始建设到投入运营需要的时间相对比较长，但是它们都有自己的起点和终点。这就是项目过程的一次性特性，项目在其目标确立后开始，项目在达到目标时终结，没有任何项目是不断地、周而复始地持续下去的。项目的一次性意味着项目的不可挽回性，项目在一定条件下启动，一旦失败就永远失去了重新进行原项目的机，也正因为项目成果的不可挽回性使得项目具有较大的不确定性和风险性。因此，项目过程的一次性是项目活动不同于一般日常运营活动的关键特性。

（6）组织的临时性和开放性。项目组织的临时性和开放性体现在项目组在项目的全过程中，其人数、成员、职责是在不断变化的。某些项目组的成员是借调来的，项目终结时要解散，人员要转移。参与项目的组织往往有多个，多数为矩阵组织。他们通过协议或合同以及其他的社会关系组织到一起，在项目的不同时段不同程度地介入项目活动。可以说，项目组织没有严格的边界，是临时的、开放的，这一点与一般企、事业单位和政府机构组织很不一样。

10.1.2 项目管理的定义与特性

1. 项目管理的定义

所谓项目管理，是指在有限的资源约束下，组织通过运用各种知识、技能、方法与工具，为满足或超越项目有关各方对项目的要求与期望所开展的各种管理活动。有效的项目管理是在规定时间内，对组织机构资源进行计划、组织、领导和控制工作。对于项目管理的定义可以从以下三个方面认识。

（1）项目管理的目的。项目管理的目的是满足或超越项目有关各方对项目的需求与期望。项目有关各方是指一个项目的所有利益相关者，包括一个项目的业主和用户、项目的承包商或实施者、项目的供应商、项目的设计者或研制者、项目所在的社区、项目的政府管辖部门等。这些项目的利益相关者对项目会有完全不同的要求和期望。例如，项目业主/客户期望以最小的投资获得最大的项目产出；项目承包商或实施者期望以最小的成本获得最大的利润；项目供应商期望能够获得更多的销售收入；项目设计者或研制者期望能够留下传世之作，进而有所收益；项目所在社区要求项目不能破坏环境、造成污染；项目政府主管部门希望扩大就业和提高社会福利，等等。项目管理的根本目的就是要综合平衡这些不同的要求和期望，并最终使项目合理地、最大限度地满足这些不同的要求和期望，甚至超越这些要求和期望。这是项目管理的难点所在。

（2）项目管理需要满足的要求与期望。

1）对项目有关各方及项目本身的要求与期望。**对项目本身的要求与期望**是所有的项目相关各方共同要求与期望的内容，因为这方面的要求和期望是项目全体有关各方面的共同利益所在。例如，对一个配送中心建设项目的范围、工期（时间）、造价（成本）和项目质量等方面的要求与期望就属于对于项目本身要求和期望。

如前所述，项目有关各方有不同的要求与期望。项目相关各方的需求和期望有些是相互矛盾的。

2）项目已识别或未识别的要求与期望。**项目已识别的要求与期望**是已经由项目的各种文件明确规定出的项目要求与期望，是项目有关各方达成共识的需要和期望。例如，已经明确的项目工期、项目成本和项目质量等方面的要求与期望，以及对于项目工作的一些要求和期望等。

项目尚未识别的要求与期望是项目各种文件没有明确规定出的，但是又是项目有关各方想要和追求的要求与期望。例如，潜在的环保要求、残疾人的特殊要求、更低的项目成本、更短的项目工期、更高的项目质量要求等。

（3）项目管理的根本手段。项目管理的根本手段是运用各种知识、技能、方法和工具开展各种管理活动。为使项目能够最大限度地满足或超越项目所有利益相关者的要求和期望，项目管理者就必须开展各种各样的管理活动。由于项目管理活动和一般的运营管理活动的管理对象不同，所以二者的管理原理和方法也有所不同。前者管理的是具有一次性、独特性和相对不确定性的项目工作，后者管理的是重复性、常规性和相对确定性的日常运营工作。因此项目管理需要运用各种知识、技能、方法和工具，既包括独特的项目工期、质量、成本、风险管理等方面的知识、技能、方法和工具，也包括项目本身所涉及具体专业领域的专门知识、技能、方法和工具，同时还包括一般管理的计划、组织、领导、控制等一系列知识、技能、方法和工具。

其中，“知识”是指人类对以前的成功经验和对于客观规律的认识和总结；“方法”是指按照这些客观规律去分析问题和解决问题的程序和做法；“工具”是指分析和解决具体问题的手段；而“技能”则是指人们掌握和运用知识、方法和工具的能力。由于项目管理工作十分复杂和艰巨，涉及的问题非常广泛，所以项目管理需要运用“各种”知识、技能、方法和工具，去开展“各种各样”的管理活动。

需要注意的是，有时“项目管理”也用于描述一个组织在管理其日常运营业务中所使用的一种方法。这种方法更确切的叫法是“按照项目管理模式进行日常运营管理”。采用项目管理模式进行日常运营管理是将日常运营的许多工作与活动都看作是项目，以便使用项目管理的方法去管理这些日常运营中的工作和活动。尽管对使用“按照项目管理模式进行运营管理”的组织而言，充分理解和掌握项目管理的理论和方法非常重要，但是对“按照项目管理模式进行运营管理”作详细讨论不属于本书的范畴。

2. 项目管理的基本特性

现代项目管理认为，项目管理的基本特性主要包括如下几个方面：

（1）普遍性。项目作为一种创新活动普遍存在于人类社会，人类现有的各种文化物质成果最初都是通过项目的方式实现的。现有各种运营活动都是各种项目的延伸和延续，人们的各种创新的想法、建议或提案或迟或早都会转化成项目，并通过项目的方式得以验证或实现。由于项目的这种普遍性，使得项目管理也具有了普遍性。在人类社会中，小到个人的婚礼，大到阿波罗计划都是项目，都需要项目管理。同时，不管是企业、政府、社团、个人的项目（住宅建设）都需要开展项目管理。

（2）目的性。项目管理的另一个重要特性是它的目的性，一切项目管理活动都是为实现“满足或超越项目有关各方对项目的要求与期望”这一目的服务的。其中“有关各方对于项目的要求”是一种已经明确提出并清楚规定的项目目标，而“有关各方对于项目的期望”是一种有待识别、未明确的、潜在的项目追求。项目管理的目的性不但表现在要通过项目管理活动去满足或超越那些项目有关各方已经明确提出并清楚地规定出的项目目标，而且要通过项目管理去识别和满足、超越那些尚未识别和明确的潜在需要。例如，一个物流园区的建设项目，业主 / 客户会提出一些要求和目标，但是由于业主 / 客户并不是建筑专业人士，所以他提出的要求会在一些方面存在着疏漏或不足，但是他认为园区建设越符合自己的要求越好，尤其在物流园区的结构和功能方面，这就要求项目的设计者和施工者要努力运用自己的专业知识和物流业的相关知识去找出这些期望的内容，并设法满足甚至超越这些期望。

（3）独特性。项目管理的独特性是指项目管理既不同于一般的生产、服务的运营管理，也不同于常规的行政管理，它有自己独特的管理对象、管理活动和管理方法与工具，是一种完全不同的管理活动。项目过程的一次性和产品的独特性使得项目管理的对象具有独特性，而且每个项目都有其独特的管理活动。虽然项目管理也会使用一些一般管理的原理和方法，但它有许多自己独特的管理原理与方法。例如，项目计划管理中所使用的关键路径法、工程项目设计管理中的三段设计法、项目造价管理中的全造价管理方法等，就是项目管理自己独特的管理方法。

（4）集成性。项目管理的另一个特性是它的集成管理特性。项目管理的集成性是相对于一般运营管理的专门性而言的。在一般运营管理之中，有生产管理、质量管理、成本管理、供应管理、市场营销管理等各种各样的专业管理，它们是针对一个企业或组织的不同生产、经营活动所开展的管理。这些专业管理是由于一般运营的重复性和相对确定性，以及运营管理的详细分工而形成的。但是项目管理要求的主要是管理的集成性，虽然项目管理也有一定的分工要求，但是由于项目活动的相关性、整体性以及项目运作的系统性等，都要求项目组对项目进行集成管理。例如，对于项目工期、造价和质量的集成管理，对于项目、子项目的集成管理等，都是十分重要的。

（5）创新性。项目管理的创新性包括两层含义，其一是指项目管理是对于创新（项目所包含的创新之处）的管理，其二是指任何一个项目的管理都没有一成不变的模式和方法，都需要通过管理创新去实现对于具体项目的有效管理。在现实生活中，即使是一个工业或民用建设项目，由于是新的建设地点、新的业主 / 客户、新的建设材料与施工方法等，也仍然需要各种各样的管理创新。企业新产品研究与开发之类创新性强的项目就更需要管理创新。

尽管项目管理有许多特殊之处，但是它与一般运营管理也有一些共性。例如，项目管理的科学性与一般运营管理的科学性是一致的，艺术性也是一致的。项目管理的艺术性主要体现在对于项目利益相关者的利益和要求的协调与沟通方面、项目团队的建设与领导方面等。

10.1.3 项目与运营的区别

人类的社会经济活动可分为两大类：一类是在相对封闭和确定的环境下所开展的重复性的、周而复始的、持续性的活动或工作，像企业定型产品的生产与销售，铁路与公路客运系统的经营与运行，影院与宾馆的日常营业，政府的日常办公等。通常人们将这种活动或工作称为日常“运营或运行”（Operation）。另一类活动是在相对开放和不确定的环境下开展的独特的、一次性的活动或工作，这就是本书前面讨论和定义的“项目”。这两种不同的社会、经济活动有许多本质的不同，充分认识这些不同之处，有助于我们认识和掌握项目和项目管理的概念和内涵。“项目”与“运营”最主要的不同之处包括下述几个方面:

（1）工作性质与内容不同。日常“运营”中一般存在着大量的常规性、不断重复的工作或活动，而在“项目”中则存在较多创新性、一次性的工作或活动。因为运营工作通常是不断重复、周而复始的，所以运营中的工作基本上是重复进行的常规作业，但是每个项目都是独具特色的，其中的许多工作是开创性的，所以二者的工作性质与内容是不同的。例如，企业日常经营生产一种产品或服务的工作内容多数时间是相同的，很少有创新；而新产品的研究与开发项目的工作多数是不同的，基本上都是创新性的工作。因为如果没有创新就不会有这种项目，也就不会有新产品。

（2）工作环境与方式不同。日常“运营”工作的环境是相对封闭和相对确定的，而“项目”的环境是相对开放和相对不确定的。因为运营工作的很大一部分是在组织内部开展的，所以它的运营环境是相对封闭的，譬如企业的生产活动主要是在企业内部完成的。同时，运营中涉及的外部环境也是一种相对确定的外部环境，比如，企业一种产品的销售多数是在一个相对确定性的环境中开展的。虽然企业的外部环境会有一些变化和竞争，但是相对于项目的外部环境而言，还是比较确定的。工作环境的这种相对封闭性，加上运营工作的重复性，导致运营中的不确定性较低，而且在不断重复的作业过程中还可以使许多不确定性因素逐步得以消除。然而，项目工作基本上是在组织外部环境下开展的，所以它的工作环境是相对开放的，譬如工程建设项目只能在外部环境中完成，而新产品研制项目主要是针对外部市场新的需求开发的。由于项目所处环境的这种相对开放性，再加上项目工作的一次性和独特性，就使得项目的不确定性较高，因为人们很难准确预测事物的发展方向和发展过程。

（3）组织与管理不同。由于“运营”工作是重复性的和相对确定的，所以一般运营工作的组织是相对不变的，运营的组织形式基本上是分部门、成体系的；而由于项目是一次性的和相对不确定的，所以一般项目的组织是相对变化的和临时性的，项目的组织形式多数是团队性的。同时，运营工作的组织管理模式以基于部门的职能性和直线指挥管理系统为主；而项目的组织管理模式主要是基于过程和活动的管理系统为主。例如，一项产品的生产运营管理基本上是按照供应、生产、销售、组织和领导，以及人、财、物、信息的控制展开的；而一个工程项目的管理基本上是按照项目建议书、可行性分析、工程设计、工程施工、完工交付的过程及其中的各项具体活动展开的。

10.2 项目管理的职能

项目管理的职能领域分为十个部分，分别是对项目的范围、时间、成本、质量、人力资源、信息、风险、采购、沟通进行管理，以及对整个项目过程进行集成管理。这十个方面分别从不同的管理职能和领域，描述了现代项目管理所需要的知识、方法、工具和技能。本书将围绕这十个不同的项目管理方面进行较为深入的讨论。

1. 项目范围管理

项目范围管理是界定一个项目或项目阶段所需和必须要完成的工作，以及不断维护和更新项目的范围的管理工作。开展项目范围管理的根本目的是要通过成功地界定和控制项目的工作范围与内容，确保项目的成功。这项管理的主要内容包括：项目起始的确定和控制、项目范围的规划、项目范围的界定、项目范围的确认、项目范围变更的控制、项目范围的全面管理和控制。

项目范围管理是要确保项目做且只做保证项目成功完成所需的全部工作，是项目管理的基础。因此，管理好项目范围至关重要。科学的项目范围管理过程应该包括：启动过程、范围计划过程、范围定义过程、范围核实过程和范围变更控制。

启动是指组织正式开始一个项目，启动过程会生成项目章程，项目章程将粗略地规定项目的范围，这也是项目范围管理后续工作的重要依据。**范围管理计划**主要是描述项目范围如何进行管理，项目范围怎样变化才能与项目要求相一致等问题。范围计划过程将生成范围说明书和范围管理计划。**范围定义过程**是将项目主要的可交付成果细分成较小的、更易管理的工作包，项目组要通过范围定义过程生成一个工作分解结构（Work Breakdown Structure，WBS）。**范围核实过程**是对项目范围的正式认定，项目主要干系人（包括项目的各种利益相关者）要在此过程正式接受对项目可交付成果的定义。**范围变更控制**是对有关项目范围的变更实行控制，在这个过程中会产生范围变更、纠正行动和总结教训。

在物流领域，物流项目可以是一个物流园区或者配送中心的建设项目，也可以是为客户提供一次独特的物流服务。不同类型的物流项目的项目范围划分标准不同，同一类型的物流项目也可能因为每个项目的特殊性对每个阶段的划分有所不同。

2. 项目时间管理

项目时间管理是为确保项目按既定时间成功完成而开展的项目管理工作。开展项目时间管理的根本目的是要通过做好项目的工期计划和项目工期的控制等管理工作，去确保项目的成功。这项管理的主要内容包括：项目活动的定义、项目活动的排序、项目活动的时间估算、项目工期与排产计划的编制和项目作业计划的管理与控制。

项目的时间管理是确保一系列项目活动按时完成、发挥最佳工作效率、合理分配资源，这就要求项目管理者根据现场实际情况和设计文件的要求，制定合理的项目进度计划。项目时间管理是在确定了项目的范围基础上对整个项目进度进行规划。基于时间管理的项目进度计划可以分为四步：

一是活动工期估算，即根据项目范围管理过程中生成的工作分解结构对每项活动的工期进行估算，为后续的进度安排提供依据。二是安排进度，应根据估算的活动工期、工作分解结构、资源需求和供给状况制定。三是进度控制。在整个项目实施过程中，进度控制对保证按时完成项目至关重要，进度控制的主要工作就是监督进度的执行状况。四是项目计划调整。在项目进度计划编制完成后还需要根据实际运作进行计划的调整。同时，为了保证项目实施的稳定性，项目进度计划不宜频繁调整。

3. 项目成本管理

项目成本管理是为确保项目在不超出预算的情况下完成全部项目工作而开展的项目管理。开展项目成本管理的根本目的是全面管理和控制项目的成本（造价），确保项目的成功。这项管理的主要内容包括：项目资源的规划、项目成本的估算、项目成本的预算和项目成本的管理与控制。

在成本管理中涉及很多财务管理的概念、术语、基础理论及方法与工具的使用，作为项目经理，对这些内容要熟悉，特别是挣值分析的相关术语及简称，不光要了解这些术语的含意，还要掌握他们的计算公式。

4. 项目质量管理

项目质量管理是为确保项目的质量所开展的项目管理工作。这一部分的主要内容包括：项目质量规划、项目质量保障和项目质量控制。开展项目质量管理的根本目的是要对项目的工作和项目的产出物进行严格的控制和有效的管理，以确保项目的成功。这项管理的主要内容包括：项目产出物质量和项目工作质量的确定与控制，以及有关项目质量变更程序与活动的全面管理和控制。

5. 项目人力资源管理

开展项目人力资源管理的根本目的是要对项目组织和项目所需人力资源进行科学的确定和有效的管理，以确保项目的成功。这项管理的主要内容包括：项目组织的规划、项目人员的获得与配备、项目团队的建设等内容。

6. 项目信息管理

项目信息管理是为确保有效及时地生成、收集、储存、处理和使用项目信息而开展的管理工作。开展项目信息管理的根本目的是把项目信息（包括项目所需的信息和项目过程产生的信息）作为管理对象进行管理，以保证决策者和相关工作人员能够及时、准确地获得相应的信息。这项管理的主要内容包括：项目信息的收集、项目信息的加工、项目信息的传送和项目信息的储存等方面的内容。

7. 项目风险管理

项目风险管理是为确保成功地识别项目风险、分析项目风险和应对项目风险所开展的项目管理工作。开展项目风险管理的根本目的是要对项目所面临的风险进行有效识别、控制和管理，是针对项目的不确定性而开展的降低项目损失的管理。这项管理的主要内容包括：项目风险的识别、项目风险的定量分析、项目风险的对策设计和项目风险的应对与控制等内容。

物流项目作为项目的一种，随着其规模的增大面临的风险也在不断增加，而且其面临的风险具有普遍性、客观性、可变性的特点。物流项目面临的风险有市场风险、技术风险、管理风险、服务风险和资金风险等。

市场的需求和规模、物流项目本身的适应性和竞争力都使物流项目进入市场面临着巨大的风险；物流项目要合理应用相应的设备和技术以满足客户和市场的需求，然而，不成熟的技术和不合适的设备会给项目带来巨大的损失，新技术的涌现也会使设备和技术的更新周期大大缩减；项目管理者的经验水平、项目组织结构、项目管理机制都会给项目的管理和发展带来风险；物流项目在运作过程中其服务能否满足客户多样化的需求、能否在市场竞争中取得优势是难以预测的；物流项目中资金的机会成本和时间价值都很大，也面临着资金的金融风险。物流项目的风险管理要求项目管理者首先从寻找及确认风险方面来进行风险控制，在发现潜在风险后对风险进行专业化评估，制定风险应对措施和策略，并在整个过程中对风险实时监控。

8. 项目采购管理

项目采购管理是为确保能够从项目组织外部寻求和获得项目所需各种商品与劳务而展开的项目管理工作。开展项目采购管理的根本目的是要对项目所需的物质资源和劳务的获得与使用进行有效的管理，以确保项目的成功。这项管理的主要内容包括：项目采购计划的管理、项目采购工作的管理、采购询价与采购合同的管理、供应商选择的管理、招投标与合同管理、合同履行管理。

有效采购管理包括以下过程：编制合理有效的采购计划、编制询价计划（即编制报价邀请书或招标书）、询价（进行实际询价）、开标（评估并选择供应商）、对采购合同进行管理、对采购合同进行收尾。

9. 项目沟通管理

项目沟通管理是为确保项目干系人能够正确理解项目信息（包括项目所需信息和项目过程产生的信息）而开展的项目管理工作。项目沟通管理就是将适当的信息在适当的时间通过适当的渠道传送给适当的项目干系人。

沟通管理过程可以包括沟通准备、沟通实施、沟通收尾三个阶段。沟通准备阶段的工作内容有：明确沟通目的、制定沟通计划、发布沟通通知；沟通实施是多人参与的活动，为保证沟通的有效性，在沟通过程中需要抓住要点、应用各种沟通技巧；沟通收尾阶段则主要包括形成沟通纪要以及对沟通结果进行跟踪。

10. 项目集成管理

项目集成管理是为确保各种项目工作能够很好地协调与配合而开展的一种整体性、综合性的项目管理工作。它综合运用其他九个领域的知识，合理集成与平衡各要素之间的关系，是确保项目成功完成的关键。开展项目集成管理的目的是要通过综合与协调去管理好项目各方面的工作，以确保整个项目的成功，而不是某个项目阶段或某个项目单项目标的实现。这项管理的主要内容包括：项目集成计划的编制、项目集成计划的实施和项目总体变更的管理与控制。

项目集成管理中容易出现的问题主要有如下几类：未找到项目发起人，或者项目发起人不明确；项目交付成果定义不清，以致最后收尾时无法对照计划进行验收；缺少组织结构描述；对项目的控制未能规范化，尤其是项目范围的变更控制；风险管理未得到重视，只是在项目组内讨论，并停留在项目负责人的头脑中；没有规范的进度报告，或项目进展报告随意性较大。

10.3　项目管理过程

项目的管理过程是指在项目实现过程中，人们所开展项目的计划、组织、领导和控制等方面的活动所构成的过程（一般称为“项目管理过程”）。在大多数情况下，不同项目的实现过程需要有不同的项目管理过程，但是本章要讨论的是适用于大多数项目的项目管理过程。在一个项目的进程中，项目管理过程和项目实现过程从时间上是相互交叉和重叠的，从作用上是相互制约和相互影响的。例如，如果对一个项目本身界定的不很清楚，项目的计划工作和控制活动就很难开展。相反，如果项目的计划工作很差，那么项目成功实现的可能性就很小了。

10.3.1　项目管理过程组的构成

项目的实现过程是由一系列的项目阶段或项目工作过程构成的，任何项目都可以划分为多个不同的项目阶段或项目工作过程。但是，对于一个项目的全过程或者一个项目的工作过程而言，它们都需要有一个相对应的项目管理过程。这种项目管理过程一般是由五种不同的项目管理具体过程构成的。这五种项目管理具体过程构成了一个项目管理过程组，一个项目管理过程组所包括的五种具体管理过程如下：

1. 启动过程

“启动过程”是第一个具体管理过程，这一过程根据前一个项目阶段“收尾过程”所输出的文件和信息，以及在这一过程中所收集的信息，开展“启动”管理方面的相关活动，并给出该项目阶段是否“启动”的决策文件和信息，以作为这一过程的输出。这一项目管理具体过程最主要的活动是运用外部环境与内部条件的分析和预测方法、确定性和风险性决策方法等分析、预测和决策工具，做出一个项目阶段是否开始实施的决策，并生成相应的文件与信息。例如，做出一个项目的设计阶段是否应该开始的决策、做出一个项目的实施阶段是否应该开始的决策、生成相关文件与信息等，就属于这一项目管理过程中的具体活动。

2. 计划过程

一个项目阶段涉及许多具体工作，这些工作必须要很好地进行计划和安排，所以项目管理过程组中的“计划过程”是一个非常重要的项目管理具体过程。通常，在项目管理过程组中，“计划过程”有相对较多的活动，所以它所需要输入的信息也较多，既包括前面“起始过程”输出的文件或信息，也包括有关项目的目标、要求、技术规范、项目实施和管理的条件和环境、项目成本、费用、资源等方面的信息。“计划过程”中的活动内容也多，因为这些都是项目实施工作的依据。“计划过程”的输出都是计划工作所生成的计划文件及其支持细节信息，可以将其分为三类：第一类是项目的核心性计划，主要是指项目过程中核心工作的计划文件；第二类是辅助性计划，主要是指为完成核心工作提供支持和参考的计划性文件；第三类是项目计划工作中特殊的计划工具与方法，主要是指为完成核心工作需要使用的工具与方法。

（1）项目的核心性计划。项目的核心性计划主要包括以下内容：

1）范围的计划与界定。这是一项计划、说明和描述一个项目或项目阶段的具体工作范围的计划管理活动，并以此作为未来项目决策的基础和依据，以及将项目分解为较小的、可实施和易管理的多个项目作业部分的管理活动。

2）工作界定和工作顺序安排。这是一项找出完成各个项目阶段所需开展的具体工作和活动的计划工作，是一项找出各项工作之间的顺序关系，并做出相应的依次排序的计划管理活动。

3）工作持续时间的估算与工期进度安排。这是一项估算各项目实施工作所需工期长度，并在分析各项具体工作的顺序关系、持续时间和所需的资源的基础上，计划安排好各项实施工作的计划管理活动。

4）资源计划与成本估算。这是一项确定各项实施工作所需资源种类和数量，并安排项目采购的计划工作，以及估算完成各项实施工作所需资源的成本和花费等方面的计划管理工作。

5）成本预算和项目计划的制定。依据上述计划工作给出的信息，确定项目或项目阶段的总预算、项目各项具体工作的预算，并制定出一个项目集成计划文件。

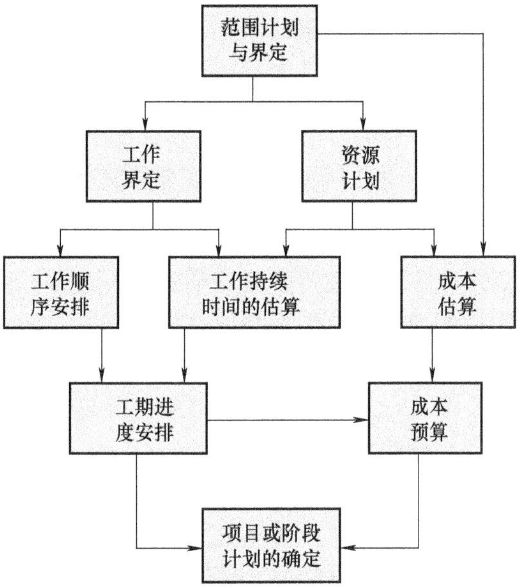

图 10-1　项目的核心性计划工作间的相互关系

上述这些项目或项目阶段的各项核心性工作之间是有一定联系的，如图 10-1 所示。项目管理者首先要计划和界定项目的范围和每个项目阶段的范围，然后根据这个范围界定各个项目阶段的具体工作，并对项目拥有的资源进行规划或重新进行采购；在确定每个阶段的具体工作后又可以进行工作顺序安排，同时根据资源计划估算每项具体工作的成本，而工作持续时间的估算工作则需要同时根据工作界定和资源计划来进行；工作顺序安排和工作持续时间的估算用于共同确定工期进度，总成本预算则需要工期进度安排和各项工作的成本估算值来确定；最终根据工期进度安排和成本预算值制定项目各阶段的详细计划。

（2）项目的辅助性计划。项目的辅助性计划主要包括以下内容：

1）项目风险识别与风险量化：分析和确定项目或项目阶段所面临的各种风险、评价项目或项目阶段各种风险的变化和发展、明确各种项目风险之间的相互影响等。在全面评估项目和项目产出物可能出现的变化和可能的损失等工作的基础上，将这些工作整理成计划文件。

2）风险应对计划的制定：研究并确定出利用各种机遇、方法和手段去降低项目风险的措施，明确如何采用这些措施应对损失与失败威胁。

3）项目组织计划的制定：计划、安排和确定一个项目组织或一个项目阶段的团队中的角色、责权关系、汇报关系和项目的组织结构。

4）项目人员配备计划的制定：计划和安排项目或项目阶段所需人力资源的招聘工作，计划和安排各种人员和各个工种人员的具体配备等。

5）项目采购计划与采购工作计划的制定：确定一个项目或项目阶段需要采购什么样的商品和劳务，什么时候采购这些商品和劳务，以及为获得各种商品和劳务所需开展的具体采购工作（发现供应来源，开展询价和合同谈判等）。

6）项目质量计划的制定：研究确定与项目或项目阶段的具体工作有关的各项质量标准，并且确定采用什么方法开展工作去满足这些质量标准。

7）项目沟通计划的制定：确定项目各个项目干系人在信息和沟通方面的需求和权力以及沟通方式等方面的工作。例如，他们需要什么信息和什么时候需要，何时提供和怎样给他们提供信息等等。

上述这些项目的辅助性工作之间也是有一定联系的，图10-2给出了有关辅助性计划工作之间的相互关系。

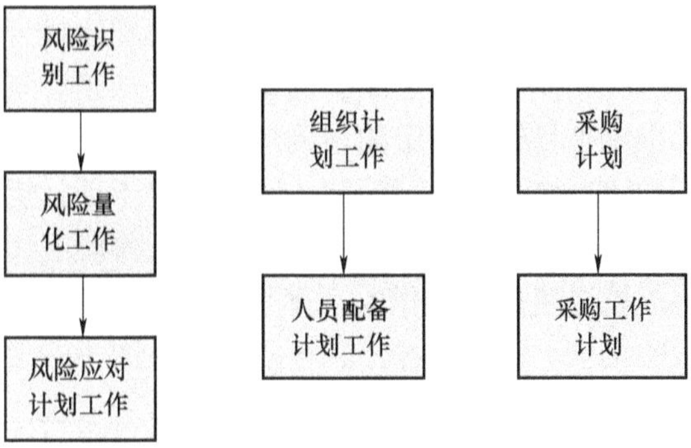

图10-2　辅助性计划工作间的相互关系

（3）项目计划工作中特殊的计划工具与方法。“计划过程”所使用的方法和工具有许多，而且不同的专项计划工作所使用的计划方法和工具也不同。例如，核心性计划和辅助性计划所用的方法和工具就有许多不同之处，而辅助性计划中的风险应对计划和质量计划所用的方法也不同。通常，“计划过程”使用的方法与工具可以分成两类，一类是在一般管理中通用的计划工具和方法，这在此就不做展开讨论了。另一类是项目计划工作中特殊的计划工具与方法，这主要包括：

1）项目工作安排中使用的方法与工具：工作分解结构（Work Breakdown Structure,WBS）、工作持续时间估算（Work Duration Estimating Method，WDEM）等。

2）项目成本计划中使用的方法与工具：工程量计算规则、消耗量计算规则、经济分析参数、单位成本统计分析、实施劳动生产率计算等工具；标准定额法、参数估计法、统计分析法等方法。

3）项目风险应对计划中使用的方法与工具：项目风险应对计划中使用的风险识别、风险分析、风险量化、模拟仿真等方法；各种模拟仿真软件和工具、风险分析的各种概率分布与参数软件和工具。

3. 执行过程

“执行过程”是指实施和完成“计划过程”中所确定的核心性工作和辅助性工作中各项任务的管理过程。这一过程的主要输入有两个，一个是在“计划过程”中所制定的各种计划和相关细节信息与文件，另一个是项目的各种技术文件。其中，输入的计划文件主要有：项目或项目阶段的集成计划、工期计划、成本计划、质量计划和资源计划、沟通计划、风险应对计划等。“执行过程”的主体活动是项目生成物的生产作业和相应的管理活动。其中最为主要的工作内容是：

（1）项目计划任务的实施。这主要是完成项目计划所给出的各项工作任务，即实施项目的计划。

（2）项目任务范围的进一步确认。这主要是指根据项目实施中所发生的情况，进一步明确地界定项目计划中所规定的任务及其具体范围的一项工作。

（3）项目质量的保证。这主要是指按照既定的方法和标准，评价整个项目的实际工作，并采取各种项目质量保证和监控措施，确保项目能够符合相应的质量标准。

（4）项目团队的建设。这主要是通过努力提高项目团队及其成员的技能、提高项目团队的合作和团队精神，最终去提高项目实施的绩效。

（5）项目相关信息的传递。这包括及时、准确、完整地将项目信息传递给需要这些信息的项目利益相关者和相关工作者的工作。

（6）采购工作的开展。这包括对于项目采购计划和采购工作计划所规定任务的实施。例如，开展寻求报价、招投标、发现和选择合适供应商等方面的工作。

（7）各种供应来源的选择。这是从新发现的供应商和已有的供应商中，根据项目采购标准和项目组织确定的采购政策，选择好的产品和好的劳务供应者的工作。

（8）项目的合同管理。这包括对于项目组织与项目商品或劳务供应商之间的各种合同关系的管理和合同履约情况的管理工作。

在上述这些工作中，有些是独立进行的，有些是依次进行的。其中关系最为紧密的是采购询价、供应商选择和合同管理。图 10-3 给出了这三项具体工作之间的相互关系。

图 10-3 “采购过程”中各项工作之间的相互关系

4. 控制过程

项目管理过程组的“控制过程”是确保项目或项目阶段的产出物的质量、项目工作的质量与绩效的一种项目管理过程。在项目实现过程中，项目各个阶段和各项工作的绩效必须不断地进行度量，并将度量的结果与项目或项目阶段的目标、计划和标准进行比较，以便识别出项目实际工作与项目计划和标准之间是否存在着偏差。如果项目的偏差超出了允许的范围，那么就需要针对这些偏差的性质与原因，采取各种措施以便纠正这种偏差。纠偏措施一般包括两个方向，其一是努力改进实际工作，提高实际工作绩效，从而使项目的实际与计划相吻合；其二是设法调整项目计划、目标和标准，从而使项目计划或标准与变化了的项目实际情况相一致。例如，一个项目的工期拖延了，既可以通过对实际的人员安排或加班时间进行调整，也可以对项目的进度目标与计划进行调整。“控制过程”的活动进一步可以分为三大类，其一是对于可能发生的问题所采取的预防性控制活动（事前控制），其二是在“执行过程”中所开展的控制活动（事中控制），其三是在执行工作完成以后所开展的控制活动（事后控制）。

“控制过程”的主要工作包括是对在前面“计划过程”中所描述的核心性和辅助性工作的实施过程进行有效的控制。这一过程中的主要工作包括：

（1）执行过程的控制。这是在项目或项目阶段的执行过程中，对于项目的执行程序、执行作业和执行步骤等所开展的管理和控制工作。

（2）项目范围的控制。这是在项目或项目阶段的执行过程中，对于项目或项目阶段的任务范围所进行的界定与确认、变更等方面的管理和控制工作。

（3）项目进度的控制。这是在项目或项目阶段的执行过程中，对于项目或项目阶段的作业时间和实际工期进度等方面开展的管理和控制工作。

（4）项目成本的控制。这是在项目或项目阶段的执行过程中，对于项目或项目阶段的成本预算和成本发生状况开展的管理和控制工作。

（5）项目质量的控制。这是在项目或项目阶段的执行过程中，对于项目或项目阶段的工作质量和项目产出物质量的管理与控制工作。

（6）项目的绩效报告。这是在项目或项目阶段的执行过程中，收集和报告有关项目或项目阶段执行的实际情况，以及相关信息的工作。

（7）项目风险的控制。这是在项目或项目阶段的执行过程中，对于各种项目风险、项目风险后果的应对而开展的管理和控制工作。

上述这些项目控制工作都是“控制过程”的核心内容，这些项目控制工作有些是独立进行的，有些是依次进行的。但是“控制过程”中的这些项目控制工作之间的相互关系和相互影响是非常强烈的。

5. 收尾过程

项目或项目阶段的“收尾过程”是终结一个项目或项目阶段的项目管理过程。它也是一个项目阶段中所必需的一项管理工作。但是在许多项目的管理中，人们往往最容易忽视的就是这一项目管理具体过程，并且因此为项目后续阶段留下了许多问题和麻烦。因为如果项目的“收尾过程”没有给出有效输出就盲目地开始项目下一阶段的工作，容易给项目下一个阶段的工作带来隐患。在项目管理过程组中，“收尾过程”的主要工作包括：

（1）管理的结束工作。这是收集、生成并分发一个项目阶段或整个项目实施工作完成与结束的各种文件和信息的项目管理工作。这项工作的目的是为结束一个项目或一个项目阶段做好各种文件准备。

（2）项目合同的终结。这是完成和终结一个项目或项目阶段各种合同的工作，这包括项目的各种商品采购和劳务承包合同。这项管理活动中还包括对有关项目或项目阶段的遗留问题提出解决方案或做出决策。

项目管理过程组的“收尾过程”中的这两项具体工作相互之间也是互相关联和互相影响的，通常是“管理的收尾工作”先行开始，而“项目合同的收尾”工作先行结束，最终“收尾过程”完成。

10.3.2 项目管理过程之间的关系

五大过程之间有着相互的联系，它们的逻辑关系如图10-4所示。

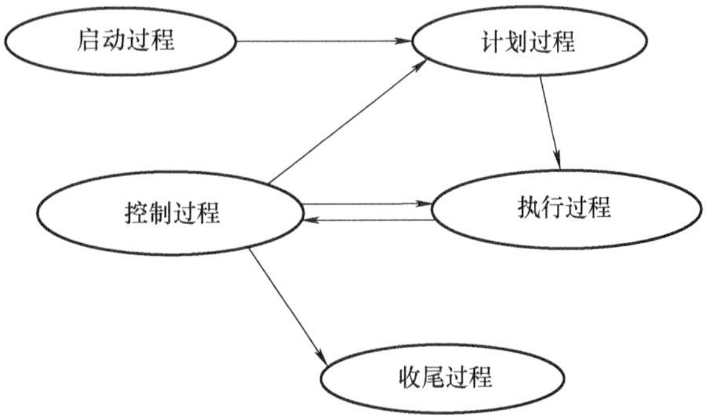

图10-4 五大项目管理过程之间的逻辑关系

（1）首先是启动过程，启动过程结束后进入计划过程。

（2）计划过程结束后进入执行过程。

（3）在执行过程的同时是控制过程，所以控制过程和执行过程之间是双向的箭头，是相互影响的。

（4）从控制过程出发，可以同时去向执行过程、计划过程和收尾过程。在项目执行过程中，项目管理者要对项目的执行情况进行监控，发现偏差后需要根据具体情况采取不同的措施：

● 如果偏差可以在执行过程中得到纠正，不涉及其他因素，那么从控制过程就可以直接转向执行过程。

● 如果偏差导致需要对项目计划进行变更，例如项目范围要发生变化，或者项目工期显著延长将超过规定的完成时间，或者需要追加项目预算等，这种情况下一定要首先返回计划过程，调整项目计划后再重新进入执行过程，按照变更后的计划执行，以保证项目的执行过程是可跟踪的。这种情况下绝对不能从控制过程直接返回执行过程，不做计划变更而随意采取行动，这会导致项目执行中的实际进展情况与原来的计划脱节，最终变得没有计划可依，使整个项目失控。

● 确信项目任务执行完成，从控制过程可以进入收尾过程。

（5）项目完成时，必须通过控制过程的确认，才能进入收尾过程，不能由执行过程直接进入收尾过程。实践中，项目是否完成必须经过检验和确认，不能由项目的执行者主观决定。

项目的五个过程虽然有一定的顺序关系，但并不是绝对的串行顺序，而是在相当大的程度上有重叠，如图 10-5 所示。

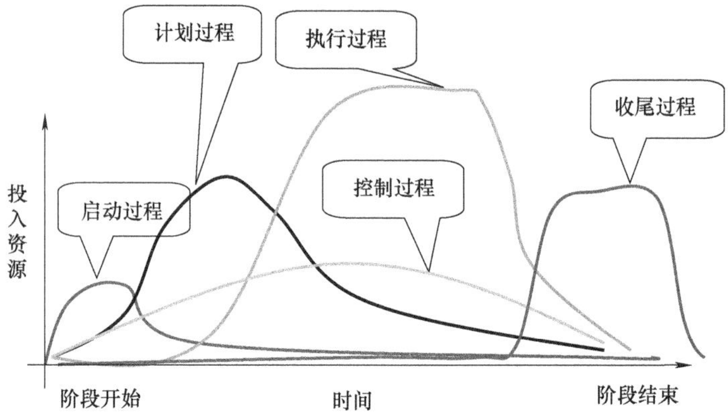

图 10-5　五大项目管理过程的大致重叠情况

最先开始的是项目的启动过程，然后开始的是计划过程，计划过程一直延续到接近项目结束，这是由于在项目当中需要根据项目的实际情况不断对项目计划做出修正，甚至是计划变更。控制过程在计划过程开始后很快就开始了，一直延续到项目完全结束，保证项目目标的最终实现。项目的执行过程是完成项目任务的主要部分，通常工作量最大。在项目执行过程后期、主要工作量完成之后，就开始为项目的收尾做准备，而并非等到全部项目任务都结束后才开始做收尾工作。

从图中还可以看出，项目中工作量最大的是执行过程，其成本也是最高的。要加强前期启动过程和计划过程的工作，以相对较低的代价及早发现和解决问题，降低项目风险。

10.3.3 项目管理过程中应注意的问题

前面介绍的项目管理过程及其具体工作都是现代项目管理的工作内容，它们在大多数情况下适用于各种各样项目的管理。但是，对于具体的项目而言，不同的项目会有不同的项目管理工作内容和项目管理活动，前面给定的各种项目管理具体过程之间的相互关系和相互作用也会有所不同。因此，必须根据具体项目所属专业领域和特性，选择和确定项目管理的工作内容和相应的项目管理活动。在项目管理过程的具体应用中需要注意如下几个方面的问题：

1. 不同领域的项目选用不同的项目管理过程

不同领域的项目，其管理过程不尽相同，在一个特定的项目中可能不需要某些具体的项目管理过程。例如，一个经常使用承包商的项目组织（如房地产开发商）需要制订一个承发包计划，以便开展项目承发包的招投标活动，但是一个企业新产品自行开发项目就不涉及这种承发包（或叫招投标）的项目管理活动。

2. 不同项目的管理过程有不同的管理内容

在许多情况下，不同的项目会有不同的管理过程和工作内容。例如，项目管理过程组中的“计划过程”在内容上就会有很大不同，具体的计划工作内容需要根据具体项目决定。同时，不同项目管理过程组中其他具体工作的内容也会不同，也需要根据具体项目的需要进行选用。例如，一次独特的物流服务项目的“计划过程”与举办奥运会这种大型项目的“计划过程”的工作内容就完全不同，因为举办奥运会这样的项目不仅需要制定场馆建设计划，而且需要制定比赛组织计划，安排生活、交通、组织志愿者服务等一系列工作的计划。

3. 不同项目的管理过程有不同的工作顺序

不同项目的管理过程会有不同的工作顺序，有些项目的某个项目管理过程会提前开展，而有的会错后开展。例如，对于那些在很大程度上依赖于独特资源的项目，像大数据物流需求预测系统的开发项目、药品运输温控监测的研制项目等，在编制项目计划和定义项目范围的管理工作开展之前，首先要确定项目的主要角色、主要人选及其责任，因为这类项目的成败更多取决于人。在这种情况下，项目的“计划过程”就需要错后开展，需要在确定了项目的主要角色之后，再根据主要角色的人选情况去制定项目的具体计划。

4. 不同项目管理过程有不同的前提条件

不同项目的管理过程会有一些不同的前提条件或要求，然后在这些前提条件和要求下，再开展相应的具体项目管理活动。例如，制造厂商的管理人员通常会要求项目的决策者首先确定出产品的完工日期，然后再开展项目的计划编制工作，而不是通过开展计划过程来确定该产品的完工日期。实际在大多数情况下，一个项目或一个项目阶段的工期、成本、预算、质量和其他一些项目要素的前提条件与约束要求都需要预先做出决策，然后才好开展项目管理“计划过程”的具体工作。

5. 不同项目的管理过程需要不同的集成管理程度

大项目与一般项目的管理过程的集成程度就有所不同，大项目的管理过程对项目管理集成程度要求相对较高。例如，大项目要求有专门的项目细分方案和项目阶段细分计划，像举办奥运会这样的大型项目，既要有分年度的集成计划，还要有分项目或子项目的集成计划。另外，在项目集成管理的深度方面，大项目也要比一般项目更为深入。例如，在对风险的识别和控制方面，大项目需要进一步将风险细分为成本风险、进度风险、技术风险、质量风险、不可抗力事件等各种风险，并分别进行深入的分析和识别，以便很好地控制这些项目风险。

6. 不同项目的管理过程有不同的简化程度

小型项目或子项目与大项目相比，其管理过程可以简化。对于小项目而言，由于它的时间短、环境和条件都比较确定、任务和工作也比较具体，所以它的管理过程可以简化，甚至有一些项目管理的具体工作过程可以省略。例如，有些小项目的风险识别与分析工作可以省略，因为项目小，时间短，多数的项目条件和情况是确定的，所以风险很小。对于子项目来说，那些在更高项目层次上已经确定或决策了的事项，在子项目的管理工作过程中就可以省略了。所以一般小项目或子项目的管理过程会比较简单。

7. 项目变更会使项目管理过程也发生变动

所谓项目变更，是指当出现像项目产出物的设计变更（如智能仓储的技术开发人员认为原设计存在缺陷而修改了设计方案）、项目遇到未预见的特殊事件而出现变更（如提供物流服务的过程中遇到了不可抗力）等情况时，就需要对项目的实施过程、项目的范围或工作内容做出必要的变更，项目的管理过程也必须随之变更。

10.4 网络计划技术

10.4.1 网络计划技术及其步骤

网络计划技术是指用于项目计划与控制的一项管理技术。它是 20 世纪 50 年代末发展起来的，其方法有关键路径法（CPM）与计划评审法（PERT）两种。1956 年，美国杜邦公司在制定企业不同业务部门的系统规划时，做出了第一套网络计划。这种计划借助于网络表示各项工作与所需要的时间，以及各项工作的相互关系，通过网络分析研究工程费用与工期的相互关系，并找出在编制计划及计划执行过程中的关键路线。这种方法称为关键路线法（CPM）。1958 年美国海军武器部，在制定研制“北极星”导弹计划时，同样地应用了网络分析与网络计划，但它注重于对各项工作安排的评价和审查，这种计划称计划评审法（PERT）。CPM 主要应用于以往在类似工程中已取得一定经验的承包工程，PERT 更多地应用于研究与开发项目。

网络计划技术利用网络图表示计划任务的进度安排和各项活动之间的关系，在此基础上进行网络分析，计算网络时间值、确定关键路线；利用时间差，不断改进网络计划，求得工期、资源与成本的优化。网络计划技术一般包括以下五个步骤：

（1）确定目标。依据企业现有的管理基础，掌握各方面的信息和情况，寻求最合适的方案。

（2）绘制网络图。通过网络的形式来准确描述各个活动之间的独立性和从属性。

（3）计算网络时间。根据网络图和各项活动的作业时间，可以计算出全部网络时间和时差，并确定关键线路。

（4）网络优化。在相关资源约束条件下，按某一衡量指标（时间、成本、资源等）寻求最优方案。

（5）项目控制。在计划执行过程中，不断收集、传送、分析信息，根据进度情况及时调整计划。

10.4.2 网络图

1. 网络图的构成

网络图是一种图解模型，形状如同网络，故称为网络图。网络图是由作业（箭线）、事件（又称节点）和路线三个因素组成的。它有两种形式，一种是以箭线表示工作及走向，以节点表示工作的开始和结束，这种网络图称为双代号网络图；另一种是以节点表示工作，这种网络图称为单代号网络图。本书主要介绍双代号网络图。图 10-6 是双代号网络图的示意图。

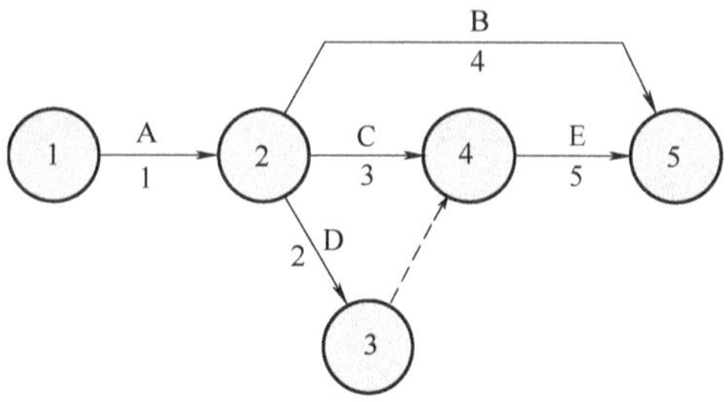

图 10-6　网络图

（1）作业。**作业是指一项工作或一道工序，是需要消耗人力、物力和时间的具体活动过程**。在网络图中用箭线表示作业，箭尾表示作业开始，箭头表示作业结束。作业的名称标注在箭线的上面，该作业的持续时间（或工时）标注在箭线的下面。有些作业或工序不消耗资源也不占用时间，称为虚作业，用虚箭线表示。虚作业主要是表明一项事件与另一项事件之间的相互依存相互依赖的关系。

（2）事件。事件是指某项作业的开始或结束，它不消耗任何资源和时间，在网络图中用圆圈表示，是两条或两条以上箭线的交结点，又称为节点。网络图中第一个事件称为网络的起始事件，表示一项计划或工程的开始；网络图中最后一个事件称为网络的终点事件，表示一项计划或工程的完成；介于始点与终点之间的事件叫做中间事件，它既表示前一项作业的完成，又表示后一项作业的开始。为了便于识别、检查和计算，在网络图中往往对事件编号，编号应标在圆圈内，用数字由小到大地表示，可连续也可间断。编号原则是：每一项事件都有固定编号，号码不能重复，箭尾事件号码应小于箭头事件号码。

（3）路线。路线是指自网络始点开始，顺着箭线的方向，经过一系列连续不断的作业和事件直至网络终点的通道。一条路线上各项作业的时间之和是该路线的总长度（路长）。一个网络图中有很多条路线，其中总长度最长的路线称为“关键路线”，关键路线上的各事件为关键事件，关键事件的周期等于整个工程的总工期。有时一个网络图中的关键路线不止一条，即若干条路线长度相等。除关键路线外，其他路线统称为非关键路线。关键路线并不是一成不变的，在一定的条件下，关键路线与非关键路线可以相互转化。例如，当采取一定的技术措施，缩短了关键路线上的作业时间，就有可能使关键路线发生转移，即原来的关键路线变成非关键路线，与此同时，原来的非关键路线变成关键路线。

2. 网络图的绘制原则

（1）方向性。各项活动从左至右，不能反向。

（2）活动有始有终。箭线的首尾必须有节点，不能从一条箭线中间引出另一条箭线。

（3）两点一线。相邻两个节点之间只能有一条箭线直接相连，如存在两个以上的活动，其余活动应使用虚活动表示。

（4）顺序编号。编号应从小到大，从左至右，不能重复。

（5）首尾唯一。一个网络图中，只能有一个始点事件和一个终点事件。如出现几道工序同时开始或结束，可用虚箭线把网络始点事项或终点事项连起来。

3. 网络计划时间参数的计算

（1）时间参数的概念及其符号

工期（T），计算工期（T_c），要求工期（T_r），计划工期（T_p）。

当已规定了要求工期 T_r 时，$T_p \leqslant T_r$，当未规定要求工期 T_r 时，$T_p=T_r$。

（2）网络计划的六个时间参数。各参数含义如下：

最早开始时间（$ES_{i\text{-}j}$）：是指在各紧前工作全部完成后，工作 $i\text{-}j$ 有可能开始的最早时刻；

最早完成时间（$EF_{i\text{-}j}$）：是指在各紧前工作全部完成后，工作 $i\text{-}j$ 有可能完成的最早时刻；

最迟开始时间（$LS_{i\text{-}j}$）：是指在不影响整个任务按期完成的前提下，工作 $i\text{-}j$ 必须开始的最迟时刻；

最迟完成时间（$LF_{i\text{-}j}$）：是指在不影响整个任务按期完成的前提下，工作 $i\text{-}j$ 必须完成的最迟时刻；

总时差（$TF_{i\text{-}j}$）：是指在不影响总工期的前提下，工作 $i\text{-}j$ 可以利用的机动时间；

自由时差（$FF_{i\text{-}j}$）：是指在不影响其紧后工作最早开始的前提下，工作 $i\text{-}j$ 可以利用的机动时间。

1）最早开始时间和最早完成时间的计算。以网络计划的起点节点为开始节点的工作最早开始时间为 0，如网络计划起点节点的编号为 1，则：$ES_{i\text{-}j}=0$（$i=1$）。

最早完成时间等于最早开始时间加上其持续时间，即 $EF_{i\text{-}j}= ES_{i\text{-}j} + D_{i\text{-}j}$。

最早开始时间等于各紧前工作的最早完成时间 $EF_{h\text{-}j}$ 的最大值，即 $ES_{i\text{-}j}=\max\{EF_{h\text{-}j}\}$ 或 $ES_{i\text{-}j}=\max\{ES_{h\text{-}j} + D_{h\text{-}j}\}$。

2）确定计算工期 T_c。计算工期 = 最早完成时间的最大值。当网络计划终点节点的编号为 n 时，计算工期：$T_c= \max\{EF_{j\text{-}n}\}$。无要求工期的限制时，$T_p= T_c$。

3）最迟开始时间和最迟完成时间的计算。以网络计划的终点节点（$j=n$）为箭头节点的工作的最迟完成时间 = 计划工期，即：$LF_{i\text{-}n}=T_p$

最迟开始时间 = 最迟完成时间减去其持续时间，即 $LS_{i\text{-}j}=LF_{i\text{-}j}-D_{i\text{-}j}$。

最迟完成时间等于各紧后工作的最迟开始时间 $LS_{j\text{-}k}$ 的最小值：

$$LF_{i\text{-}j}=\min\{LS_{j\text{-}k}\} \text{ 或 } LF_{i\text{-}j}= \min\{LF_{j\text{-}k}-D_{j\text{-}k}\}$$

4）计算工作总时差。总时差等于其最迟开始时间减去最早开始时间，或等于最迟完成时间减去最早完成时间，即：

$$TF_{i\text{-}j}=LS_{i\text{-}j}-ES_{i\text{-}j}, TF_{i\text{-}j}=LF_{i\text{-}j}-EF_{i\text{-}j}$$

5）计算工作自由时差。当工作 $i\text{-}j$ 有紧后工作 $j\text{-}k$ 时，其自由时差应为：

$FF_{i\text{-}j}=$ 紧后工作的（最早开始时间 $ES_{j\text{-}k}$）– 本工作的（最早完成时间 $EF_{i\text{-}j}$）

或

$$FF_{i\text{-}j}=ES_{j\text{-}k}-ES_{i\text{-}j}-D_{i\text{-}j}$$

以网络计划的终点节点（$j\text{-}n$）为箭头节点的工作，其自由时差 $FF_{j\text{-}n}$ 的计划工期 T_p 确定，即：

$$FF_{i\text{-}n}=（总工期 T_p）-（最早完成时间 EF_{i\text{-}n}）。$$

10.5　案例：A公司配送加工中心的综合项目管理

1. A公司配送加工中心建设概况

A公司成立于1998年，是一家吧台式火锅连锁企业。截至目前，A公司已在北京、天津具有超过百家门店。根据A公司的战略规划，其在未来三到五年时间内，要确定和巩固中式快餐速食领域市场的领头羊位置。在门店数量上，华北地区要扩张到300家，全国要扩张到1000家。A公司的发展速度极快，门店扩张速度每年都在40~50家左右。企业规模的扩大带来了物流作业量与调料需求的激增，急需建设更大的配送加工中心；另一方面，为了提升企业的经营层次和更有力地保障食品安全，新配送加工中心必须建设更标准的冷链系统。

A公司配送加工中心项目前期规划设计和招标事宜开始于2009年7月，大约在2009年11月结束，之后开工建设，全部工程在2010年下半年左右竣工，配送加工中心大约在2011年上半年正式投入运营。新配送加工中心位于北京大兴，项目用地超过5万m^2，其中建筑用地面积大约为3.6万m^2。项目由北京某咨询有限公司进行功能规划集成，具体建设分为两期，一期项目的功能主要为现有物流能力的初步整合、蔬菜分拣模式的调整以及冷链配送仓储规范化等，其中整栋物流与加工中心的建筑面积约为1万m^2。该项目建设完成后，能够满足未来3~5年华北地区门店数量增加至260~300家左右的配送需求。二期建设面向全国，其加工部分预计能够满足1000家门店的需求。

2. A公司配送加工中心项目的建设管理

配送加工中心的建设主要经历四大阶段：规划、建设前期准备、施工、验收及培训。在每个阶段的具体实施中又牵扯到不同环节的多向交叉。

（1）规划阶段。规划阶段是项目管理的灵魂阶段，专业规划设计决定了配送加工中心定位及未来发展方向。通常来讲，无论什么样的物流工程建设项目规划都是建设全过程中非常重要的环节。规划阶段对项目投资的影响度达95%（按照100%来计算）。因此，项目建设的关键是在施工以前的规划设计阶段。

规划的前提是明确需求。明确需求首先取决于公司的战略定位，比如未来发展是否需要配送中心，需要什么样功能的配送中心。如果需要的是冷链配送中心，那么项目中首先要含有低温控制的部分；如果是冷链配送加工中心，还要含有加工部分；而常温配送通常是必须含有的部分。此需求需要公司通过整体调研来确定。

需求确定完后，就是整合并提炼需求。初步提出来的需求都是零散的，通过规划，要将这些需求标准化、系统化。规划后的系统一定要比以前的系统更加优化，此优化主要是指三个方面：动线优化（建筑与室内设计的用语之一，人或设备在室内室外可移动的点连接起来的线称为动线）、流程优化及效率优化。比如如何将加工部分设计得更先进合理，常温部分怎么和加工与冷链部分动线协调。

在多功能的配送加工中心中，要避免作业冲突，动线的合理规划特别重要。动线规划合理，运作流程才能流畅，物流效率才能提升。A公司的配送加工中心设有参观通道、叉车作业通道、人员进出通道、单据传递通道等。这些通道有些分开，有些合并。如果要合并，对规划的要求就骤然提高。

另外，在前期规划中还要考虑土地使用的效率。配送加工中心的规划不能说只是把所需要的各种功能整合到一起就可以，还要考虑如何有效使用土地的问题，尽量做到让所有的资源最集约化使用。因此在实际建设中，可能既出现 10m 高的货架区域，又设置有带货梯的区域。A 公司加工配送中心功能区域划分如图 10-7 所示。

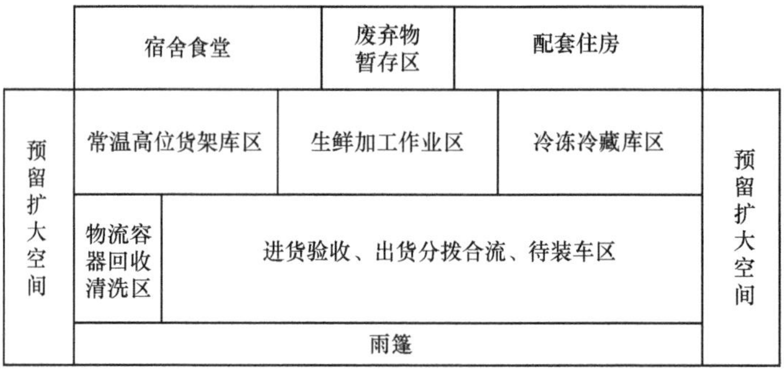

图 10-7　A 公司加工配送加工中心功能区域划分图

（2）建设前期准备阶段。建设前期准备阶段主要包括图样设计与土地手续办理等过程。前期规划完成后，能够体现出来具体的功能，比如高位货架区、常温操作区、分拣区、进出货区等。

规划方案得到公司的认可后，建筑设计院就可以参与进该项目中。如果将整个项目比作一个人体，那么前期规划只能先把心脏等核心部位做好，骨骼体型就要请专业的建筑设计院来搭建。建筑设计院的工作包括设计各项具体的土建内容，比如水、电、消防、空调、钢结构等。

公司与建筑设计院时常会有“冲突”。比如关于配送加工中心功能的设置，公司希望集成所有功能，然而功能越多，建筑就会越复杂。两者会产生冲突的原因在于规划顾问代表着企业，从使用角度出发，更多强调的是实用性和适用性，而建筑设计院从建筑物本身出发，更强调的是安全性。两者的关系需要项目团队综合平衡后进行判断。

在规划顾问和建筑设计院的设计之外，通常还有专业的土地顾问。可以说，跟土地打交道时项目管理团队的必备素质之一。如果租赁仓库，则一般不存在土地手续的问题。如果买地自建仓库，首先要进行土地招拍挂（即通过招标、拍卖、挂牌方式取得土地使用权），其次考量土地前期配套设施是否完备，比如是否有水、电、天然气，周围交通状况如何等。

配送加工中心项目的实施周期通常在两年左右，其中前期规划和建筑图样设计最少要占到 1/3 的时间，可以说，规划和图样是项目实施中的重中之重。整个项目规划图样完成后，由专业的预算公司核算成本和工作量。此时，规划的图样越完整清晰，核算的准确度就越高。

预算完成后招投标公司进场。按照国家的要求，项目需要备案，进行正式的招投标公告，以防止幕后交易并控制成本。招投标公司通过招标确定项目施工的总包方并签订合同。服务团队的评估方式如图 10-8 所示。内评估主要是对投标公司自身的实力、服务意识、服

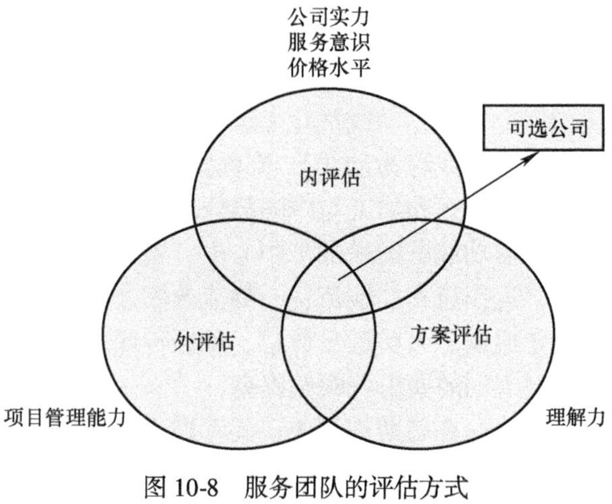

图 10-8　服务团队的评估方式

务价格等因素进行评价；外评估则主要评价该公司的项目管理经验及管理水平；方案评估是评价投标公司的投标方案，也就是其对项目的理解及处理能力。如果某投标公司的三方面能力都达到要求，该公司就成为可选择的公司之一。之后，施工单位就可以陆续进场。

（3）施工阶段。施工单位进场后，安排图样会审，此时又会和之前的各个团队产生一些交叉。施工单位按照施工计划安排施工。施工阶段最大的特点（也是难点）是多个团队与多专业交叉配合施工。

在现场，施工团队必须有良好的施工管理团队，项目经理下设负责安全、现场管理和技术的部门经理，协调安排水、电、消防、空调、钢结构等各个专业施工队的互相交叉施工。施工现场组织架构如图10-9所示。

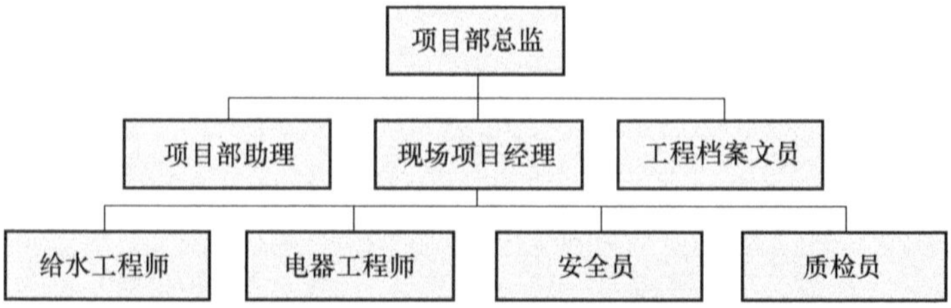

图10-9　施工现场组织架构图

建筑结构完成后，各项设备进驻。其中，与建筑直接相连接的设备，如工业门、月台等在施工时一并安装。设备安装完成后还需要经过调试检测的过程才能正式运行。

（4）验收及培训阶段。验收由监理公司和规划顾问公司共同完成。监理公司与施工单位同时到场，甚至更早。他们要协助企业控制监督施工进度，并对每个环节和每个专业进行验收。施工中有多少个专业，监理公司就必须配备多少个专业的验收人员，比如分别对水、电、空调、消防等验收。整个项目中，大大小小的验收加起来有300多项。

监理公司不但代表本企业验收各项专业，更代表当地的建设委员会及其监督站（建设委员会是负责本区工程建设及建筑行业、房地产开发行业、建材行业综合行政管理的区政府职能部门，负责对全区的各个在建工程进行验收）。正式运营前还要对本企业相关人员进行相关设备的使用说明与操作培训。

总之，在整个项目实施周期过程中，外部团队的搭建和配合非常重要，而平衡更是项目管理的重点。

思考题：

1. 配送加工中心建设项目管理过程包括哪几个阶段？每个阶段具体工作是什么？
2. 物流项目建设管理过程中每个阶段需要注意的问题是什么？

（案例来源：《呷哺呷哺配送加工中心的综合项目管理》，作者：陶倩）

习题

1. 什么是项目？项目的特性有哪些？
2. 什么是项目管理？项目管理的特性有哪些？
3. 项目管理包括哪些职能领域？

4. 项目管理包括哪几个过程？每个过程的具体工作内容是什么？
5. 项目管理过程应该注意哪些方面的问题？
6. 简述项目管理与日常运营管理的异同。
7. 什么是 CPM？什么是 PERT？两者的区别是什么？
8. 根据表 10-1，在图 10-10 的网络图中的相应位置填写出各活动的工期、最早开始时间、最晚开始时间、最早结束时间、最晚结束时间、时差，指出关键路径。

表 10-1　第 8 题资料

活动编号	正常工期（天）	赶工工期（天）	正常费用（元）	赶工费用（元）
A	3	-	-	-
B	5	4	100	150
C	1	-	-	-
D	3	2	150	200
E	5	4	120	150
F	4	3	80	100
G	3	2	200	300
H	4	2	160	220

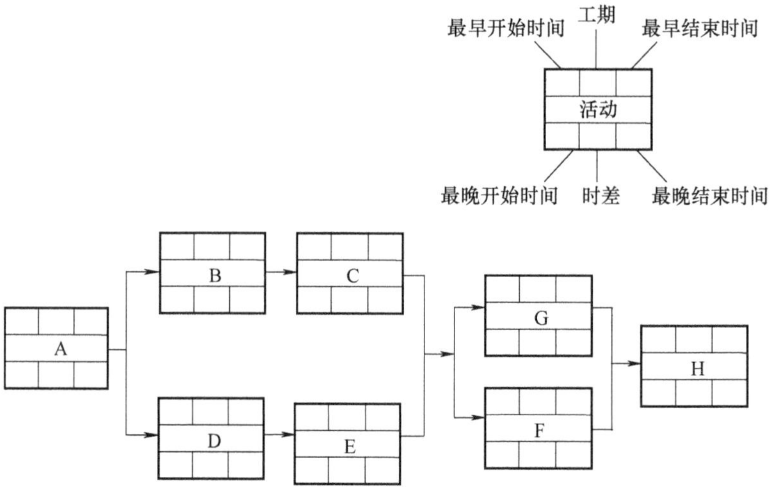

图 10-10　第 8 题网络图

9. 案例题

佩顿公司决定参与一项政府招标项目，项目内容是研究与开发一种新技术，项目要求在确定开始之后 90 天内完成，政府为该项目提供固定的费用。根据政府的规定，费用率基于整个部门的平均成本计算得出，为每小时 19 美元。

佩顿公司赢得了合同，总值 305000 美元。该项工作主要由开发实验室完成，项目开始一个星期后，通过对一星期工作报告的分析，发现开发实验室每小时实际花费 28.5 美元。项目经理决定和开发实验室的管理人员讨论这一问题。

项目经理："显然你知道我为什么到这里来，以你花钱的速度，我们将超过预算，多花费 50%。"

实验室主管："这是你的问题，不是我的。在我估算这一工作的费用时，我提交的只是根据历史经验所花费的小时数，是定价部门基于部门平均工资和小时数计算的所需费用金额。"

项目经理："那我们为什么要用最昂贵的人员呢？显然有薪水更低的人能够从事这一工作。"

实验室主管："是的，我们有薪水更低的人员，但是他们不能如合同要求的3个月内完成这一工作，我必须使用在学习曲线上地位高的人员，他们的薪水要更高一些。因此你应该告诉定价部门增加部门的平均成本。"

项目经理："我希望我能够，但政府规定不允许。唯一的手段是为在该项目中工作的高薪水雇员设立一个新部门，这样部门平均薪水就符合实际状况。然而为仅仅3个月的工作而增加一个临时单位的管理费用太高，这种方法更适用于长期项目。你为什么不增加工作时数以补偿所增加的经费呢？"

实验室主管："我必须提交估算工时数的证据，如果我故意增加工作时数，我的工作就保不住了。你应该知道，我们必须为所有工作提交证据以作为申请的一部分。下一次管理人员在投标一个短期项目时可能应该多想一想。你应该向政府说明一下我们的处境。"

项目经理："政府的反应可能还是一样，看来我的奖金是难保了。"

讨论问题：这一案例中的基本问题是什么？该如何解决这一问题？

参考文献

[1] 曼特尔．项目管理实践［M］．王丽珍，张金兰，译．北京：电子工业出版社，2007.
[2] 威索基，贝克，克兰．有效的项目管理［M］．北京：电子工业出版社，2002.
[3] 柳和玲．物流运作案例剖析［M］．北京：中国物资出版社，2006.
[4] 刘国靖．现代项目管理教程［M］．北京：中国人民大学出版社，2013.
[5] 池仁勇．项目管理［M］．北京：清华大学出版社，2015.
[6] 科兹纳．项目管理［M］．北京：电子工业出版社，2014.
[7] 马风才．运营管理［M］．北京：机械工业出版社，2013.

第 11 章

物流节点规划与运营——以物流园区为例

本章导引

本章主要以物流园区为例介绍物流节点规划与运营的相关知识：前三节介绍了物流节点的定义分类、物流节点规划的原则、步骤、预测分析等内容。由于物流节点的范围比较大，从规模上主要可以分为物流园区、物流中心和配送中心三类，为了更好地理解物流节点并对其进行规划运营管理等，本章后三节以物流园区为例介绍了物流节点的运营过程。

本章要点

1. 了解物流节点的概念、功能及分类。
2. 理解物流节点的布局规划。
3. 理解物流园区的概念、意义、特点与分类。
4. 掌握物流园区的规划方法。
5. 掌握物流园区的运营过程。

11.1 物流节点概述

11.1.1 物流节点基础

1. 物流过程

一般情况下，两种不同形式的运动过程或相同形式的两次运动过程中都要有暂时的停顿，而一次暂时停顿也往往连接两次不同的运动。物流过程便由这种多次的“运动—停顿—运动—停顿”所组成。

与这种运动形式相呼应，物流网络结构也是由执行运动使命的线路和执行停顿使命的节点两种基本元素所组成。线路与节点相互关系、相对配置以及其结构、组成、联系方式不同，形成了不同的物流网络。物流网络的水平高低、功能强弱则取决于网络中两个基本元素的配置和两个基本元素本身及网络本身。

2. 物流节点的定义

物流节点（Logistics Nodes）是指物流网络中连接物流线路的结节之处，又称物流节点。

节点以一定的形态存在，在物流系统中发挥着不同的作用。节点和线路结合在一起，构成了物流的网络结构，节点和线路的相互关系和配置形成物流系统的比例关系，这种比例关系是物流系统的结构。

广义的物流节点是指所有进行物资中转、集散和储运的节点，包括港口、空港、火车货运站、公路枢纽、大型公共仓库及现代物流（配送）中心、物流园区等。狭义的物流节点仅指现代物流意义的物流（配送）中心、物流园区和配送网点。

现代物流网络中的物流节点对优化整个物流网络起着重要作用，从发展来看，它不仅执行一般的物流职能，而且越来越多地执行指挥调度、信息等神经中枢的职能，是整个物流网络的灵魂所在，因而更加受到人们的重视。所以，在有的场合也称之为**物流据点**，对于执行中枢功能的又称**物流中枢**或**物流枢纽**。

3. 物流节点的作用

物流节点是现代物流中具有较重要地位的组成部分，这是因为物流学形成初期，学者们和实业家都比较偏重于研究物流若干基本功能，如运输、储存、包装等，而对节点的作用认识不足。物流系统化的观念越强，就越强调总体的协调、顺畅，强调总体的最优，而节点正是处在能连接系统的位置上，总体的水平往往通过节点体现，所以物流节点的研究是随现代物流的发展而发展的，也是现代物流学研究不同于以往之处。

物流节点是物流系统的重要组成部分，是组织各种物流活动，提供物流服务的重要场所。现代物流发展了若干类型的物流节点，不同的物流节点对物流系统的作用是不同的。很多地区在进行物流规划时，对于物流系统中的层次关系界定不清，各地规划的物流节点类型缺乏统一标准，造成物流中心、物流园区等名词大量混用的现象，由此导致物流节点总体指导思想、层次关系及功能界定等诸多方面的混乱。这些问题影响了政府和企业在现代物流中的合作与分工。因此，深入探讨物流园区、物流中心等物流节点的概念及其相互关系，可以帮助明确政府和企业在现代物流发展中的合理定位。

11.1.2　物流节点的功能

纵观物流节点在物流系统中的作用，物流节点是以以下功能在物流系统中发挥作用的。

1. 储运功能

储运是物流节点最基本的功能，储运功能基本是仓库也就是最初的物流节点所具备的功能。物流节点需要保障存储和运输中转的需求，货物保管、保持安全库存、库存整合、物资分发等都可以视为物流节点的储运功能。

2. 衔接功能

物流节点将各个物流线路连接成一个系统，使各个线路通过节点变得更为贯通而不是互不相干，节点的配置决定着物流系统的基本框架，这种作用称为衔接作用。

在物流未系统化之前，不同线路的衔接有很大困难，例如轮船的大量输送线和短途汽车的小量输送线，两者输送形态、输送装备都不相同，再加上运量的巨大差异，所以往往只能在两者之间有长时间的中断后再逐渐实现转换，这就使两者不能贯通。物流节点利用各种技术的、管理的方法可以有效地起到衔接作用，将中断转化为通畅。物流活动往往需要若干环节，在不同的线路间进行转换，才能够达到终点。在这个过程中，不同线路之间的输送形态、输送装备、输送数量都各不相同。如果没有节点，不同线路之间的连接就非常困难，甚至中断。只有节点才能够使不同线路连接起来，成为连续不断畅通无阻的网络。

物流节点的衔接作用可以通过多种方法实现，主要有：通过转换运输方式衔接不同运输过程；通过加工，衔接干线运输与区域配送；通过储存衔接不同时间的供应物流和需求物流；通过集装箱、托盘等集装处理衔接整个“门到门”运输，使之成为一体。

3. 信息功能

物流节点是物流信息收集、处理、发送的集中地，这种作用在现代物流系统中起着非常重要的作用，也是复杂物流储存单元能集结成有机整体的重要保证。

在现代物流系统中，每一个节点都是物流信息的一个点，若干个这种类型的信息点和物流系统的信息中心结合起来，便成了指挥、管理、调度整个物流系统的信息网络，这是一个物流系统建立的前提条件。如果说设备、节点、线路是物流的硬件，那么信息网络就是物流系统的软件。如果软件出现问题，硬件是不可能正常运行的，因此，节点的信息功能是必不可少的。

4. 配套功能

配套功能主要包括：①车辆停靠及辅助服务，可提供车辆停靠的场地和车辆检修、加油、配件供应等服务；②金融及生活配套服务，提供餐饮、住宿、购物、提款、保险等服务功能；③工商、税务、海关的服务。

5. 延伸功能

以上功能都是物流节点的基本功能，除此之外，现代物流节点还附加以下功能：①货物调剂中心（库存处理中心），物流节点一般能够有效处理库存物资；②系统技术设计，吸引高科技人才进入节点，从事物流软件和物流设备的开发；③咨询培训服务，利用丰富管理经验，为企业或客户提供咨询，提供高附加值服务。

储运功能和衔接功能是物流节点的基础功能和信息功能是现代化的物流节点所必需的功能要素，而根据物流节点的作用、类型、地理位置等因素，物流节点除具备前面所述的功能外，还具备配套功能、延伸功能和其他服务功能。

11.1.3 物流节点分类

现代物流发展了若干类型的节点，在不同领域起着不同的作用，如图 11-1 所示。

1. 按功能分类

（1）转运型节点。这是以接连不同运输方式为主要职能的节点。铁道运输线上的货站、编组站、车站，不同运输方式之间的转运站，水运线上的港口，空运中的空港等，都属于此类节点。一般而言，由于这种节点处于运输线上，又以转运为主，所以货物在这种节点上停滞的时间较短。

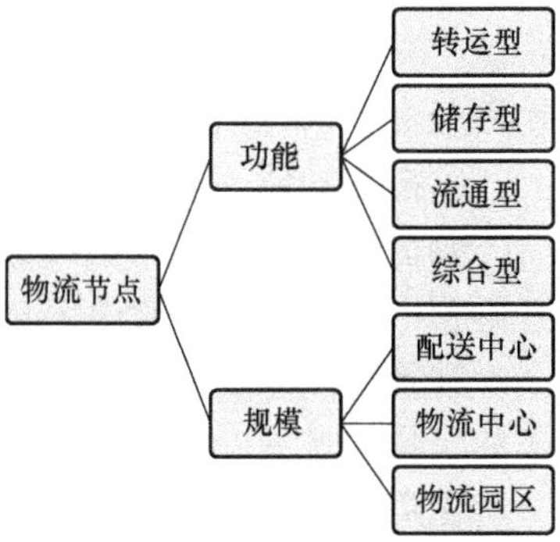

图 11-1　物流节点类型

（2）储存型节点。这是以存放货物为主要职能的节点，货物在这种节点上停滞时间较长。在物流系统中，储备仓库、中转仓库、货栈等都是属于此种类型的节点。由于储备的需要以及生产和消费的季节性等原因，一些货物需要较长时间的储存，因此储存型节点主要是仓库。由于货物储存量较大、周转速度较慢，因此对仓库的货物保管、养护的要求比较高。

尽管在不少发达国家，仓库职能在近代发生了很大变化，大部分仓库转化成不以储备为主要职能的流通仓库。但是，在现代世界上任何一个有一定经济规模的国家，为了保证国民经济的正常运行、保证企业经营的正常开展、保证市场的流转，物资储存仍然是大部分仓库的主要职能。

（3）流通型节点。这是连接干线物流与末端物流，以货物配备和组织送货为主要功能的节点，在社会系统中则是组织物资流通为主要职能的节点。现代物流中提到的物流中心、配送中心就属于这类节点。

配送中心是流通型节点的典型代表。配送中心是现代物流业发展中出现的新兴物流节点，具有集货、分货、分拣、倒装、加工、配送、收集和传递信息的功能。在现代物流中，配送活动已不再是单纯的物流活动，而是与销售等营销活动结合在一起，成为营销活动的重要内容。

（4）综合型节点。这是在物流系统中集中于一个节点中全面实现两种以上主要功能，并且在节点中并非独立完成各自功能，而是将若干功能有机结合于一体，有完善设施、彼此有效衔接的集约型节点。这种节点是适应物流大量化和复杂化，适应物流更为精密准确，在一个节点中要求实现多种转化而使物流系统简化、高效的要求出现的，是现代物流系统中节点发展的方向之一。

物流实践活动中，未必能将所有节点都定位于某一类，原因在于：许多节点功能有交叉，难以明确区别；许多节点尚在发展过程中，其功能、作用、结构等都不是很明朗。

上述物流节点的分类并不是绝对的，现实中各类节点的功能往往是交叉并存的。以某种主要功能为主的节点，可以同时承担其他职能。如转运型节点，往往设置有储存货物的货场或站库，从而具有一定的储存功能，但是，由于其所处的位置，其主要职能是转运，所以按照主要功能归入转运型节点中。现代物流的发展对节点的要求不断提高，传统的单一型节点出现向多功能、综合性转变的趋势。因此，又可以根据物流节点的功能复杂度进行分类。

2. 按功能复杂度分类

（1）单一功能节点。这类节点的主要特点是：只具有某一种功能，或者以某种功能为主，比如专门进行储存、运输、装卸、包装、加工等单一作业，或者以其中一项为主，以其他功能为辅；需要的基础设施比较单一和简单，但规模不一定小；在物流过程中处于起点或者终点。例如，工厂的原材料仓库，不具备商品发运条件的储备型仓库，仅承担货物中转、拼箱、组配的铁路站台，仅供停泊船只的码头就是这样的节点。这类节点的业务比较单一，比较适合进行专业化经营。但是从物流系统的角度来看，必须将许多单一功能集成起来才能完成所有的物流业务，因此，如何将各个行使单一功能的不同的节点集成起来、由谁来集成、如何集成，都是非常重要的问题。

（2）复合功能节点。这类节点的特点是：具有两种以上主要物流功能；具备配套的基础设施；一般处于物流过程的中间。这类节点多以周转型仓库、港口、车站、集装箱堆场等形式存在。其规模可能较小，比如商店后面的一个小周转仓，在那里要储存商品、处理退货、粘贴商品条码、重新包装商品、从那里向购买大宗商品的顾客发货等；也可能较大，比如一个年处理 80 万个 TEU 的大型集装箱堆场除了储存集装箱以外，还有集装箱掏箱、商品检验、装箱等功能。

（3）枢纽节点。这类节点的特点是：物流功能齐全；具备庞大、配套的基础设施及附属设施；有庞大的吞吐能力；对整个物流网络起着决定性和战略性的控制作用，节点形成以后很难改变；一般处于物流过程的中间。比如辐射亚太地区市场的大型物流中心、辐射全国市场的物流基地、一个城市的配送中心、全国或区域铁路枢纽、全国或区域公路枢纽、全国或区域航空枢纽港等就是这样的枢纽点。这类点的设施一般具有公共设施性质，因而必定采用第三方的方式进行专业化经营。它的主要优势是辐射范围大，通过节点连接的物流网络非常庞大。这类节点面临着非常复杂的协调和管理问题，信息的沟通、设施设备的运转效率也是这类节点需要注意的主要问题。在一个物流资源分布高度分散、封闭、物流状况非常落后的国家，建设连接多种载体的枢纽节点对于形成全国统一、开放和先进的物流网络具有战略意义。

3. 按规模分类

按规模划分，物流节点一般分为物流园区、物流中心、配送中心三种类型。

物流园区是指为了实现物流设施集约化和物流运作协同化，或者出于城市物流设施空间布局合理化的目的，而在城市周边等区域集中建设的物流设施群，以及众多物流业者在地域上的物理集结地。

物流中心是指具有为社会或企业自身提供物流服务，物流功能健全，集聚辐射范围大、存储吞吐能力强的从事物流活动的具有完善物流信息网络的场所或组织。

配送中心则指的是接受并处理末端用户的订货信息，对上游运来的多品种货物进行分拣，根据用户订货要求进行拣选、加工、组配等作业，并进行送货的设施和机构。

物流园区、物流中心、配送中心是三种不同规模层次的物流节点。首先，从规模来看，物流园区是巨型物流设施，规模最大，物流中心次之，配送中心最小。其次，从流通货物来看，物流园区综合性较强，专业性较弱；物流中心在某个领域综合性、专业性较强，具有这个领域的专业性，如危化品物流中心、冷链物流中心等；配送中心则主要面向城市生活或某一类生产企业。最后，从节点功能来看，物流园区的功能十分全面，存储能力大，调节功能强；物流中心的功能健全，具有一定存储能力和调节功能；配送中心的功能较为单一，以配送功能为主，存储功能为辅。

物流园区是物流中心和配送中心的空间聚集地。通常来说，综合物流园区可以包含几个物流中心和几个配送中心，因此，它不是物流的管理和经营实体，而是数个或多个物流节点，如物流中心、配送中心的集中地。比较物流中心和配送中心，一个物流中心通常包括几个或者几十个配送中心，不过生活中人们并没有严格区分，通常人们习惯性地称物流中心为配送中心；有时为了凸显配送中心的重要性，也将单个配送中心称为物流中心。物流园区除了物流中心和配送中心，一般还会引入为物流中心服务的配套服务区，例如设置金融、保险、外汇、邮电通信、交通运输等为企业和货主提供服务的机构，以及为员工提供餐饮、娱乐就医等服务的设施，有的物流园区还引入物流培训中心、物流信息中心等。

11.1.4 物流园区的特点和分类

1. 物流园区的特点

（1）拥有较大的土地规模。物流园区所能承载的设施、功能与服务等是由园区规模所决定的。一般来讲，物流园区具有更大的土地规模。

（2）配置完善的物流设施。为保证物流园区的正常运行，园区内必须配置较为完善的物流设施，包括基础设施（如运输设施、仓储设施）、公共设施（用于工商、银行、税务、海关、商检等服务的设施）以及其他相关设施。

（3）包含基本的物流活动。物流园区作为物流企业的集聚地，必须包含基本的物流活动，确保整体供应链的连续性。

（4）提供成熟的增值服务。物流园区除了提供基本的物流服务外，还需提供相关的增值服务，既包括面对进入企业的服务，也包括对下游客户的服务。

2. 物流园区的分类

为了更好地研究物流园区并对其进行规划，需要对物流园区进行分类。目前常见的分类如表 11-1 所示。

表 11-1　物流园区常见分类标准及基本特点

分类标准	园区类型	基本特点
物流园区的依托对象（国家标准《物流园区分类与基本要求》）	货运服务型物流园区	1. 依托空运或海运或陆运枢纽而规划，至少有两种不同的运输形式或两条不同的运输干线衔接 2. 提供大批量货物转换的配套设施，实现不同运输形式的有效衔接 3. 主要服务于国际性或区域性物流运输及转换
	生产服务型物流园区	1. 依托经济开发区、高新技术园区等产业园区而规划 2. 提供制造型企业一体化物流服务 3. 主要服务于生产制造业物料供应与产品销售
	商贸服务型物流园区	1. 依托各类大型商品贸易现货市场、专业市场而规划，为商贸市场服务 2. 提供商品的集散、运输、配送、仓储、信息处理、流通加工等物流服务 3. 主要服务于商贸流通业商品集散
	综合服务型物流园区	1. 依托城市配送、生产制造业、商贸流通业等多元对象而规划 2. 位于城市交通运输主要节点，提供综合物流功能服务 3. 主要服务于城市与区域运输和配送体系的组织
物流园区的服务区域范围	国际物流园区	1. 依托大型国际转运中心而规划 2. 提供国际货物的集散和转运及其他综合服务 3. 主要服务于国际分拨配送、保税加工等
	区域物流园区	1. 依托跨区域长途运输的城市之间的转运枢纽而规划 2. 提供货物在经济区域内集散及转运的服务 3. 主要服务于区域分拨配送
	城市物流园区	1. 依托城市交通运输枢纽而规划 2. 提供货物在本城市地域范围内的集散和转运 3. 主要服务于城市配送及末端配送

11.2　物流节点规划

物流节点规划主要包括**节点选址**和**节点布局**。本书第五章已经介绍过选址相关的内容，本节主要介绍节点布局。

11.2.1 物流节点布局规划

节点布局是指在一定层次和地区范围内，确定物流系统节点合理的空间布局方案。其主要依据是物流节点的功能、作业流程和服务质量要求。

1. 布局原则

（1）统一规划原则。这需要充分掌握第一手材料，具体问题具体分析，按照区域经济的功能、布局和发展趋势，依据物流需求量和不同特点进行统一规划，尤其要打破地区、行业的界限，按照科学布局、资源整合、优势互补、良性循环的思路进行规划，防止各自为政、盲目布点、恶性竞争、贪大求洋，避免走弯路、误时间。

（2）市场化运作原则。规划建设物流节点，既要由政府牵头统一规划和指导协调，又要坚持市场化运作的原则，以市场为导向，以企业为主体，在物流节点的各功能开发建设、企业进驻和资源整合方面，都要有优良的基础节点、先进的物流功能和周到有效的企业服务来吸引物流企业和投资者共同参与，真正使物流节点成为物流企业公平、公开和公正的竞争的舞台。

（3）高起点、现代化原则。现代物流节点是一个具有关联性、整合性、集聚性和规模性的总体，其规划应该是一个高起点的中长期规划，并具有先进性和综合性。

（4）柔性化原则。由于现代物流节点的建设投资大、周期长、见效时间长、风险大，因此现代物流节点的规划应考虑柔性原则，建立科学的投资决策机制和项目风险评估机制，突出规划中的持续改进机制，确立规划的阶段性目标，建立规划实施过程中的阶段性评估检查制度，以保证规划的最终实现。

2. 布局步骤

（1）收集、分析原始资料。通过现场调查、询问访谈、问卷调查等市场调研方式，了解主要客户的物流需求，包括物流服务需求功能种类、物流需求量、物流流向等基本数据，以及物流节点自身建设的一些重要数据，如物流节点总面积、各功能区数量和面积、主要服务对象等，并在此基础上，对获得的数据进行相应的系统分析，整理出规划所需信息。

（2）物流节点分区。在对物流节点进行分区时，可以根据物流节点的定位特点和市场需求分析进行功能区划分，并应包含综合管理区和配套服务区。可以采用聚类分析的方法，通过筛选合适、科学的评价指标，将属性相近和关联性较强的功能区进行聚类。

（3）功能区初步布局。利用摆样法、解析法、图解法、计算机模拟法、SLP 及启发式等布局规划方法，都可以对内部功能区进行初步布局。目前应用最广的为 SLP 方法，本书将在 11.2.2 中详细介绍。

（4）布局优化。利用仿真优化等方法，基于物流节点内部功能区初步布局的交通和业务流程，对功能区的面积和位置进行适当调整。

11.2.2 物流园区总体布局规划

1. 布局目标

（1）整合资源，提高规模效益。物流园区作为物流活动集中进行的场所，具有很强的集聚功能。通过组织建设物流园区，可将多个物流企业集中在一起，发挥整体优势和规模优势，实现物流企业的专业化和互补性。同时这些企业还可以共享一些基础设施和配套服务设施，降低运营成本和费用支出，获得规模效益。

（2）提供有利的物流发展环境。经济的快速发展，对物流市场的现实需求和潜在需求巨大，特别是全方位、高质量、全过程、系统化的物流服务需求将不断增长。物流园区通过对物流设施进行大规模的建设，为物流企业营造一个良好的发展环境。从物流企业发展角度来讲，有利的物流发展环境可以促进企业的高速发展，增强企业的市场竞争能力，提供高效便捷的社会物流服务。

（3）缓解城市交通压力。物流园区对物流车辆进行统一调度和管理，充分整合运输方式，开展共同配送模式；并利用信息系统为供需双方搭建平台，实现信息共享，有效提升车辆的满载率，合理安排回程运输，很大程度上改善城市交通状况，减轻道路压力。

（4）调整城市用地结构，节约土地资源。城市的现代化建设面临着发展空间有限、土地资源不足的压力。建立物流园区可以将众多企业集聚到城市市郊，并使占地面积较大的仓储设施布局集中，大大节约了土地资源，优化城市布局，缓解城市发展的压力。

（5）优化城市环境，减轻环境污染。物流活动中涉及大量的运输，会给周边环境及居民生活带来不利影响。物流园区大多被规划建设于城市郊区，可以有效减少线路、货站、货场、相关设施在城市内的占地，避免对城市景观的破坏，并将分散的物流企业和仓储设施等集中起来促进物流基地废弃物的集中处理，降低对城市环境的破坏或影响、尽量满足城市可持续发展的要求。

2. 布局模式

物流园区的布局模式基本可以分为四类：功能区布局模式、地块式布局模式、概念园布局模式和混合式布局模式。

（1）功能区布局模式。功能区布局模式是指根据物流园区的不同功能定位，将物流园区按功能划分为不同的区域，如划分为保税区、仓储区、加工区、配送区、公铁联运区、综合服务区等。

该模式的优点是各区功能明确、产业集中，有利于公共设施的统一规划和建设，提高公共设施的共享率，有利于资源协调和生产协作，减少一次性总体投入，承租企业可以减少初期投入，缩短建设期，很快投入运营。这种模式比较适合于由主体企业引导开发的物流园区和专业型物流园区等定位及流程都很明确的物流园区。

（2）地块式布局模式。地块式布局模式是指利用自然地形（如河流、山脉等）或者干线道路网络等，把物流园区内部土地分成若干个大小不一的地块，并不界定每个地块的功能性质，或者只粗略界定，企业根据自身需要租赁土地，并进行自用设施设备的建设。

该模式不划分区域功能，增加了用地的灵活性，减少了二次改造。但是，由于缺乏对物流作业的统一规划，可能会导致公共设施的重复建设，土地利用率低，而且建设周期长、投入高。这种模式适用于现代物流市场发育良好的区域，园区内以几个大型物流企业为运营主体，大型物流企业一般土地租赁期长，建设规模大，业务量多，自有设施利用率高。

（3）概念园布局模式。概念园布局模式综合了前两种布局模式，把大的园区再分成几个子区，对各子区并不进行严格的经营限制，而通过分析各园的区位优势，给出概念定位，企业可以根据自己业务的需要选择进驻的区。

概念园布局模式综合了前两种的优点，既引导业务相近企业的集中布局，又给企业提供了一定的用地和经营的灵活性，但可能会导致过多非物流设施和非物流业务占用物流用地。该模式比较适合于经济发达、物流高端需求旺盛的地区。

（4）混合式布局模式。如果在一个园区内部同时存在着以上几种布局方式，可称该园区采用混合布局模式。例如：总体上根据地形或者道路分割分成若干大型地块，某些地块直接出售给大型企业进行自建自营，而某些地块内进行详细功能分区布置，进行基础设施建设，然后出租给一些中小型的物流企业，或者对某些地块进行概念区设计。该模式可根据拟进驻企业实力及内部地块条件等相关具体情况进行灵活运用，适用于某些大型综合物流园区的建设规划。

3. 布局方法——SLP

上一节已经提过物流节点的布局方法，这节主要介绍系统布置设计法（Systematic Layout Planning，SLP）。

SLP 方法的设计原理是：首先，对各作业单位（设施）之间的物流和非物流的关系分别做分析，建立作业单位相互关系表。其次，综合各作业单位之间的物流与非物流关系，得到综合作业单位关系表，根据各个作业单位之间的综合密切程度，决定它们之间的距离，从而绘制出作业单位位置相关图，并对其进行调整和修正，得到一些实际可行的布局方案。最后，采用专业的评价方法对备选方案进行打分评价选择，得分最高者为最佳布置方案。

其步骤如图 11-2 所示。

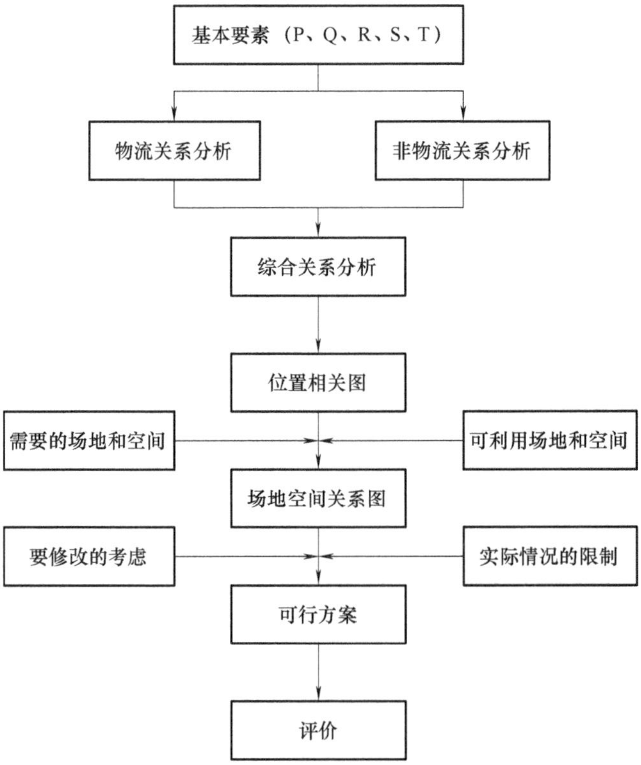

图 11-2　系统布置设计步骤

（1）基本要素（P、Q、R、S、T）。首先要确定物流园区布局设计的五个基本要素，即 P（物流对象）、Q（物流量）、R（物流作业路线）、S（辅助服务部门）、T（物流作业技术水平）。

（2）物流分析。在作业流程分析的基础上，对物流园区各区域间的物流量进行分析，用物流强度和物流相关表表示各区域之间的物流关系强弱，确定各区域的物流相关程度。这是物流园区布置设计的核心工作。SLP 方法中物流对象 P 和物流量 Q 对物流分析特别关键，因此，物流分析也被称为“P—Q 分析”，主要有以下几种方法：

• 物流过程图。当物流园区的物流对象的种类很少而物流量又很大时，可以通过用标准符号绘制的物流过程图直观地反映出物流园区作业的详细情况。物流分析只需在物流过程图上注明各作业单元之间的物流量，就可以表明整个物流园区物流作业过程中的物料搬运情况。对于规模较小的物流园区或物流中心，无论物流量如何，只要物流对象种类比较单一，就可以通过物流过程图来进行物流分析。

• 多物流对象物流过程表。当物流对象的种类比较多、物流量比较大时，可以将各类物流对象的物流作业流程汇总在一张表上，形成多物流对象物流过程表。在这张表上，各类物流对象的作业流程并列列出，可以反映出各个物流产品的物流途径。

• 成组方法。当物流对象数量比较多、物流量属于中小规模时，可以采用成组方法将物流对象按照性质相似或作业流程相似进行归类分组，然后对于每一类对象采用物流过程图进行物流分析，或者采用多物流对象物流过程表表示各组对象的物流作业过程，再做进一步的物流分析。

• 从至表。当物流对象种类很多、物流量比较大时，可以用一张方阵图表示各物流作业单元之间的物流方向和物流量，如表 11-2 所示。

表 11-2　从至表

物流作业区域		搬运到达区					
		1	2	3	4	5	合计
搬运起始区	1						
	2						
	3						
	4						
	5						
	合计						

某一定时间（周期）内的物料移动量称为物流强度，在 SLP 中将物流强度划分成六个等级，分别用符号 A、E、I、O、U、X 来表示，如表 11-3 所示。作业区域间的物流强度可根据物流线路比和承担的物流量的比例来确定。

表 11-3 物流强度等级符号比例表

物流强度等级	符 号	物流路线比例	承担的物流量比例
超高物流强度	A	10%	50%
特高物流强度	E	20%	40%
较大物流强度	I	30%	30%
一般物流强度	O	40%	20%
可忽略物流强度	U	50%	10%
无物流量	X	0	0

为了能清楚地表明所有作业区域之间的物流相互关系，可以将物流强度用物流强度相关图表示，如图 11-3 所示。

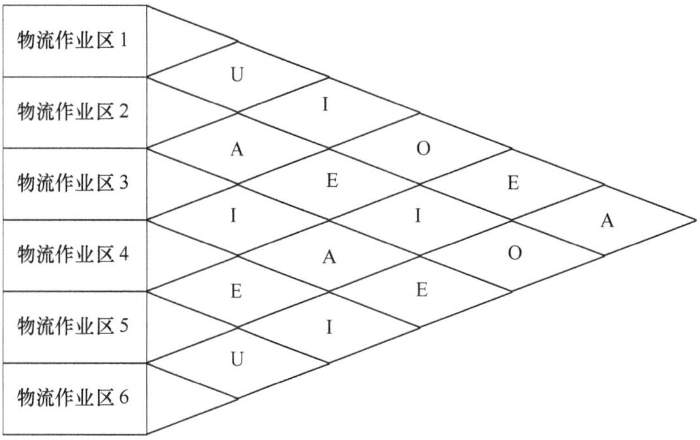

图 11-3 各作业区物流强度相关图

（3）非物流关系分析。物流园区的非物流因素主要有以下几个方面。

- 程序上的关系：如相互之间有物流或信息流，或有人员、设备之间的流程关系。
- 组织和管理上的关系：为便于管理，应把同一部门组织的功能区紧密布置。
- 功能上的关系：各作业区之间因功能相近或根据需要而形成的关系。
- 环境上的关系：从操作环境和安全需要考虑而应当保持的关系。

非物流关系是一种定性关系，但用“密切程度等级”可以将它们转化成能够衡量的定量因素。一般将作业区密切程度分为六个等级，分别用符号 A、E、I、O、U、X 来表示，如表 11-4 所示。

表 11-4 作业区密切程度等级表

密切程度等级	密切程度说明
A	绝对重要
E	特别重要
I	重要
O	一般重要

（续）

密切程度等级	密切程度说明
U	不重要
X	不可接近

布置原则是相关程度高的尽量紧邻或接近，而程度低的区域不宜接近。

（4）综合关系分析。物流园区运作过程中，作业单元之间物流相互关系与非物流相互关系往往并不一致，需要综合考虑两种关系，然后据此布置各作业单元。综合关系可以用综合接近程度值来量化，综合接近程度值的高低决定了该作业单元应该处于中心位置还是边缘位置。其分析步骤为：

第一步：确定各作业单元的物流相互关系和非物流相互关系，其中物流相互关系用物流强度等级表示，非物流相互关系用密切程度等级表示，A=5，E=4，I=3，O=2，U=1，X=0。

第二步：确定物流关系（m）与非物流关系（n）的相对重要性（加权取值）。一般，$m:n$ 应在 1/3~3 范围内，当比值大于 3∶1 时，说明物流关系占主导地位，布置时只需考虑物流相互关系的影响；当比值小于 1/3 时，说明物流对生产的影响非常小，布置时只需要考虑非物流的相互关系。由于物流园区物流量比较大，通常确定物流关系与非物流关系的相对重要性为 3∶1。

第三步：计算综合接近程度值。当作业单元数目为 N 时，总的作业单元对数可用下式计算：$P=N(N-D)/2$，然后计算量化的所有作业单元的综合相互关系。设任意两个作业单元分别为 A_i 和 A_j（$i \neq j$），其量化的物流强度等级为 MR_{ij}，量化的非物流相互关系密切程度等级为 NR_{ij}，则综合接近程度值 $TR_{ij}=m^*MR_{ij}+n^*NR_{ij}$。

第四步：综合相互关系的等级划分。上一步计算得出的是量值，需经过等级划分才能建立出与物流相关表相似的符号化的作业单元综合相互关系表。综合相互关系的等级划分为 A、E、I、O、U、X，各级别作业单位对的数量应控制一定比例，见表 11-5。应注意的是，将物流与非物流相互关系进行合并时，任何一次物流相互关系与 X 级非物流相互关系等级合并时不应超过 O 级。对于某些极不希望靠近的作业单元之间的相互关系可以定为 XX 级，即绝对不能相互接近。

表 11-5　综合相互关系等级与划分比例

关系等级	符　号	作业单位对比例（%）
绝对必要靠近	A	1~3
特别重要靠近	E	2~5
重要	I	3~8
一般	O	5~15
不重要	U	20~85
不希望靠近	X	0~10

（5）绘制作业单位位置相关图。从各作业区之间的综合相互关系密切程度出发，对物流园区进行平面布置，依据作业区综合相互关系等级的高低，依次确定不同级别的作业区

位置。对于同一级别的作业单元，则依据综合接近程度值的高低顺序来进行布置。依据所确定的综合接近程度布置各作业区之间的相对位置，将整个布置过程简化为算法方式的程序，常用的方法有以下两种。

1）关联线图法。这是一种定性分析方法，它以作业区之间的接近程度（定性测量）为挑选法则，在分析各作业区相关资料（如面积大小和作业流程等）的基础上，假设各作业区的空间需求相同或不同，将各作业区绘制成方块模片，根据作业区之间的关联程度布置样板的相对位置，以此为依据构建各作业区的关联图。

2）动态布局法。把各作业区的不同空间需求和关联需求合并考虑，首先把系统中的主要动线方向确定下来，然后根据关联性或流程性来进行作业区的布置。绘制作业区之间的位置相关图时，利用号码来反映各作业区的功能和性质。

（6）绘制作业单位位置相关图。根据物流相关表与作业单位相互关系表，考虑每对作业单位间相互关系等级的高低，决定两作业单位相对位置的远或近，得出各作业单位之间的相对位置关系。这时并未考虑各作业单位具体的占地面积，因此，得到的仅是作业单位相对位置，称为位置相关图。

（7）作业单位占地面积计算。各作业单位所需占地面积与设备、人员、通道及辅助装置等有关，计算出的面积应与可用面积相适应。

在物流园区规划设计中，物流园区的各功能区域面积的确定与各区域的功能、作业方式、所配备的设施和设备以及物流量等有关，应分别进行详细计算。物流作业区域的面积主要取决于货物作业量，可以用以下公式估算：

$$R=W_d\times\alpha$$

式中，R 为区域面积；W_d 为各种货物每日的作业量（吨）；α 为该区域的面积利用系数（吨 / 平方米）。

在确定作业单元占地面积和空间几何形状的过程中，需要将占地面积与建筑空间几何形状结合到作业单元位置相关图上，形成作业单元面积相关图。其中，作业的占地面积由设备占地面积、物流模式、人员活动场地等因素所决定。

（8）绘制作业单位场地空间关系图。把各作业单位占地面积附加到作业单位位置相关图上，就形成了作业单位场地空间关系图。

（9）修正。作业单位场地空间关系图只是一个原始布局图，还需要根据其他因素进行调整与修正。需要考虑的修正因素包括运输方式、储存设备、场地环境、人的要求、仓库特性、辅助设施、管理控制、建设成本等具体因素。考虑了各种修正因素与实际限制条件以后，对面积图进行调整，得出几个有价值的可行的布局方案。

（10）方案评价与择优。针对得到的数个方案，需要进行技术、费用及其他因素评价，通过对各方案比较评价，选出或修正设计方案，得到最终布局方案图。

11.3 物流节点需求预测与规模分析

进行物流节点规划的目的在于合理满足区域内的物流需求，所以需要进行需求预测和规模分析。下面以物流园区为对象，介绍需求预测与规模分析。

11.3.1 物流园区要求预测

1. 影响因素

一般情况下，影响物流园区需求的主要因素可以详细地划分为以下几个方面：

（1）区位因素。区位条件是物流园区必须具备的基本经济地理位条件。从区位角度来看，物流园区的建设应该尽可能选择靠近服务区域中经济发展与未来增长的中心位置上，将城市、枢纽或者口岸的经济、交通优势和物流组织条件充分结合并利用，为将来的物流园区的需求提供支持。

（2）区域经济发展水平。物流园区不仅自身是一个相互作用的系统，而且还是城市和区域经济系统中的一个子系统。区域间存在的经济发展空间差异与互补性，是区域物流产生的最直接原因。良好的区域经济发展环境能够提供大规模的物流需求，并为物流园区的发展创造良好的经济布局和分工条件。因此，从区域经济角度分析物流园区的需求具有较高的合理性，能使园区的规划更符合区域经济发展的实际。

（3）物流货运需求。区域物流货运需求是物流园区需求的直接表现，同时也为物流需求预测提供了主要依据。一般情况下，影响物流货运需求的指标包括经济和贸易规模、社会消费市场规模及结构、物流运输方式和流量流向等。

（4）物流运作基础设施。物流运作基础设施包括仓储、运输、包装及流通加工等多方面的综合性物流资源条件，它是形成物流园区需求规模的保证。基础设施的先进程度和规模大小，一定程度上影响了物流园区需求。

（5）其他因素。从物流园区承担的功能角度分析，物流园区的运行必须具备相应的软硬件条件。例如物流园区所在区域的政策法规体系、交通条件、土地条件、市政设施、技术发展水平和专业人才基础条件等，也是衡量物流园区需求的重要参考依据。

2. 分析步骤

物流需求分析的内容主要包括需求规模分析、需求结构分析、需求类型分析、需求层次分析。

一般来说，物流园区需求分析的步骤如图 11-4 所示。

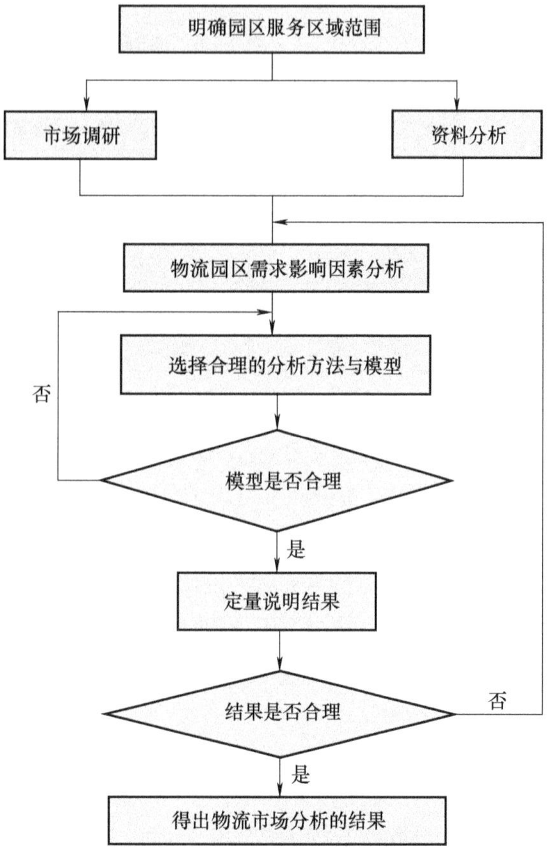

图 11-4 物流园区需求分析步骤

3. 预测方法

物流园区需求预测主要是对物流园区尚未发生或者目前还不明确的物流量及其流向、流速、构成等内容进行预先的估计和推测，从而更加全面、合理地规划物流园区规模及各功能要素数量、容量和形式。

本书第 4 章已经介绍过常用的定性分析方法，下面介绍定量分析方法。

（1）时间序列预测法。时间序列预测法是一种历史资料延伸预测，根据所预测对象的纵向历史数据资料，按时间进程编制和分析动态数列，预测未来数据达到的水平。时间序列预测法的优点是预测所需数据量较小、预测方法简单；缺点是时间是单一的影响因素，没有结合整个社会经济发展的新动向和其他因素的影响，会降低预测结果的准确性。

（2）灰色预测法。灰色预测法是一种对含有不确定因素的系统进行预测的方法。灰色系统是介于白色系统和黑色系统之间的一种系统。该方法一般利用时间序列数据，通过微分方程 GM(1,1) 以及 GM(1, *N*) 进行预测。灰色预测法在物流需求预测中得到了广泛的应用，预测精度较好。

（3）神经网络模型。神经网络模型是模仿人的神经元系统而构造的智能化的数据处理及映射模型。其应用克服了建立模型及参数估计的困难，可较精准地描述因素之间的映射关系，大幅度降低预测工作的难度。

11.3.2 物流园区规模分析

1. 影响因素

表 11-6 列举了常见的影响物流园区规模的因素，以及各因素与物流园区规模的关系。

表 11-6 物流园区规模影响因素及影响关系

影响因素		影响关系
物流需求量		物流园区规模与物流需求量成正比
物流作业量		物流园区物流作业量与物流园区规模成正相关
土地因素	土地价格	土地价格越高，物流园区规模越小
	土地政策	一个地区对土地利用限制越多，物流园区的规模越小
服务因素	空间服务范围	物流园区空间服务范围越广，物流园区规模越大
	服务功能类型	服务功能类型及需求时效性要求不同，会导致物流园区规模不同

2. 确定方法

（1）时空消耗法。货物在进入园区后会进行一系列的物流作业，这些活动需要占用一定的时间和空间，而物流园区则要根据需求提供相应的时间和空间资源。时空消耗理论就是基于时空消耗供需平衡关系的基础上建立的。

事实上，物流园区提供的时间资源是固定不变的（一年 365 天），唯一变动的量是它所提供的空间资源，因此，运用时空消耗法确定物流园区的规模关键在于计算空间资源。时空消耗法的计算公式如下：

$$S = \alpha \sum_{i=1}^{n} \frac{V_i T_i Q_i \beta_i}{365 S V_i} \tag{11-1}$$

式中 S——物流园区合理规模；

n——货物的种类数；

β_i——货物 i 的时间相关系数；

α——物流园区内仓库与其他配套设施占地面积的比重；

V_i——单位货物 i 平均所占体积；

T_i——货物 i 的平均周转时间；

Q_i——货物 i 的周转量；

SV_i——单位面积仓库存放货物 i 的体积。

（2）功能区计算法。功能区计算法是将物流园区的物流设施进行功能区分类，并计算出主要的功能分区的用地面积，将这些功能区的面积相加求和即可得到物流园区的规模。具体功能区面积为仓储及配送加工区、装卸区、道路交通、停车场、绿化用地、生产和生活辅助用地以及发展预留用地的面积。各类型物流园区可根据实际要求进行功能区的取舍。功能区面积计算如下文所述。

1）物流仓储及配送加工区面积。该功能区包括主要包括各类仓库，是物流园区最重要的功能区，其用地面积在一定程度上决定了物流园区的规模。计算公式如下：

$$S_{仓库}=\frac{Qtm}{\beta\alpha} \tag{11-2}$$

式中　$S_{仓库}$——园区内各仓库需求总面积；

α——仓库空间利用系数；

β——仓库空间利用率

Q——园区每天的货物处理量（t/ 天）；

t——货物存储周期；

m——单位货物占地面积（m^2/t）。

2）装卸区。仓库装卸区面积通常根据园区内所建仓库的建筑形式来确定。计算公式如下：

$$Z=Kr\left(H+1\right) \tag{11-3}$$

式中　Z——单个仓库装卸站台的面积；

H——装卸车位数（根据仓库货物进出频率、装卸时间等确定）；

r——装卸站台深度；

K——单个装卸车位宽度。

3）停车场面积。物流园区停车场的建设可以参考城市交通规划。其面积可采用如下公式进行计算

$$T=kSN \tag{11-4}$$

式中　T——物流园区内停车场的用地面积；

k——单位车辆系数，一般 $k=2\sim3$；

S——车辆的单位投影面积；

N——园区内的日停车数。

4）道路交通面积。由于出入物流园区的车流较为密集、车型结构也比较复杂，为保证园区内有足够的运行空间，物流园区内部道路的用地面积一般应达到其规模的12%~15%。其面积计算公式如下：

$$S_{路}=\sum_{i=1,2,4,6}L_i\left(3.5N_i+1\right) \tag{11-5}$$

式中　$S_{路}$——物流园区中道路交通的用地面积；

L_i ——i 条车道道路的长度；

N_i ——物流园区 i 条车道的道路数；

i ——车道数，主干道一般设计为双向四车道或六车道，次干道设计为双向两车道，辅路设计为单车道。

5）绿化用地面积。物流园区的内部绿化用地主要由道路两旁、广场、建筑物周围等空余地带进行绿化的绿化带和专用绿化用地构成。具体的绿化率根据当地政府的规划进行调整。

6）生产和生活辅助设施用地面积。该功能区面积包含办公管理区和生活服务区面积。其中，办公区的面积一般取决于物流园区内办公人员的数量和办公设施的配置；生活服务区的面积一般由工作人员数量 Q 和单位人均生活使用面积 $S_{人}$来确定，计算公式如下：

$$S_{生活}=QS_{人} \tag{11-6}$$

7）发展预留用地。一般来讲，根据建设物流园区的发展性原则，园区内部会预留一定比例的空地以应对在未来发展过程中不可预见因素的影响。

11.4 物流园区开发、运营与盈利模式

11.4.1 开发模式

物流园区开发涉及众多的开发主体，是一项复杂的系统工程，在物流园区的开发过程中涉及的资金、土地等诸多要素的投入使各开发主体间的关系变得难以协调。物流园区开发模式是指在物流园区规划、建设、运行准备阶段，各开发主体涉及承担不同的功能，各要素在主体功能基础上不同投入方式的结合。

根据物流园区的开发主体不同，目前我国比较普遍常见的开发模式主要有以下四种：

（1）经济开发区依托。经济开发区依托模式是从宏观发展政策的角度，将物流园区作为一个类似于目前工业开发区、经济开发区或高新技术开发区的项目进行有组织开发和建设的模式，在特定的开发规划、政策下，由政府设立专门开发部门，制定统一的物流园区开发战略方案，通过招商引资等方式进行经济开发项目。本质上就是在新的经济背景下发展全新的经济开发区项目，实际上是建立在复合产业概念下的“物流经济开发区”。

（2）主体企业引导。主体企业引导模式从市场经济发展的角度，有效配置物流资源和产业资源，由在物流技术、企业供应链管理、企业经营以及资金方面具有领先优势的大型物流企业牵头，根据市场需求自行征用土地，率先开发物流园区，并在宏观政策合理引导下，带动和引导那些依托物流环境发展的其他物流企业或相关物流密集型工商企业入驻，逐步实现物流产业的聚集，达到物流园区开发和建设的目的。该模式以市场需求为立意点，采用了自下而上的“拉动”方式。

（3）物流地产商主导。物流地产商模式是指将物流园区作为工业地产项目，政府给予开发者适宜的土地政策、税收政策和优惠的市政配套等相关政策，由工业地产商统一投资

开发，建设物流园区道路、仓库以及其他物流基础设施、基础性装备，然后以租赁、转让或合资、合作经营的方式进行物流业务操作，走专业化服务运作之路。一般占有战略性资源的物流园区，如依靠空港、海港的物流园区，采用该模式。

（4）综合运作。综合运作开发模式是指对上述的三种模式进行混合运用的物流园区开发模式，该模式也是中国现阶段物流园区的开发中最常使用的模式。物流园区项目的建设规模较大、涉及经营范围较广，既需要土地、税收等政策的有力支持，也需要投资方面能跟上开发建设的步伐，还要求具备园区经营运作能力的保证。因此，单纯采用一种开发模式往往很难使园区建设顺利推进，需要综合运用经济开发区模式、主体企业引导模式、物流地产商主导模式。但综合运作并不是三种模式的简单重叠，而是在考虑前三种模式特点的基础上，确定一种主导模式，有选择地采用其他模式作为辅助来保证园区开发建设的顺利进行。

各种物流园区的开发方式都有自己的优缺点，前三种开发模式的优缺点比较如表 11-7 所示。

表 11-7　三种开发模式的优势劣势比较

	经济开发区依托	主体企业引导	物流地产商主导
优势	1. 具有现代化的专业物流企业团队 2. 园区具有高度整体性 3. 物流业务经营具有高度专业性	1. 具有丰富的物流经营管理经验和较高的专业技术水平 2. 降低了物流园区的投资风险 3. 保证整个过程的一致性和统筹性 4. 避免园区功能上的单一或重合 5. 避免过度竞争	1. 结合前面两种模式的优势 2. 所有企业有一定的专业分工和适当的专业竞争 3. 具有土地价格优势
劣势	1. 物流企业团队存在利益冲突 2. 各企业开发团体难以处理好利益关系 3. 开发结果可能与规划目标背道而驰	1. 适用范围受到限制 2. 会出现区域垄断 3. 对企业实力和规模有较高要求	1. 可能会改变土地用途，挪作他用 2. 只考虑企业自身盈利 3. 可能出现开发结果与最初目标脱离的现象

11.4.2　运营模式

物流园区运营模式是指物流园区在规划、建设完成后，在政府相关政策支持下，通过建立适当的组织管理体系，对物流园区主要战略和经营层面的活动进行设计，为实现园区社会效益和经济效益最大化目标而采用的方法。日常运营涉及物流园区的管理体制和组织形式，具体包括园区管理机构的组成、管理权限和范围等方面。

目前物流园区运营管理模式现状用十六个字来概括：“政府搭台，企业唱戏”、“行业铺路，市场策骑”。现有的几种经营管理模式大部分来源于发达国家物流园区的管理经验及我国现有经济开发区的管理模式。

典型的物流园区模式主要有管理委员会运营模式、公司化运营模式、业主委员会运营模式、协会制运营模式、物业管理公司运营模式。根据物流园区开发建设、运营管理主体及入驻企业之间存在的各种联系，总结归纳出以下几种物流园区开发建设与运营管理的模式。

（1）政府主导。政府主导模式是由政府进行物流园区的主要投资和建成后的经营管理。主要采用以政府行政管理为主体，实行有限公司化运营为主的管理体制，运营管理模式则以管委会与开发公司并存的形式为主。政府在政策上对物流园区的发展加以扶持，对区域现代物流的发展进行规划，积极创造有利于企业发展的政策吸引物流服务提供商来入园开展业务。同时研究与现代物流有关的政策问题，规范园区运作秩序的建立和维护。这种模式的特点是有充足的资金来源及相关政策支持，但易造成政府承担风险过大等现象，一般在地区物流需求量较大、区域优势明显的情况下采用。

（2）租赁—开发—经营。租赁—开发—经营模式是政府将土地或现有设施设备以租赁或出让的形式给企业或企业联合体使用，然后由主导企业或者企业联合体进行物流园区开发建设，并进行管理。与前一种模式相比，两者的共同特点是主导企业进行开发建设与经营管理、独担风险。在主导企业资金雄厚、经济区域内物流量较大、试图向物流服务活动尤其是第三方物流服务转型、竞争企业相对不足或互补特征明显、政府优惠政策较为充裕的情况下，可以考虑此种模式。

（3）建设—经营—转让。建设—经营—转让模式由政府或主导企业进行物流园区相关基础设施的投资建设，然后委托给一个或多个物流设施管理能力较强的企业经营管理。

（4）建设—租赁。该模式由物流地产商进行物流园区的道路、仓库和其他物流基础设施及基础性装备的建设和投资，然后以租赁经营的方式进行经营管理。

（5）综合模式。综合模式是物流园区开发建设与经营主体的多方融合模式。政府联合众多投资者进行物流园区的开发建设，物流园区的经营管理机构也由多方主体共同组成。

五种运营方式的比较见表 11-8。

表 11-8　五种运营模式的比较

类　型	优　势	劣　势
政府主导模式	有充足的资金来源及相关政策支持	易造成政府承担风险过大
租赁—开发—经营模式	一般可以获得政府优惠政策扶持	主导企业运营开发建设与经营管理时独担风险
建设—经营—转让模式	规范化运作物流园区，即使入驻方与建设方重叠也不会导致不正当竞争	在物流园区运作中的利润分配易出现分歧，并且物流园区管理企业易受到开发主体的干扰
建设—租赁模式	租赁方式可以较少的租赁资金获得固定设施使用，降低经营风险	存在设施及装备闲置的风险
综合模式	按照《公司法》对各项工作进行规范的管理，这样风险共担、收益共享，符合市场竞争的需要	政府的作用削弱

11.4.3　盈利模式

盈利模式主要是指收入来源及利润形成途径，是物流园区生存发展的基础。

在我国物流园区目前的盈利来源主要有三种，如图 11-5 所示。

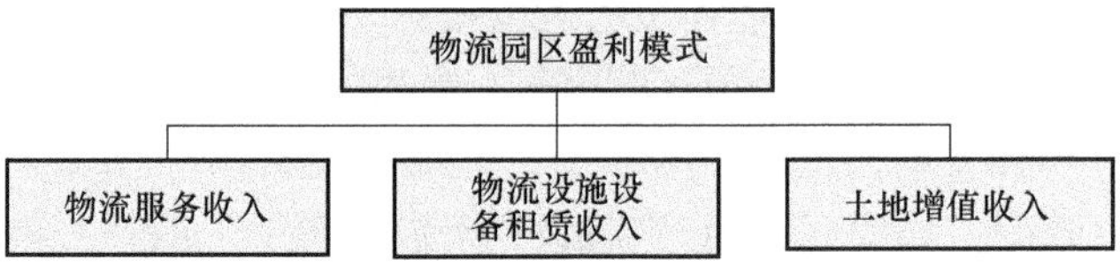

图 11-5　物流园区盈利来源

物流服务收入主要包括信息服务、培训服务、中介服务、物业管理、咨询服务等的收入。物流设施设备租赁收入主要包括仓库租赁费用、设备租赁费用、房屋租赁费用、停车场收费等。土地增值收入主要是指所有者即投资者从政府手中以低价购得土地，等完成初期基础设施建设后，低价将会有一定的升值，而到物流园区正式运营后，还将大幅上涨，土地的增值将能提高其土地、仓库、房屋等出租收入。

由于物流园区的类型不同，发展阶段也不同，在不同的发展阶，物流园区可以在不同的盈利模式上探索，如表 11-9 所示。

表 11-9　不同园区不同阶段的盈利模式

园区类型	阶　段	盈利模式
仓储配送型物流园区	初创期	争取大客户
	发展期	建设物流信息交易中心
	成熟期	代客户进行供应链管理
流通加工型物流园区	初创期	利用现有设施改建专业交易市场
	发展期	发展专卖，开展品牌特许经营
	成熟期	提供增值服务，发展流通加工
转运型物流园区	初创期	优化资源配置，发挥地理优势，提供多种物流服务
	发展期	适应物流国际化需求，大力发展保税物流
	成熟期	提供具有货物中转站特色的增值服务

11.5 物流园区运营风险和评估

11.5.1 运营风险

运营阶段是一个物流园区项目的最后阶段，项目的成败取决于能否吸引客户并且为其提供优质的服务，直到整个服务过程的结束。通过分析物流园区运营阶段的主要任务，概括出物流园区的运营风险因素如表 11-10 所示。

表 11-10　物流园区运营风险因素

类别	内部风险								外部风险			
风险因素	组织管理风险		业务风险			财务风险			市场风险		环境风险	
风险因素构成	组织结构	管理水平	业务水平	营销水平	物流设施	资金筹集	资金使用	资金回收	宏观市场	微观市场	政治环境	自然环境

1. 内部风险

（1）组织管理风险。物流园区的组织管理风险指的是由于物流园区的管理体制、管理职能、管理对象及运行机制等因素不完善或突然发生变化而引发的风险。组织管理是复杂并且多样的一种活动。组织管理活动的主体和对象基本上都是与人相关的，因此这也就意味着组织结构的建立和管理活动是一个动态并且非常复杂的过程，这也就导致了风险产生的可能。在管理活动的过程中，管理者自身的水平及决策制度的不完善导致决策本身的不合理，或者由于各种条件并没有完全成熟使决策过程不能继续，都可能导致组织管理行为偏离既定的目标，产生风险。此外，由于组织外部的环境发生变化，例如政策的改变、理念的革新等，同样也会导致管理方式的变革，从而导致风险的产生。

（2）业务风险。业务风险种类较多，本书主要从业务水平、营销水平和物流设施三个方面来介绍。

业务水平风险：包含运输过程中的运输不及时风险、装卸搬运和仓储过程中的货物损坏风险，以及配送过程中错发错运的风险等。

营销水平风险：产生风险的原因主要有营销手段单一、市场定位不准确、定价不合理等导致园区无法吸引大量的优质客户、原有客户离开等。

物流设施风险：主要包括物流管理和作业设备的技术创新风险、信息网络平台运作效果不确定等导致无法提供客户要求的优质服务风险。

（3）财务风险。财务风险产生的原因有很多，包括企业经营战决策错误、营销水平较低、人员管理松散等，可概括为资金筹集、资金使用和资金回收三个方面。

资金筹集风险是指园区经营主体在筹措资金过程中形成的财务风险。基于物流行业获取收益的特殊性，物流园区要想获得较为理想的经济效益，经营的初期和发展的过程中，必须通过各种方式和渠道筹集资金。但是一旦管理主体在评估资金筹措方式上出现偏差，就容易引发园区蒙受财务成果损失、财务状况恶化的风险。

资金使用风险是指在资金数量一定的条件下，经营主体分配现有资金，最大限度的发挥资金作用而引发的风险。当物流园区面临因激烈的市场竞争而导致的物流企业进入门槛提高等情况时，资金配置不当就会导致财务成果损失。

资金回收风险是指一些物流企业提供先服务后付款的方式，或允许客户赊账而引发的风险。迫于激烈的竞争压力，物流企业如未事先对付款人做资信调查和对应收款进行风险评估，只注重营业收入和高额利润，无视客户占用流动资金，就有可能会因收款难而面临巨大的坏账风险。

2. 外部风险

（1）市场风险。物流园区的经营活动离不开市场。市场是千变万化的，依赖于市场发展的物流园区势必会受到市场中一些不确定因素的影响和限制，从而为其运营管理埋下风险和隐患。

市场风险是指受利率变动、通货膨胀、汇率变动导致融资困难、运营费用不足等宏观经济层面风险，以及因物流需求的不确定性、市场竞争、新技术运用、产业机构调整等引发微观层面风险。

目前，由于物流业务本身的特殊性和复杂性，对市场进行准确预测是比较困难的，并且目前的市场运作不规范、缺乏有效监管，货运交易行为不规范，加上市场竞争激烈，从业人员为了取得货源随意性行为增加，都会导致预测准确度下降。市场预测的偏差就会给物流园区的运营带来一定的风险。

（2）环境风险。环境风险可分为政治环境风险和自然环境风险。政治环境风险一方面包括因政治动乱、罢工、游行等影响物流园区正常运营活动的风险；另一方面包括因物流产业政策、与物流行业发展密切的法律法规的设立、修订、变更导致的风险。自然环境风险是指在物流园区经营期间，因恶劣气候、不良工程地质、交通运输中断等，园区日常运营甚至无法运营的风险。

11.5.2 物流园区的评估

由于物流园区的功能、选址、安全便利性和对社会的影响都对园区的建立及发展和企业的利益有着较大的决定性作用，因此必须能够对物流园区综合性做出客观的评价。对物流园区进行评价，一定要建立评估指标体系，才能够客观准确地反映园区建设情况、功能状况以及运营效果。

1. 评估指标构建原则

指标选择是园区评估的基础，也是决定评估结果优劣的关键，因此必须结合物流园区规划设计的实际情况，建立合理的评估指标体系。选择指标的原则如表 11-11 所示。

表 11-11　物流园区评估指标构建原则

原　则	主要内容
全面性	现代综合物流园区的评估，不是单方面或者缺少部分的元素评估，而是要从全方位对其评估。园区的情况很难用一两个指标去描述，必须充分考虑到内、外部等一系列的条件，设置相应的指标去反映园区各个方面的优劣，从而达到对方案整体的认识
代表性	设立的指标间是有一定联系并且相互制约的，可能会出现某些指标与其他一些指标所反映的特征大致相同的情况，因此指标之间存在着一定的替代性。利用指标间的这种关系，选择代表性强的指标可以有效减少工作量，提高工作效率
科学性	指标必须能够科学、客观、真实地反映出现代物流园区建设发展需要考虑的实际因素，符合经济管理理论，适应环境和发展水平，与园区实际情况相吻合，能够确切、清晰、科学、方便、系统地反映出园区规划设计方案全貌
可操作性	指标的设立必须具有可操作性，如果选择的评估指标在实际中并不能够被应用，就将变得毫无意义。所选择的指标在实际的运用过程中要能够通过某种方法、按照统一标准得到，并且能够利用相关方法进行量化分析
可扩充性	现代物流园区是以服务区域经济为主，不同区域内的资源条件、交通状况、物流需求都不尽相同，所以现代物流园区评判标准应避免“一刀切”的方式，所构建的体系要有足够的扩展空间去应对不同的情况

2. 构建步骤

对现代物流园区项目进行评估涉及多方面因素，建立一个系统完整的、科学可行的评估指标体系应分为以下三步：一是确定研究目标；二是确定采用的分析方法；三是与现代综合物流园区及其载体（城市关系）相结合。

3. 评估指标

现代物流园区评估指标体系的构建，首先需要确定影响物流园区综合评估的各种因素，本书只列举出其中的经济因素、社会因素、环境因素和技术因素。

经济因素主要包括社会物流物品总额、货运量、货物周转量、固定资产投资额、就业总人数等指标；社会因素主要包括缓解交通压力能力、缓解就业压力能力和提升物流水平能力等指标；环境因素主要包括固液体污染、大气污染、噪声污染等指标；技术因素主要包括信息化水平、设施设备完备程度、物流网络兼容程度等指标。

习题

1. 物流节点的主要类型有哪些？各有什么特点？
2. 简述物流园区的特点。
3. 简述物流园区运营模式的类型及优缺点。
4. 物流园区可以进行哪些分类？并简述各类型的特点。
5. 物流园区规划的流程是怎样的？用流程图表示。
6. 物流园区的盈利模式包括哪些内容？简述其重要性。
7. 物流园区运营中的风险如何分类？简述主要风险的特点。
8. 有一加工车间由车、钻、磨和抛光四个工段组成，各工段的距离从至表如表 11–12 所示。该车间主要加工 P1、P2、P3、P4 这四种产品，其工艺路线和每周产量见表 11–13。假设各产品的加工批量均为 25 件，试完成：

（1）算出每个工段的物流强度，做出从至表。

（2）若每批量产品每米的搬运费用为 1.50 元，做出物流成本从至表。

（3）以物流成本从至表为基础，画出相关图。

（4）若车间厂房大小为 18m*24m，且各工段尺寸分别是 A：12m*4m、B：4m*8m、C：12m*14m、D：12m*8m，试用相关图来布置各工段，画出块状布置图。

表 11-12　距离从至表　　（单位：m）

	A	B	C	D
A		14	19	10
B	9		8	14
C	19	23		20
D	12	9	20	

表 11-13　产品工艺路线和产量

产　品	工艺路线	每周产量（件）
P1	ABCD	200
P2	ACD	600
P3	BD	400
P4	BCD	500

参考文献

[1] 王宏新. 物流园区［M］. 北京：清华大学出版社 .2014.

[2] 梁晨，杨洋，王晓春 . 物流园区规划［M］. 北京：中国财富出版社 .2013.

[3] 侯道健 ."互联网 +"时代物流园区的战略规划与运营［J］. 商业经济研究，2017，(20)：97-99.

[4] 刘杰，吕杰，黎浩东，等 . 新形势下物流园区及物流中心选址之影响因素分析［J］. 综合运输，2017，39(03)：77-81.

[5] 刘凌 . 关于提升我国物流园区发展效能的建议［J］. 综合运输，2016，38(06)：70-73.

[6] 张中文 . 现代物流园区战略规划与运营的思考［J］. 中国物流与采购，2015，(24)：32.

[7] 张丁瑞 . 铁路物流园区规划设计和运营管理［D］. 兰州：兰州交通大学，2015.

[8] 丁琪.中日物流园区发展的比较分析 [J].中国市场，2015，(33)：53-54.
[9] 罗江婷.物流园区布局规划发展研究综述 [J].商，2015，(18)：249.
[10] 韩兰兰.物流园区运营管理模式研究 [D].西安：长安大学，2010.
[11] 张道臣.物流园区运营模式研究 [D].北京：北京交通大学，2009.
[12] 刘伟文.日本物流园区的规划与运营 [J].中国物流与采购，2005，(24)：60-62.
[13] 胡良德.城市物流园区规划研究 [D].武汉：武汉理工大学，2005.
[14] 杨毅群.物流园区规划与运作模式研究 [D].武汉：武汉理工大学，2004.
[15] 张丽，郝勇，黄建伟.物流系统规划与设计 [M].北京：清华大学出版社，2014.